5-7, rue de l'Ecole-Polytechnique, 75005 Paris

www.harmattan.com

ISBN : 978-2-343-11264-0
EAN : 9782343112640

Mesurer le pluralisme juridique

Une expérience

Le droit aujourd'hui

La collection « Le droit aujourd'hui » regroupe des études juridiques concernant des problèmes d'actualité nationale et internationale, dans divers domaines (éthique, politique, questions de société…).

Déjà parus

Geneviève Iacono, *Voyages au cœur des propriétés publiques*, 2016.

Nitish Monebhurrun, *La fonction du développement dans le droit international des investissements,* 2016.

Djiby Sow, *La légalité de l'intervention militaire française au Mali. Contribution à l'étude du cadre juridique de la lutte armée contre le terrorisme international*, 2016.

Emmanuel Tessier, *Le stade en droit public. Recherche sur le régime juridique des enceintes sportives*, 2015.

Sophie Huvé, *La Russie et l'ONU. L'Organisation des Nations unies, cadre et instrument de la politique extérieure russe (1999-2015)*, 2015.

Claudine Pérez-Diaz, Marie-Syvie Huré, *Violence conjugale, missions et finalités concrètes de l'intervention pénale*, 2015

Jean-Grégoire Mahinga, *Le statut du tribunal international du droit de la mer, Commentaire article par article*, 2015

Peggy Larrieu, *Neurosciences et Droit pénal, Le cerveau dans le prétoire*, 2015.

Anthony Falgas, *La Voie de fait administrative. Recherche sur la justification d'une notion prétorienne*, 2015.

Jean-Gregoire Mahinga, *La pêche maritime et le droit international*, 2014.

Christophe Houry, *La piraterie maritime au regard du droit international, incertitudes et évolutions contemporaines*, 2014.

Laura Baudin, *Les cyber-attaques dans les conflits armés, qualification juridique, imputabilité et moyens de réponse envisagés en droit international humanitaire,* 2014.

Boris Barraud

Mesurer le pluralisme juridique

Une expérience

L'Harmattan

Du même auteur

La recherche juridique – Sciences et pensées du droit, L'Harmattan, coll. Logiques juridiques, 2016

Théories du droit et pluralisme juridique – Tome II : La théorie syncrétique du droit et la possibilité du pluralisme juridique, Presses Universitaires d'Aix-Marseille, coll. Inter-normes, 2016

Théories du droit et pluralisme juridique – Tome I : Les théories dogmatiques du droit et la fragilité du pluralisme juridique, Presses Universitaires d'Aix-Marseille, coll. Inter-normes, 2016

L'État – Entre fait et droit, L'Harmattan, coll. Logiques juridiques, 2015

Repenser la pyramide des normes à l'ère des réseaux – Pour une conception pragmatique du droit, L'Harmattan, coll. Logiques juridiques, 2012

Sommaire

Un jour viendra où, dans les Facultés de droit,
les codes et les recueils de jurisprudence cèderont,
au moins pour partie, la place à des instruments de laboratoire.

Enfin nous pourrons faire des expériences !

Jean Carbonnier, « Caractères juridiques » (1949), in *Flexible droit – Pour une sociologie du droit sans rigueur*, 8e éd., LGDJ, 1995, p. 363

Introduction

Le pluralisme juridique, tel qu'il sera compris dans cet ouvrage, est *la situation dans laquelle coexistent effectivement, à l'échelle d'une branche du droit et d'un espace étatique donnés, des sources étatiques et des sources privées de règles de droit*[1]. Dès lors, si le pluralisme juridique appelle déjà une réponse théorique[2], c'est-à-dire une réponse à la question de sa possibilité conceptuelle, il appelle également une réponse empirique, soit une réponse à la question de sa réalité factuelle. Ce livre se concentrera sur ce dernier aspect, donc sur la réalité empirique du pluralisme juridique[3].

Il importera de considérer que les normes d'origine privée seraient juridiques au même titre que les normes d'origine étatique, si bien que le pluralisme juridique serait une entière possibilité du point de vue théorique et que, par conséquent, il pourrait être aussi bien réel qu'irréel du point de vue empirique. Ensuite, l'objet du présent ouvrage sera de *proposer et expérimenter quelques outils censés permettre de mesurer le niveau de réalité du pluralisme juridique.*

---

[1] En d'autres termes, il y a pluralisme juridique lorsque des ensembles d'organes — est retenue une conception organique des sources du droit — indépendants les uns des autres, certains étant privés, contribuent dans des proportions équivalentes à l'enrichissement normatif d'une branche du droit donnée. Et il faut sans doute proscrire toute forme de manichéisme : le pluralisme juridique peut être une parfaite réalité (si les sources étatiques et les sources privées fournissent la même proportion de normes à la branche du droit étudiée) ou n'être aucunement une réalité (si cette branche du droit ne comporte que des normes d'origine étatique, appartenant toutes à la même « pyramide »), mais il est dans la très grande majorité des cas une réalité partielle (par exemple lorsque trois quarts des normes d'une branche du droit ont une origine étatique quand le dernier quart de ces normes a une origine privée). Ensuite, un ordre juridique étant une « pyramide » au sens kelsénien et les normes étatiques et interétatiques appartenant toutes à la même « pyramide », le pluralisme juridique tel que compris en ces lignes est aussi un pluralisme des ordres juridiques : il y a pluralisme juridique lorsqu'une branche du droit tire ses normes de différents ordres juridiques, un ou plusieurs de ces ordres étant privé(s) et cohabitant avec l'ordre étatique et interétatique.

[2] Pour que des sources privées de normes puissent éventuellement concurrencer les sources publiques dans le domaine de la production juridique, il faut au préalable accepter que les normes qu'elles édictent soient juridiques. Ce n'est alors pas autre chose que le problème de la définition du droit qu'il importe de régler.

[3] La possibilité théorique du pluralisme juridique a été interrogée dans B. BARRAUD, *Théories du droit et pluralisme juridique – t. I : Les théories dogmatiques du droit et la fragilité du pluralisme juridique*, PUAM (Aix-en-Provence), coll. Inter-normes, 2016 et B. BARRAUD, *Théories du droit et pluralisme juridique – t. II : La théorie syncrétique du droit et la possibilité du pluralisme juridique*, PUAM (Aix-en-Provence), coll. Inter-normes, 2016.

Ces outils et, partant, ce livre reposeront sur une approche quantitative des normes. Ne sera cependant en aucune façon soutenu que les considérations quantitatives en droit ou sur le droit seraient toujours ni même le plus souvent davantage dignes d'intérêt que les considérations qualitatives. Sans doute un texte à valeur constitutionnelle octroyant des droits fondamentaux à l'ensemble des citoyens est-il, à bien des égards, incomparable à un contrat-type régissant quelques actions dans un certain secteur d'activité. Or, parmi les prochaines pages, sera simplement considéré que le texte à valeur constitutionnelle et le contrat-type portent chacun une ou plusieurs norme(s), sans interroger leurs portées et influences respectives. Toutefois, peut-être existe-t-il des situations dans lesquelles quelques enseignements pertinents peuvent être tirés d'une approche quantitative des normes, *a fortiori* concernant la problématique du pluralisme juridique. Tel pourrait être le cas, par exemple, des recherches sur l' « état de l'État », c'est-à-dire des travaux relatifs à la puissance et à la souveraineté de l'État — la puissance reculerait à mesure que les sources privées étendent leur empire, tandis que la souveraineté diminuerait à mesure que les sources publiques externes se développent. Dès lors, il serait permis de chercher à perfectionner cette approche quantitative des normes. En particulier, peut-être serait-il bienvenu, au sujet des nombres de normes, de procéder à de véritables études objectives et empiriques, à de véritables expérimentations scientifiques, loin de toute spéculation détachée des « faits normatifs ».

En effet, en droit comme dans beaucoup de disciplines, la connaissance semble progresser en premier lieu grâce aux enseignements tirés des *enquêtes de terrain*[1]. En ces pages, le terrain qu'il s'agira d'investir au moyen d'instruments d'analyse scientifique ne saurait être l'ensemble du droit, celui-ci étant bien trop vaste et multiforme pour pouvoir tirer de son étude des conclusions pertinentes. Il sera donc impératif d'opter pour un échantillon de normes, pour *une branche du droit qui servira de sujet d'expérience*. Dans l'idéal, pour que nombre d'enseignements puissent possiblement être tirés de son étude, ce sujet d'expérience devrait être à la fois représentatif, à travers certaines de ses caractéristiques, des tendances dominantes du droit, mais aussi symptomatique, à travers d'autres de ses caractéristiques, des mouvements risquant d'affecter prochainement le phénomène juridique avec les passages attendus du droit moderne au droit « postmoderne » et des droits nationaux au droit « global ». Autrement dit, le sujet d'expérience devrait être à la fois représentatif du droit d'hier et d'aujourd'hui et symptomatique du droit de demain. Ici, la branche du droit analysée sera le *droit des communications électroniques*, cela car elle comprend le droit des télécommunications et le droit de l'audiovisuel,

---

[1] Par exemple, S. BEAUD, F. WEBER, *Guide de l'enquête de terrain*, 2e éd., La découverte, coll. Repères, 2003.

représentatifs du droit d'hier et d'aujourd'hui, ainsi que le droit de l'internet, symptomatique du droit de demain.

On a pu critiquer les interprétations globalisantes tirées de l'observation du « droit », du « droit moderne », du « droit positif » ou du « droit français » qui déduisent des lois (scientifiques) à partir d'un ensemble de lois (juridiques) informe, multiple et arbitrairement constitué[1]. Or toute investigation empirique semble devoir porter sur un « *corpus* normatif » précis, sur un ensemble strictement identifié, homogène et cohérent de règles de droit plutôt que sur des exemples épars opportunément choisis[2]. « Ici comme ailleurs, observe-t-on, le progrès de la connaissance suppose *l'abandon des propos généraux* [...], quelle que puisse être leur vertu démystificatrice ou leur aptitude à suggérer des hypothèses qui restent, dès lors, à vérifier »[3]. Or il est remarquable que, souvent, les ouvrages qui tendent à affirmer la réalité d'un droit « postmoderne » et, plus généralement, de nouveaux paradigmes illustrent insuffisamment et de manière trop hétéroclite leurs propos. Si le droit change, c'est nécessairement que sa matière première (les normes et les institutions juridiques) change. Il serait donc décisif de jalonner le discours de nombreuses *illustrations normatives* afin de procéder au moyen de démonstrations plutôt qu'au moyen d'affirmations. Comme lesdits ouvrages traitent généralement du droit sans autre précision, les quelques exemples qu'ils comportent paraissent toujours insuffisants car ne correspondant qu'à une maigre part de ce vaste ensemble qu'est le droit, loin de toute représentativité. Et plus grave est la situation dans laquelle on rend compte de mouvements marginaux en en amplifiant artificiellement les effets, considérant alors qu'il ne s'agirait pas de phénomènes ponctuels mais de phénomènes généraux. Les contre-exemples peuvent être plus nombreux que les exemples.

Sans doute l'exemple est-il « un allié dangereux pour qui cherche à évaluer le changement dans la mesure même où il a été *sélectionné en raison de son exemplarité* et donc, plus ou moins consciemment, du fait de son adéquation privilégiée au modèle théorique qu'il a pour fonction d'illustrer »[4]. Jean Rivero disait que, si « l'océan est peuplé d'une infinité de sardines et de quelques cœlacanthes », beaucoup de théories du droit de son époque lui faisaient « penser à une théorie générale du peuplement

---

[1] A. JEAMMAUD, « La règle de droit comme modèle », *D.* 1990, p. 209.

[2] *Ibid.*

[3] *Ibid.* (non souligné dans le texte original).

[4] D. DE BÉCHILLON, « La structure des normes juridiques à l'épreuve de la postmodernité », in A. BERTHOUD, É. SERVERIN, dir., *La production des normes entre État et société civile – Les figures de l'institution et de la norme entre États et sociétés civiles*, L'Harmattan, 2000, p. 47 (non souligné dans le texte original).

halieutique élaborée à partir de la seule observation des cœlacanthes »[1]. Aussi une étude s'appuyant non sur des illustrations diverses et variées choisies en vue d'obtenir certains résultats mais sur une branche du droit sujet d'expérience est-elle peut-être bienvenue. Dans ce cas, il n'est plus possible de choisir les exemples en fonction de leur exemplarité, parce qu'ils confortent la thèse soutenue.

C'est pour ces raisons que le pluralisme juridique sera dans ce livre évalué à l'échelle d'une branche du droit donnée et non dans l'absolu, non à l'échelle du droit dans son ensemble. Il s'agira de mesurer le pluralisme juridique en droit des communications électroniques, considérant que mesurer ce pluralisme juridique à un niveau plus élevé et *a fortiori* au niveau de la totalité du droit serait impossible.

Par ailleurs, si l'intention d'analyser un sujet d'expérience peut paraître quelque peu originale, c'est déjà parce qu'il est rare que les chercheurs-juristes procèdent à des expériences. Une expérience est une « épreuve destinée à vérifier une hypothèse ou à étudier des phénomènes »[2]. Face à la question de la réalité du pluralisme juridique, peut-être est-il utile, si ce n'est indispensable, de procéder au moyen d'une expérience au terme de laquelle il serait possible de confirmer ou d'infirmer cette réalité. Pour savoir si des affirmations correspondent à des faits, il convient de *rechercher ces faits objectivement et empiriquement*. Si, au terme de la recherche, lesdits faits n'étaient pas trouvés, il faudrait en conclure qu'ils n'existeraient pas et que, dès lors, ces affirmations ne seraient que des spéculations infondées. Or il n'est pas impossible que les propos relatifs à la globalisation du droit, à sa privatisation ou à l'effacement de l'État ne correspondent à rien de concret ou, du moins, qu'ils doivent être largement tempérés. Qui écrit cherche souvent à ne pas réécrire et, donc, à faire œuvre imaginative pour, au final, pouvoir avancer qu'il aurait fait des découvertes. Cela est presque naturel ; lorsque la plupart des auteurs soutiennent l'équation « droit = État », il est tentant de s'attacher à la position contraire afin de s'inscrire dans un cadre innovant davantage susceptible d'attirer l'attention. Seulement, si la réalité est que « droit = État », soutenir la position contraire ne pourrait qu'être inconséquent et pareille attitude devrait être dénoncée du point de vue positiviste selon lequel *seule compte la description et l'analyse de la réalité effective et matérielle*.

Ainsi ne s'agit-il pas d'affirmer que, à l'échelle d'un espace étatique, coexisteraient des ordres juridiques différents, étatiques et non étatiques ; il

---

[1] Cité par D. DE BÉCHILLON, « La structure des normes juridiques à l'épreuve de la postmodernité », in A. BERTHOUD, É. SERVERIN, dir., *La production des normes entre État et société civile – Les figures de l'institution et de la norme entre États et sociétés civiles*, L'Harmattan, 2000, p. 64.

[2] V° « Expérience », in *Trésor de la langue française*.

faut vérifier empiriquement si coexistent ces différents ordres juridiques. Il ne suffit pas d'être en accord ou en désaccord avec l'affirmation selon laquelle « l[e] *soft law* est pour l'instant une goutte d'eau dans le vase très rempli de la législation »[1] ; encore faut-il s'assurer que, effectivement, le « *soft law* » est de peu de poids quantitativement par rapport à la loi « dure ». Cela est l'affaire de celui qui étudie le *pluralisme juridique quantitatif*, ce qui implique de *recenser, au niveau de régimes juridiques donnés, les règles provenant des différentes sources du droit* pour ensuite comparer les résultats obtenus[2]. Des données chiffrées issues de recherches sur le pluralisme juridique quantitatif, donc sur la réalité du pluralisme juridique, pourraient contribuer à consolider ou bien à fragiliser les thèses « postmodernes ». Tel est l'enjeu de ce livre.

Ensuite, pour l'auteur des travaux et, plus encore, pour le lecteur, les investigations sur le terrain quantitatif de la réalité du pluralisme juridique constituent un exercice difficile car tendant à devenir rapidement rébarbatif. Si le chercheur ne saurait, pour cette raison, renoncer à son ouvrage, le travail de décompte des règles de droit et de classification en fonction de leurs sources formelles ne peut présenter qu'une utilité excessivement limitée aux yeux du lecteur. C'est pour cette raison que ne figureront en ces pages que les conditions et les résultats de l'expérience, non tous ses détails, non la liste de toutes les normes comptabilisées. On a pu obliger des sportifs à courir durant plusieurs jours et plusieurs nuits afin d'observer les effets de cet effort sur leurs organismes. Ce qui présente éventuellement de l'intérêt n'est pas la performance, longue et monotone, mais bien les conclusions qu'elle permet de tirer, lesquelles pourraient être résumées en quelques courtes phrases. Suivant une maxime utilisée par Hauriou, « on juge l'arbre à ses fruits »[3]. L'opportunité d'un instrument se mesurerait donc aux résultats qu'il permet d'obtenir.

Des philosophes du droit disent assister, « après le *linguistic turn* qui a profondément renouvelé la théorie du droit, à un *mathematical turn* dont

---

[1] Ph. JESTAZ, *Les sources du droit*, Dalloz, coll. Connaissance du droit, 2005, p. 28.

[2] Ce pluralisme juridique quantitatif ne saurait se passer des réflexions préalables relatives au *pluralisme juridique qualitatif* (*i.e.* à l'échelle de juridicité) puisqu'elles lui indiquent quelles sont les normes qui sont juridiques et quelles sont celles qui ne le sont pas et qui, partant, ne doivent pas être comptabilisées au moment de mener l'expérience. *Cf.* B. BARRAUD, *Théories du droit et pluralisme juridique – t. II : La théorie syncrétique du droit et la possibilité du pluralisme juridique*, PUAM (Aix-en-Provence), coll. Inter-normes, 2016, n° 87 s. et 127 s. ; B. BARRAUD, « L'échelle de juridicité : un outil pour mesurer le droit et fonder une théorie syncrétique (première partie : présentation) », *Arch. phil. droit* 2013, p. 365 s. ; B. BARRAUD, « L'échelle de juridicité : un outil pour mesurer le droit et fonder une théorie syncrétique (seconde partie : application) », *Arch. phil. droit* 2014, p. 503 s.

[3] M. HAURIOU, *Principes de droit public à l'usage des étudiants en licence et en doctorat ès sciences politiques*, 2e éd., Librairie du Recueil Sirey, 1916, p. XXII.

nous ne vivons que les balbutiements »[1]. Peut-être l'approche du pluralisme juridique à travers le prisme de statistiques portant sur la composition ou décomposition normative d'une certaine branche du droit participera-t-elle, dans une certaine mesure, de ce « *mathematical turn* » marquant de plus en plus la pensée et la science du droit contemporaines[2]. En ces pages, les prémisses (*première partie*) et les résultats (*deuxième partie*) de l'expérience de mesure du pluralisme juridique seront exposés, l'ensemble constituant, si ce n'est un véritable exercice mathématique, du moins *un véritable exercice scientifique.* Convaincu que « les paradigmes fondamentaux de la modernité sont la raison, l'innovation, l'expérimentation et le progrès »[3], l'objectif — dont il n'est bien sûr guère assuré qu'il pourra être atteint — sera notamment de montrer qu'une recherche en droit pourrait être raisonnée, innovante, expérimentale et progressiste. Par la suite, au sein du dernier temps de l'ouvrage, les résultats de l'expérience seront mis à profit, sous un angle non plus *jus*-scientifique (objectif et empirique) mais *jus*-politique (subjectif et dogmatique), afin de réfléchir aux causes et aux conséquences du pluralisme juridique du point de vue de l'État (*troisième partie*).

Dans les années 1950, Georges Ripert jugeait que « l'esprit scientifique de [son] siècle prétend[ait] mettre en formules chiffrées les règles juridiques »[4]. Il n'est pas certain que cet « esprit scientifique » que disait observer l'illustre professeur se soit véritablement développé, en tout cas jusqu'à amener les chercheurs en droit à « chiffrer » les règles juridiques[5]. Certes, un professeur a pu récemment dénombrer « 1 200 000 normes juridiques dans le monde et 35 000 normes juridiques en France »[6] ; l'activité consistant à recenser les règles de droit, à l'aune de critères quelconques et à des fins quelconques, n'en est pas moins très inhabituelle chez des *jus*-scientifiques qui, sans doute pour de bonnes raisons, préfèrent aborder les normes sous un angle qualitatif que sous un angle quantitatif. Aussi faut-il terminer cette introduction en soulignant combien ce livre ne saurait consister qu'en un premier essai de mesure du pluralisme juridique,

---

[1] B. FRYDMAN, G. LEWKOWICZ, « Le droit global est-il soluble dans ses sources ? », [en ligne] <philodroit.be>, 2013, p. 8.

[2] *Cf.* B. BARRAUD, *La recherche juridique – Sciences et pensées du droit*, L'Harmattan, coll. Logiques juridiques, 2016, p. 341 s. et 499 s.

[3] H. ABDELHAMID, « Les paradigmes postmodernes et la démarche pluraliste dans la recherche juridique », in Gh. OTIS, dir., *Méthodologie du pluralisme juridique*, Karthala, coll. 4 vents, 2012, p. 138.

[4] G. RIPERT, *Les forces créatrices du droit* (1955), LGDJ, 1995, p. 358 (cité par V. LASSERRE, *Le nouvel ordre juridique – Le droit de la gouvernance*, LexisNexis, 2015, p. 208).

[5] *Cf.* B. BARRAUD, *La recherche juridique – Sciences et pensées du droit*, L'Harmattan, coll. Logiques juridiques, 2016, p. 247 s.

[6] J. LE GOFF, « Ouverture du colloque », colloque international Puissances de la norme, Université d'Orléans, 6 déc. 2013.

combien les instruments élaborés seront certainement appelés à être perfectionnés et combien l'enjeu attaché aux prochaines pages résidera peut-être autant dans l'intention qui les animera que dans la parfaite opérabilité des propositions auxquelles elles aboutiront. Il n'est, dès lors, que possible de s'approprier le sentiment qui, il y a un siècle, animait Max Weber lorsqu'il notait que ses études étaient « destinées à être bientôt dépassées, ce qui est finalement le sort de tous les travaux scientifiques »[1]. Et il convient, à la suite d'Émile Durkheim, d'admettre que « sans doute plus d'une proposition nous sera contestée »[2] et d'expliquer que « nous ne saurions ni nous étonner ni nous plaindre de ces contestations salutaires ; il est bien clair, en effet, que nos formules ont vocation à être réformées dans l'avenir, [...] à mesure que l'on acquerra une expérience plus étendue et plus approfondie »[3]. Et l'illustre sociologue d'ajouter que, « en fait de méthode, on ne peut jamais faire que du provisoire ; car les méthodes changent à mesure que la science avance »[4]. Le but poursuivi par l'ouvrage qui débute sera de proposer un mode d'approche et une compréhension des origines des règles de droit inédits et éventuellement porteurs ; mais il fait peu de doute que ce but ne saurait être parfaitement atteint et que l'exercice de mesure du pluralisme juridique est appelé à être prolongé mais aussi et surtout à être renouvelé très au-delà de ce livre.

---

[1] M. WEBER, *L'Éthique protestante et l'esprit du capitalisme* (1920), Pocket, coll. Agora, 1967, p. 22-23.

[2] É. DURKHEIM, *Les règles de la méthode sociologique*, 2e éd. (1937), Puf, coll. Bibliothèque de philosophie contemporaine, 1973, p. XI.

[3] *Ibid.*

[4] *Ibid.*, p. XI-XII.

Première partie
Présentation de l'expérience

L'expérience de mesure du pluralisme juridique s'inscrit dans le cadre du *pragmatisme juridique*, loin de la théorie et de la philosophie juridiques (*section 1*). Aussi l'un de ses principaux intérêts très concrets potentiels est-il qu'elle permettrait d'*évaluer le niveau de puissance de l'État* : plus le pluralisme juridique est une réalité, plus les « sources hétérodoxes » dominent les sources « orthodoxes »[1], plus la puissance de l'État semble dégradée (*section 2*). Mais cette expérience pourrait aussi fournir quelques arguments à ceux qui débattent de la *« crise du droit »* (*section 3*). Ensuite, d'aucuns partagent le constat selon lequel, « malgré le grand nombre d'ouvrages et de publications scientifiques consacrés au pluralisme juridique, les travaux existants approfondissent rarement la question de la méthode »[2]. C'est pourquoi il importera d'expliquer avec autant de soin que possible quels sont les choix et les implications méthodologiques propres à l'expérience (*section 4*). Puis, il s'agira de revenir sur le choix du droit des communications électroniques en tant que branche du droit sujet d'expérience (*section 5*) et de souligner que son étude impliquait de le segmenter en de multiples sous-branches (*section 6*).

Section 1. Une expérience attachée au pragmatisme juridique

Un « *patchwork* normatif »[3] n'implique pas nécessairement quelque « *patchwork* juridique ». En effet, encore faut-il que les normes en cause soient juridiques. Or une approche pragmatique du monde du droit (*2*) amène à considérer que *toute norme est juridique* (*1*), ce que l'auteur de ces lignes a soutenu par le passé de deux manières très différentes : tantôt en *défendant* une « conception pragmatique du droit »[4], tantôt en *constatant* la « théorie

---

[1] F. LATTY, « La diversité des sources du droit de l'internet », in Société française pour le droit international, *Internet et le droit international*, Pedone, 2013, p. 51.
[2] Gh. OTIS, « Introduction », in Gh. OTIS, dir., *Méthodologie du pluralisme juridique*, Karthala, coll. 4 vents, 2012, p. 5.
[3] F. LATTY, « La diversité des sources du droit de l'internet », in Société française pour le droit international, *Internet et le droit international*, Pedone, 2013, p. 64.
[4] B. BARRAUD, *Repenser la pyramide des normes à l'ère des réseaux – Pour une conception pragmatique du droit*, L'Harmattan, coll. Logiques juridiques, 2012.

syncrétique du droit »[1]. En ces lignes, seule la conséquence commune de ces travaux importera : toutes les normes sociales intègrent l'objet d'étude du scientifique du droit. Ensuite, il faut distinguer l'aspect théorique et l'aspect pratique de la problématique du pluralisme juridique, étant entendu que le pragmatisme conduit à s'intéresser uniquement à l'aspect pratique (*3*) et amène à imaginer que des enseignements importants pourraient être tirés de son étude (*4*).

1. La possibilité du pluralisme juridique ou la question de la juridicité des normes

Selon l'acception pragmatique du droit, toute norme est une norme juridique, quels que soient les moyens théoriques permettant d'aboutir à pareil présupposé. Il serait peu conséquent d'écarter de l'analyse une part des normes applicables et, surtout, des *normes appliquées* car cela risquerait d'amener à des résultats non conformes à la réalité du « droit vécu », laquelle devrait primer sur la réalité du « droit pensé ». Ainsi, concernant le droit des communications électroniques, objet de l'expérience présentée dans ce livre, il serait peut-être maladroit d'ignorer une part des normes applicables aux communications électroniques au motif que celles-ci ne seraient guère juridiques. En ces lignes, il n'est pas lieu d'interroger les problématiques de la juridicité et de l'acceptabilité théorique du droit d'origine privée et, donc, du pluralisme juridique. Il faut convenir, sans autre forme de procès, qu'une norme quelle qu'elle soit est nécessairement juridique et, concernant plus particulièrement l'expérience ici en cause, que *toute norme applicable aux communications électroniques fait partie du droit des communications électroniques*.

En acceptant de la sorte de ne rejeter aucune norme hors de l'objet d'étude dès lors qu'elle répond à la seule condition de s'appliquer aux communications électroniques, donc en ne refusant à aucune la qualité juridique, cette expérience se positionne entièrement dans un cadre pragmatique, la pragmatique telle qu'ainsi comprise s'opposant à la dogmatique, à la théorie et, plus fortement encore, à la philosophie, soit à tout ce qui relève de la spéculation, de l'idéologie ou de la stipulation, loin des activités et enjeux les plus concrets auxquels sont confrontés les praticiens-juristes au quotidien. Toutefois, suivant une formule que Gaston Jèze aimait exprimer devant ses étudiants, « faire fi de la théorie, c'est avoir

---

[1] B. BARRAUD, *Théories du droit et pluralisme juridique – t. II : La théorie syncrétique du droit et la possibilité du pluralisme juridique*, PUAM (Aix-en-Provence), coll. Inter-normes, 2016 ; B. BARRAUD, « L'échelle de juridicité : un outil pour mesurer le droit et fonder une théorie syncrétique (première partie : présentation) », *Arch. phil. droit* 2013, p. 365 s. ; B. BARRAUD, « L'échelle de juridicité : un outil pour mesurer le droit et fonder une théorie syncrétique (seconde partie : application) », *Arch. phil. droit* 2014, p. 503 s.

l'outrecuidance de soutenir qu'il est inutile de savoir ce que l'on dit quand on parle, de savoir ce que l'on fait quand on agit »[1]. Pour autant, les prochaines pages, loin des constructions théoriques, devront consister en une étude et en des réflexions à destination de qui pense le droit sous l'angle pragmatique, non à destination de qui le pense sous l'angle théorique, c'est-à-dire en se détachant des « faits normatifs » et des « faits juridiques ».

L'expérience de mesure du pluralisme juridique n'a pas d'autre ambition que de *témoigner de façon brute de données factuelles*. Il n'est plus temps de discuter l'acceptabilité théorique du pluralisme juridique et les questionnements d'ordre méta-pratique peuvent être dissipés en une seule et courte phrase : *toute norme est juridique* et, en particulier, *toute norme privée est juridique*[2]. Dès lors, au moment de mesurer la réalité du pluralisme juridique, l'ensemble des normes doit entrer dans le champ d'observation et être comptabilisé, sans opérer aucune discrimination en fonction de leurs origines formelles. Que soit rappelé combien, « dans le divorce du fait et du droit, c'est le droit qui a tort »[3]. Cet aphorisme, emprunté au doyen Carbonnier, pourrait bien être la devise du pragmatisme juridique.

Des auteurs expliquent : « Les sociétés modernes se caractérisent par une juridicisation croissante. De plus en plus de normes sont inscrites dans le droit [...]. Ainsi, la première qualité des normes des sociétés occidentales

---

[1] Cité par O. BEAUD, « L'œuvre de Gaston Jèze signifie-t-elle un repli de la doctrine publiciste française sur la technique juridique ? », *Jus Politicum* 2013, n° 11, p. 20.

[2] Pour davantage d'explications, *cf.* B. BARRAUD, *Théories du droit et pluralisme juridique – t. II : La théorie syncrétique du droit et la possibilité du pluralisme juridique*, PUAM (Aix-en-Provence), coll. Inter-normes, 2016 ; B. BARRAUD, « L'échelle de juridicité : un outil pour mesurer le droit et fonder une théorie syncrétique (première partie : présentation) », *Arch. phil. droit* 2013, p. 365 s. ; B. BARRAUD, « L'échelle de juridicité : un outil pour mesurer le droit et fonder une théorie syncrétique (seconde partie : application) », *Arch. phil. droit* 2014, p. 503 s. Dans *Théories du droit et pluralisme juridique*, l'expérience menée a permis de démontrer qu'il existerait, au sens de qui adopte la théorie syncrétique du droit, un *pluralisme qualitatif* dans le droit : si toute norme serait juridique, il se trouverait des normes *fortement* juridiques quand d'autres ne le seraient que *moyennement* ou *faiblement*. L'*autonomie ontologique du droit* au sein de l'ensemble normatif est ainsi entièrement sauvegardée sans que cela interdise de voir dans les normes d'origine privée des normes juridiques. Seulement, en ces pages, le degré de juridicité des règles en cause est sans importance. Il semble indispensable, en une étude portant sur la réalité du pluralisme juridique, d'admettre que le juridique est partout, dans toutes les formes de normativité. En revanche, l'absolument et le fortement juridique ne le sont pas ; il y a des sphères des activités sociales qui ne sont régulées que par des normes moyennement ou faiblement juridiques — mais cela est sans importance en ces lignes et pour l'approche pragmatique du droit qui se concentre davantage sur *la force factuelle des règles*, sur leur effectivité.

[3] J. CARBONNIER, *Flexible droit – Pour une sociologie du droit sans rigueur*, 8e éd., LGDJ, 1995.

modernes est qu'elles sont de plus en plus des normes juridiques »[1]. Pareil constat ne saurait être accepté dans cet ouvrage qui s'appuie sur le présupposé selon lequel toute norme serait une norme juridique, selon lequel il n'existerait *pas de norme extra- ou a-juridique*. Dans le cadre de cette étude, 100 % des normes applicables aux communications électroniques sont juridiques et appartiennent au droit des communications électroniques, si bien qu'il est impossible de parler de « juridicisation » ou bien encore de « déjuridicisation ».

Le pragmatisme juridique invite à s'accorder avec qui regrette que, trop souvent, le vide législatif soit assimilé au vide juridique[2]. Le vide juridique est une chose impossible ; même l'entière liberté est déjà un régime juridique. En réalité, qui dénonce le vide juridique dénonce l'absence de droit étatique ou public, comme qui envisage des « "trous" dans le droit » ou l' « imperfection du droit »[3] — lorsque des comportements ne sont pas encadrés par des règles de droit — envisage des « trous » dans le droit étatique ou l'imperfection du droit étatique, et comme qui décrit des lacunes du droit[4] décrit des lacunes du droit étatique. « La loi peut avoir des lacunes, pas le droit », disait en ce sens Charles Beudant à la fin du XIXe s.[5]. En 2014 encore, un observateur (non juriste) pouvait estimer que l'internet ne possédait pas d'encadrement juridique[6] ; mais, dès les premières heures de son existence, dès que des ingénieurs ont fixé quelques normes technologiques permettant de constituer des réseaux informatiques, un droit de l'internet était en place. Nulle évolution ou révolution technique ou technologique ne peut exister sans droit puisque nulle évolution ou révolution technique ou technologique ne peut exister sans normes ; parfois même, elle est ces normes. Et le Conseil d'État d'opposer le droit de l'internet et les usages forgés par les utilisateurs de l'internet[7], alors pourtant que, s'ils entendent faire œuvre utile, peut-être des juristes ne peuvent-ils exclure lesdits usages de leur champ d'investigation. Pareille remarque doit être adressée à l'identique à qui sépare « système normatif juridique » et

---

[1] N. DOMPNIER, « Le renoncement à la légitimité démocratique au nom de la "qualité des normes" ? », in M. FATIN-ROUGE STÉFANINI, L. GAY, J. PINI, dir., *Autour de la qualité des normes*, Bruylant (Bruxelles), coll. À la croisée des droits, 2010, p. 78.

[2] R. MARTIN, « Désinflation législative ? », *RTD civ.* 1993, p. 554.

[3] M.-C. RONDEAU-RIVIER, « L'alibi du vide juridique », *Économie et Humanisme* 1991, n° 318, p. 24.

[4] Spécialement, Ch. PERELMAN, dir., *Le problème des lacunes en droit*, Bruylant (Bruxelles), 1968.

[5] Ch. BEUDANT, *Cours de droit civil français*, Rousseau et Cie, 1896 (cité par J.-P. GRIDEL, *Introduction au droit et au droit français*, Dalloz, 1994, p. 12).

[6] P. BELLANGER, *La souveraineté numérique*, Stock, 2014.

[7] Conseil d'État, *Le numérique et les droits fondamentaux*, La documentation française, coll. Les rapports du Conseil d'État, 2014, p. 132.

« système normatif technique »[1], ainsi qu'à qui distingue « aspects juridiques » et « aspects déontologiques »[2], s'interdisant de la sorte, en tant que juriste, d'étudier les seconds. Or d'aucuns soulignent que les difficultés rencontrées par les juristes face aux nouveaux modèles normatifs proviennent en particulier du fait qu'ils n'envisagent pas l'autorégulation tel un phénomène juridique[3]. Dès lors, ne pouvant l'intégrer dans leurs travaux alors pourtant qu'elle joue *de facto* un rôle éminent, ceux-ci pèchent par manque de pragmatisme et de réalisme.

Lorsque le Vice-président du Conseil d'État Jean-Marc Sauvé retient que « la saisie croissante du numérique par le droit est à la fois une réalité et une nécessité »[4], il faut comprendre que la saisie croissante du numérique par le droit d'origine publique est à la fois une réalité et une nécessité et que le recul du droit d'origine privée[5] est concomitamment une réalité et une nécessité. Mais il serait ici peu porteur d'opposer, à travers la dichotomie droit/non-droit, les normes d'origine publique et les normes d'origine privée. Si tel était le cas, l'étude du pluralisme *juridique* ne mériterait pas une minute d'effort.

Et on en vient parfois à expliquer, par exemple, que la société civile occuperait une position centrale dans l'établissement du droit positif mais que celle-ci serait ignorée par les théoriciens du droit[6]. Pourtant, ce sont ces derniers qui spécifient l'identité du droit, qui établissent les critères qui permettent de le reconnaître et les limites qui le séparent du non-droit. Il n'est donc pas possible que quelque élément soit central dans le droit tout en laissant les théoriciens du droit indifférents puisque ce sont eux qui précisément arrêtent la liste des éléments centraux en droit. Quelque effort *jus*-théorique semble donc inévitable avant tout ouvrage *jus*-scientifique et même avant tout ouvrage *jus*-politique. Reste que, en ces lignes, il faut considérer que cet effort *jus*-théorique a déjà été opéré et se concentrer sur le

---

[1] J. CATTAN, *Le droit et les communications électroniques*, th., Université d'Aix-Marseille, 2012, p. 558.
[2] E. DERIEUX, A. GRANCHET, *Réseaux sociaux en ligne – Aspects juridiques et déontologiques*, Lamy, coll. Axe droit, 2013.
[3] Par exemple, B. BEAUDE, *Les fins d'Internet*, Fyp éditions, coll. Stimulo, 2014.
[4] J.-M. SAUVÉ, « Avant-propos », in Conseil d'État, *Le numérique et les droits fondamentaux*, La documentation française, coll. Les rapports du Conseil d'État, 2014, p. 6.
[5] En cette étude, les notions de « droit public » et de « droit privé » pourraient servir à désigner les origines des normes et non leurs destinataires. Maurice Hauriou, notamment, pouvait recourir de la sorte à ces deux expressions lorsqu'il faisait du droit privé le droit issu de la société civile et du droit public le droit issu de la société politique (M. HAURIOU, *Précis élémentaire de droit constitutionnel*, 2e éd., Librairie du Recueil Sirey, 1930, p. 9). Néanmoins, il semble préférable de parler de « droit d'origine publique » et de « droit d'origine privée ».
[6] A. POMADE, *La société civile et le droit de l'environnement – Contribution à la réflexion sur les sources et la validité des normes juridiques*, th., Université d'Orléans, 2009, p. 403.

droit pratique, le droit pratiqué, le droit praticable, soit le droit des juristes qui ne se soucient guère de connaître les bornes et le cadre de leur objet et qui intègrent dans le monde juridique toute donnée à la seule condition qu'elle leur soit utile, sans procéder à aucune vérification de sa juridicité.

Lorsqu'on souligne que, après la Révolution française, la loi est devenue la seule source du droit[1], pareil propos est susceptible de signifier deux choses très différentes : soit les théoriciens du droit ont défini le droit en empruntant ses signes caractéristiques à la loi, éliminant ainsi l'ensemble des normes non législatives ou, du moins, non étatiques de l'empire du droit, soit les légistes ont à tel point recouru à la loi dans tous les domaines que celle-ci en est venue à cannibaliser les autres formes de normativité juridique, lesquelles se sont trouvées marginalisées, cantonnées à un rang de sources secondaires et complémentaires. La question de la possibilité du pluralisme juridique se rapproche de la première hypothèse ; celle de la réalité du pluralisme juridique, à laquelle ce livre entend répondre, correspond à la seconde hypothèse. Il s'agit, à travers l'expérience opérée, de *rechercher scientifiquement*, *i.e.* objectivement et empiriquement, *les importances respectives des sources étatiques, des sources publiques externes et des sources privées* dans l'ensemble des normes qui constituent la branche du droit objet de l'expérience.

Au terme de cette expérience, il sera possible de relever la domination de l'État ou, du moins, des sources publiques ou bien d'affirmer, à la suite de Gurvitch, que « d'innombrables centres générateurs du droit, de foyers autonomes du droit concurrencent l'État et contredisent l'affirmation selon laquelle l'État est le seul fait normatif »[2]. Toutefois, il faut gager que la conclusion la plus congruente ne saurait consister en autre chose qu'en des observations tempérées, mitigées et relatives, loin de tout manichéisme. Que l'État l'emporte outrageusement est aussi peu probable que le fait qu'il s'efface totalement.

Avant de présenter plus en détails l'expérience, ses résultats et ses prémisses scientifiques, il n'est pas inutile d'insister sur l'idée de pragmatisme juridique à laquelle elle s'attache tout spécialement.

2. Le pragmatisme, un enjeu pour la science du droit plus que pour la théorie du droit

Si, au-delà des mots employés afin de la désigner, elle n'est que peu novatrice tant le droit a connu, comme de nombreux autres champs de la

---

[1] J.-C. BÉCANE, M. COUDERC, J.-L. HÉRIN, *La loi*, 2e éd., Dalloz, coll. Méthodes du droit, 2010, p. 22.
[2] G. GURVITCH, *L'expérience juridique et la philosophie pluraliste du droit*, Pedone, 1935, p. 146-147.

connaissance, un « tournant pragmatique » durant le XXe s.[1], l'intention de faire œuvre pragmatique en droit n'est cependant guère transparente et immédiatement saisissable. Entre le pragmatisme d'un Duguit[2], celui du Professeur Jacques Chevallier — « incompatible avec une démarche scientifique »[3] — et celui proposé par l'auteur de ces lignes[4], il est difficile de percevoir ce que pourrait être exactement une étude pragmatique du droit et/ou en droit. Néanmoins, il ne saurait être question, ici, de chercher à théoriser le pragmatisme juridique au-delà de quelques orientations principales. Simplement, est pragmatique ce qui concerne *le domaine des faits* — les dictionnaires insistent en parlant de « faits réels »[5] —, ce qui présente la qualité de s'attacher à *l'action pratique*, à ses résultats et à ses conséquences, ce qui juge de la valeur des choses à l'aune de leur possibilité d'application pratique, ce qui œuvre dans le but de produire des effets en pratique ; et les dictionnaires de retenir comme exemple significatif la « politique pragmatique »[6].

Une étude pragmatique recherche ce que font les choses, non ce que sont les choses. Partant, le droit pragmatique semble être le parfait contraire du droit théorique et, plus encore, du droit philosophique. Ils n'auraient ni le même contenu, ni les mêmes objectifs, ni les mêmes moyens. Ensuite, il faut espérer qu'ils se complètent, loin de se concurrencer, et qu'ils permettent de traiter quasi-exhaustivement l'ensemble des problèmes que soulève le droit ou que soulève, pour prendre une problématique plus particulière, le pluralisme juridique. Si une étude pragmatique recherche ce que font les choses, non ce qu'elles sont, elle ne peut néanmoins accomplir sa tâche sans savoir ce que sont les choses.

En outre, l'étudiant pragmatique, avec Durkheim et les sociologues, procède à des « démonstration[s] par le fait »[7], ce qui interdit toute proposition d'ordre spéculatif ou stipulatif, interdit toute proposition métaphysique détachée des faits ou, du moins, cherchant à dépasser ou à transcender les faits. Les prochaines pages seront foncièrement pragmatiques

---

[1] D. KENNEDY, « Three Globalizations of Law and Legal Thought: 1850-2000 », in D. TRUBEK, A. SANTOS, dir., *The New Law and Economic Development, A Critical Appraisal*, Cambridge University Press, 2006, p. 19 (cité par M. XIFARAS, « Après les Théories Générales de l'État : le droit global ? », *Jus Politicum* 2012, n° 8, p. 54).

[2] Spécialement, L. DUGUIT, *Le pragmatisme juridique – Conférences prononcées à Madrid, Lisbonne et Coïmbre*, La mémoire du droit, 2008.

[3] J. CHEVALLIER, « Doctrine juridique et science juridique », *Dr. et société* 2002, p. 110.

[4] B. BARRAUD, *Repenser la pyramide des normes à l'ère des réseaux – Pour une conception pragmatique du droit*, L'Harmattan, coll. Logiques juridiques, 2012.

[5] V° « Pragmatique », in *Trésor de la langue française*.

[6] V° « Pragmatique », in *Le petit Larousse illustré 2011*, Larousse, 2010.

[7] É. DURKHEIM, *Les règles de la méthode sociologique*, 2e éd. (1937), Puf, coll. Bibliothèque de philosophie contemporaine, 1973, p. XII.

dès lors qu'elles consisteront uniquement en l'exposé des résultats procédant d'une expérience scientifique, d'une *expérimentation.*

L'expérimentation est la « méthode scientifique [qui] exige l'emploi systématique de l'expérience et de l'observation contrôlée afin de vérifier les hypothèses avancées et d'*acquérir des connaissances positives* dans les sciences expérimentales »[1]. Aussi s'agit-il, à travers cette expérience de mesure du pluralisme juridique[2], de *faire entrer le droit dans le champ des sciences expérimentales* — sans néanmoins prétendre à le faire ressembler, par exemple, à la chimie. Et expérimenter est l'action consistant à « essayer ou tester les qualités de quelque chose »[3], en l'occurrence la réalité du pluralisme juridique. Là encore, faire œuvre pragmatique s'oppose au fait de faire œuvre stipulative, péremptoire, spéculative ou métaphysique. En ces pages, il ne sera lieu que d'*observer dans les faits le niveau de réalité du pluralisme juridique*, cela en droit des communications électroniques, branche du droit choisie en tant que sujet d'expérience. Les commentaires et les analyses devront être seconds par rapport aux données factuelles qui devront pouvoir s'exprimer de la manière la plus brute.

Être pragmatique en droit signifie donc s'attacher principalement à la matière première juridique, à savoir *les normes et les institutions*. Les méthodes de la recherche en droit ne manquent pas de souligner à quel point « le retour aux textes est pour le chercheur en droit l'équivalent du retour aux faits pour le chercheur en sciences dures »[4]. C'est également cela qui justifie de n'envisager ici que les seuls aspects pratiques et concrets de la problématique du pluralisme juridique. Les recherches et réflexions d'obédience *jus*-théorique ne procèdent qu'à de rares « retours aux textes » et, donc, ne constituent pas des travaux dignes d'un grand intérêt aux yeux de qui, dans les facultés de droit, « la réalité mérite davantage de respect que la théorie »[5].

En revanche, l'ouvrage qui débute sera entièrement focalisé sur les normes juridiques, loin de consister en des « commentaires de commentaires » ou en des « pensées de pensées ». Il portera, en effet, sur *un*

---

[1] V° « Expérimentation », in *Le petit Larousse illustré*, 2010 (non souligné dans le texte original).

[2] Ainsi qu'à travers l'expérience menée par ailleurs au moyen de l'échelle de juridicité (*cf.* B. BARRAUD, *Théories du droit et pluralisme juridique – t. II : La théorie syncrétique du droit et la possibilité du pluralisme juridique*, PUAM (Aix-en-Provence), coll. Inter-normes, 2016, partie II).

[3] V° « Expérimenter », in *Le petit Larousse illustré*, 2010.

[4] R. ROMI, *Méthodologie de la recherche en droit*, 2e éd., Litec, coll. Objectif droit, 2010, p. 21.

[5] M. VIRALLY, *Le droit international en devenir – Essais écrits au fil des ans*, Puf, 1990, p. 92 (cité par C. THIBIERGE, « Le droit souple – Réflexion sur les textures du droit », *RTD civ.* 2003, p. 599).

ensemble de quelques 20 000 normes juridiques. En somme, même s'il n'est peut-être guère inconséquent d'envisager quelque « théorie pragmatique du droit »[1], les théories du droit appartiennent plus sûrement à l' « art de rêver, d'investir en rêverie, d'exciter son imaginaire, d'orienter, de contrôler, de diriger ses rêveries »[2]. Un travail axé sur la pratique juridique, lui, se devrait de rechercher constamment le pragmatisme, ce qui conduit, notamment, à laisser au bord du chemin la question des critères de la juridicité, car ceux qui y répondent avec le plus grand « sens pratique »[3] sont ceux qui n'y répondent pas et qui, de la sorte, y apportent *des solutions très praticables*, bien qu'implicites.

Quant à la rupture entre théorie et pratique que consacrerait, avec d'autres, l'ambition pragmatiste, peut-être faut-il se convaincre, aux côtés de Gaston Jèze, que « toute théorie juridique qui n'a pas pour point de départ l'observation minutieuse des faits et qui n'en est pas la synthèse exacte et adéquate est dénuée de valeur »[4]. Il n'en demeure pas moins que, si une théorie est déjà *la définition d'un objet d'étude et la prescription d'une méthode pour l'étude*[5], cela implique de toujours faire au moins en partie œuvre personnelle et stipulative, y compris au moment de proposer une « théorie pragmatique », expression ne constituant toutefois pas une *contradictio in adjecto*[6] — à l'identique de l'idée de « théorie scientifique »[7].

Et le pragmatisme juridique est encore la qualité de ceux qui s'attachent aux « faits juridiques » plutôt qu'aux fictions, aux abstractions et aux idéaux juridiques. Il est incarné, par exemple, par Max Weber quand il déclare que « la volonté du peuple n'existe pas »[8] ou par Vilfredo Pareto lorsqu'il dénonce le « mensonge démocratique »[9]. S'il est vrai que « les fictions, en droit, servent à contrer les réalités »[10], il faut alors choisir entre

---

[1] B. BARRAUD, *Repenser la pyramide des normes à l'ère des réseaux – Pour une conception pragmatique du droit*, L'Harmattan, coll. Logiques juridiques, 2012.

[2] G. THUILLIER, « Probabilisme et art de juger », in D. ALLAND, S. RIALS, dir., *Dictionnaire de la culture juridique*, Lamy-Puf, coll. Quadrige-dicos poche, 2003, p. 1361.

[3] Réf. à P. BOURDIEU, *Le sens pratique*, Minuit, 1980.

[4] G. JÈZE, « De l'utilité pratique des études théoriques de jurisprudence », *RDP* 1914, p. 313 (cité par O. BEAUD, « L'œuvre de Gaston Jèze signifie-t-elle un repli de la doctrine publiciste française sur la technique juridique ? », *Jus Politicum* 2013, n° 11, p. 20).

[5] B. BARRAUD, *La recherche juridique – Sciences et pensées du droit*, L'Harmattan, coll. Logiques juridiques, 2016, p. 21.

[6] Par exemple, B. Z. TAMANAHA, *Realistic Socio-Legal Theory: Pragmatism and a Social Theory of Law*, Clarendon Press (Oxford), 1997.

[7] Pour une analyse contraire, *cf.* J.-P. CHAZAL, « Philosophie du droit et théorie du droit, ou l'illusion scientifique », *Arch. phil. droit* 2001, p. 303 s.

[8] Cité par P. ROSANVALLON, « La démocratie : esquisse d'une théorie générale – Cours au Collège de France (6/10) », L'Éloge du savoir, France culture, 30 avr. 2013.

[9] V. PARETO, *Traité de sociologie générale*, Droz (Genève), 1917.

[10] P. ROSANVALLON, « La démocratie : esquisse d'une théorie générale – Cours au Collège de France (9/10) », L'Éloge du savoir, France culture, 3 mai 2013.

réalité et fiction et le pragmatique est celui qui choisira toujours la réalité, ce qui peut aussi vouloir dire *choisir le fait contre la norme*[1], ou bien encore *choisir la norme effective contre la norme valide*. Or cela est tout sauf anecdotique au moment de s'enquérir du pluralisme juridique puisque, selon que l'étudiant sera pragmatiste ou ne le sera pas, ses méthodes, ses travaux et, surtout, ses conclusions pourront différer radicalement. Le cadre épistémologique adopté influe évidemment de manière décisive sur le contenu de l'étude. Ensuite, c'est certainement un livre entier qui pourrait être consacré au pragmatisme et à ses implications lorsqu'il est adopté en droit, lesquelles résident souvent dans le *positivisme* et, plus encore, dans la forme particulière de positivisme qu'est le *réalisme* — de type américain principalement —, soit dans les conceptions qui tendent à réduire le droit à la jurisprudence et, plus largement, à sa pratique et à son application[2] (incluant les « ressorts extrajuridiques de la réalité juridique »[3]), donc au *droit vivant*[4]. « *We decide, then we deduce* »[5] (les juges décident puis justifient juridiquement cette décision, loin du syllogisme judiciaire) disait le juge Oliver W. Holmes, pionnier du réalisme américain.

Ces lignes ne sont toutefois pas le lieu où débuter pareil exposé et où s'arrêter plus longuement sur la philosophie pragmatiste dont les tenants adoptent le principe du « doute organisé »[6], considèrent, avec Spinoza, qu'il faudrait « prendre la réalité pour ses désirs et non ses désirs pour la réalité »[7] et affirment qu' « une chose est ce qu'elle fait »[8], est les effets pratiques qu'elle produit[9], si bien qu'il s'avèrerait inopportun de chercher à lui octroyer quelque essence. Simplement importe-t-il d'ajouter encore que,

---

[1] *Cf.* I. PARIENTE-BUTTERLIN, *Le droit, la norme et le réel*, Puf, coll. Quadrige manuels philosophie, 2005.

[2] *Cf.*, notamment, F. MICHAUT, « États-Unis (grands courants de la pensée juridique américaine contemporaine) », in D. ALLAND, S. RIALS, dir., *Dictionnaire de la culture juridique*, Lamy-Puf, coll. Quadrige-dicos poche, 2003, p. 662.

[3] Th. KIRAT, « Le pragmatisme de Richard Posner : un regard critique », communication à la journée d'étude sur les philosophes pragmatistes et les économistes, IDHE-ENS Cachan, 11 avr. 2005.

[4] B. FRYDMAN, « La méthode pragmatique du Professeur van Ommeslaghe », Allocution prononcée à l'occasion de la conférence Perelman exceptionnelle, 26 nov. 2010.

[5] O. W. HOLMES, *The Common Law* (1881), Little Brown (Boston), 1963 (cité par Th. KIRAT, « Le pragmatisme de Richard Posner : un regard critique », communication à la journée d'étude sur les philosophes pragmatistes et les économistes, IDHE-ENS Cachan, 11 avr. 2005).

[6] M. GIREL, « La production du doute et de l'ignorance dans les sciences », Questions d'éthique, France culture, 25 avr. 2013.

[7] Cité par R. ENTHOVEN, « Le réel et son double – Clément Rosset », Le gai savoir, France culture, 14 oct. 2012.

[8] F. S. COHEN (cité par F. MICHAUT, « États-Unis (grands courants de la pensée juridique américaine contemporaine) », in D. ALLAND, S. RIALS, dir., *Dictionnaire de la culture juridique*, Lamy-Puf, coll. Quadrige-dicos poche, 2003, p. 663).

[9] M. OLIVIER, *Peirce : la pensée et le réel*, Hermann, 2013

sous l'angle pragmatique, la qualité des instruments de recherche se juge à la congruence par rapport aux faits des résultats qu'ils permettent d'obtenir ainsi qu'à leur caractère opératoire, ce qui est tout à fait important à l'heure d'engager l'expérience de mesure du pluralisme juridique. En ce sens, l'approche pragmatique, *ni arcboutée sur quelque système de certitudes ni sceptique par principe*[1], paraît la plus équilibrée, la plus capable d'amener à quelques conclusions pertinentes, sous l'angle scientifique assurément, mais sous l'angle politique peut-être également.

En effet, le pragmatisme ne devrait-il pas empreindre les réflexions touchant aux enjeux et techniques légistiques, c'est-à-dire à l'adaptation du droit et du droit de la création du droit à leur contexte, à des impératifs pratiques, à l' « expérience sociale »[2] et aux « nécessités ressenties du temps présent »[3] ? Finalement, les scientifiques et les politiques, s'ils ne le sont pas toujours, devraient être les uns comme les autres des pragmatiques ; et cela s'appliquerait entièrement aux *jus*-scientifiques et aux *jus*-politiques. Il leur appartiendrait ainsi de s'inscrire à la suite des manuels de droit dont « l'objectif est d'offrir aux étudiants, aux praticiens et à tous les juristes une réponse aussi concrète, utile et pragmatique que possible aux questions qu'ils rencontrent »[4].

Enfin, il faut croire que le pragmatisme devrait être la qualité des acteurs du droit davantage encore que celle de ses commentateurs[5] — *a*

---

[1] *Ibid.*

[2] O. W. HOLMES, « The Path of the Law », *Harvard Law Review* 1897 (cité par Th. KIRAT, « Le pragmatisme de Richard Posner : un regard critique », communication à la journée d'étude sur les philosophes pragmatistes et les économistes, IDHE-ENS Cachan, 11 avr. 2005).

[3] R. POSNER, *Economie Analysis of Law*, 3e éd., Little Brown (Boston), 1986 (cité par F. OST, M. VAN DE KERCHOVE, *De la pyramide au réseau ? – Pour une théorie dialectique du droit*, Publications des Facultés universitaires Saint-Louis (Bruxelles), 2002, p. 332).

[4] P. VAN OMMESLAGHE, *Droit des obligations*, t. I, Bruylant (Bruxelles), 2010, p. 2 (cité par B. FRYDMAN, « La méthode pragmatique du Professeur van Ommeslaghe », allocution prononcée à l'occasion de la conférence Perelman exceptionnelle, 26 nov. 2010).

[5] Par exemple, il ne semble que possible de se réjouir lorsqu'une cour d'appel refuse d'appliquer à un utilisateur du « réseau social » Facebook une clause des conditions d'utilisation du site alors que la clause en question était noyée dans le texte et qu'il suffisait d'un simple et unique clic pour que le consentement soit considéré comme acquis (CA Pau, 23 mars 2012, *Sébastien R. c/ Facebook*). De même, il faut voir le fruit d'un heureux pragmatisme dans le choix de la Cour de cassation de faire du besoin d'ouvrir plusieurs fenêtres sur un site web pour pouvoir être informé de son caractère publicitaire une infraction à l'article 20 de la *Loi pour la confiance dans l'économie numérique* qui prévoit que toute publicité électronique doit pouvoir être clairement identifiée en tant que telle (Cass. com., 29 nov. 2011, *Kelkoo*). Et juger que la gratuité du service Google Maps est un prix anormalement bas enfreignant le droit de la concurrence et constituant un abus de position dominante sur le marché de la cartographie en ligne (T. com. Paris, 15e ch., 31 janv. 2012, *Bottin Cartographes c/ Google France et Google Inc*) est une autre illustration du pragmatisme dont peuvent faire montre les tribunaux. Mais nul doute que quelques exemples de dogmatisme, de manque de

fortiori aux yeux du Professeur Jacques Chevallier qui considère, à l'inverse de l'auteur de ces lignes[1], que la science du droit, par définition, devrait refuser le pragmatisme, lequel ne pourrait exister que dans l'ordre de l'action et non dans l'ordre de l'observation[2].

Reste que, à l'aune des enjeux attachés au pragmatisme, le scientifique du droit se penchant sur le problème du pluralisme juridique se trouve logiquement attiré par sa réalité empirique plus que par sa possibilité théorique.

3. Une étude des quantités de règles de droit, loin de la qualité de règle de droit

Ces travaux s'inscriront donc en un espace de droit pragmatique et non en un espace de droit théorique ou de droit dogmatique. Seul le pan quantitatif du pluralisme juridique devra être interrogé. D'aucuns pourraient imaginer que les réflexions quantitatives revêtiraient forcément un intérêt et un attrait moindres par rapport aux réflexions qualitatives, car la qualité serait toujours préférable à la quantité et devrait ainsi lui être préférée. Ce n'est toutefois pas en ces termes que le rapport pluralisme qualitatif/pluralisme quantitatif doit être pesé. L'un et l'autre impliquent des considérations parfaitement dissemblables, ce qui, d'une part, justifie de ne pas les traiter en un même ouvrage et, d'autre part, interdit de voir dans l'un ou dans l'autre la problématique supérieure, celle à laquelle s'attacheraient l'intérêt et les enjeux les plus importants.

De plus, l'opposition des qualités et des quantités en droit correspond à celle de la théorie et de la pratique juridiques ; or bien des auteurs voient dans la seconde l'essentiel quand la première ne serait qu'un maigre accessoire puisque le droit, de tout temps, serait fondamentalement un ensemble d'activités aux fins pratiques très éloignées des réflexions d'ordre théorique ou philosophique, la régulation des conduites en société étant la plus pratique de toutes les activités[3]. En droit, les problèmes quantitatifs seraient donc ontologiquement supérieurs aux problèmes qualitatifs. Alors que déjà Aristote faisait du droit un savoir tendu vers l'action, une « science pratique » s'opposant aux « sciences spéculatives et poétiques »[4], Jean

---

pragmatisme, de la part des acteurs du droit pourraient également être dénichés sans grande difficulté.

[1] Également, O. BEAUD, « Doctrine », in D. ALLAND, S. RIALS, dir., *Dictionnaire de la culture juridique*, Lamy-Puf, coll. Quadrige-dicos poche, 2003, p. 387.

[2] J. CHEVALLIER, « Doctrine juridique et science juridique », *Dr. et société* 2002, p. 110.

[3] Par exemple, Ch. PERELMAN, *Éthique et droit*, 2e éd., Éditions de l'Université de Bruxelles, 2012, p. 633.

[4] ARISTOTE, *Métaphysique*, IVe s. av. J.-C., L. E, chap. 1 (cité par J.-P. CHAZAL, « Philosophie du droit et théorie du droit, ou l'illusion scientifique », *Arch. phil. droit* 2001, p. 326).

Bodin, au XVIe s., expliquait que le droit devait s'apprendre dans l'optique de « se préparer à gouverner les cités et à instruire les peuples »[1], tâche ô combien pragmatique. Et on n'hésite pas à avancer que la doctrine serait principalement la source d'une production scientifico-pratique[2], ou encore que « le droit est né de sa pratique »[3], formule qu'il faut comprendre comme signifiant que « la science du droit est née avec la pratique du droit », tant et si bien que les universitaires-juristes seraient un groupe particulier parmi l'ensemble des praticiens-juristes, non un groupe parallèle à lui.

C'est aussi pour cela, parce que le droit pratique l'emporte outrageusement — et pour des motifs légitimes — sur le droit théorique dans les esprits d'une large majorité de juristes, y compris parmi les facultés de droit (où les séances de travaux pratiques ont été rendues obligatoires par une loi du 30 octobre 1940), que les propositions et analyses théoriques suscitées par la question du pluralisme juridique ont été exclues du présent ouvrage. Il faut néanmoins croire que ce dernier, concentré sur le droit pratique, n'aurait pu voir le jour sans que soit résolu antérieurement et par ailleurs le problème de la possibilité conceptuelle du pluralisme juridique tant, ainsi que l'écrivait Savigny, la division entre théorie et pratique juridiques, « bonne et légitime, pourrait dégénérer en isolement funeste [...]. La division est bonne si chacune ne perd point de vue l'unité primitive, si le théoricien conserve et cultive l'intelligence de la pratique, le praticien l'intelligence de la théorie. Là où cette harmonie est détruite, là où la séparation entre théorie et pratique devient absolue, advient inévitablement le risque que la théorie devienne un jeu de l'esprit, la pratique un métier purement artisanal »[4].

Nul doute que l'auteur de ces lignes serait fort en peine s'il devait se contenter d'effectuer des tâches juridiques purement artisanales, s'il devait *étudier les normes juridiques sans avoir expliqué au préalable ce qu'est une norme juridique*, soit sans avoir entrepris un effort définitionnel, donc un effort de théorisation. Et il lui serait difficile de devoir accepter d'accueillir l'ensemble des formes de normativité dans le temple de la normativité juridique sans avoir précisé auparavant *à quelles conditions théoriques il le fait* — en l'occurrence à condition d'admettre une *juridicité graduelle*,

---

[1] J. BODIN, *Les six livres de la République*, 1576 (cité par J.-M. CARBASSE, « Professeurs à la faculté de droit », in D. ALLAND, S. RIALS, dir., *Dictionnaire de la culture juridique*, Lamy-Puf, coll. Quadrige-dicos poche, 2003, p. 1246).

[2] O. BEAUD, « Doctrine », in D. ALLAND, S. RIALS, dir., *Dictionnaire de la culture juridique*, Lamy-Puf, coll. Quadrige-dicos poche, 2003, p. 387.

[3] Ch. CHÊNE, « Enseignement du droit », in D. ALLAND, S. RIALS, dir., *Dictionnaire de la culture juridique*, Lamy-Puf, coll. Quadrige-dicos poche, 2003, p. 617.

[4] C. F. VON SAVIGNY, *System des heutigen ràmischen Rechts*, t. I, 1848, p. XV (cité par O. BEAUD, « Doctrine », in D. ALLAND, S. RIALS, dir., *Dictionnaire de la culture juridique*, Lamy-Puf, coll. Quadrige-dicos poche, 2003, p. 388).

contre le manichéisme qui empreint classiquement la théorie juridique — ; car il voit bien davantage de pertinence dans la critique du panjuridisme qu'opérait, notamment, Carbonnier[1] que dans le panjuridisme. La conception, par Gurvitch, d'un « ordonnancement du droit social économique commun, pur et indépendant, équivalent dans sa validité à l'ordonnancement du droit étatique »[2] lui apparaît peu commode à soutenir car *ignorante de décennies de pensée de l'autonomie du droit*. Mais il sait aussi combien tout juriste-praticien se doit d'être panjuridiste puisque son office est en vérité moins celui d'un juriste (qui travaille avec le droit) que celui d'un nomiste (qui travaille avec les normes). Aussi le fait d'avoir exposé ailleurs et préalablement la théorie syncrétique du droit et l'échelle de juridicité lui permet-il peut-être de concilier, globalement, ces enjeux *a priori* antinomiques.

Reste que le pluralisme juridique qualitatif et le pluralisme juridique quantitatif doivent être strictement séparés, à tel point qu'ils peuvent sans peine constituer les objets de deux ouvrages tout à fait différents. Et le pluralisme juridique classiquement entendu est le pluralisme quantitatif, soit celui envisagé en ces lignes. Il semble d'ailleurs que l'idée de pluralisme qualitatif du droit soit une novation[3]. « Pluralisme juridique », pour la grande majorité de ceux qui utilisent l'expression, signifie « pluralisme juridique quantitatif », ce qui désigne la situation dans laquelle des sources extra-étatiques de normes juridiques coexistent aux côtés des sources étatiques, non la situation dans laquelle des normes faiblement et moyennement juridiques coexistent aux côtés des normes fortement et absolument juridiques.

Cependant, il faut caractériser plus avant le « pluralisme juridique quantitatif », notion qui est relativement inédite parmi la littérature juridique, même si le phénomène qu'elle vise est depuis longtemps observé et commenté. Il serait insuffisant de retenir, en ces pages, qu'il y aurait pluralisme juridique dès lors qu'il y a acceptation du caractère juridique des normes produites par les sources privées. Le pluralisme juridique quantitatif est, plus finement, *la situation dans laquelle le nombre de normes produites*

---

[1] *Cf.* R. VERDIER, « Itinéraire d'un juriste humaniste dans la science des normes », *L'Année sociologique* 2007, p. 372.

[2] G. GURVITCH, *Éléments de sociologie juridique*, Aubier, 1940, p. 241.

[3] Les théoriciens du droit adoptent généralement une approche manichéenne de la qualité juridique contre laquelle s'élève l'échelle de juridicité. *Cf.* B. BARRAUD, *Théories du droit et pluralisme juridique – t. II : La théorie syncrétique du droit et la possibilité du pluralisme juridique*, PUAM (Aix-en-Provence), coll. Inter-normes, 2016, spéc. n° 42 et 178 ; B. BARRAUD, « L'échelle de juridicité : un outil pour mesurer le droit et fonder une théorie syncrétique (première partie : présentation) », *Arch. phil. droit* 2013, p. 365 s. ; B. BARRAUD, « L'échelle de juridicité : un outil pour mesurer le droit et fonder une théorie syncrétique (seconde partie : application) », *Arch. phil. droit* 2014, p. 503 s.

par les sources privées tend à rivaliser avec le nombre de normes d'origine publique, cela à l'échelle d'une branche du droit et d'un espace étatique donnés. Étudier la réalité du pluralisme juridique revient alors à se placer dans les pas de qui utilise un quadrinôme de sources (loi, coutume, doctrine et jurisprudence) afin d'établir une table matricielle classant les ordres juridiques selon l'emprise effective de chaque source sur la vie sociale[1] ; cela revient à « étudier les parts respectives de l'État et des autres instances de pouvoir dans la régulation juridique des sociétés contemporaines »[2].

Seulement les « sociétés contemporaines » ne paraissent-elles pas consister en un niveau d'investigation praticable, car par trop vaste et hétéroclite. Peut-être la *branche du droit* ou le *régime juridique* sont-ils des niveaux d'étude davantage pertinents ; c'est notamment pour cette raison que cette étude sera associée à un sujet d'expérience, à savoir le droit des communications électroniques. Ensuite, si une branche du droit x est constituée de 900 normes d'origine publique et de 100 normes d'origine privée, il s'avère très contestable que le pluralisme juridique soit, à l'échelle de cette branche du droit x, une réalité puisque le droit d'origine privée y occupe une place relativement modeste, équivalente à 10 % contre 90 % de droit d'origine publique. Mais, si une branche du droit y est composée de 500 normes d'origine publique et de 500 ou même 400 ou 300 normes d'origine privée, alors il paraît avéré que le pluralisme juridique tend à être, à l'échelle de cette branche du droit y, une réalité.

Aussi l'expérience présentée dans ce livre ne consistera-t-elle pas en autre chose qu'en *un dénombrement des règles juridiques* appartenant au droit des communications électroniques afin de pouvoir conclure à la réalité ou à l'irréalité du pluralisme juridique à son échelle, cela *en comparant les pourcentages de normes d'origine étatique, de normes d'origine publique externe et de normes d'origine privée*.

On soutient qu'une approche pragmatique du droit conduirait nécessairement à reconnaître le pluralisme juridique[3] ; cela est incertain et la réalité du pluralisme juridique mérite à tout le moins d'être vérifiée au moyen d'un examen empirique. En sens inverse, il n'est, semble-t-il, pas avéré que « tout pluralisme est un réalisme »[4]. Le pluralisme peut, par exemple, se présenter sous la forme d'une revendication politique. Mais, concernant le pluralisme juridique dont il est question en ces lignes, il ne

---

[1] J. VANDERLINDEN, « À propos des familles de droit en droit civil comparé », in *Mélanges René Dekkers*, Bruylant (Bruxelles), 1982, p. 359 s.
[2] H. MOUTOUH, « Pluralisme juridique », in D. ALLAND, S. RIALS, dir., *Dictionnaire de la culture juridique*, Lamy-Puf, coll. Quadrige-dicos poche, 2003, p. 1160.
[3] A.-J. ARNAUD, « Du jeu fini au jeu ouvert – Réflexions additionnelles sur le Droit post-moderne », *Dr. et société* 1991, p. 53.
[4] D. TERRÉ, « Le pluralisme et le droit », *Arch. phil. droit* 2005, p. 71.

saurait être autre chose qu'*une donnée factuelle constatée objectivement et empiriquement* ; en particulier, il ne pourrait consister en une supposition, en un vœu ou en une exigence.

Certes, en se focalisant sur le pluralisme juridique quantitatif, ce livre cède certainement à la « mode juridique » que Guy Carcassonne dénonçait lorsqu'il critiquait la « frénésie quantitative qui gagne les juristes »[1]. Néanmoins, il y a un pas entre la multiplication des lois que visait par ces mots le professeur[2] et l'expérience scientifique qu'il est proposé d'opérer ici. Le débat afférent au quantitatif et au qualitatif dans les activités et les savoirs des juristes est par trop pluriel, fait référence à des éléments excessivement multiples et disparates[3], et il n'est pas lieu de prolonger la discussion sur ce point. Le lien et/ou la confrontation entre pluralisme qualitatif et pluralisme quantitatif du droit, entre possibilité et réalité du pluralisme juridique, doit (doivent) désormais être définitivement considéré(s) comme dépassé(s). L'ouvrage qui débute portera uniquement sur les quantités de normes, sur la réalité du pluralisme juridique ou, dit autrement, sur le droit abordé sous un angle pragmatique. Or il faut gager que d'importants travaux restent à conduire en la matière.

4. D'importantes recherches à mener autour de l'effectivité du pluralisme juridique

Nombreux sont les auteurs à s'être déjà penchés sur les enjeux et les conséquences attachés au fait de savoir quelle est la ou quelles sont les source(s) du droit dominante(s). Par exemple, on constate que « la majeure partie du droit des contrats et du droit de la responsabilité vient de l'Union européenne »[4], ce qui signifie que, parmi l'ensemble des normes qui constituent le droit des contrats et le droit de la responsabilité, celles qui ont pour origine l'Union européenne seraient majoritaires par rapport à celles

[1] Cité par E. KERVICHE, « Débats et discussions », in M. FATIN-ROUGE STÉFANINI, L. GAY, J. PINI, dir., *Autour de la qualité des normes*, Bruylant (Bruxelles), coll. À la croisée des droits, 2010, p. 291.

[2] « Il faut maintenant des lois pour rappeler que les chiens méchants mordent ou qu'en tombant dans une piscine on peut se noyer » (G. CARCASSONNE (cité par E. KERVICHE, « Débats et discussions », in M. FATIN-ROUGE STÉFANINI, L. GAY, J. PINI, dir., *Autour de la qualité des normes*, Bruylant (Bruxelles), coll. À la croisée des droits, 2010, p. 291)).

[3] *Cf.*, notamment, Ch. ATIAS, « Des réponses sans questions : 1804-1899-1999 (quantitatif et qualificatif dans le savoir juridique) », *D.* 1998, p. 406 s.

[4] D. MAZEAUD, « Les grandes mutations du droit des obligations », conférence à l'École doctorale de sciences juridiques de Grenoble, 17 juin 2012. Mais le professeur relève également que « le droit des obligations, malgré le Code civil, est un droit jurisprudentiel. L'essentiel des règles du droit des contrats et du droit de la responsabilité civile sont jurisprudentielles ». Il faudrait alors en conclure que la première source du droit des obligations serait la Cour de Justice de l'Union européenne ; mais tel n'est assurément pas le cas.

produites par l'État, par des organisations internationales ou par des organismes privés. Ensuite, concernant les enjeux et les conséquences, on signale, pour ne prendre qu'une illustration parmi de nombreuses autres, que, lorsque la coutume domine, c'est que « le passé étreint un présent voué à perdurer dans l'avenir, et le droit sert à assurer la conservation de l'ordre établi »[1], tandis que là où la loi l'emporte, cela implique que « c'est un ordre meilleur que le droit prépare en assignant à la règle une fonction programmatique qui anticipe les conflits d'intérêts et projette un certain modèle de société »[2].

Cependant, il se trouve aussi beaucoup d'auteurs qui délaissent la question de la composition quantitative du droit, si bien qu'ils peuvent tout à la fois relever qu' « il est rare de croiser une coutume [...] dans nos sociétés complexes et rapidement évolutives »[3], que la coutume serait « une source largement asséchée »[4], qu'elle serait en droit une « image d'Épinal »[5], et lister « trois sources du droit *principales* : la loi, la jurisprudence et la *coutume* »[6] ; alors pourtant que l'extrême rareté de la coutume comparativement aux quantités de lois et de jurisprudences qui constellent le droit devrait conduire à évincer cette première du nombre des sources du droit ou, en tout cas, à ne pas la placer sur le même plan que la loi et la jurisprudence. Aussi l'étude de la réalité du pluralisme juridique doit-elle potentiellement conduire à opérer des conclusions pragmatiques. La coutume, notamment, devrait intégrer la liste des sources historiques du droit — elle en a longtemps été la source principale[7] — mais non celle des sources actuelles du droit, en tout cas concernant la plupart des branches du

---

1 B. ANCEL, « Familles de droits (classification) », in D. ALLAND, S. RIALS, dir., *Dictionnaire de la culture juridique*, Lamy-Puf, coll. Quadrige-dicos poche, 2003, p. 705.

2 *Ibid.*

3 P. DEUMIER, *Introduction générale au droit*, 2e éd., LGDJ, coll. Manuel, 2013, p. 55.

4 *Ibid.*, p. 327.

5 *Ibid.*, p. 333.

6 *Ibid.*, p. 53 (non souligné dans le texte original).

7 J.-M. CARBASSE, « Coutumes françaises », in D. ALLAND, S. RIALS, dir., *Dictionnaire de la culture juridique*, Lamy-Puf, coll. Quadrige-dicos poche, 2003, p. 327. Le Professeur Jean-Marie Carbasse observe ainsi que, dès la grande ordonnance de réformation de 1254, Saint Louis faisait obligation à ses baillis de juger « selon les droits, usages et coutumes approuvés dans chaque lieu », tandis que Beaumanoir ne disait pas autre chose dans ses *Coutumes de Beauvaisis* : le roi « est tenu de garder et faire garder les coutumes de son royaume ». Et l'obligation faite au roi de veiller sur la position centrale des coutumes parmi le droit du royaume, implicitement contenue dans le serment du sacre, était encore plus nette dans le serment que les rois ont prononcé (jusqu'à Louis XIII inclus) lors de leur « joyeuse entrée » dans la capitale, à leur retour de Reims : « Entretenir les nobles, aussi les laboureurs et les marchands en leurs bonnes lois et coutumes anciennes ».

droit. Elle pourrait aussi être inscrite dans la liste des principales sources du droit en d'autres systèmes et cultures juridiques[1].

Dire que « la loi incarne souvent tout le droit positif »[2] ne peut que signifier que, dans la majorité des cas, l'ensemble des normes juridiques composant une branche du droit donnée possèderait une origine législative ; avancer que « la loi est la source première avec des sources complémentaires à ses côtés »[3] ne peut que vouloir dire que les normes d'origine législative seraient majoritaires dans la branche du droit en cause et que les autres sources donneraient chacune naissance à un nombre de normes très inférieur à celui des normes produites par le Parlement ; constater le « tarissement de la loi comme source de droit »[4] ne peut qu'impliquer que la part des normes d'origine législative diminuerait dans la branche du droit considérée alors que celle des normes issues d'autres sources augmenterait ; et voir dans la loi la « seule source de droit »[5] ne peut que signifier que 100 % des normes propres au régime juridique analysé auraient une origine législative. Reste que, pour pouvoir retenir pragmatiquement l'une de ces conclusions — ou bien une conclusion tout autre —, il convient peut-être de procéder à l'expérience de mesure du pluralisme juridique, donc à l'expérience relative aux quantités et aux proportions de normes.

Ce n'est qu'une fois les résultats en découlant obtenus qu'il sera possible de savoir, notamment, s'il est vrai que l'heure serait à la grande refondation de la structure et de la texture des sources du droit, laquelle coïnciderait avec la marginalisation de l'État et avec le développement des sources privées[6], donc avec le passage du monisme au pluralisme juridique. C'est déjà à cela que sert l'étude du pluralisme juridique comprise comme étude de la réalité du pluralisme juridique ou comme étude de l'aspect quantitatif du pluralisme juridique : pouvoir évaluer, *au moyen d'un indicateur approprié*, le niveau de puissance de l'État ; car plus le monisme juridique triomphe, plus la puissance de l'État est grande, tandis que plus le pluralisme juridique est une réalité, moins la puissance de l'État est grande.

---

[1] *Cf.*, par exemple, J.-H. MOITRY, « Japon (culture juridique) », in D. ALLAND, S. RIALS, dir., *Dictionnaire de la culture juridique*, Lamy-Puf, coll. Quadrige-dicos poche, 2003, p. 857 (qui apprend à ses lecteurs que, dans la culture juridique japonaise, la source première du « droit » est « *giri* », soit un ensemble de « règles de comportement fondées sur une harmonie naturelle et sociale correspondant à des usages ancestraux », un « droit vécu » l'emportant sur le « droit formel »).

[2] J.-C. BÉCANE, M. COUDERC, J.-L. HÉRIN, *La loi*, 2e éd., Dalloz, coll. Méthodes du droit, 2010, p. XIII.

[3] *Ibid.*, p. 57.

[4] *Ibid.*

[5] *Ibid.*, p. 22.

[6] P. DEUMIER, Th. REVET, « Sources du droit (problématique générale) », in D. ALLAND, S. RIALS, dir., *Dictionnaire de la culture juridique*, Lamy-Puf, coll. Quadrige-dicos poche, 2003, p. 1434.

Section 2. Une expérience permettant d'évaluer les niveaux de puissance et de souveraineté de l'État

On décrit le pluralisme juridique tel un « courant théorique fondamentalement critique, dans la mesure où il repose sur la dénonciation de l'étatisation du droit »[1]. Un grand nombre des auteurs qui ont exposé et débattu l'idée de pluralisme juridique ont en effet souhaité, à cette occasion, *relativiser la place de l'État et du droit de l'État parmi la structure sociale*, relativiser leur suprématie[2]. Historiquement, les « pluralistes » se présentent tel un courant de pensée entendant s'opposer à la prétention de l'État de dominer le droit[3], *d'en être le propriétaire (critique de la souveraineté) et le maître (critique de la puissance)*. Aussi importe-t-il de rappeler que le pluralisme juridique dont il est question en ces pages ne saurait être autre chose qu'une donnée factuelle objectivement et empiriquement observée. Ici, il s'agira de *constater* le recul ou le maintien de la puissance étatique, non de souhaiter le retrait de cette puissance et d'œuvrer en ce sens. D'ailleurs, l'étude de la réalité du pluralisme juridique est *tout autant une étude de la réalité du monisme juridique* et le présent ouvrage pourrait parfaitement être intitulé *Mesurer le monisme juridique*. Dès lors, il n'est pas vrai que l'évocation du pluralisme juridique serait toujours un outil servant à combattre l'État[4] ; ledit pluralisme peut être *l'objet d'une étude scientifique*.

Des auteurs notent que la problématique du pluralisme juridique amènerait en premier lieu à estimer les importances respectives de l'État et des autres instances de pouvoir dans la régulation des sociétés[5], à « mesurer l'ampleur de la centralisation que l'action de l'État a opérée »[6]. C'est bien en ces termes qu'il faut comprendre l'expérience de mesure du pluralisme juridique présentée en ce livre. La question du pluralisme ou monisme juridique est « empiriquement ouverte, [...] contingente [...] et indécidable *a*

[1] H. MOUTOUH, « Pluralisme juridique », in D. ALLAND, S. RIALS, dir., *Dictionnaire de la culture juridique*, Lamy-Puf, coll. Quadrige-dicos poche, 2003, p. 1159.
[2] En premier lieu, J. GRIFFITHS, « What is Legal Pluralism? », *Journal of Legal Pluralism* 1986, n° 24, p. 1 s.
[3] N. ROULAND, *Aux confins du droit – Anthropologie juridique de la modernité*, Odile Jacob, 1991, p. 124.
[4] J.-M. LARRALDE, « Le pluralisme dans la jurisprudence du Conseil constitutionnel », in L. FONTAINE, dir., *Droit et pluralisme*, Nemesis-Bruylant (Bruxelles), coll. Droit et justice, 2007, p. 287.
[5] H. MOUTOUH, « Pluralisme juridique », in D. ALLAND, S. RIALS, dir., *Dictionnaire de la culture juridique*, Lamy-Puf, coll. Quadrige-dicos poche, 2003, p. 1160 ; J.-G. BELLEY, « L'État et la régulation juridique des sociétés globales – Pour une problématique du pluralisme juridique », *Sociologie et sociétés* 1986, n° 18, p. 28.
[6] J.-G. BELLEY, « L'État et la régulation juridique des sociétés globales – Pour une problématique du pluralisme juridique », *Sociologie et sociétés* 1986, n° 18, p. 28.

priori »[1]. Le pluralisme juridique et le monisme juridique peuvent être réels ou irréels, ou être à-demi réels. Il faut donc procéder à *une enquête de terrain*, à une plongée dans les « faits normatifs » afin de pouvoir apporter quelque réponse.

Ensuite, il s'agit de déterminer et de comprendre les conséquences pour l'État des résultats obtenus au terme de l'expérience, en particulier les conséquences du point de vue de *sa puissance*, c'est-à-dire sous l'angle de *sa capacité à s'imposer, à dominer dans les faits*. Alors qu'on sépare l'État du XXe s. et l'État du XXIe s.[2], témoignant ainsi des bouleversements qui marqueraient actuellement l'institution étatique, les leçons à tirer peuvent s'avérer importantes en bien des points.

L'expérience de mesure du pluralisme juridique permet d'*estimer le niveau de puissance de l'État* car cette puissance va de pair, normalement, avec le monisme juridique — ainsi qu'avec une grande normativité-effectivité des règles étatiques — (*1*). Elle permet également d'évaluer la souveraineté, mais autrement que par le prisme du pluralisme juridique dès lors que c'est le développement des sources publiques externes qui l'impacte (*2*). Tandis qu'il pourrait être opportun de distinguer les normes privées indépendantes de l'État et les normes privées validées ou acceptées par l'État, les unes impactant sa puissance plus que les autres (*3*), nombre d'enseignements pourront potentiellement être obtenus à l'aune des résultats de l'expérience (*4*), notamment afin de savoir si la puissance étatique est, globalement, « conservée », « modulée », « déléguée » ou « débordée » (*5*).

1. La diminution de la puissance de l'État à mesure du développement du droit d'origine privée et donc du pluralisme juridique

L'État, logiquement, parce qu'il est ontologiquement associé au droit, cherche à le maîtriser. Cela peut prendre, déjà, la forme d'une tentative de prescription d'une définition étatiste du droit, faisant de l'éticité le critère suffisant de la juridicité, ce qui assure, en toutes circonstances, la pérennité du monisme juridique[3]. Mais — et c'est ce qui intéresse ce livre, lequel n'accepte en aucun instant pareille définition étatiste de la juridicité — l'État peut aussi et surtout chercher à s'imposer dans la production réelle des normes. Il est possible que, symboliquement, il semble dominer le monde juridique ; c'est une tout autre chose que de le dominer factuellement,

---

[1] O. PFERSMANN, « Monisme revisité contre *juriglobisme* incohérent », in J.-Y. CHÉROT, B. FRYDMAN, dir., *La science du droit dans la globalisation*, Bruylant (Bruxelles), coll. Penser le droit, 2012, p. 86-87.

[2] S. GOYARD-FABRE, « L'État du XXe siècle a-t-il été un "monstre froid" ? », in S. GOYARD-FABRE, dir., *L'État au XXe siècle : regards sur la pensée juridique et politique du monde occidental*, Vrin, 2004, p. 331 s.

[3] D. DE BÉCHILLON, *Qu'est-ce qu'une règle de droit ?*, Odile Jacob, 1997, p. 140.

matériellement. Si, en termes qualitatifs, toutes les normes juridiques ne sont pas des normes étatiques, il reste envisageable que, en termes quantitatifs, la grande majorité des normes juridiques soient des normes étatiques. Quand tel est effectivement le cas, peut-être la puissance de l'État atteint-elle un niveau élevé, peu important que Santi Romano et ses continuateurs considèrent en termes théoriques le droit d'origine privée comme l'égal du droit d'origine étatique[1]. À l'inverse, lorsque le pluralisme juridique devient réalité, il est probable que cette puissance diminue.

De tout temps, et aujourd'hui plus encore qu'hier, la création du droit est un lieu où se cristallise la compétition pour la puissance qui existe inéluctablement en toute société. On définit la puissance en tant que « capacité d'obtenir un résultat recherché et d'altérer les comportements des autres protagonistes dans ce sens »[2], alors que les dictionnaires rapprochent la notion de puissance de celles d'efficacité, de force, d'autorité et de pouvoir. C'est de cette façon qu'il faut envisager l'idée de puissance de l'État : elle désigne sa force, son autorité, son pouvoir, l'efficacité de ses actions. Plus précisément, elle peut se définir comme *la capacité de contraindre psychologiquement et physiquement un peuple*[3].

Deux éléments permettent de jauger le niveau de puissance étatique : la normativité (comprise comme effectivité et efficacité des normes édictées[4]) et le pluralisme juridique, étant précisé que, généralement, *la réalité du pluralisme juridique est assortie d'une faible normativité du droit étatique*, alors que le monisme juridique est logiquement synonyme de grande normativité dudit droit étatique. En majorité, les cas d'expansion de la part du droit d'origine privée dans l'ensemble-droit correspondent à des situations dans lesquelles la légitimité de l'État en tant que source du droit est contestée et, surtout, dans lesquelles sa capacité à imposer ses normes est ébranlée. Le droit d'origine privée prend son essor lorsque les individus jugent que le droit d'origine étatique est insuffisant, maladroit ou injuste et, par conséquent, préfèrent s'en remettre à de nouvelles normes, plus

---

[1] Par exemple, S. ROMANO, *L'ordre juridique* (1946), trad. L. François, P. Gothot, Dalloz, coll. Philosophie du droit, 1975, p. 82.

[2] J. NYE, *Bound to Lead – The Changing Nature of American Power*, Basic Books (New York), 1990 ; J. NYE, *The Future of Power*, Public Affairs (New York), 2011.

[3] *Cf.* B. BARRAUD, *L'État – Entre fait et droit*, L'Harmattan, coll. Logiques juridiques, 2015, p. 162 s.

[4] *Cf.* B. BARRAUD, *Théories du droit et pluralisme juridique – t. II : La théorie syncrétique du droit et la possibilité du pluralisme juridique*, PUAM (Aix-en-Provence), coll. Inter-normes, 2016, n° 74. Pour une autre compréhension du sens de ce terme, *cf.*, parmi beaucoup d'autres, S. CHASSAGNARD-PINET, « La désobéissance civile face à la normativité du droit », in D. HIEZ, B. VILLALBA, dir., *La désobéissance civile – Approches politique et juridique*, Presses universitaires du Septentrion (Lille), 2008, p. 51 s. Également, C. THIBIERGE, « Le concept de force normative », in C. THIBIERGE, dir., *La force normative – Naissance d'un concept*, LGDJ-Bruylant (Paris-Bruxelles), 2009, p. 821 s.

adéquates selon eux. La normativité paraît donc intimement liée au pluralisme juridique ; semble inenvisageable la conjoncture dans laquelle le pluralisme juridique serait associé à une entière normativité du droit d'origine étatique. Plus encore, il serait impossible que le monisme juridique cohabite avec une faible normativité du droit d'origine étatique ainsi qu'avec une grande normativité du droit d'origine privée. Reste que la réalité du pluralisme juridique est une question très proche de celle de *la réception du droit par ses sujets*[1], c'est-à-dire de celle de la normativité. Toutefois, en ces lignes, la normativité ne sera interrogée qu'à titre accessoire.

L'État est théoriquement la seule entité capable de consacrer des normes juridiques, directement ou indirectement, puisqu'il jouit d'un droit exclusif en la matière ; seulement cela n'implique-t-il pas que, en pratique, il soit effectivement le seul à consacrer des normes juridiques. L'État peut être concurrencé par des organismes privés générant des normes *sans habilitation étatique aucune*. Plus tel est le cas et plus la puissance étatique est mise à mal, tandis que, à l'inverse, lorsque la quantité de normes d'origine privée non validées par l'État est faible comparativement à la quantité de normes d'origine étatique, c'est que le niveau de puissance étatique est élevé.

Les constats d'un « État affaibli »[2], d'un « État concurrencé »[3], d'un « État émoussé »[4] ou du « déclin de l'État »[5], normalement, devraient coïncider avec celui d'une tendance au pluralisme juridique ; tandis que le constat d'un État puissant devrait être associé à celui d'une tendance au monisme juridique. En revanche, la mesure du pluralisme juridique ne saurait permettre de tirer quelques conclusions quant à la souveraineté de l'État, l'un et l'autre n'étant pas situés sur le même plan. Mais l'expérience peut cependant être utile à l'évaluation de la souveraineté dès lors que les normes d'origine publique externe sont, comme les normes d'origine privée, distinguées des normes d'origine étatique.

2. La diminution de la souveraineté de l'État à mesure du développement du droit d'origine publique externe

Telles qu'ici comprises — au terme de définitions largement stipulatives —, la puissance et la souveraineté étatiques ne doivent pas être assimilées l'une à l'autre. Si la souveraineté est un droit au droit, la norme des normes juridiques, une méta-prérogative conférant à l'État le monopole

---

[1] L. DRAÏ, D. HIEZ, « La réception du droit : le droit des sujets », *RRJ* 2007, p. 141.
[2] B. FRYDMAN, *Les transformations du droit moderne*, Fondation Roi Baudoin (Bruxelles), coll. Citoyen, droit et société, 1998, p. 86.
[3] J. CHEVALLIER, *L'État post-moderne*, 3e éd., LGDJ, coll. Droit et société, 2008, p. 41.
[4] S. GOYARD-FABRE, *L'État, figure moderne de la politique*, Armand Colin, coll. Cursus philosophie, 1999, p. 140.
[5] *Ibid.*

de la production et de la désignation des règles de droit[1], rien n'assure que cette « *Grundnorm* » soit respectée dans les faits. Aussi importe-t-il de séparer les conséquences et implications de la souveraineté (la méta-norme supposée qui octroie théoriquement le monopole de la production du droit) et les conséquences et implications de la puissance (*le monopole en faits de la production des normes*). Du point de vue de la souveraineté, *le droit d'origine privée est comme une infraction à la règle quand le droit d'origine publique externe est comme une exception à la règle*. C'est donc le droit issu de l'Union européenne et des organisations internationales qui interroge la souveraineté, non le droit établi par des organismes privés et source de pluralisme juridique. Que les infractions à la règle soient nombreuses ne la fait pas disparaître.

L'étude de la réalité du pluralisme juridique est une étude factuelle concentrée sur la présence ou absence de normes d'origine privée, ce qui implique qu'elle amène à discuter la puissance de l'État et non à sonder sa souveraineté — un État peu puissant peut être complètement souverain. La souveraineté ne peut pas se mesurer par le prisme du pluralisme juridique à l'identique de la puissance puisqu'elle appartient à la sphère du « pur » droit, comme une loi obsolète et non appliquée demeure valide et « en vigueur » tant qu'elle n'est pas abrogée formellement. Lorsqu'on retient que « la souveraineté implique à la fois l'indivisibilité et l'omnicompétence »[2], la puissance est la capacité, en pratique, de faire respecter cette indivisibilité et cette omnicompétence. Et, s'il est vrai que « l'État ne peut pas renoncer à ses fonctions juridiques fondamentales sans s'autodétruire »[3], la perte de puissance, donnée factuelle, est sans conséquence quant au renoncement par l'État à ses fonctions juridiques fondamentales, ce qui est une donnée théorico-juridique.

Il n'est donc pas lieu de suivre, à l'aune des notions de souveraineté et de puissance retenues en ces pages — qui diffèrent, notamment, de celles exposées par Carré de Malberg[4] —, qui voit dans le pluralisme juridique un instrument d'évaluation et de critique de la souveraineté[5] ou qui l'associe à la « fragmentation de la souveraineté »[6]. Il n'est pas impossible, bien au

---

[1] *Cf.* B. BARRAUD, *L'État – Entre fait et droit*, L'Harmattan, coll. Logiques juridiques, 2015, p. 281 s.
[2] O. BEAUD, *La puissance de l'État*, Puf, coll. Léviathan, 1994, p. 148.
[3] *Ibid.*, p. 150.
[4] *Cf.*, par exemple, R. CARRÉ DE MALBERG, *Contribution à la théorie générale de l'État spécialement d'après les données fournies par le droit constitutionnel français*, t. I, Librairie du Recueil Sirey, 1920, spéc. p. 166.
[5] L. FONTAINE, « Le pluralisme comme théorie des normes », in L. FONTAINE, dir., *Droit et pluralisme*, Nemesis-Bruylant (Bruxelles), coll. Droit et justice, 2007, p. 137
[6] A-J. ARNAUD, *Entre modernité et mondialisation – Cinq leçons d'histoire de la philosophie du droit et de l'État*, 2e éd., LGDJ, coll. Droit et société, 2004, p. 58.

contraire, qu'actuellement « la souveraineté des États [soit] soumise à rude épreuve »[1], mais la mesure de l'importance des normes d'origine privée et donc du pluralisme juridique ne permettra pas de s'en assurer[2].

Quant au développement des normes d'origine publique externe, s'il peut impacter la souveraineté juridique, il ne saurait traduire une moindre puissance factuelle[3] — à l'instar du fédéralisme qui, en tant que problématique juridique et non factuelle, interpelle la souveraineté[4] mais pas la puissance étatique —. Ensuite, la puissance des organisations internationales est peut-être dépendante, pour partie, des puissances respectives des États qui les ont instituées ; en même temps, elle rejaillit sur celles-ci, si bien que la puissance de chaque État serait proportionnelle et non inversement proportionnelle à la puissance des organisations internationales auxquelles il appartient.

Reste que, en comparant, à l'échelle d'une branche du droit donnée, les proportions de normes d'origine étatique, d'origine publique externe et d'origine privée, il est possible d'évaluer tout à la fois la puissance (*droit d'origine publique/droit d'origine privée*) et la souveraineté (*droit d'origine étatique/droit d'origine publique externe*) de l'État. Seulement, si le pluralisme juridique se définit comme la situation dans laquelle des sources privées de normes concurrencent les sources publiques de normes, ce pluralisme n'interroge bien que la seule puissance, même s'il est loisible de dénombrer les normes d'origine publique externe autant que les normes d'origine privée.

Par ailleurs, il importe peut-être de traiter différemment, au moment d'évaluer la puissance étatique, les sources privées indépendantes de l'État et les sources privées validées ou autrement acceptées par l'État.

---

[1] R. DENOIX DE SAINT MARC, *L'État*, 2e éd., Puf, coll. Que sais-je ?, 2012, p. 118.
[2] À la rigueur, quoique cette voie ne sera guère suivie ici, serait-il possible d'envisager une réflexion sur la « souveraineté au concret » (S. SAURUGGER, « Théoriser l'État dans l'Union européenne ou la souveraineté au concret », *Jus Politicum* 2012, n° 8), en voyant dans cette expression une traduction de l'idée de puissance.
[3] *Cf.*, sous un autre angle, B.BADIE, *L'impuissance de la puissance – Essai sur les nouvelles relations internationales*, Fayard, 2004.
[4] O. BEAUD, « Fédéralisme et souveraineté – Notes pour une théorie constitutionnelle de la fédération », *RDP* 1998, p. 83 s.

3. La distinction possiblement utile des sources privées autonomes et des sources privées associées à l'État

L'étude du pluralisme juridique permet de se préoccuper de la place occupée par l'État dans le fonctionnement de la société[1]. Certainement le pluralisme juridique est-il peu prégnant dans les sociétés associées à des États-Léviathan très interventionnistes, tandis qu'il l'est bien davantage dans les sociétés épaulées par des États libéraux. Concernant ces derniers, le lien à établir entre pluralisme juridique et puissance étatique se révèle moins évident que concernant ces premiers. Il faudrait, en particulier, être en mesure de distinguer les sources privées autonomes et les sources privées associées à l'État, de distinguer les règles privées validées, autorisées ou encouragées par l'État et les règles privées non validées, autorisées ou encouragées par l'État, seules ces dernières portant véritablement atteinte à sa puissance. Bien des auteurs, au XXe s., à l'image de René Savatier[2], ont relevé combien l'interventionnisme étatique passait par la mise sous tutelle du droit d'origine privé (la source formelle reste privée) et par la publicisation du droit d'origine privé (la source formelle devient étatique).

Néanmoins, quoique ce lien ne soit donc pas toujours parfaitement évident, il faut associer une part élevée de droit d'origine privée à une dégradation de la puissance de l'État, en tout cas pour ce qui est du droit des communications électroniques, branche au sein de laquelle ce n'est que rarement (comparativement à l'ensemble des règles d'origine privée existantes) que l'État invite explicitement des acteurs privés à produire le droit à sa place et où les normes d'origine privée, le plus souvent, se présentent telles des concurrentes des normes d'origine publique. De plus, lorsque l'État reconnaît des normes d'origine privée en matière de communications électroniques, cela est davantage la conséquence d'une contrainte et/ou d'une nécessité que celle d'une volonté libre.

La logique de l'État, en temps normal, lorsqu'il n'est pas perturbé par des forces extérieures, semble bel-et-bien être celle que décrivait Tocqueville : « Être le seul agent et l'unique arbitre du bonheur des citoyens […] et dérober peu à peu chaque citoyen à l'usage de lui-même »[3]. Certes, il est aussi possible de soutenir que le droit d'origine privée prendrait de

---

[1] D'aucuns, adoptant une acception étatiste de la juridicité, parleront de « recherche de la place du droit » (par exemple, J.-F. AKANDJI-KOMBÉ, « Propos introductifs », in L. FONTAINE, dir., *Droit et pluralisme*, Nemesis-Bruylant (Bruxelles), coll. Droit et justice, 2007, p. 13).

[2] Spécialement, R. SAVATIER, *Du droit civil au droit public à travers les personnes, les biens et la responsabilité civile*, LGDJ, 1945 ; R. SAVATIER, « Droit privé et droit public », *D.* 1946, p. 25 s.

[3] A. DE TOCQUEVILLE, *De la démocratie en Amérique*, 1835 (cité par B. FRYDMAN, *Les transformations du droit moderne*, Fondation Roi Baudoin (Bruxelles), coll. Citoyen, droit et société, 1998, p. 38).

l'importance en raison du mouvement de déréglementation initié par l'État[1], mais, en droit des communications électroniques, le droit d'origine privée n'est qu'à la marge le fruit de pareil processus d'initiative étatique. Ne seront donc pas, en ces travaux, distinguées, parmi les normes d'essence privée, celles qui sont acceptées et validées par l'État et celles qui sont ignorées par l'État. Sera considéré que toute norme d'origine privée favorise le pluralisme juridique et porte ainsi atteinte à la puissance étatique. Mais il faut garder à l'esprit que pareil présupposé pourrait être assez maladroit si un autre sujet d'expérience que le droit des communications électroniques était retenu.

Reste que ce sera principalement l'opposition des situations de pluralisme juridique et des situations de monisme juridique qui sera au cœur de ce livre, laquelle n'interroge guère la souveraineté — qui est menacée par le déploiement des sources publiques externes mais pas par celui des sources privées — et ne permet guère de discriminer les sources privées indépendantes et les sources privées associées à l'État. Ensuite, ces situations de pluralisme juridique et de monisme juridique conduisent à des conclusions largement opposées.

4. Les significations opposées du pluralisme juridique et du monisme juridique sous l'angle de l'état de l'État

Si la souveraineté est une prérogative juridique quand la puissance est une donnée factuelle, cette dernière semble ô combien plus intéressante à étudier pour qui s'enquiert de l'état de l'État. Aussi, bien que l'expérience amène à recenser les normes d'origine publique externe autant que les normes d'origine privée et que les normes d'origine étatique, permettant d'établir quelques constats quant à la souveraineté, les prochaines pages s'attacheront-elles surtout à la puissance de l'État, à ses éventuels triomphe, pérégrinations ou crise.

On souligne que, dans les sociétés archaïques historiques, la force des traditions, prédéterminant les comportements individuels et limitant les aires de libre choix, suffisait à organiser les relations entre les individus et que l'ersatz d'organisation étatique qui pouvait exister devait se cantonner à un rôle de complément, à un rôle subsidiaire ; alors que, parmi les sociétés modernes, qui font fi des us, coutumes et autres repères traditionnels, le droit étatique serait naturellement devenu cardinal afin de suppléer ces formes de normativité désormais devenues inaptes[2]. En ces sociétés modernes, plus que chez des sociétés archaïques par définition peu et mal étatisées, le retrait du droit étatique ne pourrait qu'être le signe de grands bouleversements dans

---

[1] A.-J. ARNAUD, « Du jeu fini au jeu ouvert – Réflexions additionnelles sur le Droit post-moderne », *Dr. et société* 1991, p. 49.

[2] A. RENAUT, *Philosophie du droit*, Puf, coll. Recherches politiques, 1991, p. 24.

l'organisation politique et, en particulier, le signe d'une reprise en main par le corps social de la production des règles l'encadrant. La puissance de l'État ne pourrait alors que diminuer à mesure que la part de droit d'origine privée dans l'ensemble du droit augmente.

En 1830, Vivien, un commentateur de l'époque, voyait dans l'État une « puissance tutélaire et providentielle »[1] ; et Carré de Malberg, à l'aube du XXe s., confiait à l'État le « devoir d'édicter le droit »[2]. Nul doute que, plus le droit d'origine privée prend de l'importance, moins la vision d'un État puissance tutélaire et providentielle ayant le devoir d'édicter le droit est prégnante. Et, après avoir rappelé que, pour Bodin, l'État jouirait d'une « *suprema potestas* », d'une « puissance absolue et perpétuelle »[3], on note que « plus [cette puissance] est contestée et affaiblie, plus l'État se désagrège. D'où le modèle de l'empire paternel par lequel Bodin veut justifier la puissance souveraine de l'État : l'autorité du roi est au peuple ce que celle du père est à la famille »[4]. Lorsque, dans une famille, ce n'est plus le père mais les enfants qui fixent les règles, il faut comprendre que la puissance de ce père est faible et que celle de ces enfants est grande. Afin de savoir qui, dans cette famille, jouit de la puissance, il serait donc suffisant de rechercher qui y arrête les normes applicables et, plus encore, les normes appliquées. Ensuite, certainement la situation dans laquelle soit seul l'État soit seuls les organismes privés édicte(nt) les règles est-elle un cas d'école. Le curseur peut être positionné en de multiples endroits sur l'échelle menant du tout public au tout privé, ce qui implique qu'il peut également être positionné en de multiples endroits sur l'échelle menant de la puissance absolue à la puissance nulle.

Carl Schmitt, au milieu du XXe s., évoquait déjà le « déclin » et la « fin de l'État » que risquait d'entraîner la perte du monopole de l'action politique[5]. Plus tôt encore, Marx critiquait le triomphe du droit d'origine privée sur le droit d'origine étatique[6]. Et, aujourd'hui, d'aucuns envisagent la disparition inéluctable de l'État en raison de l'antinomie évidente qui existerait entre la logique de la mondialisation et la logique de l'État, entre

---

[1] Cité par F. BURDEAU, *Histoire de l'administration française – Du XVIIIe au XXe siècle*, Montchrestien, 1994, p. 111.

[2] R. CARRÉ DE MALBERG, *Contribution à la théorie générale de l'État spécialement d'après les données fournies par le droit constitutionnel français*, t. I, Librairie du Recueil Sirey, 1920, p. 263.

[3] J. BODIN, *Les six livres de la République*, 1576, L. I, chap. 8 (cité par P. KAHN, *L'État*, Quintette, coll. Philosopher, 1989, p. 50).

[4] P. KAHN, *L'État*, Quintette, coll. Philosopher, 1989, p. 50.

[5] C. SCHMITT, *Le Nomos de la Terre dans le droit des gens du Jus publicum europaeum* (1950), Puf, coll. Quadrige, 2008.

[6] K. MARX, *Critique du droit politique hégélien*, 1843 (cité par E. RENAULT, « Marxistes (doctrines du droit) », in D. ALLAND, S. RIALS, dir., *Dictionnaire de la culture juridique*, Lamy-Puf, coll. Quadrige-dicos poche, 2003, p. 1001).

des activités globalisées et un être étatique dont la puissance potentielle est bornée par les frontières nationales. La « montée en puissance des acteurs non étatiques »[1] serait associée de façon mécanique à une perte de puissance des acteurs étatiques, en même temps qu'à une affirmation du pluralisme juridique. C'est pourquoi le droit « global » ne pourrait être qu'un droit pluriel et pourquoi le droit des communications électroniques, notamment parce qu'il comprend en son sein le droit de l'internet — « internet et la mondialisation s'allient contre l'État »[2] —, semble être un sujet d'expérience intéressant. Il n'est pas rare de trouver des auteurs envisageant la destruction de l'État par l'internet[3]. Or les premiers symptômes de cette tragédie étatique seraient l'accroissement du pluralisme juridique et le déclin de la puissance étatique. Il faut, objectivement et empiriquement, rechercher la présence ou absence de ces symptômes, rechercher le niveau de « désenchantement de l'État »[4], rechercher le vainqueur de la « compétition des sources du droit »[5].

L'expérience de mesure du pluralisme juridique, véritable enquête de terrain semblable à celles que réalisent les sociologues et anthropologues du droit[6] — qui s'attachent aux faits juridiques plus qu'aux normes juridiques (une norme juridique pouvant s'analyser comme un fait juridique) —, serait ainsi un outil utile pour qui entend *évaluer scientifiquement la pertinence et la congruence de certains constats dressés à propos de la remise en cause du rôle de l'État dans la production du droit*[7], tels que celui de la fin de l'âge d'or de l'État[8], celui de l' « érosion » de l'État[9] ou celui de l' « historicité de la domination étatique »[10]. Cette expérience doit également permettre de répondre à la question de la réalité factuelle des phénomènes, par exemple,

---

[1] Ch. CHAVAGNEUX, « La montée en puissance des acteurs non étatiques », in P. JACQUET, J. PISANI-FERRY, L. TUBIANA et *alii*, *Gouvernance mondiale*, La documentation française, 2002, p. 229 s.

[2] K. BENYEKHLEF, *Une possible histoire de la norme – Les normativités émergentes de la mondialisation*, Thémis (Montréal), 2008, p. 59.

[3] Par exemple, V. PIRONON, « L'Internet et la mondialisation », *Gaz. Pal.* 3 nov. 2007, p. 11.

[4] Réf. à C. COLLIOT-THÉLÈNE, *Le désenchantement de l'État, de Hegel à Max Weber*, Éditions de Minuit, 1992.

[5] V. LASSERRE-KIESOW, « L'ordre des sources ou le renouvellement des sources du droit », *D.* 2006, p. 2279.

[6] *Cf.* N. ROULAND, « Anthropologie juridique », in D. ALLAND, S. RIALS, dir., *Dictionnaire de la culture juridique*, Lamy-Puf, coll. Quadrige-dicos poche, 2003, p. 66.

[7] Par exemple, P. VINCENT, « La remise en cause du rôle de l'État dans la production du droit », in CIEDEL, *Le droit autrement : nouvelles pratiques juridiques et pistes pour adapter le droit aux réalités locales contemporaines*, Éditions Charles Léopold Mayer, 2001, p. 52 s.

[8] G. COURTY, E. SULEIMAN, *L'âge d'or de l'État – Une métamorphose annoncée*, Le Seuil, 1997.

[9] O. PAYE, dir., *Que reste-t-il de l'État ? Érosion ou renaissance*, Bruylant (Bruxelles), 2004.

[10] C. LEFORT, *Essais sur le politique – XIXe et XXe siècles*, Le Seuil, 1986 (cité par S. GOYARD-FABRE, *L'État, figure moderne de la politique*, Armand Colin, coll. Cursus-philosophie, 1999, p. 106).

d'« européanisation »[1] et de « privatisation »[2] du droit, ou bien encore de vérifier s'il est vrai que « la loi est désormais concurrencée »[3] et que « la convention dévore la loi »[4], s'il est vrai que « la multiplication des institutions et des statuts légaux est le phénomène [juridique] le plus marquant de l'époque actuelle »[5], s'il est vrai que « la France est devenue une "République des chartes" »[6] ou, concernant la branche du droit étudiée, s'il est vrai qu'il faudrait parler de « droits » plutôt que de « droit »[7] et que « la période actuelle est remarquable en ce qu'elle se caractérise par un retour à des conceptions plus traditionnelles de la régulation des réseaux »[8].

Plus globalement, l'étude du pluralisme juridique quantitatif, simplement en comptabilisant et en comparant les nombres de normes issues des différentes sources, doit amener à confirmer ou infirmer l'affirmation en vertu de laquelle le paradigme du pluralisme rendrait aujourd'hui mieux compte de la réalité du droit que celui du monisme[9]. Et elle doit donner les moyens de valider ou invalider l'hypothèse selon laquelle « le droit positif résulte, *à titre principal*, de la loi »[10]. Sur ce dernier point, peut-être y a-t-il fort à parier que, y compris à l'intérieur du seul droit étatique, la loi serait loin de cannibaliser les autres sources de normes ; seulement une réponse par un résultat scientifique issu d'une expérience pratiquée sur la réalité du droit est-elle autrement convaincante qu'une réponse par un pari sur cette réalité. Il n'est, semble-t-il, pas vrai que le pluralisme juridique serait « un fait trop visible pour qu'on songe à le contester »[11]. Ce n'est qu'après avoir mené une enquête scientifique sérieuse qu'il devient permis, *le cas échéant*, de parler, à propos du pluralisme juridique, de *« fait incontestable »*.

---

[1] Réf. à F. SNYDER, dir., *The Europeanisation of Law: The Legal Effects of European Integration*, Hart Publishing (Oxford), 2000.

[2] Réf. à H. GHERARI, S. SZUREK, dir., *L'émergence de la société civile internationale – Vers la privatisation du droit international*, Pedone, coll. Cahiers internationaux, 2003.

[3] F. SAINT-BONNET, « Loi », in D. ALLAND, S. RIALS, dir., *Dictionnaire de la culture juridique*, Lamy-Puf, coll. Quadrige-dicos poche, 2003, p. 964.

[4] Réf. à A. SUPIOT, « La loi dévorée par la convention ? », in P. GÉRARD, F. OST, M. VAN DE KERCHOVE, dir., *Droit négocié, droit imposé ?*, Publications des Facultés universitaires Saint-Louis (Bruxelles), 1996, p. 631 s.

[5] J.-L. BERGEL, *Théorie générale du droit*, 5e éd., Dalloz, coll. Méthodes du droit, 2012, p. 42.

[6] M.-Ch. ROQUES-BONNET, *Le droit peut-il ignorer la révolution numérique ?*, Michalon, 2010, p. 396.

[7] M. VIVANT, « Cybermonde : droit et droits des réseaux », *JCP G* 1996, p. 401 s.

[8] B. DU MARAIS, « Régulation de l'internet : des faux-semblants au retour à la réalité », *RF adm. publ.* 2004, p. 83.

[9] F. RIGAUX, « Le droit au singulier et au pluriel », *RIEJ* 1982, n° 9, p. 56 ; F. OST, M. VAN DE KERCHOVE, « De la "bipolarité des erreurs" ou de quelques paradigmes de la science du droit », *Arch. phil. droit* 1988, p. 202.

[10] R. DENOIX DE SAINT MARC, *L'État*, 2e éd., Puf, coll. Que sais-je ?, 2012, p. 24 (non souligné dans le texte original). Mais l'auteur écrit également, quelques pages plus tôt, que « le droit positif émane de l'État » (*ibid.*, p. 17).

[11] M. VIRALLY, *La pensée juridique*, LGDJ, 1960, p. 199.

Reste que les enjeux, pour l'État, attachés aux questions de sa puissance et du pluralisme juridique sont sans doute décisifs, à tel point que ce serait sa pérennité même qui serait interrogée à travers elles. Alors que « des acteurs globaux nombreux et nouveaux revendiquent leur capacité citoyenne et leur légitimité à fixer les règles »[1], et alors que le recul de l'État serait attesté jusque dans le droit administratif[2] — ce qui ne constituerait pas le moindre des paradoxes —, pourront en particulier être dressés les constats d'une puissance étatique « conservée », « modulée », « déléguée » et/ou « débordée ».

5. Les constats potentiels d'une puissance de l'État « conservée », « modulée », « déléguée » ou « débordée »

Synthétiquement, il est possible d'envisager les rapports entre la puissance de l'État et les sources du droit de la façon suivante :

* plus les sources étatiques dites « politiques » (Parlement, Président de la République et Premier ministre) ont un poids important, plus la puissance de l'État est *conservée* ;

* plus les sources étatiques dites « non politiques » (juridictions et autorités spécialisées) ont un poids important, plus la puissance de l'État est *modulée* ;

* plus les sources publiques externes (Union européenne et organisations internationales) ont un poids important, plus la puissance de l'État est *déléguée* — tandis que, par ailleurs, *la souveraineté de l'État est diminuée* ;

* plus les sources privées ont un poids important, plus la puissance de l'État est *débordée*[3].

---

[1] D. LE METAYER, *Les technologies de l'information au service des droits : opportunités, défis, limites*, Bruylant (Bruxelles), 2010, p. 113.

[2] M. DE VILLIERS, « Le principe de légalité », in Th. DE BERANGER, M. DE VILLIERS, dir., *Droit public général*, 5e éd., LexisNexis, coll. Manuel, 2011, p. 432.

[3] De façon analogue, on particularise « plusieurs degrés d'interventions dont l'effet est de réduire la toute-puissance de l'État dans son rôle de producteur de droit » : le droit étatique serait « "relayé" lorsque d'autres autorités sont mandatées par l'État pour prendre les décisions ; "suppléé" lorsque d'autres modes de régulation [...] prennent le pas sur [lui] [...] ; "supplanté" quand il ne peut plus résister à l'émergence d'ordres spontanés qui échappent à la régulation étatique » (A.-J. ARNAUD, *Critique de la raison juridique – 2. Gouvernants sans frontières – Entre mondialisation et post-mondialisation*, LGDJ, coll. Droit et société, 2003, p. 189). Recourant de manière similaire à des qualificatifs, des auteurs, s'intéressant à la souveraineté plutôt qu'à la puissance de l'État, affirment que celle-ci serait : « disloquée par la perte du contrôle de l'État sur son territoire [...], ignorée par la mondialisation des échanges [...], transférée par le transfèrement des compétences régaliennes de l'État aux organisations d'intégration [...], encadrée par la promotion des droits de l'homme et du droit humanitaire » (F. COULÉE, J.-F. DOBELLE, M. PERRIN DE BRICHAMBAUT, *Leçons de droit international public*, 2e éd., Dalloz, coll. Amphi, 2011, p. 40-44).

Partant, c'est essentiellement la productivité normative des sources privées qu'il s'agira de prendre en compte, car c'est elle qui, lorsqu'elle gagne en importance, signale le déclin de la puissance étatique et, lorsqu'elle peine à se développer, signale la préservation de la puissance étatique. L'expérience ici exposée vise ainsi, au premier chef, à permettre *la comparaison entre la puissance étatique et la « puissance privée »*, considérant que la comparaison entre la part des normes d'origine étatique et la part des normes d'origine privée dans le droit serait un indicateur relativement fiable du rapport de forces entre l'une et l'autre puissance.

En ce sens, quoique le phénomène ne soit guère propre à l'ère contemporaine[1], on souligne combien, aujourd'hui, « irrésistiblement »[2], « la puissance des États est relativisée par les puissances privées »[3], combien serait à l'œuvre une « tendance à la "privatisation" des régulations »[4] et combien l'autorégulation par les groupes sociaux serait capable de rivaliser avec la régulation étatique[5], à mesure que, de plus en plus, la société civile fait montre d'un désir croissant de s'autogouverner et de s'émanciper de la tutelle étatique[6], en premier lieu dans l'ordre transnational[7]. D'une part, peut-être est-il vrai que « l'État n'a ni le temps ni la volonté d'élaborer tout le droit nécessaire à la satisfaction des besoins de chacun »[8], mais, d'autre part — et surtout —, un nombre grandissant d'organismes privés aspirent à autoproduire le droit les gouvernant, lequel pourrait ainsi mieux répondre à leurs attentes que le droit d'origine étatique[9]. C'est l'exactitude de pareilles propositions que l'expérience entreprise devra permettre de vérifier, en se concentrant sur le cas particulier du droit des communications électroniques,

---

[1] *Cf.* P.-P. VAN GEHUCHTEN, *Puissance publique et puissance privée dans l'interventionnisme économique – Une approche historique et de droit comparé*, th., Institut universitaire européen de Florence, 1998.

[2] L. PECH, « Le droit à l'épreuve de la gouvernance », in R. CANET, J. DUCHASTEL, dir., *La régulation néolibérale – Crise ou ajustement ?*, Athéna éditions (Montréal), 2005.

[3] O. JOUANJAN, « État de droit », in D. ALLAND, S. RIALS, dir., *Dictionnaire de la culture juridique*, Lamy-Puf, coll. Quadrige-dicos poche, 2003, p. 653.

[4] J.-B. AUBY, *La globalisation, le droit et l'État*, 2e éd., LGDJ, coll. Systèmes, 2010, p. 102.

[5] L. COHEN-TANUGI, *Le droit sans l'État*, 2e éd., Puf, coll. Quadrige essais débats, 2007, p. 22.

[6] O. BEAUD, « Ouverture : L'honneur perdu de l'État ? », *Droits* 1992, n° 15, p. 3.

[7] N. A. OVALLE DIAZ, *La production pluraliste du droit transnational contemporain*, th., Université d'Ottawa, 2015 ; H. GHERARI, S. SZUREK, dir., *L'émergence de la société civile internationale – Vers la privatisation du droit international*, Pedone, coll. Cahiers internationaux, 2003 ; G. TEUBNER, « Un droit spontané dans la société mondiale ? », in Ch.-A. MORAND, *Le droit saisi par la mondialisation*, Bruylant (Bruxelles), 2001, p. 197.

[8] S. GUINCHARD, « La procédure mondiale modélisée : le projet de l'American Law Institute et d'Unidroit de principes et règles transnationaux de procédure civile », *D.* 2003, p. 2184 ; également, G. FARJAT, « Nouvelles réflexions sur les codes de conduite privés », in J. CLAM, G. MARTIN, dir., *Les transformations de la régulation juridique*, LGDJ, coll. Droit et société, 1998, p. 164.

[9] *Cf.* G. FARJAT, « Les pouvoirs privés économiques », in *Mélanges Philippe Kahn*, Litec, 2000, p. 613 s.

lequel ne permettra bien-sûr pas de tirer quelques enseignements quant à l'état du droit et de l'État en général.

L'univers juridique étant par trop hétéroclite, par trop multiforme, il n'est d'ailleurs pas assuré qu'il soit possible de consacrer un quelconque ouvrage à la réalité pratique du droit et de l'État sans se concentrer sur une branche du droit, plus ou moins étendue, en particulier. Selon Gurvitch, rien ne justifierait *a priori* que l'État soit davantage que les groupements privés légitime à édicter le droit, à « représenter l'intérêt général » et à fonder des « croyances juridiques collectives »[1], si bien que le pluralisme juridique aurait autant de chances de s'imposer que le monisme juridique, que la « puissance privée » aurait autant de chances de s'affirmer que la puissance étatique. En tout cas les situations diffèrent-elles nécessairement, parfois radicalement, selon le domaine social envisagé et faut-il peut-être s'élever contre qui tire des conclusions globales, censées valoir pour le droit et pour l'État en général. Pour ne prendre qu'un autre exemple, la pensée, à nouveau empruntée à Gurvitch, selon laquelle « la perfection dans le droit consiste dans un équilibre entre le droit organisé et le droit spontané »[2] est très relative. Selon qu'est en cause le droit des contrats d'affaires ou le droit des données personnelles, les besoins respectifs en droit d'origine étatique et en droit d'origine privée ne sauraient être similaires ; ils peuvent même être largement opposés : grand besoin de droit d'origine étatique parfois, grand besoin de droit d'origine privée d'autres fois (plus rares).

Reste que les enjeux afférents à la confrontation de la puissance étatique et de la « puissance privée », à la répartition des normes juridiques entre sources publiques et sources privées, semblent déterminants. En témoignent ceux que recèle l'opposition des intérêts privés et de l'intérêt général, la somme des uns ne permettant que rarement de garantir l'autre.

Par ailleurs, la mesure du pluralisme juridique pourrait aussi autoriser quelques conclusions, au-delà du problème de la « crise de l'État », concernant une possible « crise du droit ». Il ne s'agira néanmoins pas de s'attarder sur ces questionnements qui impliquent un retour à la théorie juridique et, plus spécialement, à l'hypothèse d'une juridicité graduelle.

---

[1] G. GURVITCH, *Éléments de sociologie juridique*, Aubier, 1940, p. 191.
[2] *Ibid.*, p. 177.

Section 3. Une expérience pouvant profiter à l'intelligence de la « crise du droit »

Tocqueville disait que « les révolutions ne peuvent être que théoriques, en pratique rien ne change jamais vraiment »[1]. Il faut croire, pourtant, que la théorie doit suivre la pratique et que ce sont de grands changements en pratique qui doivent justifier les grands changements en théorie. Même si la théorie concourt à la définition de la réalité — il revient, par exemple, à la théorie du droit de spécifier la juridicité des normes et de séparer le droit et le non-droit —, un esprit pragmatique ne peut que s'accorder avec l'idée qu' « il faut faire coller nos théories à la réalité et non pas la réalité à nos théories »[2]. Une équation telle que « droit = ordre juridique = État »[3] est peut-être admissible dans l'antre de la théorie du droit mais pas dans celle de la pratique du droit ; il reste alors à savoir qui de l'une ou de l'autre doit prévaloir ; et il est envisageable de donner la priorité à la théorie dans un premier ouvrage et à la pratique dans un second ouvrage sans en venir à se contredire puisque théorie et pratique sont simplement deux points de vue différents.

Les conditions épistémologiques du présent livre amènent à choisir la pratique contre la théorie, notamment en s'inscrivant dans le cadre du pragmatisme juridique avec lequel il faudrait induire la théorie de la pratique et non la pratique de la théorie. Pour autant, un détour théorique n'est pas interdit et, sous cet angle, il faut lier l'expansion de l'empire du droit d'origine privée et le retrait du droit d'origine étatique avec l'affirmation d'une « crise du droit ». En effet, peut-être est-il permis de considérer que, lorsque le *niveau moyen de juridicité des normes* diminue fortement, il se produit une « crise du droit » (*1*). Or, dans l'ensemble, la juridicité des normes d'origine privée s'avère nettement moins élevée que celle des normes d'origine publique. Mais ladite « crise » pourrait aussi être recherchée parmi quelques éléments plus concrets (*2*). L'expérience de mesure du pluralisme juridique pourrait alors conduire à s'interroger quant au temps de *transition paradigmatique* que vivraient les juristes (*3*). Reste

---

[1] A. DE TOCQUEVILLE, *L'Ancien Régime et la Révolution*, 1856 (cité par R. ENTHOVEN, « Méditations métaphysiques – Descartes », Le gai savoir, France culture, 16 sept. 2012).

[2] Ch. EBERHARD, « Penser le pluralisme juridique de manière pluraliste – Défi pour une théorie interculturelle du droit », *Cahiers d'anthropologie du droit* 2003, n° 2, p. 6 ; également, É. LE ROY, « L'hypothèse du multijuridisme dans un contexte de sortie de modernité », in R. JANDA, A. LAJOIE, R. A. MACDONALD, G. ROCHER, dir., *Théories et émergence du droit : pluralisme, surdétermination et effectivité*, Bruylant-Thémis (Bruxelles-Montréal), 1998, p. 29.

[3] B. FRYDMAN, « Comment penser le droit global ? », in J.-Y. CHÉROT, B. FRYDMAN B., dir., *La science du droit dans la globalisation*, Bruylant (Bruxelles), coll. Penser le droit, 2012, p. 24.

que, au-delà de cette rapide introduction à la problématique, l'éventuelle « crise du droit », crise théorique impliquant trop d'éléments spéculatifs, incertains et discutables, ne sera pas davantage approfondie.

1. Une « crise du droit » induite par la baisse du niveau moyen de juridicité des normes

L'expérience de mesure du pluralisme juridique, bien que, en ces pages, elle ne sera pas mise à profit de la sorte, pourrait se révéler lourde d'enseignements quant à la question de la « crise »[1] ou du « dépérissement »[2] du droit, question lancinante et posée depuis aussi longtemps que le droit existe[3]. En effet, s'il s'avérait que les normes d'origine privée *rivalisent quantitativement* avec les normes d'origine publique, alors qu'elles leur sont par ailleurs *inférieures qualitativement* (les normes d'origine privée ont un niveau moyen de juridicité très en dessous de celui des normes d'origine publique)[4], cela signifierait que *le droit serait de plus en plus composé de normes à la juridicité faible ou moyenne* quand, lorsque l'État dominait le champ de la production juridique, il était principalement constitué de normes fortement juridiques[5]. Et, s'il s'avérait que l'essentiel des normes demeure d'origine étatique, il faudrait conclure à l'inconséquence de l'idée de « crise du droit ». En termes théoriques, il est donc possible de lier la détérioration de la qualité du droit à la prolifération des normes d'origine privée.

En revanche, au sens des auteurs qui voient dans les normes produites par les différentes sources un seul et même droit, loin de la juridicité graduelle, une telle « crise du droit », comprise comme « crise » de la qualité

---

[1] Réf. à L. AYNÈS et *alii*, *Droit de la crise : crise du droit ?*, Puf, coll. Publications de la Faculté de droit et des sciences sociales de Poitiers, 1997.

[2] V. I. LÉNINE (cité par E. RENAULT, « Marxistes (doctrines du droit) », in D. ALLAND, S. RIALS, dir., *Dictionnaire de la culture juridique*, Lamy-Puf, coll. Quadrige-dicos poche, 2003, p. 1001).

[3] Par exemple, Léon Duguit, au début du XXe s., observait une « crise du droit » découlant de la « décadence de la conception impérialiste du droit public et de la conception individualiste du droit privé » (L. DUGUIT, *Les transformations du droit public*, Armand Colin, 1913 (cité par G. GURVITCH, *Éléments de sociologie juridique*, Aubier, 1940, p. 104)).

[4] B. BARRAUD, *Théories du droit et pluralisme juridique – t. II : La théorie syncrétique du droit et la possibilité du pluralisme juridique*, PUAM (Aix-en-Provence), coll. Inter-normes, 2016, n° 86 s. ; B. BARRAUD, « L'échelle de juridicité : un outil pour mesurer le droit et fonder une théorie syncrétique (première partie : présentation) », *Arch. phil. droit* 2013, p. 365 s. ; B. BARRAUD, « L'échelle de juridicité : un outil pour mesurer le droit et fonder une théorie syncrétique (seconde partie : application) », *Arch. phil. droit* 2014, p. 503 s.

[5] En ce sens, C. CORGAS-BERNARD, « Les règles de bonnes pratiques », in M. BEHAR-TOUCHAIS, N. MARTIAL-BRAZ, J.-F. RIFFARD, dir., *Les mutations de la norme*, Economica, coll. Études juridiques, 2011, p. 78.

juridique, est impossible[1]. Si toutes les normes sont juridiques — et également juridiques —, il n'est guère de « crise du droit » envisageable, car il est peu contestable que la demande de normes sera toujours forte, y compris à l'heure de la globalisation, celles-ci permettant de réduire l'incertitude et les risques[2]. Chaque jour davantage, « le champ des possibles devient infini, et l'individu est confronté à la question de savoir jusqu'où il peut et doit aller »[3]. Les praticiens ne manquent ainsi pas de remarquer que le besoin de droit est fort et qu'il le demeurera[4], notamment afin de garantir la sécurité et la confiance[5].

On attache généralement la « crise du droit » à un mouvement global de « déjuridicisation »[6], de « substitution au droit d'autres formes de régulation »[7], de « diminution de l'incidence de la régulation juridique dans le système global de régulation sociale »[8] — mouvement que la crise économique déclenchée en 2008 aurait permis de stopper ou, en tout cas, de ralentir (quand crise économique et « crise » juridique apparaissent antinomiques)[9]. Cette « déjuridicisation » est foncièrement dépendante du sens assigné au nom « droit » et à son adjectif « juridique », si bien qu'il est tout à fait possible de lire, contradictoirement, que « notre société est

---

[1] Par exemple, J.-B. AUBY, *La globalisation, le droit et l'État*, 2e éd., LGDJ, coll. Systèmes, 2010, p. 220. Le professeur relève que « le droit privé ne cesse de conquérir du terrain » et que cela n'entraînerait pas pour autant une quelconque « crise du droit ».

[2] B. FRYDMAN, « Comment penser le droit global ? », in J.-Y. CHÉROT, B. FRYDMAN B., dir., *La science du droit dans la globalisation*, Bruylant (Bruxelles), coll. Penser le droit, 2012, p. 34. Or Carbonnier notait que « l'homme pourrait bien ne pas avoir besoin du droit » (J. CARBONNIER, *Flexible droit – Pour une sociologie du droit sans rigueur*, 8e éd., LGDJ, 1995, p. 24), ce qui ne voulait surtout pas dire, dans son esprit, que l'homme pourrait ne pas avoir besoin de normes.

[3] A. RENAUT, *Philosophie du droit*, Puf, coll. Recherches politiques, 1991, p. 24.

[4] Par exemple, *Lamy Droit de l'informatique et des réseaux* 2011, n° 2342.

[5] Par exemple, P. SALMON, « Accumulation et destruction de la confiance : un schéma d'inspiration poppérienne », in F. AUBERT, J.-P. SYLVESTRE, dir., *Confiance et rationalité*, INRA éditions, 2001, p. 31 s.

[6] Par exemple, G. FARJAT, *Droit économique*, 2e éd., Puf, 1982, p. 761. Encore faut-il ne pas accepter la conception selon laquelle « la déjuridicisation ne signifie pas qu'il y a moins de droit mais le passage à un autre type de droit » (A.-J. ARNAUD, *Critique de la raison juridique – 2. Gouvernants sans frontières – Entre mondialisation et post-mondialisation*, LGDJ, coll. Droit et société, 2003, p. 164). Étymologiquement, il semble que « déjuridicisation » ne puisse que signifier « effacement, recul ou diminution de la part du droit ».

[7] S. REGOURD, « La part du droit », *Droits* 1990, n° 11, p. 57 ; également, P. DURAN, « Piloter l'action publique, avec ou sans droit », *Politiques et management public* 1993, n° 2, p. 3.

[8] J.-G. BELLEY, « L'État et la régulation juridique des sociétés globales – Pour une problématique du pluralisme juridique », *Sociologie et sociétés* 1986, n° 18, p. 30.

[9] J. PÉLISSE, « Présentation – Se donner le droit : la force des organisations face à la loi », *Dr. et société* 2011, p. 5.

surjuridicisée »[1], que — sous la plume de Carbonnier — « le futur porte la promesse d'un super-droit »[2], que « le droit étend son filet et resserre ses mailles »[3], que « la montée en puissance du droit dans la quasi-totalité des registres de la vie en société constitue l'une des évolutions sociopolitiques majeures de ces vingt dernières années »[4] ou encore que « la part du droit s'étend toujours davantage dans les sociétés contemporaines »[5]. Et le Professeur Jacques Chevallier de décrire l' « avènement d'une société de droit »[6], ainsi qu'un « processus d'explosion juridique »[7] et d' « alourdissement de la pression juridique, aussi bien quantitativement [...] que qualitativement »[8]. De même, on en vient à soutenir que la diversification des sources du droit entraînerait mécaniquement une prolifération des règles juridiques[9], quand certains envisagent, tout à l'inverse, un déclin du droit concomitant à une pourtant omnipotente présence des normes étatiques[10] ou à l'abandon volontaire du droit par l'État au profit d'autres modalités d'encadrement des activités sociales[11]. Le constat d'une « crise du droit » dépend ainsi de considérations théoriques et philosophiques et est donc très relatif.

Il n'en demeure pas moins que, pour que quelques sources de normes puissent concurrencer les sources de normes juridiques, encore faudrait-il que toute source de normes ne soit pas une source de normes juridiques ou, du moins, que toute source de normes ne soit pas une source de normes fortement ou absolument juridiques. Le « redéploiement des lieux de

---

[1] J.-J. SUEUR, « Analyser le pluralisme pour comprendre la mondialisation ? », in J.-Y. CHÉROT, B. FRYDMAN, dir., *La science du droit dans la globalisation*, Bruylant (Bruxelles), coll. Penser le droit, 2012, p. 112.

[2] J. CARBONNIER, *Flexible droit – Pour une sociologie du droit sans rigueur*, 8e éd., LGDJ, 1995, p. 43.

[3] B. LATOUR, *La fabrique du droit – Une ethnographie du Conseil d'État*, La découverte, 2002 (cité par J. PÉLISSE, « Présentation – Se donner le droit : la force des organisations face à la loi », *Dr. et société* 2011, p. 5).

[4] L. COHEN-TANUGI, *Le droit sans l'État*, 2e éd., Puf, coll. Quadrige essais débats, 2007, p. 268.

[5] J. CHEVALLIER, *L'État post-moderne*, 3e éd., LGDJ, coll. Droit et société, 2008, p. 108.

[6] *Ibid.*

[7] J. CHEVALLIER, « La régulation juridique en question », *Dr. et société* 2001, p. 844. Le professeur écrit que « le droit tend à devenir le vecteur privilégié d'encadrement et d'orientation des actions individuelles et collectives, en prenant le relais d'autres modes de régulation » (*ibid.*).

[8] *Ibid.*, p. 845.

[9] M. DELMAS-MARTY, « La mondialisation du droit : chances et risques », *D.* 1999, p. 41 ; J.-B. AUBY, *La globalisation, le droit et l'État*, 2e éd., LGDJ, coll. Systèmes, 2010, p. 104.

[10] B. OPPETIT, « L'hypothèse du déclin du droit », *Droits* 1986, n° 4, p. 9. Pour l'auteur, le « déclin du droit » serait dû à la « dégénérescence de l'art législatif ».

[11] D. MOCKLE, « Gouverner sans le droit ? Mutations des normes et nouveaux modes de régulation », *Les Cahiers de droit* 2002, n° 43, p. 143.

production du droit vers les pouvoirs privés économiques »[1] ne peut correspondre à une « crise du droit » que dans l'hypothèse où ces derniers n'engendrent pas le même droit que l'État ou, plus encore, n'engendrent pas de droit du tout, ce que retiennent les tenants d'une conception légaliste ou étatiste de la juridicité[2] selon laquelle le droit serait la « conséquence de l'exercice par l'État de la puissance publique »[3] et selon laquelle « la crise du droit [serait] une crise de la loi »[4]. La « crise des régulations traditionnelles »[5] n'est une « crise du droit » que pour celui qui assimile le droit aux régulations traditionnelles.

C'est pourquoi, en fonction de l'approche théorique du droit adoptée, en fonction de la définition du droit retenue, il est possible que nulle « crise du droit » ne soit jamais matériellement et logiquement envisageable ou même qu'il faille conclure au triomphe plus qu'à la défaite du droit. Il n'est guère plus de raisons de considérer que l'essor des contrats, chartes et autres codes privés ou usages provoquerait une « crise du droit » que de raisons de ne pas le faire ou de penser que cela correspondrait à un perfectionnement du droit. Pour les Professeurs François Ost et Michel van de Kerchove, la disparition et la marginalisation du droit ne seraient pas des impossibilités logiques et factuelles[6]. Selon qu'on adhère à l'équivalence « norme juridique = norme » ou à l'équivalence « norme juridique = norme étatique », on sera en total accord ou en total désaccord avec les théoriciens wallons, on soutiendra ou non qui propose que l'heure serait venue de ranger le droit « au musée »[7].

Pour ce qui est de la théorie syncrétique du droit et de l'échelle de juridicité[8], elles autorisent entièrement à entamer une réflexion sur la « crise

---

[1] A.-J. ARNAUD, *Critique de la raison juridique – 2. Gouvernants sans frontières – Entre mondialisation et post-mondialisation*, LGDJ, coll. Droit et société, 2003, p. 165.

[2] Par exemple, B. OPPETIT, « Le droit hors de la loi », *Droits* 1989, n° 10, p. 47 ; D. DE BÉCHILLON, « La structure des normes juridiques à l'épreuve de la postmodernité », in A. BERTHOUD, É. SERVERIN, dir., *La production des normes entre État et société civile – Les figures de l'institution et de la norme entre État et sociétés civiles*, L'Harmattan, 2000, p. 24.

[3] J. AUSTIN, *Lectures on Jurisprudence*, 5e éd., Londres, 1929, p. 396 (cité par R. SÈVE, *Philosophie et théorie du droit*, Dalloz, coll. Cours, 2007, p. 127).

[4] A. GARAPOND, « Les fausses institutions », Le bien commun, France culture, 23 mai 2013.

[5] Réf. à M. CROZIER, « La crise des régulations traditionnelles », in H. MENDRAS, dir., *La sagesse et le désordre*, Gallimard, 1980, p. 375 s.

[6] F. OST, M. VAN DE KERCHOVE, *De la pyramide au réseau ? – Pour une théorie dialectique du droit*, Publications des Facultés universitaires Saint-Louis (Bruxelles), 2002, p. 366.

[7] *Cf.* A. JEAMMAUD, « Le droit au musée ? Les avocats du déclin », *Économie et humanisme* 1991, n° 318, p. 7 s.

[8] B. BARRAUD, *Théories du droit et pluralisme juridique – t. II : La théorie syncrétique du droit et la possibilité du pluralisme juridique*, PUAM (Aix-en-Provence), coll. Inter-normes, 2016 ; B. BARRAUD, « L'échelle de juridicité : un outil pour mesurer le droit et fonder une théorie syncrétique (première partie : présentation) », *Arch. phil. droit* 2013, p. 365 s. ;

du droit » à l'aune du pluralisme juridique. Mais cette réflexion ne saurait être engagée en ce livre qui n'entend pas faire œuvre *jus*-théorique. Toutefois, la question d'une éventuelle « crise du droit » peut également amener à s'intéresser à des éléments beaucoup plus concrets que la force juridique des normes. Par exemple, peut-être la prolifération des textes et des règles de droit allant de pair avec l' « inflation législative » est-elle déjà une forme de « crise du droit ».

2. Une « crise du droit » comportant quelques aspects concrets

Au-delà des aspects théoriques, il est permis d'envisager la « crise du droit » d'un point de vue pratico-factuel. Il s'agit alors d'interroger la force pratique des règles juridiques[1], cela en se référant, par exemple, à l'avènement d'un « droit de crise »[2], à la « crise de la technique législative »[3], au « désordre juridique »[4], à la « défaillance du juridique »[5], à la « dévalorisation de la règle de droit »[6] ou encore aux « crises des rationalités »[7] et des « logiques juridiques »[8]. Peut-être même, sous cet angle concret comme sous l'angle théorique, y a-t-il « crise du droit » dès lors que la part de droit d'origine privée dans l'ensemble-droit s'avère élevée, ledit droit d'origine privée étant dans l'ensemble moins protecteur de l'intérêt général et des droits des individus que le droit d'origine publique[9]. Et, avec Pierre Bourdieu, la « crise du droit » pourrait se comprendre tel un « reflet de la crise de la société »[10].

B. BARRAUD, « L'échelle de juridicité : un outil pour mesurer le droit et fonder une théorie syncrétique (seconde partie : application) », *Arch. phil. droit* 2014, p. 503 s.

[1] Par exemple, G. KOUBI, « La notion de charte : fragilisation de la règle de droit ? », in J. CLAM, G. MARTIN, dir., *Les transformations de la régulation juridique*, LGDJ, coll. Droit et société, 1998, p. 165 s. ; P. BOURETZ, dir., *La force du droit*, Esprit-Le Seuil, 1991.

[2] M. MEKKI, « Propos introductifs sur le droit souple », in Association Henri Capitant, *Le droit souple*, Dalloz, coll. Thèmes et commentaires, 2009, p. 18.

[3] A. VIANDIER, « La crise de la technique législative », *Droits* 1986, n° 4, p. 75 s.

[4] R. LIBCHABER, « Réflexions sur le "désordre juridique français" », in *Mélanges André Decocq*, Litec, 2004, p. 405 s.

[5] Ch. ATIAS, « La fin d'un mythe ou la défaillance du juridique », *D.* 1997, p. 44 s.

[6] A. JEAMMAUD, « Le droit au musée ? Les avocats du déclin », *Économie et humanisme* 1991, n° 318, p. 9.

[7] F. BRUNET, *La normativité en droit*, Mare et Martin, 2012. On relève la « réduction de la rationalité juridique au profit de la rationalité économique » (S. REGOURD, « La part du droit », *Droits* 1990, n° 11, p. 57).

[8] Réf. à Ch. PERELMAN, *Logique juridique*, Dalloz, 1976.

[9] Par exemple, A.-J. ARNAUD, « Les transformations de la régulation juridique et la production du droit », in J. CLAM, G. MARTIN, dir., *Les transformations de la régulation juridique*, LGDJ, coll. Droit et société, 1998, p. 83.

[10] P. BOURDIEU, « La force du droit – Éléments pour une sociologie du champ juridique », *Actes de la recherche en sciences sociales* 1986, n° 64, p. 3 s.

De ces points de vue, droit et État se rejoignent et « crise du droit », « crise de l'État » et « crise de la puissance étatique » ne désignent qu'un seul et même ensemble de phénomènes. Aussi convient-il peut-être de recourir de préférence à l'expression « crise du droit » afin de désigner une « crise » théorique et à l'expression « crise de l'État » afin de désigner une « crise » pratique, si bien que ce livre questionnera la « crise de l'État » et non la « crise du droit ».

Gierke écrivait que « la vie juridique et la vie étatique sont deux côtés autonomes de la vie sociale » et que « la puissance est la condition rationnelle pour l'État, si bien que l'État sans puissance n'est pas un État ; [...] [mais] le droit sans puissance reste toujours le droit »[1]. Il faut croire, au contraire, que *les sorts de l'État et du droit sont intimement liés*, s'ils ne sont pas un seul et même sort, et que la « crise » de l'un emporte inexorablement la « crise » de l'autre — et Gierke de noter d'ailleurs que « le droit est inné à l'État »[2] et qu' « il y a, entre le droit et l'État, une pénétration intime et tous les deux se développent l'un par l'autre »[3]. En tout cas cela vaut-il à l'époque moderne au sein de laquelle une grande majorité des auteurs s'attache à une conception étatiste du droit[4].

Peut-être, en des temps « postmodernes » plus ou moins prochains, l'État se sera-t-il effacé et continuera-t-on néanmoins à parler de « droit » en accolant cette étiquette à un autre bocal de signification. Aussi convient-il d'en terminer avec l'évocation de la « crise du droit » en interrogeant l'éventuelle transition paradigmatique qu'elle annoncerait. En effet, l'expérience de mesure du pluralisme juridique pourrait, d'une manière ou d'une autre, contribuer à cette transition paradigmatique du droit.

3. Une « crise du droit » correspondant à une transition paradigmatique du droit

Une crise est « un moment où se déclenche la mise en jeu du couple d'opposition continuité/rupture. Cela suppose une intervention assez puissante pour créer un risque de rupture au sein d'un état de choses, d'un "ordre" jusque-là non contesté. Il y a crise quand le système positif se trouve

---

[1] O. VON GIERKE, *Zeilschrifl fur die gesammle Slaalswissenschaflen*, Tübingen, 1874, p. 153 (cité par L. DUGUIT, *Traité de droit constitutionnel – Tome premier : La règle de droit, le problème de l'État*, 3e éd., De Boccard, 1927, p. 647-648).

[2] *Ibid.* (cité par L. DUGUIT, *Traité de droit constitutionnel – Tome premier : La règle de droit, le problème de l'État*, 3e éd., De Boccard, 1927, p. 647).

[3] *Ibid.* (cité par L. DUGUIT, *Traité de droit constitutionnel – Tome premier : La règle de droit, le problème de l'État*, 3e éd., De Boccard, 1927, p. 647).

[4] Ainsi que l'illustre la définition syncrétique du droit (B. BARRAUD, *Théories du droit et pluralisme juridique – t. II : La théorie syncrétique du droit et la possibilité du pluralisme juridique*, PUAM (Aix-en-Provence), coll. Inter-normes, 2016, n° 43 s.).

menacé par l'existence d'un autre système »[1]. Concernant le droit, il peut y avoir « crise » si une conception extraordinaire de la juridicité commence à rivaliser avec la conception ordinaire majoritairement admise jusqu'alors ; c'est plus exactement *une « crise » de la théorie du droit.* Concernant l'État, il peut y avoir « crise » si les fonctions qu'il assumait auparavant seul se trouvent soudain exercées par des institutions extérieures, supranationales ou, plus gravement, privées[2] ; c'est en même temps *une « crise » de la pratique du droit.*

Partant, il faut comprendre que, lorsque la puissance étatique s'affaiblit et laisse de plus en plus de place à la « puissance privée », le droit, tant aux yeux de qui l'approche sous l'angle théorique qu'aux yeux de qui l'approche sous l'angle pragmatique, connaît une « crise » ou, dit autrement, connaît une (r)évolution. Gierke remarquait encore que « la conscience que quelque chose est droit a besoin, pour arriver à sa réalisation externe comme règle de droit, de la matérialisation par une expression sociale. Souvent, cette expression a lieu par l'État »[3]. Dès lors que ce n'est plus « souvent » mais seulement « parfois » que ladite expression est le fait de l'État, peut-être cela implique-t-il que ce n'est plus de droit dont on parle ou, mieux, que c'est d'*un autre droit* dont on parle. La « crise du droit moderne » ne correspond pas à la « crise du droit "postmoderne" » mais bien plutôt à son éveil ; seulement, pour l'heure, qui utilise le terme « droit » désigne implicitement le droit moderne et non le droit « postmoderne », lequel doit encore s'affirmer et, dans une large mesure, s'inventer[4]. « Crise du droit » signifie donc *« crise du droit moderne ».*

En outre, il faudrait être capable de ne pas voir nécessairement dans tout changement du rôle de l'État et du rôle du droit une « crise »[5]. Certainement le terme « crise » comporte-t-il une consonance négative, si ce

---

[1] A.-J. ARNAUD, « Crise contemporaine de nos sociétés, crise du droit et réflexion juridique », conférence au Centre de philosophie du droit de l'Université del Zulia de Maracaïbo (Venezuela), [en ligne] <reds.msh-paris.fr/>, 23 nov. 1981.

[2] Par exemple, F. CRÉPEAU, dir., *Mondialisation des échanges et fonctions de l'État*, Bruylant (Bruxelles), 1997 ; J.-P. HENRY, « La fin du rêve prométhéen ? Le marché contre l'État », *RDP* 1991, p. 631.

[3] O. VON GIERKE, *Zeilschrifl fur die gesammle Slaalswissenschaflen*, Tübingen, 1874, p. 153 (cité par L. DUGUIT, *Traité de droit constitutionnel – Tome premier : La règle de droit, le problème de l'État*, 3e éd., De Boccard, 1927, p. 648).

[4] Par exemple, on propose que le droit « postmoderne » ne saurait s'asseoir dans le fauteuil du droit moderne qu'une fois que l'État aura « péri définitivement et cédé la place » (D. DE BÉCHILLON, « La structure des normes juridiques à l'épreuve de la postmodernité », in A. BERTHOUD, É. SERVERIN, dir., *La production des normes entre État et société civile – Les figures de l'institution et de la norme entre État et sociétés civiles*, L'Harmattan, 2000, p. 74). Mais il existe bien d'autres approches de la « postmodernité » juridique, dont certaines bien moins dramatiques pour l'État.

[5] *Cf.*, par exemple, H. WILLKE, « Guidage sociétal et rôle du droit », *Arch. phil. droit* 1988, p. 201 ; M. MIAILLE, « Définir le droit », *Droits* 1990, n° 11, p. 44.

n'est péjorative, et mieux vaudrait-il dans certains cas se référer à des « mutations » ou à des « évolutions ». Selon Gurvitch, les périodes de grand changement social se singulariseraient par le fait que le « droit positif intuitif » dominerait alors le « droit positif formel »[1], par le fait que le « droit spontané » l'emporterait alors sur le « droit organisé »[2], ce qui coïnciderait peut-être davantage avec une « crise du droit étatique » qu'avec une « crise du droit ». Le pluralisme juridique pourrait s'envisager en tant que signe d'un *grand dynamisme du droit* bien plutôt qu'en tant que signe d'une « crise du droit », sauf au sens de celui qui ne voit dans le droit que le droit de l'État. Or il est vrai que beaucoup des auteurs qui observent des mutations ou évolutions du droit et de l'État y voient le foyer d'une dégradation qualitative et/ou quantitative, d'où l'omniprésence de l'idée de « crise ».

Les anthropologues du droit relèvent que le rôle reconnu aux normes étatiques diffère profondément entre les sociétés et que, dans les sociétés occidentales, elles jouissent d'un privilège qui leur permet de se situer au carrefour de tous les enjeux et de toutes les activités[3]. Partant, que le droit d'origine privée peuple aussi densément le monde juridique que le droit d'origine étatique serait nécessairement signe de rupture et de « déclin du droit »[4], le déclin du droit étatique ne pouvant, à l'époque moderne, qu'être assimilé à un déclin global du droit. La privatisation des origines du droit indique des temps difficiles à vivre pour le droit, lesquels, peut-être, déboucheront sur *une nouvelle ère juridique*, l'heure étant de plus en plus à la « destruction créatrice » dans le domaine de la pensée du droit où d'aucuns « postmodernistes » dénoncent les « dinosaures du droit moderne »[5] et décrivent les « décombres de [ce] droit »[6].

Reste que les travaux de mesure du pluralisme juridique pourraient être mis à profit afin d'accréditer ou discréditer la vision de Michel Foucault qui, déjà en 1976, annonçait le futur avènement d'une « phase de régression du juridique »[7] ; car le droit d'origine privée est, en quelque sorte — et surtout à l'aune de l'échelle de juridicité[8] —, *du droit au sens faible ou au*

[1] G. GURVITCH, *L'expérience juridique et la philosophie pluraliste du droit*, Pedone, 1935, p. 151.
[2] G. GURVITCH, *Éléments de sociologie juridique*, Aubier, 1940, p. 175.
[3] N. ROULAND, « Acculturation juridique », in D. ALLAND, S. RIALS, dir., *Dictionnaire de la culture juridique*, Lamy-Puf, coll. Quadrige-dicos poche, 2003, p. 4.
[4] Réf. à G. RIPERT, *Le déclin du droit – Études sur la législation contemporaine*, LGDJ, 1949 ; B. OPPETIT, « L'hypothèse du déclin du droit », *Droits* 1986, n° 4, p. 9 s.
[5] B. FRYDMAN, « Comment penser le droit global ? », in J.-Y. CHÉROT, B. FRYDMAN B., dir., *La science du droit dans la globalisation*, Bruylant (Bruxelles), coll. Penser le droit, 2012, p. 29.
[6] *Ibid.*
[7] M. FOUCAULT, *Histoire de la sexualité – t. I : La volonté de savoir*, Gallimard, 1976, p. 190.
[8] B. BARRAUD, *Théories du droit et pluralisme juridique – t. II : La théorie syncrétique du droit et la possibilité du pluralisme juridique*, PUAM (Aix-en-Provence), coll. Inter-normes,

sens large mais non du droit au sens fort ou au sens strict, si bien que plus la proportion de normes d'origine privée dans le droit augmente, plus ladite « régression du juridique » devient une réalité — et inversement. Pour les mêmes raisons, pourraient être confirmées ou infirmées l'hypothèse du « déclin du droit » et la proposition selon laquelle « le droit ne [serait] plus ce qu'il était »[1] : l'agrandissement de la part de marché des normes moyennement ou faiblement juridiques, du droit au sens faible ou au sens large, au détriment de la part de marché des normes fortement juridiques, du droit au sens fort ou au sens strict, ne pourrait s'analyser autrement qu'en tant que pareil « déclin ». Et quelques éléments de réponse pourraient être apportés, grâce aux résultats de l'expérience, aux questions des réalités de la « dégénérescence manifeste du droit »[2], de la domination du droit comme mode d'organisation sociale[3], du phénomène de vide juridique[4], du fait que « la norme juridique est un luxe dans le domaine des technosciences »[5] ou encore du fait que le droit a été ou est une « parenthèse dans l'Histoire »[6], loin du « souverain droit » qu'évoquait Mirabeau lorsqu'il imaginait un droit étant partout et pouvant tout[7].

Peut-être est-il vrai que les sources du droit et le pluralisme juridique sont des outils indispensables à qui entend se prononcer au sujet de la « crise du droit »[8]. Néanmoins, puisque beaucoup des problématiques citées impliquent un recours au moins partiel à la théorie du droit, l'expérience de mesure du pluralisme juridique ne sera pas mise à profit, en ce livre en tout cas, afin de les résoudre. Se positionner quant à la place du droit dans l'ensemble de la normativité ou quant à la place des normes très juridiques dans l'ensemble des normes juridiques oblige à mêler théorie et pratique,

---

2016 ; B. BARRAUD, « L'échelle de juridicité : un outil pour mesurer le droit et fonder une théorie syncrétique (première partie : présentation) », *Arch. phil. droit* 2013, p. 365 s. ; B. BARRAUD, « L'échelle de juridicité : un outil pour mesurer le droit et fonder une théorie syncrétique (seconde partie : application) », *Arch. phil. droit* 2014, p. 503 s.

[1] M.-A. FRISON-ROCHE, « Le droit de la régulation », *D.* 2001, p. 610.

[2] *Ibid.*

[3] Par exemple, D. SALAS, « Juge (aujourd'hui) », in D. ALLAND, S. RIALS, dir., *Dictionnaire de la culture juridique*, Lamy-Puf, coll. Quadrige-dicos poche, 2003, p. 863.

[4] Par exemple, M.-C. RONDEAU-RIVIER, « L'alibi du vide juridique », *Économie et humanisme* 1991, n° 318, p. 21 s.

[5] J. HERVOIS, *La production de la norme juridique en matière scientifique et technologique*, th., Université de La Rochelle, 2011, p. 48.

[6] A.-J. ARNAUD, *Critique de la raison juridique – 2. Gouvernants sans frontières – Entre mondialisation et post-mondialisation*, LGDJ, coll. Droit et société, 2003, p. 153.

[7] Cité par D. BLANC, « Crises institutionnelles (France-Europe) », cycle de conférences 2012 des midis du CERTAP, Université de Perpignan Via Domitia, 27 févr. 2012, [en ligne] <plus.franceculture.fr>.

[8] F. TERRÉ, « Crise et sources du droit », in L. AYNÈS et *alii*, *Droit de la crise : crise du droit ?*, Puf, coll. Publications de la Faculté de droit et des sciences sociales de Poitiers, 1997, p. 47.

pluralisme juridique qualitatif et pluralisme juridique quantitatif. Or le présent ouvrage est consacré seulement au pluralisme juridique quantitatif, à la réalité du pluralisme juridique, donc aux aspects les plus concrets du droit, *lesquels existent indépendamment de toute caractérisation de la juridicité, cette dernière se confondant avec la normativité* — toutes les normes sont juridiques, sans qu'il soit besoin de poser la question de savoir si toutes les normes sont identiquement juridiques. Alors qu'on prédit au droit un avenir incertain[1], sans doute serait-il fort intéressant et instructif de rechercher dans quelle mesure, pour reprendre une formule célèbre entre toutes de Carbonnier, « le non-droit est l'essence et le droit l'accident »[2] et dans quelle mesure le non-droit devient ou cesse d'être l'essence et le droit devient ou cesse d'être l'accident. Mais l'expérience ici en cause ne saurait autoriser pareilles réflexions : si elle porte sur les envergures respectives de la « vie privée » et de la « vie publique » du droit[3], elle ne porte pas sur les envergures respectives du droit et du non-droit.

Si la « crise du droit » atteint son point culminant lorsque des auteurs invitent leurs lecteurs à ne plus utiliser le nom « droit » ni son adjectif « juridique »[4], ce qui est une proposition d'ordre uniquement théorique puisque visant à interdire toute pertinence sémantique à la notion de droit, il faut définitivement mettre de côté les considérations théoriques et plonger au cœur des normes. Il est donc temps d'abandonner les explications préliminaires et de présenter les moyens et le contenu de l'expérience de mesure du pluralisme juridique qui confère à ce livre son objet. Tout d'abord, il importe de détailler ses prémisses méthodologiques, lesquelles constituent peut-être l'élément le plus décisif et le plus cardinal.

---

[1] D. GUTMANN, « Temps », in D. ALLAND, S. RIALS, dir., *Dictionnaire de la culture juridique*, Lamy-Puf, coll. Quadrige-dicos poche, 2003, p. 1470.

[2] J. CARBONNIER, *Flexible droit – Pour une sociologie du droit sans rigueur*, 8e éd., LGDJ, 1995, p. 31.

[3] Ch. CARON, « Opposabilité de la vie privée du droit », *Comm. com. électr.* 2008, repère 4. L'auteur explique : « Du droit, on ne met généralement à l'honneur que ce qui relève de sa vie publique : les lois et les décisions de justice qui s'offrent à la lumière de tous dans les journaux officiels ou dans les recueils de jurisprudence. Mais cette vie publique n'est que la face visible d'un droit dont la face cachée est aussi importante que discrète. Évoquer la face cachée du droit revient à s'intéresser à sa vie privée, c'est-à-dire à celle qui régule les relations entre les personnes dans la clandestinité ou, à tout le moins, dans une certaine discrétion qui n'est que rarement levée ».

[4] J. VANDERLINDEN, « Réseaux, pyramide et pluralisme ou regards sur la rencontre de deux aspirants-paradigmes de la science juridique », *RIEJ* 2002, n° 49, p. 32.

Section 4. Une expérience impliquant des choix méthodologiques précis

Avec l'expérience de mesure du pluralisme juridique, ce dernier devient un véritable *objet de science, c'est-à-dire d'observations objectives et empiriques* (*1*). Aussi est-il important d'expliquer la méthode qui a été mise en œuvre afin d'obtenir des résultats qui soient les plus congruents possible. Il s'agira, notamment, de s'étendre sur la classification des sources retenue (*3*), sur l'absence de toute discrimination *a priori* entre les normes (*4*), ainsi que sur le fait qu'ont été concrètement recensées les normes appartenant aux 32 sous-branches de cinquième niveau constitutives du droit des communications électroniques pour, ensuite, réutiliser les pourcentages de normes originaires des différentes sources et non les nombres de normes originaires des différentes sources (*2*). Il importera également de préciser comment ont été recherchées et identifiées les normes et comment ont été établis les taux de normes attachées à chaque source (*5*). En particulier, un élément qualitatif a été — quoique relativement implicitement et involontairement — intégré dans la recherche, à savoir la nécessité, pour qu'une norme soit comptabilisée, que le chercheur l'ait « rencontrée » au moins une fois au cours de ses investigations (*6*). Enfin, quelques dernières explications pourront conclure ces paragraphes visant à présenter la méthode de l'expérience (*7*).

1. L'appréhension du pluralisme juridique comme objet d'une science

Carbonnier observait que, « aujourd'hui, les juristes veulent surtout être des techniciens, pour pouvoir afficher une compétence »[1]. D'une certaine façon, l'expérience de mesure du pluralisme juridique n'a pu être menée à son terme qu'à condition de maîtriser — et d'avoir au préalable arrêté — une technique et une méthode précises[2], donc à condition d'avoir été réalisée par une sorte de technicien du pluralisme juridique. Mais la maîtrise de cette technique n'est sans doute pas une compétence susceptible d'intéresser quelque cabinet d'avocats ou quelque haute administration et, plutôt qu'à un « technicien », il semble préférable de se référer à un *« scientifique »*. Or n'écrit-on pas que, « à supposer qu'il soit possible de photographier le droit d'un certain pays à un jour J, on découvrirait un inextricable mélange des sources simultanément agissantes. Inextricable et surtout inquantifiable : impossible ici d'imiter le chimiste en formulant

---

[1] J. CARBONNIER, *Droit et passion du droit sous la Ve République*, Flammarion, 2006, p. 71.
[2] *Cf.* B. BARRAUD, *La recherche juridique – Sciences et pensées du droit*, L'Harmattan, coll. Logiques juridiques, 2016, p. 257 s.

combien de molécules de loi ou de jurisprudence sont nécessaires »[1] ? Tout au contraire, est ici soutenu qu'il serait possible et, plus encore, qu'il serait utile — sous l'angle du pluralisme juridique — *de décomposer et de quantifier le contenu normatif du droit*. Cette étude, en révélant les résultats de l'expérience, va essayer de le prouver. *Si le lecteur en vient à juger ces résultats incorrects et/ou non pertinents, elle aura échoué.*

« Scientifique » signifie ici, simplement, « objectif et empirique » ; et l'empirisme suggère le recours à des *moyens d'enquête quantitatifs*[2]. Une science empirique émet des hypothèses puis examine des faits, à l'aide de ces moyens d'enquête, afin de savoir si elles sont vérifiées ou non. *Ici, le pluralisme des sources du droit est l'hypothèse et l'expérience doit permettre de la confirmer ou de l'infirmer, à l'échelle de la branche du droit sujet d'expérience.* D'aucuns affirment *a priori*, sans se fonder sur quelque corpus factuel significatif, que le droit serait « pluriel par nature »[3] ou, au contraire, qu'il serait irréductiblement unitaire en raison de l'intimité historique et/ou théorique entre droit et État[4] — intimité dénoncée comme idéologique[5]. Mieux vaut peut-être rechercher dans les « faits normatifs » si le droit est *effectivement pluriel* et dans quelle mesure — car il est probable qu'il ne soit ni parfaitement pluriel ni parfaitement unitaire.

À cet instant, est donnée l'occasion de souligner, avec force et définitivement, aux côtés de qui note qu' « il serait tout aussi absurde de gonfler le phénomène [du pluralisme juridique] par passion du pluralisme que de le nier pour satisfaire au culte sans partage de l'État »[6], que l'expérience a réellement été conduite avec la plus grande rigueur scientifique qu'il soit permis de revêtir. Si tel n'avait pas été le cas, si les résultats avaient été arbitrairement modulés afin de satisfaire l'une ou l'autre attente préalable et subjective, ces travaux ne mériteraient pas une minute d'attention. La scientificité n'est pas une revendication mais un donné méthodologique et aucun chiffre exposé en ce livre n'est le fruit d'autre chose que d'un procédé d'expertise scientifique.

---

[1] Ph. JESTAZ, *Les sources du droit*, Dalloz, coll. Connaissance du droit, 2005, p. 146.
[2] L. M. FRIEDMAN, « La sociologie du droit est-elle vraiment une science ? », *Dr. et société* 1986, p. 116.
[3] J.-J. SUEUR, « Analyser le pluralisme pour comprendre la mondialisation ? », in J.-Y. CHÉROT, B. FRYDMAN, dir., *La science du droit dans la globalisation*, Bruylant (Bruxelles), coll. Penser le droit, 2012, p. 90.
[4] Par exemple, M.-L. MATHIEU-IZORCHE, « Pluralisme et unité », in L. FONTAINE, dir., *Droit et pluralisme*, Nemesis-Bruylant (Bruxelles), coll. Droit et justice, 2007, p. 105.
[5] J.-J. SUEUR, « Analyser le pluralisme pour comprendre la mondialisation ? », in J.-Y. CHÉROT, B. FRYDMAN, dir., *La science du droit dans la globalisation*, Bruylant (Bruxelles), coll. Penser le droit, 2012, p. 90.
[6] Ph. JESTAZ, *Les sources du droit*, Dalloz, coll. Connaissance du droit, 2005, p. 35.

Ensuite, l'expérience de mesure de la réalité du pluralisme juridique est moins complexe, tant quant à son soubassement épistémologique que quant à sa mise en œuvre concrète, que l'expérience de mesure de la force juridique des normes présentée dans l'ouvrage *Théories du droit et pluralisme juridique*, laquelle peut difficilement se passer des longs développements touchant à la théorie syncrétique du droit[1]. La présente expérience ne requiert pas, pour sa part, de denses et substantielles explications théoriques et épistémologiques, car il s'agit simplement *d'observer des faits et de les retranscrire de la façon la plus brute et directe.* Elle oblige tout de même à recourir à quelques outils particuliers et à opérer quelques choix spécifiques qu'il faut en ces pages décrire et justifier.

Synthétisée en une phrase, l'expérience relative au pluralisme juridique quantitatif a consisté à dénombrer, pour chaque sous-branche constitutive de la branche du droit sujet d'expérience, les normes formellement issues des différentes sources afin de pouvoir comparer leurs importances respectives dans la construction de ces sous-branches puis, plus globalement, à l'échelle de la branche du droit sujet d'expérience. Par suite, puisque le pluralisme juridique désigne ici la situation dans laquelle des sources privées concurrencent les sources étatiques et interétatiques du droit, il doit s'analyser comme étant réel dès lors que, *en termes de quantités de normes produites, les sources privées rivalisent avec les sources étatiques et interétatiques*. Lorsque, par exemple, une certaine branche du droit est essentiellement composée de normes d'origine publique et marginalement composée de normes d'origine privée, le pluralisme juridique n'est pas une réalité à son échelle.

Il convient à présent d'expliquer concrètement de quelle manière a été menée l'expérience et quels choix méthodologiques ont été opérés — le caractère scientifique de l'expérience n'implique évidemment pas que celle-ci n'aurait été la conséquence d'aucun choix. En particulier, il est déterminant que ce soient les pourcentages de normes originaires de chaque source et non les quantités brutes de normes qui aient été utilisés.

2. Le recensement des normes et l'utilisation des pourcentages plutôt que des quantités brutes de normes

Ainsi que cela sera expliqué plus en détails au sein de la prochaine section, l'expérience a porté sur une branche du droit particulière faisant office de sujet d'expérience, à savoir le droit des communications électroniques. Celui-ci a été divisé en deux sous-branches de premier

[1] *Cf.* B. BARRAUD, *Théories du droit et pluralisme juridique – t. II : La théorie syncrétique du droit et la possibilité du pluralisme juridique*, PUAM (Aix-en-Provence), coll. Inter-normes, 2016, *passim*.

niveau ; chacune d'elles a été divisée en deux sous-branches de deuxième niveau ; ces dernières ont été divisées chacune en deux sous-branches de troisième niveau ; et ces sous-branches de troisième niveau ont été divisées chacune en deux sous-branches de quatrième niveau. Enfin, les 16 sous-branches de quatrième niveau ainsi obtenues ont été scindées chacune en deux sous-branches de cinquième niveau, si bien que *le droit des communications électroniques s'est trouvé décomposé en 32 sous-branches de cinquième niveau.*

Ensuite, une option retenue décisive entre toutes est la suivante : seules les normes attachées aux sous-branches de cinquième niveau ont été dénombrées, cela afin de mesurer, en opérant le calcul *nombre de normes issues de la source* A / *nombre total de normes constitutives de la sous-branche du droit* y x *100*, la proportion de normes d'origine *A* dans *y*.

Quant aux parts de chaque source dans les sous-branches de quatrième, troisième, deuxième et premier niveaux, ainsi que dans la branche du droit objet d'expérience dans son ensemble, elles ne correspondent pas à l'addition des quantités de normes recueillies à l'échelon des sous-branches de degré inférieur mais à la *moyenne* des proportions de normes issues de chaque source dans lesdites sous-branches de degré inférieur.

Ainsi, par exemple, si, pour une sous-branche de quatrième niveau *l* composée des deux sous-branches de cinquième niveau *m* et *n*, les quantités de règles par source observées sont les suivantes :

m comporte 100 normes dont 20 proviennent de la source A et 80 de la source B, si bien que 20 % des normes de *m* sont d'origine A et 80 % d'origine B ;

n comporte 10 normes dont 8 proviennent de la source A et 2 de la source B, si bien que 80 % des normes de *n* sont d'origine A et 20 % d'origine B ;

le calcul des importances respectives des sources A et B dans *l* ne doit pas donner les résultats suivants :

A = 25 % et B = 75 % (A = (20 + 8) / 110 x 100 ; B = (80 + 2) / 110 x 100) ;

mais les résultats suivants :

A = 50 % et B = 50 % (A = (20 % + 80 %) / 2 ; B = 80 % + 20 %) / 2).

Le choix de ce mode de calcul — qui est loin d'aller de soi — se justifie par le fait que le décompte des normes appartenant au droit des communications électroniques n'a matériellement pas pu être effectué de manière exhaustive, tandis que certaines sous-branches ont été explorées plus en détails que d'autres, si bien qu'un plus grand nombre de normes a pu être intégré à l'expérience concernant les unes que concernant les autres. En particulier, le droit de la communication par internet a été plus minutieusement inspecté que le droit de la communication audiovisuelle et que le droit des réseaux de communications électroniques. Dès lors, en se basant sur les quantités brutes de normes issues de chaque source plutôt que sur les proportions de normes provenant de chacune dans les sous-branches de cinquième niveau, les résultats obtenus se seraient éloignés de la réalité factuelle pour les sous-branches de quatrième niveau, plus encore pour celles de troisième niveau, plus encore pour celles de deuxième niveau et plus encore pour celles de premier niveau. Au final, la conclusion de l'expérience à l'échelle du droit des communications électroniques se serait peut-être excessivement écartée de la réalité du pluralisme juridique imprégnant cette branche du droit. En revanche, en recourant systématiquement à la moyenne, pour une sous-branche donnée, des proportions de normes correspondant à chaque source dans les deux sous-branches de niveau inférieur, il faut gager qu'il est permis d'aboutir à des résultats capables de refléter la réalité factuelle du pluralisme juridique, non seulement concernant les 32 sous-branches de cinquième niveau, mais aussi concernant la branche du droit sujet d'expérience dans son entier.

Par ailleurs, la classification tripartite des sources du droit retenue (sources étatiques / sources publiques externes / sources privées) doit être justifiée.

3. La classification tripartite des sources du droit retenue : sources étatiques / sources publiques externes / sources privées

Un autre élément important — mais qui est cette fois moins le fruit d'un choix que celui de nécessités logiques — réside en la « taxinomie » des sources du droit utilisée. À l'aune de la définition du pluralisme juridique posée ainsi que des enjeux attachés aux évaluations respectives de la puissance et de la souveraineté de l'État précédemment précisés[1], cette classification ne semblait pouvoir qu'être la suivante :

→ *Sources étatiques*
- *Parlement, Président de la République et Premier ministre*
- *Autorités spécialisées*
- *Juridictions*

→ *Sources publiques externes*
- *Organisations internationales*
- *Union européenne*

→ *Sources privées*

[1] La puissance étatique diminue à mesure que se développent les sources privées, tandis que la souveraineté étatique régresse à mesure que progressent les sources publiques externes.

On avance que « plus la théorie des sources est élaborée, moins est praticable le rattachement de telle prescription à telle source à l'exclusion de toute autre »[1]. Cela ne semble guère se vérifier parmi les sources formelles du droit : *une norme n'a toujours qu'une seule et unique source formelle*, à savoir celle qui a publié sous son nom et suivant ses procédures propres l'acte juridique qui porte la norme, la question de savoir qui sont ses sources d'inspiration, quelles sont les sources matérielles de la norme étant tout autre. N'est ainsi pas reprise ici l'idée selon laquelle il serait « faux de croire que chaque règle peut être rattachée à une source de droit déterminée et exclusive »[2]. Cette remarque amène à souligner que seules ont été mobilisées dans l'expérience les sources formelles du droit, les sources matérielles étant sans influence aucune sur les résultats. Un organisme privé (un lobby) peut avoir largement inspiré le sens d'une règle législative, celle-ci n'en demeure pas moins une parfaite règle d'origine législative sous l'angle formel.

Sans doute y a-t-il de bonnes raisons de regretter que l'enquête n'ait porté que sur les seules sources formelles du droit, laissant de côté la question des sources matérielles. A déjà été souligné combien l'attention accordée aux sources matérielles, aux « force créatrices »[3], peut être à l'origine d'autant d'enseignements importants que l'attention accordée aux sources formelles, d'autant plus que la problématique se renouvelle largement à l'ère contemporaine, à mesure que les modes d'influence s'organisent, s'institutionnalisent presque[4]. Gurvitch, en ce sens, invitait à observer « les sources des sources, c'est-à-dire les sources primaires, matérielles, dynamiques [...] sur lesquelles se fondent l'autorité et l'efficience des sources secondaires, formelles, statiques, qui ne sont que des procédures techniques de constatation »[5]. Peut-être même serait-il plus instructif, en termes de réalisme juridique — les sources matérielles sont aussi appelées « sources réelles » —, de se pencher sur les sources matérielles plutôt que sur les sources formelles : le Parlement ne serait plus guère qu'un « législateur scribe »[6] rédigeant des « législations

---

[1] P. DEUMIER, Th. REVET, « Sources du droit (problématique générale) », in D. ALLAND, S. RIALS, dir., *Dictionnaire de la culture juridique*, Lamy-Puf, coll. Quadrige-dicos poche, 2003, p. 1433.
[2] P. DEUMIER, *Le droit spontané*, Economica, coll. Recherches juridiques, 2002, p. 445.
[3] Réf. à G. RIPERT, *Les forces créatrices du droit*, LGDJ, 1955.
[4] Par exemple, J. LAPOUSTERLE, *L'influence des groupes de pression sur l'élaboration des normes*, Dalloz, 2009 ; M. MEKKI, « La force normative des groupes d'intérêt : entre ombre et lumière », in C. THIBIERGE, dir., *La force normative – Naissance d'un concept*, LGDJ-Bruylant (Paris-Bruxelles), 2009, p. 233 s.
[5] G. GURVITCH, *L'expérience juridique et la philosophie pluraliste du droit*, Pedone, 1935, p. 141.
[6] L.-M. DUONG, « Les sources du droit d'Internet : du modèle pyramidal au modèle en réseau », *D.* 2010, p. 790.

d'entérinement »[1] du « droit proposé » et « prêt à l'emploi » d'origine privée[2], son action se limitant à l'apposition d'un timbre formel sur des propositions émanées de sources informelles[3], tandis qu'on publie désormais des « manuels de lobbying »[4] à l'attention des auteurs de ce « *soft law* méta-législatif »[5].

Reste que les questions des sources formelles et des sources matérielles sont très différentes, si bien qu'il faut gager que seuls des ouvrages *ad hoc* pourraient les traiter convenablement[6]. Il n'est pas lieu de nier le grand intérêt de l'étude des « quasi-sources du droit »[7], d'autant plus dès lors que la « non-correspondance entre pouvoir réel et institutions formelles »[8] est avérée, dès lors qu'il n'est plus vrai que, « au-dessus des luttes d'intérêts que se livrent les hommes, il y a les règles juridiques »[9] et

---

[1] J.-F. PERRIN, *Pour une théorie de la connaissance juridique*, Droz (Genève), 1979, p. 134.

[2] C. THIBIERGE, « Nature juridique et force normative de la déclaration de Saint-Quentin », *LPA* 21 août 2008, p. 42.

[3] Les Professeurs François Ost et Michel van de Kerchove notent ainsi que, « si le Parlement se réserve le pouvoir du dernier mot [...], personne n'est dupe : ce sont bien les acteurs sociaux concernés qui font la loi » (F. OST, M. VAN DE KERCHOVE, *De la pyramide au réseau ? – Pour une théorie dialectique du droit*, Publications des Facultés universitaires Saint-Louis (Bruxelles), 2002, p. 111).

[4] M. CLAMEN, *Manuel de lobbying*, Dunod, 2005 (il s'agit cependant, en l'occurrence, davantage d'une parodie de manuel, recourant au terme « manuel » avec ironie).

[5] C. THIBIERGE, « Synthèse », in C. THIBIERGE, dir., *La force normative – Naissance d'un concept*, LGDJ-Bruylant (Paris-Bruxelles), 2009, p. 783. On souligne que la conception formelle des sources du droit serait à la fois « la seule réellement praticable dans l'ordre positif et la plus dangereuse pour ce même ordre, car elle porte en elle la folle prétention de la toute-puissance [...] de celui qui l'énonce » (P. DEUMIER, Th. REVET, « Sources du droit (problématique générale) », in D. ALLAND, S. RIALS, dir., *Dictionnaire de la culture juridique*, Lamy-Puf, coll. Quadrige-dicos poche, 2003, p. 1431). Et les auteurs d'ajouter : « Aussi les sources dites "matérielles" ont-elles beau être largement indéterminables, et pour tout dire sans fin, elles doivent être incluses dans la problématique générale des sources du droit, ne serait-ce que comme garde-fous » (*ibid.*).

[6] Pour une analyse contraire, *cf.* M. LEHOT, « Propositions pour une rénovation de la théorie générale des sources du droit », *RRJ* 2003, p. 2341 ; Y. CARTUYVELS, H. DUMONT, Ph. GÉRARD, I. HACHEZ, F. OST, M. VAN DE KERCHOVE, dir., *Les sources du droit revisitées – Volume 4 : Théorie des sources du droit*, Publications de l'Université Saint-Louis-Anthémis (Bruxelles), 2013 ; A-J. ARNAUD, *Entre modernité et mondialisation – Cinq leçons d'histoire de la philosophie du droit et de l'État*, 2e éd., LGDJ, coll. Droit et société, 2004, p. 283.

[7] D. MAINGUY, « Les directives non transposées – Libres propos sur une étrange lumière », in *Mélanges Christian Mouly*, Litec, 1998, p. 102 (cité par L. BAL, *Le mythe de la souveraineté en droit international – La souveraineté des États à l'épreuve des mutations de l'ordre juridique international*, th., Université de Strasbourg, 2012, p. 307).

[8] D. BARANGER, « Les fausses institutions », Le bien commun, France culture, 23 mai 2013.

[9] J. BOULANGER, « Principes généraux du droit et droit positif », in *Mélanges Georges Ripert*, LGDJ, 1950, p. 51 (cité par E. VERGÈS, *Les principes directeurs du procès judiciaire*, th., Université Aix-Marseille III - Paul Cézanne, 2000, p. 51).

dès lors que les « offres de loi »[1] se multiplient — y compris à l'intérieur des seules sources étatiques[2] —, jouant un rôle central dans le processus d'élaboration du droit. Et le fait de ne s'enquérir que des sources formelles empêche d'étudier le « dialogue », la « collaboration » et la « coordination » des sources[3]. Or certainement les rapports d'influence et de concurrence entre sources sont-ils un objet d'investigation très porteur pour qui souhaite faire progresser les connaissances sur le droit. Simplement n'est-il peut-être pas possible de procéder à une telle étude en même temps qu'à celle des sources formelles qui est tout autre, sous peine de brouiller le discours et de perdre sa ligne directrice.

Si, selon Jean-Marc Sauvé, Vice-président du Conseil d'État, « un travail de systématisation des différentes sources du droit applicable au numérique doit être poursuivi »[4], il ne paraît toutefois pas nécessaire de davantage motiver le recours à la « taxinomie » tripartite des sources du droit « sources étatiques / sources publiques externes / sources privées ». Il importe en revanche de justifier un autre choix qui a forcément impacté les résultats de l'expérience : celui de n'opérer aucune discrimination *a priori* entre les normes et donc de toutes les comptabiliser à l'identique.

4. L'interdiction de toute discrimination a priori entre les normes

Dans le cadre de l'expérience de mesure du pluralisme juridique, toutes les normes, quelles que puissent être leurs origines formelles, ont été accueillies sur un pied d'égalité. Autrement dit, au moment de dénombrer les normes, *toute norme a compté pour une norme*. Notamment, aucune discrimination opérée en fonction du degré de juridicité, estimable par le truchement de l'échelle de juridicité[5], n'était envisageable. Il aurait été peu

---

[1] J. CARBONNIER (cité par P. DEUMIER, « La réception du droit souple par l'ordre juridique », in Association Henri Capitant, *Le droit souple*, Dalloz, coll. Thèmes et commentaires, 2009, p. 117).

[2] Par exemple, A. BENSAMOUN, « La loi du 1er août 2006 : nouvelle manifestation du dialogue entre le législateur et le juge en droit d'auteur », *D.* 2007, p. 328 s.

[3] *Cf.*, notamment, J.-L. BERGEL, « La coordination des sources du droit », in J.-L. BERGEL, dir., *La méthodologie de l'étude des sources du droit*, PUAM (Aix-en-Provence), 2001, p. 125 s. ; C. CASTETS-RENARD, « La mutation de la production de la norme en droit privé : d'une concurrence à une collaboration des producteurs de la norme », in M. HECQUARD, J. KRYNEN, dir., *Regards critiques sur quelques (r)évolutions récentes du droit – t. I : Bilans*, Presses universitaires des sciences sociales de Toulouse, coll. Les travaux de l'IFR-Mutations des normes juridiques, 2005, p. 13 s.

[4] J.-M. SAUVÉ, « Avant-propos », in Conseil d'État, *Le numérique et les droits fondamentaux*, La documentation française, coll. Les rapports du Conseil d'État, 2014, p. 6.

[5] B. BARRAUD, *Théories du droit et pluralisme juridique – t. II : La théorie syncrétique du droit et la possibilité du pluralisme juridique*, PUAM (Aix-en-Provence), coll. Inter-normes, 2016 ; B. BARRAUD, « L'échelle de juridicité : un outil pour mesurer le droit et fonder une théorie syncrétique (première partie : présentation) », *Arch. phil. droit* 2013, p. 365 s. ;

porteur de mener l'expérience en affectant des coefficients aux normes en fonction de leurs forces juridiques respectives.

Si certaines normes sont accusées de ne pas être juridiques, il est incertain qu'elles ne le soient véritablement pas ; plus encore, elles le sont forcément à certains points de vue — ceux adoptés par les auteurs qui invitent à « élargir la perspective de la théorie du droit [car] on ne peut plus comprendre le droit en étudiant uniquement ou principalement le droit de l'État »[1]. Ainsi fallait-il, dans tous les cas, accueillir dans le champ de l'expérience les normes potentiellement non juridiques au moins « *in dubio pro reo* » (au bénéfice du doute).

Tocqueville écrivait : « Lorsque le monde était rempli d'hommes très grands et très petits, très riches et très pauvres, très savants et très ignorants, je détournais mes regards des seconds pour ne les attacher que sur les premiers, et ceux-ci réjouissaient ma vue ; mais je comprends que ce plaisir naissait de ma faiblesse : c'est parce que je ne puis voir en même temps tout ce qui m'environne qu'il m'est permis de choisir ainsi et de mettre à part, parmi tant d'objets, ceux qu'il me plaît de contempler »[2]. À considérer que le monde juridique soit rempli de normes très juridiques et de normes peu juridiques, ce serait faire preuve de faiblesse et adopter une vision trop étroite que de n'avoir de considération que pour les premières et aucun égard pour les secondes. Définitivement, quant à l'expérience ici présentée, il fallait traiter égalitairement toutes les normes, ce qui signifie, notamment, qu'*une norme d'origine privée devait être envisagée comme l'égale d'une norme d'origine étatique*.

Par ailleurs, un tout autre choix qui n'est pas sans conséquences est celui d'écarter de l'étude l'ensemble du régime fiscal. Sur ce point, simplement faut-il expliquer que le droit fiscal est par définition étatique[3] — en droit comme en faits, à l'inverse du droit pénal —, si bien qu'il n'avait pas à être intégré au sein de travaux portant sur la réalité de la concurrence entre les sources publiques et les sources privées de normes.

Il s'agit, à présent, d'expliquer comment les normes ont été identifiées et comment les taux de normes originaires de chaque source ont été calculés.

B. BARRAUD, « L'échelle de juridicité : un outil pour mesurer le droit et fonder une théorie syncrétique (seconde partie : application) », *Arch. phil. droit* 2014, p. 503 s.

[1] M. XIFARAS, « Après les Théories Générales de l'État : le droit global ? », *Jus Politicum* 2012, n° 8, p. 2.

[2] A. DE TOCQUEVILLE, *De la démocratie en Amérique* (1835 et 1840), Flammarion, coll. GF, 2010, p. 274.

[3] Néanmoins, V. VARNEROT, *Les sources privées du droit fiscal*, th., Université de Nice - Sophia-Antipolis, 2001.

5. La définition et l'identification des normes et l'établissement des taux de normes originaires de chaque source

Au moment de conduire concrètement l'expérience, l'auteur s'est efforcé, en recourant à toute ressource utile, des actes normatifs bruts aux encyclopédies et autres manuels de droit existants, de recenser le plus grand nombre de normes qu'il soit possible, *sans opérer aucun tri ni aucune discrimination*, pour chacune des 32 sous-branches de cinquième niveau qui composent le droit des communications électroniques. Une fois cette recension — nécessairement incomplète en raison de l'immensité de la tâche et du caractère limité des moyens matériels mobilisables — effectuée, l'étape suivante consistait à comptabiliser les nombres de normes par source et totaux pour, enfin, calculer les pourcentages de règles originaires de chaque source au sein de chacune des sous-branches de cinquième niveau puis au sein de chacune des sous-branches de quatrième, troisième, deuxième et premier niveaux. Ce seront les résultats de ces dénombrements et calculs qui seront exposés dans la deuxième partie de ce livre.

Concernant la définition de ce qu'est une norme ou règle — les deux termes étant approchés tels des synonymes[1] —, il s'agit de *la signification d'un énoncé servant de modèle de comportement*[2]. Une norme ou règle est un « outil mental »[3] servant à tracer les lignes directrices des conduites des individus. Aussi une proposition contient-elle une norme dès lors qu'elle impose, permet, conseille ou interdit d'adopter un certain comportement dans une certaine situation, quels que soient sa source, son objet et son degré de généralité et d'abstraction — il existe des normes à portée individuelle[4]. Une norme, suivant le sens accepté en ces pages, est donc la signification d'un énoncé à l'aune de laquelle le destinataire comprend qu'il peut, qu'il ne peut pas, qu'il devrait ou qu'il doit faire quelque-chose. Partant, toute signification d'un énoncé qui est une description, une déclaration ou une

---

[1] B. BARRAUD, *Théories du droit et pluralisme juridique – t. II : La théorie syncrétique du droit et la possibilité du pluralisme juridique*, PUAM (Aix-en-Provence), coll. Inter-normes, 2016, n° 30. *Contra*, C. THIBIERGE, « Au cœur de la norme : le tracé et la mesure – Pour une distinction entre normes et règles de droit », *Arch. phil. droit* 2008, p. 341 s.

[2] B. BARRAUD, *Théories du droit et pluralisme juridique – t. II : La théorie syncrétique du droit et la possibilité du pluralisme juridique*, PUAM (Aix-en-Provence), coll. Inter-normes, 2016, n° 29. Il importe de ne pas assimiler la norme au texte qui la porte, de ne pas confondre — ce qui est souvent le cas — norme juridique et acte juridique, de ne pas voir le normatif dans ce qui ne fait que le relever ou l'exprimer, dans les signes extérieurs qui ne sont que des véhicules, des moyens de transport. Un énoncé est une forme, une mise en forme verbale ; la signification — donc la norme — est le fond porté par cette forme. Confondre la norme et l'énoncé, ce serait comme confondre la pensée et la parole. La norme, c'est le message.

[3] P. AMSELEK, « Le droit, technique de direction publique des conduites humaines », *Droits* 1989, n° 10, p. 9.

[4] Toutefois, la position inverse est parfois défendue. Par exemple, P. DEUMIER, *Le droit spontané*, Economica, coll. Recherches juridiques, 2002, spéc. p. 157.

évaluation, qui n'indique aucune attitude à adopter à quiconque dans un quelconque contexte, n'est pas une norme.

Appartiennent à l'ordre du prescriptif, par opposition à ce qui relève de l'ordre du descriptif, l'obligatoire, l'impératif, le prohibitif, mais aussi le permissif, l'incitatif, le recommandatoire, le suggestif, l'habilitatif et l'attributif[1]. Et il faut préciser que seul le signifié de l'assertion, fruit d'une interprétation, permet de la catégoriser, sa formulation syntaxique et grammaticale n'étant un indice que dans certains cas. Il n'est en effet pas rare de trouver des normes exprimées sous la forme indicative.

En outre, peut être retenu, avec Carbonnier, que la règle de droit serait le « phénomène juridique primaire »[2], quand les institutions et autre entités juridiques s'analyseraient tels des phénomènes juridiques secondaires — à moins qu'elles ne se réduisent, ainsi que le pensait Kelsen, à des ensembles normatifs. En tout cas, *seules les normes ont été prises en compte dans le travail d'évaluation de la réalité du pluralisme juridique*. Peut-être tout le droit ne se réduit-il pas aux règles de droit, mais, en l'occurrence, le pluralisme juridique est compris en tant que pluralisme des sources de règles de droit. Christian Atias regrettait que, « dans les lycées, les Facultés, les "grandes écoles", on apprend plus de règles que de modes de raisonnement »[3] ; le présent ouvrage, cependant, est entièrement focalisé sur les règles, à tel point qu'en sont exclus tous les éventuels autres phénomènes juridiques.

Par ailleurs, nulle discrimination n'était à opérer entre *règles de conduite* (règles primaires, dont les destinataires sont des personnes privées) et *règles de procédure* (règles secondaires, qui régissent le fonctionnement des institutions et organes) et, quand la loi habilite le CSA à intervenir au sujet d'une certaine problématique, cette norme fait entièrement partie du droit de la communication audiovisuelle[4]. Toutefois, la proportion de règles

---

[1] B. BARRAUD, *Théories du droit et pluralisme juridique – t. II : La théorie syncrétique du droit et la possibilité du pluralisme juridique*, PUAM (Aix-en-Provence), coll. Inter-normes, 2016, n° 29.

[2] J. CARBONNIER, *Théorie sociologique des sources du droit*, Association corporative des étudiants en droit de l'Université Panthéon-Sorbonne, 1961, p. 74.

[3] Ch. ATIAS, *Épistémologie juridique*, Dalloz, coll. Précis, 2002, p. 161.

[4] Par exemple, D. n° 89-518, 26 juill. 1989, *Relatif à l'organisation et au fonctionnement du Conseil supérieur de l'audiovisuel* ; D. n° 2006-1084, 29 août 2006, *Pris pour l'application de l'article 17-1 de la loi n° 86-1067 du 30 septembre 1986 et relatif à la procédure de règlement de différends par le Conseil supérieur de l'audiovisuel* ; D. n° 2011-732, 24 juin 2011, *Relatif aux comités techniques*. Ce choix se voit spécialement justifié par l'importante jurisprudence du Conseil d'État relative à l'organisation et aux compétences du CSA (notamment, CE, 7 déc. 2011, n° 321349, *Société Métropole Télévision* (règlement de différend, compétence du CSA) ; CE, 18 nov. 2011, n° 321410, *Société Quinto Avenio* (délai de notification des décisions de rejet du CSA, motivation) ; CE, 11 mars 1994, n° 115052, *La Cinq* (mise en demeure) ; CE, 13 déc. 2004, n° 274757, *Al Manar* (référé audiovisuel) ; CE, 6

de conduite dans le droit est très élevée en comparaison de la proportion de règles de procédure. Ces dernières, mises à part les matières telles que le droit constitutionnel ou la procédure pénale, n'occupent toujours, quantitativement parlant, qu'une place marginale dans l'ensemble-droit.

Ensuite, un élément formel doit être incorporé dans la définition de la norme juridique : ainsi est-on en présence de *deux normes différentes lorsqu'un même énoncé servant de modèle de comportement se retrouve dans deux actes normatifs différents*, trois normes s'il y a trois actes normatifs etc.[1]. Pour l'exprimer d'une autre manière, une norme est comprise comme *un contenu assorti à un contenant* et, en présence d'un même contenu porté par deux contenants, il y a deux normes et non une norme. Par exemple, lorsqu'un énoncé servant de modèle de comportement est consacré à la fois par une loi et par une directive européenne, deux normes sont à comptabiliser. Lorsqu'une loi transpose exactement une règle déjà édictée au niveau de l'Union européenne, il faut dénombrer deux normes car sont en cause deux sources différentes et seule intéresse l'expérience l'origine formelle de la règle, non son origine substantielle. Est ici donnée l'occasion de préciser qu'aucun traitement particulier ne doit être réservé aux directives européennes ; que leurs destinataires soient des institutions étatiques est indifférent. En revanche, au sein des directives et, plus largement, au sein de tous les textes à portée normative, il importe de savoir *séparer ce qui relève du normatif et ce qui relève de la motivation, de l'explication et de la pédagogie*[2].

Enfin, dans le cas où une juridiction applique une règle contenue dans une loi, il n'est alors question que d'une norme législative et non d'une norme législative assortie d'une norme jurisprudentielle, car la juridiction intervient à cet instant *en tant qu'organe d'application du droit* et non en

---

janv. 2006, n° 279596, *Al Manar* (régime de la procédure de sanction) ; CE, 21 oct. 2009, n° 310431, *Radio Horizon* (présélection et mesure préparatoire) ; CE, 21 oct. 2009, n° 297963, *SIRTI* (contrôle du juge) ; CE, 2 déc. 2009, n° 308578, *Société NRJ Groupe* (changement de dénomination et article 42-3) ; CE, 2 déc. 2009, n° 302020, *Société BFM TV* (pouvoir de sanction) ; CE, 2 juin 2010, n° 335075, *Association Radio Horizon* (exécution de la chose jugée) ; CE, 9 juill. 2010, n° 335336, *Société Canal + distribution* (règlement des différends) ; CE, 30 déc. 2010, n° 338273, *Société Métropole Télévision* (régime de l'article 42-3)).

[1] *Cf.* B. Barraud, *Théories du droit et pluralisme juridique – t. II : La théorie syncrétique du droit et la possibilité du pluralisme juridique*, PUAM (Aix-en-Provence), coll. Inter-normes, 2016, n° 29.

[2] Ainsi, par exemple, n'est pas normative la disposition selon laquelle « la légitimité de l'intervention étatique tient à l'importance du haut débit dans la croissance et [...] à l'innovation dans tous les secteurs de l'économie, dans une perspective de cohésion sociale et territoriale » (Comm. UE, 30 sept. 2009, *Lignes directrices communautaires pour l'application des règles relatives aux aides d'État dans le cadre du déploiement rapide des réseaux de communication à haut débit*).

tant que source du droit. A été logiquement exclue la possibilité de comptabiliser une norme d'origine juridictionnelle lorsque les juges appliquent sans faire œuvre créatrice une règle préexistante. N'intègrent donc la catégorie de la jurisprudence que les seules normes à portée générale créées par les juges, soit *ab initio*, soit à travers l'*« interprétation créatrice »* d'un texte préexistant. Trois millions de décisions de justice sont rendues tous les ans en France[1] ; seule une infime portion d'entre elles fait œuvre créatrice, ajoute à l'état existant du droit positif[2].

Il n'est pas propre à la présente expérience de considérer que, en matière de sources du droit, la forme doit l'emporter sur le fond et, depuis 1804, rares sont ceux qui ont estimé que le Code civil porterait des règles coutumières, alors pourtant que ce code a largement poursuivi les codifications de coutumes et les travaux sur les coutumes d'auteurs tels que Pothier. En outre, l'inclusion d'un élément formel dans la définition de la norme interdit de retenir qu'il serait impossible d'associer une source unique à chaque norme juridique, car une norme aurait toujours plusieurs sources. On considère que l'idée d'une classification des sources qui serait apte à rendre à chaque prescription sa source serait utopique[3]. Pareille affirmation ne saurait être acceptée ici et une norme portée par une loi a pour seule source la loi quand une norme portée par un contrat privé a pour seule source le contrat privé, peu important que le même modèle de conduite soit par ailleurs consacré au sein d'autres actes normatifs.

L'acceptation du fait que plusieurs actes normatifs donnent lieu à plusieurs normes même si n'est en cause qu'un seul et unique modèle de conduite ne s'étend pas aux sources saisies individuellement ; une source ne peut pas consacrer plusieurs normes (comprises comme normes à portée générale) à partir d'un seul et unique modèle de comportement. Cela est décisif, en particulier, quant aux contrats privés : *divers contrats comportant le même énoncé servant de modèle de conduite ne comportent qu'une seule et même norme, non autant de normes qu'il y a de contrats.* La source formelle peut être *le* contrat ; elle ne peut pas être *un* contrat. Sans cela, il est

---

[1] P. DEUMIER, *Introduction générale au droit*, 2e éd., LGDJ, coll. Manuel, 2013, p. 286. On dénombre, annuellement, 22 000 arrêts de la Cour de cassation, 9 000 arrêts du Conseil d'État, 200 décisions du Conseil constitutionnel, 360 arrêts de la Cour de Justice de l'Union européenne et 1 600 arrêts de la Cour européenne des droits de l'homme (*ibid.*, p. 159).

[2] Par ailleurs, il est remarquable que la jurisprudence, à l'inverse d'autres sources, peut augmenter sa « part de marché » grâce aux contradictions de jurisprudences — qui doivent être distinguées des revirements de jurisprudence, ces derniers impliquant qu'une norme en remplace une autre là où, avec la contradiction de jurisprudences, une norme s'ajoute à une autre — (par exemple, M. BERGUIG, T. RABANT, « Moteurs de recherche et liens sponsorisés : quand la jurisprudence se cherche… », *Légipresse* 2008, n° 252, p. 83 s.).

[3] P. DEUMIER, Th. REVET, « Sources du droit (problématique générale) », in D. ALLAND, S. RIALS, dir., *Dictionnaire de la culture juridique*, Lamy-Puf, coll. Quadrige-dicos poche, 2003, p. 1433.

certain que le droit d'origine privée cannibaliserait le droit d'origine publique grâce au grand nombre de contrats privés en comparaison du nombre de lois et autres actes à portée générale[1].

De même, les modèles de conduite qui se retrouvent dans plusieurs ou dans toutes les conventions conclues entre le CSA et les éditeurs de services de communication audiovisuelle ne comptent chacun que pour une norme. Ainsi, puisqu'il y a 23 conventions passées avec les chaînes de télévision privées hertziennes et que ces conventions comportent 240 règles en moyenne et 320 règles au maximum (convention de TF1), il serait erroné d'imaginer qu'elles participeraient à hauteur de 5 500 règles (320 x 23) à la construction du droit de la communication audiovisuelle ; elles apportent, plus sûrement, aux alentours d'une quatre-centaine ou d'une cinq-centaine de normes à ce droit. De plus, les conventions des éditeurs de chaînes de télévision privées diffusées par d'autres réseaux que le réseau hertzien, qui sont au nombre de 145 et qui portent 130 règles de droit en moyenne, voient un nombre important de celles-ci se superposer avec celles contenues dans les conventions des chaînes hertziennes, ce qui interdit de les comptabiliser sans opérer de contrôle.

Ainsi le choix d'*appliquer la règle « une norme = un contenu + un contenant » lorsque sont en cause deux actes émanant de deux sources différentes mais pas lorsque sont en cause deux actes émanant d'une source unique* emporte-t-il des conséquences décisives. Il faut gager que ce choix était le plus juste qu'il était possible d'opérer dans l'optique de *produire des résultats davantage conformes à l'esprit des faits qu'à la brutalité des faits*.

À titre d'autres exemples, les Conditions générales d'utilisation de facebook.com sont composées de 170 règles, auxquelles il faut ajouter les 130 règles de la Politique d'utilisation des données, ce qui donne un total de 300 règles ; les Conditions générales d'utilisation de twitter.com, les Règles de Twitter et la Politique de vie privée du service donnent lieu à 260 règles. Toutefois, certaines normes établies par facebook.com et par twitter.com, lorsqu'elles correspondent à de mêmes modèles de comportement, ne s'additionnent pas pour les raisons précédemment évoquées. Et, si la Netiquette comporte plusieurs versions qui toutes listent environ 300 normes, il ne faut bien entendu pas multiplier le nombre de versions par 300 et plutôt considérer qu'il s'agit là d'un document unique fait de 320 normes, en s'appuyant sur l'une des dernières versions publiées[2]. Quant aux 150 délibérations adoptées par la HADOPI depuis 2010, elles concernent quasi-exclusivement le même sujet (l'attribution du label prévu à l'article

---

[1] Sur ce point, *cf.* A. SUPIOT, « La loi dévorée par la convention ? », in P. GÉRARD, F. OST, M. VAN DE KERCHOVE, dir., *Droit négocié, droit imposé ?*, Publications des Facultés universitaires Saint-Louis (Bruxelles), 1996, p. 631 s.

[2] Version du groupe de travail « Utilisation responsable du réseau » de l'IETF.

L. 331-23 du Code de la propriété intellectuelle[1]), de telle sorte que ce sont les mêmes règles qui se trouvent constamment renouvelées. Il importait, dans pareil cas, de ne prendre en considération que la dernière délibération. Et, bien entendu, il n'était pas lieu de décompter deux fois les règles publiées à l'intérieur de lois ou de règlements puis insérées au sein de codes. Par exemple, les 280 règles de l'ordonnance du 24 août 2011[2] ou les 60 règles des articles 17 à 21 de la loi du 22 mars 2011[3], qui sont insérées dans ou qui modifient le Code des postes et des communications électroniques, n'avaient pas à être étudiées dès lors que ce code l'était déjà.

Il faut encore préciser que le recensement des normes est un travail minutieux et, notamment, qu'il aurait semble-t-il été maladroit de recourir, par exemple en matière de lois, au raccourci « un article = une norme ». Fréquemment, un même article comporte plusieurs normes ; et Gérard Cornu pouvait noter qu' « il y a souvent, dans un même article, le principe et la mise en œuvre, la règle et l'exception, le fond et la forme »[4]. Afin de dénombrer les normes, il n'est d'autre possibilité que d'examiner *in extenso* les actes juridiques qui les portent et de relever chaque fois qu'une nouvelle norme apparaît. Tel est le cas, de façon schématique mais relativement juste, *à la fin de chaque phrase*. Il est d'autant plus nécessaire de compter les règles une par une que les textes sont parfois constellés d'articles abrogés, occupant beaucoup de place sur le papier mais ne comportant aucune règle. Par exemple, la loi du 29 juillet 1982 sur la communication audiovisuelle[5] ne contient plus que 60 règles quand la loi du 30 septembre 1986[6] en compte 1 400. Il est donc impossible d'estimer la quantité de normes supportées par un acte juridique en multipliant le nombre moyen de règles par article par le nombre d'articles ou le nombre moyen de règles par page par le nombre de pages.

En général, une règle supplémentaire a été exprimée avant chaque point ou point-virgule, mais aussi parfois avant une virgule ou encore avant la conjonction de coordination « et ». Dans l'exemple suivant, choisi au hasard, le signe « / » sert à identifier le passage d'une norme à une autre.

> *Il est créé un groupement d'intérêt public doté de la personnalité morale / et de l'autonomie financière / ayant pour objet, dans le*

---

[1] « Label permettant aux usagers [d'un] service d'identifier clairement le caractère légal de [s]es offres ».

[2] Ord. n° 2011-1012, 24 août 2011, *Relative aux communications électroniques*.

[3] L. n° 2011-302, 22 mars 2011, *Portant diverses dispositions d'adaptation de la législation au droit de l'Union européenne en matière de santé, de travail et de communications électroniques*, art. 17 à 21.

[4] G. CORNU, « Linguistique juridique », in D. ALLAND, S. RIALS, dir., *Dictionnaire de la culture juridique*, Lamy-Puf, coll. Quadrige-dicos poche, 2003, p. 958.

[5] L. n° 82-652, 29 juill. 1982, *Sur la communication audiovisuelle*.

[6] L. n° 86-1067, 30 sept. 1986, *Relative à la liberté de communication*.

respect des orientations définies par le Premier ministre et des décisions du Conseil supérieur de l'audiovisuel, / de mettre en œuvre les mesures propres à permettre l'extinction de la diffusion des services de télévision par voie hertzienne terrestre en mode analogique et la continuité de la réception de ces services par les téléspectateurs. / Il gère les fonds institués à l'article 102. / Il met en œuvre, selon des modalités fixées par décret / et au bénéfice de catégories de personnes en fonction de leur âge ou de leur taux d'incapacité permanente, / une assistance technique dans le but d'assurer la réception effective des services de télévision en clair après l'extinction de leur diffusion par voie hertzienne terrestre en mode analogique. / Il peut également se voir confier la coordination de la réalisation des opérations de réaménagement mentionnées au dernier alinéa du IV de l'article 30-1 par la personne morale qui l'assurait préalablement. / Il peut enfin accomplir toute autre action à la demande de l'un de ses membres. / Ce groupement est constitué, sans capital, / entre l'État, les éditeurs privés de services nationaux de télévision diffusés par voie hertzienne terrestre en mode analogique, la société France Télévisions et la chaîne culturelle européenne issue du traité signé le 2 octobre 1990. / Il ne donne lieu ni à la réalisation ni au partage de bénéfices. / Le groupement est administré par un conseil d'administration composé de représentants de ses membres constitutifs. / Le président du groupement est choisi par le conseil d'administration / qui peut lui confier la direction générale du groupement ou confier celle-ci à une autre personne physique qu'il a nommée. / La convention par laquelle est constitué le groupement doit être approuvée par le Premier ministre, le ministre chargé de la communication et le ministre chargé du budget, / qui en assurent la publicité.[1]

Cet article de loi comporte ainsi 18 normes.

Ce résultat amène à souligner que, s'il est vrai que le sens clair des textes est une chose rare, le fait qu'un énoncé puisse être susceptible de différentes interprétations, parfois contradictoires, ne saurait conduire à faire ressortir d'une certaine disposition plusieurs normes par le truchement d'une poly-interprétation. Le chercheur ne devait retenir qu'*une seule interprétation pour chaque disposition normative* afin de ne pas multiplier artificiellement et subjectivement le nombre de normes.

Il n'aurait pas davantage été pertinent de comptabiliser uniquement le nombre d'actes normatifs puis de multiplier celui-ci par le nombre moyen de normes par acte normatif. Envisager un quelconque nombre moyen global de

---

[1] L. n° 86-1067, 30 sept. 1986, *Relative à la liberté de communication*, art. 100.

normes par acte normatif aurait sans doute été une erreur ; outre le cas des jurisprudences — un jugement qui « fait jurisprudence » ne comporte souvent qu'une seule règle nouvelle, voire deux ou trois[1] —, il est remarquable que, en droit de la communication audiovisuelle par exemple, le nombre moyen de règles par acte règlementaire est proche de 40 (de 5[2] à 220[3] règles) quand le nombre moyen de règles par charte privée se situe aux alentours de 25[4].

Après ces diverses explications, il reste à souligner qu'un élément qualitatif implicite et inéluctable a joué un rôle important dans l'évaluation du pluralisme juridique quantitatif.

6. L'inclusion d'un élément qualitatif dans l'évaluation du pluralisme juridique quantitatif

Quelques lignes doivent être réservées à la question de savoir s'il aurait été utile et légitime d'associer des éléments qualitatifs à l'étude du pluralisme juridique quantitatif — étant entendu que la prise en compte des degrés de juridicité des normes a d'ores et déjà été exclue. *Explicitement, nul critère qualitatif n'a été intégré dans les travaux*, si bien que toutes les normes appartenant à la branche du droit sujet d'expérience devaient être identiquement comptabilisées ; mais, implicitement, dès lors que l'étude n'a pas été exhaustive, qu'elle n'a matériellement pas pu recenser la totalité de ces normes, assurément quelques éléments d'ordre qualitatif ont-ils influé sur les résultats. Essentiellement, ceux-ci se résument dans le fait que, l'enquête ayant été menée spécialement au moyen des manuels et encyclopédies spécialisés, la condition pour qu'une règle soit incluse dans les statistiques établies était qu'elle soit *citée parmi ces ouvrages*. En d'autres termes, *l'expérience a porté sur toutes les normes que le chercheur*

---

[1] Il peut arriver, en particulier en matière de jurisprudence constitutionnelle, qu'une même décision donne lieu à la création de plusieurs règles.

[2] A. 28 nov. 2008, *Pris pour l'application du II de l'article 10 du décret n° 90-66 du 17 janvier 1990 modifié pris pour l'application de la loi n° 86-1067 du 30 septembre 1986 et fixant les principes généraux concernant la diffusion des œuvres cinématographiques et audiovisuelles par les éditeurs de services de télévision.*

[3] D. n° 2010-747, 2 juill. 2010, *Relatif à la contribution à la production d'œuvres cinématographiques et audiovisuelles des services de télévision diffusés par voie hertzienne terrestre.*

[4] Par exemple : Charte relative à l'annonce des programmes du 4 oct. 2012 : 17 règles ; Charte sur la protection de l'enfant dans les médias du 21 févr. 2012 : 30 règles ; Charte relative à la qualité du sous-titrage à destination des personnes sourdes ou malentendantes du 12 déc. 2011 : 22 règles ; Charte de la diversité du 7 juill. 2011 : 6 règles ; Charte visant à promouvoir une alimentation et une activité physique favorables à la santé dans les programmes et les publicités diffusés à la télévision du 18 févr. 2009 : 40 règles ; Charte de l'audiodescription du 13 déc. 2009 : 60 règles ; Charte relative à la participation de mineurs à des émissions de télévision du 24 nov. 2008 : 14 règles.

a rencontrées mais uniquement sur les normes que le chercheur a rencontrées.

De la sorte, la *plupart* des règles contenues dans les 16 000 avis, recommandations, délibérations et décisions du CSA et dans les 15 000 avis et décisions produits par l'ARCEP depuis 2000, ou encore dans les 600 décisions prises par le collège de l'ARJEL depuis mai 2010 (principalement des agréments et des homologations), n'ont pas été prises en compte, ce qui est heureux en ce que cette manière de mener l'enquête a peut-être empêché que les normes à portée individuelle viennent gonfler artificiellement les quantités de normes issues de certaines sources. En pratique, une règle à portée générale revêt un rôle bien plus important qu'une règle à portée individuelle ; tandis que les règles à portée individuelle sont beaucoup plus nombreuses que les règles à portée générale puisqu'elles sont personnalisées et modulées en fonction de leurs destinataires. Il semblait impératif de parvenir, d'une manière ou d'une autre, à *rendre justice de cette supériorité qualitative des règles à portée générale par rapport aux règles à portée individuelle.* Or il faut gager que le fait que, au cours de ses investigations, l'auteur a été naturellement amené à rencontrer plus facilement les normes à portée générale a suffi à atteindre cet objectif.

Et doit être rappelé à nouveau que, lorsque plusieurs normes à portée individuelle issues d'une certaine source correspondent au même modèle de conduite, elles ne comptent que pour une seule norme, peu important que la multiplicité des destinataires individuels emporte une multiplicité des normes personnalisées. En somme, *des normes à portée individuelle ne peuvent être comptabilisées que si, collectivement, elles consacrent une norme à portée générale.* C'est également ainsi que pouvait être évitée la domination artificielle des sources de règles à portée individuelle sur les sources de règles à portée générale.

L'incomplétude de la recension a également empêché que toutes les règles à portée générale puissent être prises en compte et que, par exemple, les multiples normes contenues dans la centaine d'arrêtés pris en application des lois relatives aux télécommunications depuis 2005 soient entièrement dénombrées. En effet, durant les travaux, seules certaines d'entre elles ont pu être « croisées » et, donc, inventoriées. Le chercheur ayant consulté de nombreux sites web, institutionnels en particulier, et ayant, surtout, dépouillé un grand nombre d'actes normatifs bruts, les possibilités pour une norme à portée générale d'être oubliée étaient toutefois réduites. Et il faut supposer que, si une norme n'a pas été « rencontrée » au cours des recherches, cela signifie qu'elle possède une importance très secondaire dans la branche du droit sujet d'expérience. Or, mécaniquement, toutes les normes marginales, auxquelles l'auteur n'a jamais été confronté, n'ont pas pu être comptabilisées, ce qui est peut-être plus bénéfique que préjudiciable à l'exactitude des résultats obtenus.

N'avoir d'égards que pour les normes « rencontrées » individuellement était décisif ; cela impliquait de ne jamais incorporer dans les résultats d'entiers actes juridiques ou d'entières parties d'actes juridiques. Par exemple, si un acte *x* qui comporte 200 normes a vocation, notamment, à s'inscrire dans une branche du droit *y*, il est défendu de considérer que 200 normes de *x* constitueraient *y* ; il faut rechercher, dans *x*, quelles sont les règles de droit qui spécifiquement ont vocation à intégrer *y*. Ainsi fallait-il systématiquement opérer un tri parmi les 1 400 règles du « paquet télécoms » de 2009[1], parmi les 300 règles de la directive du 10 mars 2010[2], parmi les 1 400 règles de la loi du 30 septembre 1986[3] ou parmi les 3 100 règles propres au Code des postes et des communications électroniques[4].

Reste que l'inclusion de cet élément qualitatif dans l'étude quantitative, quoiqu'elle soit sous-jacente, autant subie que voulue, et que la volonté affichée était celle de rechercher l'ensemble des normes applicables aux communications électroniques, devait permettre de se rapprocher de la réalité du droit comprise comme importances concrètes des différentes sources pour la pratique du droit. Or il ne fait guère de doute qu'une jurisprudence constitutionnelle, par exemple, peut avoir une influence en termes de pratique du droit positif plus grande que cent décisions à portée individuelle d'une autorité spécialisée réunies. Alors qu'on observe la « densification normative »[5] et qu'on dénonce la « crise quantitative » que

---

[1] PE et Cons. UE, dir. n° 2009/136/CE, 25 nov. 2009, *Modifiant la directive 2002/22/CE concernant le service universel et les droits des utilisateurs au regard des réseaux et services de communications électroniques, la directive 2002/58/CE concernant le traitement des données à caractère personnel et la protection de la vie privée dans le secteur des communications électroniques et le règlement (CE) n° 2006/2004 relatif à la coopération entre les autorités nationales chargées de veiller à l'application de la législation en matière de protection des consommateurs* (500 règles) ; PE et Cons. UE, dir. n° 2009/140/CE, 25 nov. 2009, *Modifiant les directives 2002/21/CE relative à un cadre réglementaire commun pour les réseaux et services de communications électroniques, 2002/19/CE relative à l'accès aux réseaux de communications électroniques et aux ressources associées, ainsi qu'à leur interconnexion, et 2002/20/CE relative à l'autorisation des réseaux et services de communications électroniques* (700 règles) ; PE et Cons. UE, règl. (CE) n° 1211/2009, 25 nov. 2009, *Instituant l'Organe des régulateurs européens des communications électroniques (ORECE)* (200 règles).

[2] PE et Cons. UE, dir. n° 2010/13/UE, 10 mars 2010, *Visant à la coordination de certaines dispositions législatives, réglementaires et administratives des États membres relatives à la fourniture de services de médias audiovisuels.*

[3] L. n° 86-1067, 30 sept. 1986, *Relative à la liberté de communication.*

[4] Ce code comporte 1 200 règles dans sa partie législative et 1 900 règles dans sa partie règlementaire. N'ont été prises en compte que les normes des livres II respectifs de chaque partie, les livres I concernant les services postaux et n'ayant donc pas à être intégrés dans la recherche.

[5] Réf. à C. THIBIERGE, dir., *La densification normative – Découverte d'un processus*, Mare et Martin, 2014.

connaîtraient certaines sources du droit (la loi en l'occurrence)[1], « si bien qu'aujourd'hui le droit positif français ne tient plus sur les étagères d'une bibliothèque »[2], et alors qu'on souligne les insuffisances des approches purement quantitatives[3], le recours à une telle exigence qualitative, bien que non explicitement organisé, ne pourrait que favoriser la pertinence des résultats.

Est ici donnée l'occasion de relever une difficulté rencontrée au cours de l'expérience : de nombreuses normes étaient citées à plusieurs reprises parmi les divers documents consultés ; tout l'enjeu était de parvenir à ne les comptabiliser qu'une seule fois par sous-branche du droit des communications électroniques — une norme peut intégrer différentes sous-branches et devoir ainsi être prise en compte pour chacune d'elles. Nul doute que l'enquêteur n'est pas parfaitement parvenu à ne dénombrer chaque norme qu'à une seule reprise par sous-branche, même s'il s'y est efforcé.

Du fait de la présence d'un élément qualitatif dans l'analyse quantitative, sans doute s'agit-il ici d'une expérience portant sur un pluralisme quantitatif modéré et non sur un pluralisme quantitatif parfait. Nul doute que, si toutes les normes avaient, de façon parfaitement exhaustive, pu être prises en compte, les résultats auraient, plus ou moins substantiellement, différé de ceux qui seront présentés dans la deuxième partie de ce livre. Il faut insister sur le caractère incomplet du recensement des normes appartenant à la branche du droit sujet d'expérience, caractère très intimement lié aux conditions qualitatives incorporées dans l'étude quantitative — mais dans le sens où ces dernières découlent de ce premier et non l'inverse —[4]. Dans le *Discours de la méthode* de Descartes, « le dernier précepte [est] de faire partout des dénombrements si entiers et des revues si générales que je fusse assuré de ne rien omettre »[5]. Si vient d'être souligné combien, au contraire, il aurait peut-être été peu judicieux d'opérer un dénombrement des normes constitutives du droit des communications électroniques parfaitement exhaustif, dans tous les cas cela n'était-il guère envisageable, passer en revue l'entièreté d'un objet aussi vaste et dense normativement étant une tâche irréalisable. Partant, que cela soit favorable à

[1] P. DEUMIER, *Introduction générale au droit*, 2e éd., LGDJ, coll. Manuel, 2013, p. 178.
[2] Ch. JAMIN, « La doctrine : explication de texte », in *Mélanges Philippe Jestaz*, Dalloz, 2006, p. 225.
[3] E. GRASS, « L'inflation législative a-t-elle un sens ? », *RDP* 2003, p. 139 s.
[4] En 2001 déjà, on observait l'impossibilité de s'intéresser à l'ensemble des règles applicables à l'internet et aux activités internetiques (Th. VERBIEST, E. WÉRY, *Le droit de l'internet et de la société de l'information – Droits européen, belge et français*, Larcier (Bruxelles), 2001, p. 529).
[5] R. DESCARTES, *Discours de la méthode – Pour bien conduire sa raison, et chercher la vérité dans les sciences*, Leyde, 1637, L. I.

la pertinence des résultats obtenus ou non, l'analyse intégrale de la branche du droit sujet d'expérience était impossible.

En résumé, l'ambition affichée était celle de s'approcher au plus près qu'il soit possible de l'exhaustivité, tout en sachant que *le fait que la parfaite exhaustivité soit utopique allait profiter à l'efficacité épistémique des résultats*, cela permettant d'exclure mécaniquement de ces résultats les normes les plus marginales et anecdotiques en pratique. Bien sûr, les professeurs enseignent que, dans un travail universitaire, « l'exhaustivité est strictement nécessaire au traitement honorable du sujet »[1]. Il faut espérer, ici, que la quête de l'exhaustivité puisse aussi garantir un traitement honorable du sujet, quand bien même cette quête serait infinie et illusoire.

Comme Max Weber, le chercheur ayant réalisé l'expérience de mesure du pluralisme juridique ne peut qu'écrire que, « si nous nous sommes ainsi limités, [cela] est dû au fait que la capacité de travail d'un homme est limitée »[2]. Si l'étude ne pouvait donc guère être exhaustive, il faut néanmoins espérer que le corpus normatif analysé soit *représentatif*, quoique de la réalité pratique du droit des communications électroniques davantage que de sa réalité purement quantitative. La méthode de l'échantillon représentatif est tout un art chez les sondeurs. Malgré ses faiblesses, il faut croire que l'expérience s'est appuyée sur un tel échantillon représentatif. « La représentation, disait Mirabeau, doit se présenter soit telle une échelle réduite, soit tel un miroir »[3]. En l'occurrence, l'objet à représenter est partiellement incertain, si bien que, en fonction des aspirations qui animent l'enquêteur, l'expérience pouvait consister en un miroir plus ou moins déformant, en une échelle réduite plus ou moins fidèle. Aussi l'auteur espère-t-il que la méthode employée était la plus idoine afin de produire des résultats pertinents.

Et quelques dernières précisions concernant cette méthode peuvent être apportées.

---

[1] R. Romi, *Méthodologie de la recherche en droit*, 2e éd., Litec, coll. Objectif droit, 2010, p. 29.

[2] M. Weber, *L'Éthique protestante et l'esprit du capitalisme* (1920), Pocket, coll. Agora, 1967, p. 24. Et un docteur en droit ayant soutenu une thèse relative au droit des communications électroniques de reconnaître lui aussi qu'il « ne pouv[ait] matériellement étudier l'ensemble des règles ayant un lien avec les communications électroniques » (J. Cattan, *Le droit et les communications électroniques*, th., Université d'Aix-Marseille, 2012, p. 552).

[3] Cité par P. Rosanvallon, « La démocratie : esquisse d'une théorie générale – Cours au Collège de France (4/10) », L'Éloge du savoir, France culture, 12 avr. 2013.

7. Dernières explications concernant la conduite de l'expérience

Tout d'abord, une difficulté importante résidait dans le recensement des normes issues des sources privées. En effet, bien que Carbonnier, au sujet des règles de droit globalement comprises, ait soutenu que celles-ci pourraient « se prêter à un recensement statistique plus facilement qu'un phénomène social non juridique »[1], *les auteurs d'ouvrages spécialisés tendent souvent à ignorer*, dans une plus ou moins grande proportion, *les règles d'origine privée*, alors pourtant que celles-ci possèdent une importance pratique indéniable, et à se focaliser sur le seul droit d'origine publique. Il est ainsi, de manière très symptomatique, possible de lire, dans l'introduction d'un manuel de droit de la communication, que ce dernier « traite du cadre *législatif, règlementaire et jurisprudentiel* pour chacun des secteurs traités »[2]. Et on note que le droit d'origine privée est difficile à observer « en raison de sa fusion dans les faits »[3]. Aussi le chercheur a-t-il dû étendre le champ de ses investigations bien au-delà des documents issus de l'édition juridique et rechercher parmi d'autres ressources, spécialement grâce aux outils qu'offre le web, les règles de droit d'origine privée applicables aux communications électroniques.

À nouveau, il est certain que l'objectif de recenser de manière efficace ces règles d'origine privée afin de pouvoir témoigner très exactement de leur importance quantitative n'a pu être atteint que partiellement. Mais il n'en demeurait pas moins impératif, dans le but de pouvoir rendre compte le plus justement possible de la réalité du pluralisme juridique en droit des communications électroniques, de ne surtout pas omettre de s'intéresser, par exemple, aux 1 500 règles établies par wikipedia.org[4], aux 300 règles consacrées par facebook.com[5], aux 260 règles contenues dans les Conditions générales d'utilisation de Twitter, les Règles de Twitter et la Politique de vie privée de twitter.com, aux 200 règles des Conditions d'utilisation de Google et des Règles de confidentialité de google.com, aux 380 règles établies pour

---

[1] J. Carbonnier, *Théorie sociologique des sources du droit*, Association corporative des étudiants en droit de l'Université Panthéon-Sorbonne, 1961, p. 40. Et l'illustre professeur d'expliquer cela par le fait que ces normes « sont obligées de répondre, pour constituer un phénomène juridique, à certains critères préconstitués » (*ibid.*).

[2] D. de Bellescize, L. Franceschini, *Droit de la communication*, 2e éd., Puf, coll. Thémis droit, 2011, p. 2 (non souligné dans le texte original).

[3] P. Deumier, *Introduction générale au droit*, 2e éd., LGDJ, coll. Manuel, 2013, p. 327.

[4] Ces règles se répartissent en un Code de bonne conduite (20 règles), des Règles officielles de Wikipedia (400 règles), des Principes fondateurs (20 règles) et des Recommandations (1 100 règles).

[5] Ces règles sont inscrites dans des Conditions générales d'utilisation de facebook.com (170 règles), ainsi que dans une Politique d'utilisation des données (130 règles).

msn.com et mail.live.com[1] etc. De même, il aurait été dommageable de ne pas intégrer à l'étude les quelques 1 900 règles élaborées par la FEVAD[2] ou les 600 normes provenant des chartes de bonne conduite édictées par le GESTE[3].

Ensuite, un autre obstacle qu'a dû affronter l'auteur de l'expérience est celui de la barrière de la langue. Si les actes normatifs d'origine étatique sont systématiquement disponibles en français et si les actes normatifs d'origine publique externe le sont très souvent, il en va différemment des actes normatifs d'origine privée dont une part non négligeable n'existe qu'en version anglaise[4]. Il est cependant possible d'estimer que cette pierre d'achoppement n'a que peu affaibli la qualité des résultats obtenus, notamment dès lors qu'il n'est pas indispensable à qui entend simplement rattacher une norme à sa source et à sa sous-branche du droit de parfaitement en comprendre la signification et la portée.

Plus discutable est le choix de ne pas opérer de tri entre les règles à l'aune de leur effectivité. Cette dernière est sans doute un indicateur précieux pour une étude juridique se voulant pragmatique et ne comptabiliser que les seules normes réellement effectives, soit celles qui produisent des effets en pratique, en excluant les règles inutiles, les règles désuètes et celles qui sont inappliquées ou peu appliquées, aurait peut-être été opportun. Si l'effectivité n'a pas été utilisée de la sorte, ce n'est que la conséquence d'un manque de moyens matériels : l'auteur ne pouvait sérieusement envisager de réaliser une étude sociologique de chaque norme afin d'évaluer son degré d'effectivité et pouvoir ensuite décider de l'intégrer ou non au sein des travaux.

Avant de conclure la présentation des modalités de l'expérience, doit encore être précisé que, parmi les prochaines pages, seuls les résultats seront

---

[1] Ces règles sont portées par un Code de conduite régissant l'ensemble des services MSN et Windows Live (210 règles), par un Contrat de service Microsoft (150 règles) et par une Politique de protection contre le courrier indésirable de Microsoft (20 règles).

[2] Fédération du e-commerce et de la vente à distance. Ces règles sont contenues dans un Code déontologique de la FEVAD (350 règles) et dans 8 codes de bonne conduite relatifs au commerce électronique (1 500 règles).

[3] Groupement des éditeurs de contenus et services en ligne. Une charte du GESTE compte en moyenne 60 règles.

[4] Sur ce point, on écrit : « Lorsqu'on fait une étude sur la jurisprudence du Conseil d'État en matière d'expropriation, on peut encore espérer proposer à ses lecteurs une bibliographie complète, et la liste exhaustive des arrêts pertinents, mais lorsqu'on travaille sur le droit administratif global de l'expropriation, ne pas lire le japonais ou le chinois interdit d'accéder à une foule d'études et de cas qui intéressent directement le sujet. Faut-il pour autant renoncer à traiter la question ? La masse de textes et les obstacles linguistiques ont transformé l'idéal d'exhaustivité en rêve inaccessible ou en symptôme névrotique. On peut le regretter, y voir le triomphe du flou, du journalisme et des idées vagues » (M. XIFARAS, « Après les Théories Générales de l'État : le droit global ? », *Jus Politicum* 2012, n° 8, p. 42).

exposés, non l'ensemble des travaux y ayant conduit. « Plus on réfléchira sur les détails, écrivait Montesquieu, plus on sentira la certitude des principes. Mais ces détails même, je ne les ai pas tous donnés ; car qui pourrait dire tout sans un mortel ennui ? »[1] C'est bien à un mortel ennui qu'auraient affaire tant le lecteur que l'auteur s'il fallait détailler, ouvrage excessivement fastidieux, les innombrables normes qui constellent la branche du droit objet de l'expérience, ainsi que celles empruntées à certaines branches du droit transversales telles que le droit de la propriété intellectuelle — car le droit de la communication est un « droit de tout »[2], susceptible de se confondre avec les ramifications d'autres branches du droit. Se contenter de ne formuler que les résultats de l'expérience permettra d'économiser les forces des uns et des autres[3].

Ce sont, au total, au moins 10 000 règles qui appartiennent au droit des communications électroniques. Les retranscrire aurait donné lieu à un ouvrage non seulement très long, mais aussi et surtout très indigeste et dépourvu d'intérêt doctrinal autant que d'intérêt scientifique. De plus, le droit positif, en particulier celui des communications électroniques[4], évolue rapidement, de telle sorte que la description des régimes juridiques en cause aurait risqué de vite devenir obsolète. Mais ce seront aussi les conclusions de ce livre, statuant sur la question du niveau de réalité du pluralisme juridique en droit des communications électroniques, qui, parce que temporellement figées, seront relatives. En ce sens, on souligne que « l'instantané ne fournit que le moment, pas forcément significatif, d'une évolution en cours »[5] et on note que « les sources du droit n'existent ni en nombre fixe ni selon un ordre stable »[6].

Et *la relativité ne sera pas seulement temporelle, elle sera également spatiale* : les conclusions de l'expérience ne vaudront qu'à l'égard du droit existant et applicable en France — il aurait été ô combien délicat d'envisager

---

[1] MONTESQUIEU, *De l'esprit des lois*, 1748 (cité par Ch. BEHRENDT, F. BOUHON, *Introduction à la théorie générale de l'État – Recueil de textes*, Larcier (Bruxelles), coll. Faculté de droit de l'Université de Liège, 2009, p. 125).

[2] C. CASTETS-RENARD, *Droit de l'internet*, Montchrestien, coll. Cours, 2010, p. 4.

[3] À titre d'illustration, l'ouvrage *Cyberdroit* (Ch. FÉRAL-SCHUHL, *Cyberdroit*, 7e éd., Dalloz, coll. Praxis Dalloz, 2015) est long de 1 200 pages grand format et imprimées en petits caractères, tandis que l'encyclopédie *Lamy Droit du numérique* comprend 2 000 pages très grand format et imprimées en très petits caractères. Pourtant, ces volumes ne décrivent le droit positif que de certaines sous-branches du droit des communications électroniques.

[4] On observe que « le droit de l'internet évolue sans cesse » (D. DE BELLESCIZE, L. FRANCESCHINI, *Droit de la communication*, 2e éd., Puf, coll. Thémis droit, 2011, p. 477), qu'il est soumis à un « changement permanent » (M.-A. FRISON-ROCHE, « Le droit de la régulation », *D.* 2001, p. 614).

[5] Ph. JESTAZ, *Les sources du droit*, Dalloz, coll. Connaissance du droit, 2005, p. 146.

[6] J.-L. VULLIERME, « Les anastomoses du droit (spéculation sur les sources du droit) », *Arch. phil. droit* 1982, p. 10.

une étude de la totalité des règles régissant les communications électroniques à travers le monde ou dans différents pays, quoique les travaux comparatifs soient toujours riches d'enseignements. Si la présentation des résultats de l'expérience sera foncièrement descriptive, elle sera dès lors également foncièrement relative et contingente. Et puis la perspective de la culture juridique — dans laquelle il est tentant de s'inscrire — « incite moins à la description de la réglementation et du contenu des règles de droit positif regroupées dans une discipline [...] qu'à suggérer leur esprit, les idées force qui les animent »[1]. C'est aussi cela qui explique le choix de ne pas entrer dans le détail des multiples régimes juridiques qui composent les sous-branches de la branche du droit sujet d'expérience.

Par ailleurs, selon un auteur, « le basculement dans le "post" est synonyme d'un affaissement de la rigueur et du sérieux qui sied à toute pensée juridique digne de ce nom »[2]. Si le droit « postmoderne » correspond à une ère de pluralisme juridique quand le droit moderne correspond à une ère de monisme juridique, et s'il s'avère que le droit des communications électroniques ou, du moins, certaines de ses sous-branches, est(sont) marqué(es) par le pluralisme des sources, alors les présents travaux pourraient apporter un peu de la rigueur et du sérieux scientifiques qui manqueraient, pour l'heure, à ce droit dit « postmoderne ».

L'expérience est scientifique parce qu'elle est purement descriptive, objective et empirique[3]. Au sein des diverses sections qui composeront la deuxième partie de ce livre, il sera uniquement question de présenter les résultats obtenus au terme de cette expérience. Un tel travail ressemblera sans doute à celui d'un « scientifique » du droit, à savoir « la formulation d'énoncés vrais ou faux du type "selon le droit positif français, les décrets peuvent faire l'objet de recours contentieux", qui décrivent des règles en vigueur et auxquels [on] parvient en les dérivant d'autres énoncés qui, eux, expriment des règles »[4]. Si l'expérience ici en cause ne participe pas de la « science » juridique au sens habituellement admis dans les facultés de droit, peut-être participe-t-elle d'une forme de science juridique ; peut-être même s'appuie-t-elle sur des prémisses davantage scientifiques que ne le sont celles qui soutiennent les travaux les plus habituels des « scientifiques-dogmaticiens » du droit[5]. À l'identique de ces derniers, elle conçoit son

---

[1] D. ALLAND, « Droit international public », in D. ALLAND, S. RIALS, dir., *Dictionnaire de la culture juridique*, Lamy-Puf, coll. Quadrige-dicos poche, 2003, p. 498.
[2] M. XIFARAS, « Après les Théories Générales de l'État : le droit global ? », *Jus Politicum* 2012, n° 8, p. 42.
[3] *Cf.* B. BARRAUD, *La recherche juridique – Sciences et pensées du droit*, L'Harmattan, coll. Logiques juridiques, 2016, p. 265 s.
[4] M. TROPER, « Pour une définition stipulative du droit », *Droits* 1989, n° 10, p. 104.
[5] Par exemple, A. AARNIO, « Dogmatique juridique », in A.-J. ARNAUD, *Dictionnaire encyclopédique de théorie et de sociologie du droit*, 2e éd, LGDJ, 1993.

office comme consistant à *décrire le droit tel qu'il est et non tel qu'il devrait être*[1] ; mais le recours aux dénombrements, aux échantillons représentatifs, aux calculs et aux statistiques semble contribuer à la rendre très scientifique, si ce n'est très scientiste, c'est-à-dire très objective et empirique, *très « expérimentale »*.

Avec l'expérience de mesure du pluralisme juridique, le droit est peut-être pour la première fois *étudié à ce point sous un angle quantitatif et statistique*, ce qui rendrait originale l'approche du pluralisme juridique concomitante. Certes, Carbonnier considérait que « le droit [...] peut être conçu comme une masse statistique, susceptible de plus ou de moins »[2], et on a déjà, par le passé, dénombré 2 600 lois, 23 000 décrets, 7 000 conventions internationales et 4 000 directives et règlements européens applicables en droit français[3] ou calculé que « 80 % du droit économique est d'origine européenne contre 20 % à l'échelle de l'ensemble du droit »[4]. Il semble, cependant, que ces travaux quantitatifs n'aient jamais atteint le degré de minutie qui marque la présente étude, spécialement car cette dernière *s'attache aux normes et non aux actes juridiques* — compter les normes est une tâche plus complexe que compter les actes ; peut-être permet-elle de mieux saisir la réalité du monde juridique tant le nombre moyen de normes par acte peut varier radicalement en fonction de la source en cause.

Alors que Carbonnier invitait à « s'en remettre à la statistique pour décider des importances respectives du droit et du non-droit dans la société contemporaine »[5], peut-être les statistiques qui vont être présentées ci-dessous sont-elles le moyen le plus efficace pour rechercher scientifiquement

---

[1] É. MILLARD, « Rendre compte du droit dans un contexte de globalisation », in J.-Y. CHÉROT, B. FRYDMAN, dir., *La science du droit dans la globalisation*, Bruylant (Bruxelles), coll. Penser le droit, 2012, p. 53.

[2] J. CARBONNIER, *Flexible droit – Pour une sociologie du droit sans rigueur*, 8e éd., LGDJ, 1995, p. 24.

[3] P. DEUMIER, *Introduction générale au droit*, 2e éd., LGDJ, coll. Manuel, 2013, p. 159 ; également p. 163 s.

[4] J. MORAND-DEVILLER, *Droit administratif*, 13e éd., LGDJ, coll. Cours, 2013, p. 250. Autre exemple, Gérard Cornu a pu comptabiliser, à l'occasion d'une évaluation de la « polysémie externe des mots juridiques », « 10 000 termes juridiques » dont « 300 termes d'appartenance juridique exclusive » (des mots qui ne connaissent pas d'emploi dans le langage courant (litispendance, pétitoire, adminicule, usucapion, anatocisme, codicille...)) et « 250 mots dont le sens premier est juridique et qui sont passés dans le langage courant avec un sens secondaire » (G. CORNU, « Linguistique juridique », in D. ALLAND, S. RIALS, dir., *Dictionnaire de la culture juridique*, Lamy-Puf, coll. Quadrige-dicos poche, 2003, p. 954). Et un récent ouvrage collectif traite de façon *ad hoc* la question des quantités de normes (C. THIBIERGE, dir., *La densification normative – Découverte d'un processus*, Mare et Martin, 2014).

[5] J. CARBONNIER, *Flexible droit – Pour une sociologie du droit sans rigueur*, 8e éd., LGDJ, 1995, p. 39.

la réalité du pluralisme juridique, loin des préjugés, supputations et autres estimations *a priori*. L'illustre civiliste proposait d' « admettre, comme une hypothèse fondamentale, que l'on n'a pas *a priori* affaire, sur un territoire donné, à un seul droit qui serait l'étatique, mais à une pluralité de droits concurrents »[1]. Avec la présente expérience et avec les résultats qu'elle fournit, il n'est pas lieu de se borner à poser l'hypothèse ; il s'agit de vérifier sa réalité factuelle. S'il est vrai que « le droit est de plus en plus une affaire de statistiques et de moins en moins une affaire d'humanistes »[2], et s'il est vrai que « l'heure n'est plus aux théories générales préétablies mais aux études de cas et aux observations sur le terrain »[3], alors ce livre s'inscrirait dans l'ère du temps juridique en ce qu'*il s'attache à la réalité empirique et statistique du pluralisme juridique bien plutôt qu'à sa possibilité théorique.*

Et Carbonnier de remarquer que les chercheurs en droit ont tendance à formuler des lois immédiatement, à partir d'un trop petit nombre d'observations, et de suggérer que, contre cette hâte excessive, il faudrait préférer la méthode durkheimienne selon laquelle *de longues observations sont nécessaires avant de pouvoir dégager des lois scientifiques*[4]. L'expérience de mesure du pluralisme juridique — qui consiste bien en de longues observations — ne paraît pas encourir pareille critique et semble se rapprocher de la sociologie, en particulier lorsque cette dernière conçoit qu'il serait impérieusement nécessaire de se tenir au plus près des données recueillies pour construire des cadres d'interprétation permettant de typologiser les diverses situations rencontrées dans la réalité[5].

Selon une formule possiblement apocryphe attribuée à André Le Nôtre, « l'œil crée la perspective, la marche la fait vivre ». La méthode de l'expérience est peut-être aussi importante que les résultats de l'expérience et que leur interprétation, mais elle ne saurait l'être davantage. Avant de détailler ces résultats, avant de procéder à la récolte des fruits, il faut encore souligner combien le sujet d'expérience qu'est le droit des communications électroniques n'a nullement été choisi au hasard et combien il paraît constituer une branche du droit à la fois suffisamment épaisse et

---

[1] *Ibid.*, p. 17.

[2] É. LE ROY, *Le jeu des lois – Une anthropologie dynamique du Droit*, LGDJ, coll. Droit et société, 1999, p. 177.

[3] B. FRYDMAN, « Comment penser le droit global ? », in J.-Y. CHÉROT, B. FRYDMAN, dir., *La science du droit dans la globalisation*, Bruylant (Bruxelles), coll. Penser le droit, 2012, p. 20.

[4] J. CARBONNIER, *Théorie sociologique des sources du droit*, Association corporative des étudiants en droit de l'Université Panthéon-Sorbonne, 1961, p. 24.

[5] J. COMMAILLE, P. LASCOUMES, « La production gouvernementale du droit », Mission de recherche droit et justice, 1995, p. 49 (cité par A. POMADE, *La Société Civile et le droit de l'environnement – Contribution à la réflexion sur les sources et la validité des normes juridiques*, th., Université d'Orléans, 2009, p. 469).

suffisamment fine pour que puissent peut-être découler des investigations quelques données significatives et donc quelques enseignements.

Section 5. Une expérience portant sur une branche du droit particulière : le droit des communications électroniques

Il convient d'insister sur le caractère potentiellement opportun du choix de faire du droit des communications électroniques l'objet de l'expérience de mesure du pluralisme juridique (*2*). Ce caractère proviendrait principalement du fait qu'il s'agirait d'une branche du droit tout à la fois *représentative du droit moderne aujourd'hui majoritaire et symptomatique du droit « postmoderne » qui, demain peut-être, dominera le paysage juridique* (*3*). Retenir le droit des communications électroniques est, semble-t-il, légitime en ce que ce droit comprend, parmi les sous-branches qui le constituent, le droit de la communication par internet ; c'est, en effet, ce dernier qui se présenterait tel un parangon de droit « global » et de droit « postmoderne », son étude étant en quelque sorte une étude du droit de demain, une étude de l'avenir du droit (*4*). Mais, en premier lieu, le droit des communications électroniques et ses sous-branches doivent être définis (*1*).

1. Définitions

Il importe de définir le droit des communications électroniques et de spécifier son architecture, le restant de ce livre en dépendant intimement. En revanche, les aspects historiques du droit des communications électroniques et de ses branches ne seront pas détaillés ici[1], seule leur actualité intéressant

---

[1] Sur l'histoire du droit des communications électroniques et de ses branches, *cf.* H. ISAR, *Le service public et la communication audiovisuelle*, PUAM-Economica (Aix-en-Provence-Paris), coll. Droit de l'audiovisuel, 1996 ; S. REGOURD, *Droit de la communication audiovisuelle*, Puf, coll. Droit fondamental, 2001 ; I. CROCQ, *Régulation et règlementation dans les télécommunications*, Economica, 2004 ; C. BERTHO, dir., *Histoire des télécommunications*, Erès (Toulouse), 1984 ; Th. VEDEL, *La dérèglementation des télécommunications en France – Politique et jeu politique*, Economica, 1988 ; Ch. DEBBASCH, *Le droit de la radio et de la télévision*, Puf, coll. Que sais-je ?, 1969 ; J.-D. RICARD, *Droit et Jurisprudence en matière de Postes, Télégraphes, Téléphones*, Librairie du Recueil Sirey, 1931. Sur l'histoire des communications électroniques, *cf.* F. BALLE, *Médias et société*, 15e éd., Montchrestien, coll. Précis Domat, 2011 ; J.-N. JEANNENEY, *Une histoire des médias – Des origines à nos jours*, Points, coll. Points histoire, 2011 ; F. BARBIER, C. BERTHO LAVENIR, *Histoire des médias – De Diderot à Internet*, 3e éd., Armand Collin, coll. U histoire, 2009 ; F. D'ALMEIDA, Ch. DELPORTE, *Histoire des médias en France – De la Grande Guerre à nos jours*, Flammarion, coll. Champs Histoire, 2010 ; C. BERTHO, *Télégraphe, téléphone, de Valmy au microprocesseur*, Hachette, 1981 ; L.-J. LIBOIS, *Genèse et croissance des télécommunications*, Masson, 1983 ; P. ALBERT, A.-J. TUDESQ, *Histoire de la radio-*

l'évaluation de la réalité du pluralisme juridique. Après le droit des communications électroniques (*a*), seront définis le droit de la communication audiovisuelle (*b*), le droit des réseaux de communications électroniques (*c*) et le droit de la communication par internet (*d*).

a. Le droit des communications électroniques

Le droit des communications électroniques fait partie, avec le droit des communications non électroniques, matérielles ou physiques, du droit de la communication[1]. En revanche, il est sans rapport avec le droit des médias[2] puisque la notion de média ne se rapporte généralement qu'à des communications publiques et exclut les communications privées. Il est également à séparer du droit de l'informatique[3] ainsi que du droit du multimédia[1].

---

télévision, 3e éd., Puf, coll. Que sais-je ?, 1991 ; P. MIQUEL, *Histoire de la radio et de la télévision*, 2e éd., Perrin, 1984. Sur d'autres aspects, *cf.*, par exemple, D. BATTU, *Télécommunications – Principes, infrastructures et services*, 3e éd., Dunod, 2002 ; D. FLACHER, H. JENNEQUIN, *Réguler le secteur des télécommunications ? Enjeux et perspectives*, Economica, 2007 ; P.-Y. BADILLO, D. ROUX, *Les 100 mots des télécommunications*, Puf, coll. Que sais-je ?, 2009.

[1] X. AGOSTINELLI, Ch. DEBBASCH, H. ISAR, *Droit de la communication – Audiovisuel, presse, internet*, coll. Précis, 2001 ; D. DE BELLESCIZE, L. FRANCESCINI, *Droit de la communication*, 2e éd., Puf, coll. Thémis droit, 2011 ; E. DERIEUX, A. GRANCHET, *Droit de la communication – Lois et règlements, recueil de textes*, Victoires éditions, 2011 ; B. RAVAZ, S. RETTERER, *Droit de l'information et de la communication*, Ellipses, coll. Infocom, 2006.

[2] E. DERIEUX, A. GRANCHET, *Droit des médias – Droit français, européen et international*, 6e éd., LGDJ, coll. Manuel, 2010.

[3] Le droit de l'informatique constitue une branche parallèle au droit des communications électroniques. Une thèse récente consacrée au droit des communications électroniques intègre pourtant dans son champ d'étude le droit de l'informatique (J. CATTAN, *Le droit et les communications électroniques*, th., Université d'Aix-Marseille, 2012, spéc. p. 259 s.), soit le droit applicable aux programmes d'ordinateur, aux logiciels et aux applications, suites d'instructions exprimées en un langage technique exécutables par un outil de traitement de l'information (J. HUET, « Informatique et multimédia », in D. ALLAND, S. RIALS, dir., *Dictionnaire de la culture juridique*, Lamy-Puf, coll. Quadrige-dicos poche, 2003, p. 825 ; le terme « informatique » a été créé en 1962 à partir de la contraction d' « information » et d' « automatique »). Même si certains éléments informatiques permettent indirectement les communications humaines en traitant des informations, le droit de l'informatique ne saurait être une partie du droit des communications électroniques. Il est davantage une branche du droit de la propriété intellectuelle puisque son objet consiste en premier lieu en des créations intellectuelles (D. FOREST, G. KAUFMAN, *Droit de l'informatique*, Gualino, coll. Droit en action, 2010 ; N. MALLET-POUJOL, *La création informatique et le droit*, Litec, 2000) et puisque ses principales lois protègent les logiciels et les programmes par le droit d'auteur (L. n° 85-660, 3 juill. 1985, *Relative aux droits d'auteur et aux droits des artistes-interprètes, des producteurs de phonogrammes et de vidéogrammes et des entreprises de communication audiovisuelle* ; Cons. UE, dir. n° 91/250/CEE, 14 mai 1991, *Concernant la protection juridique des programmes d'ordinateur*). Toutefois, règlementairement, l'informatique est définie comme « la science du traitement rationnel, notamment par machines automatiques,

Quant à la définition des communications électroniques, il est loisible de se référer à celle que retient le législateur français, même si cet ouvrage, globalement, tend à prendre ses distances avec l'étatisme juridique et donc à ne pas considérer que seul porterait quelque valeur aux yeux du scientifique du droit ce que disent les instances publiques — le droit de la communication par internet n'existe pas en droit étatique français, mais le « droit des communications électroniques », lui, y existe. La définition législative des communications électroniques est certainement une définition importante, mais elle n'est nullement la seule admissible et d'autres pourraient venir la concurrencer ou, plus sûrement, la compléter. C'est la loi du 9 juillet 2004[2] qui, transposant un train de directives européennes daté du 7 mars 2002 et souvent appelé « paquet télécom »[3], a inséré l'expression

---

de l'information considérée comme [...] le support des communications » (A., 22 déc. 1981). Et on a classiquement intégré dans le droit de l'informatique les règles applicables aux communications permises par la télématique et le minitel (J. HUET, « Informatique et multimédia », in D. ALLAND, S. RIALS, dir., *Dictionnaire de la culture juridique*, Lamy-Puf, coll. Quadrige-dicos poche, 2003, p. 826). Partant, l'informatique pourrait être rattachée au droit du contenant des communications électroniques. Mais, s'agissant essentiellement de calculs et de communications entre machines ou intra-machinales plus que de communications verbales d'initiative humaine et à distance, il est préférable de tenir l'informatique à l'écart des communications électroniques. Un jeu vidéo, par exemple, repose bien sur des communications électroniques, sur des échanges d'informations électroniques, mais celles-ci sont internes à la console de jeu et il ne s'agit pas de communications électroniques telles qu'envisagées par la loi et par le présent livre. En résumé, au sens strict, l'informatique est intimement liée aux communications électroniques ; mais, au sens juridique, ce sont deux sphères tout à fait distinctes. Le droit de l'informatique intéresse les informaticiens (Y. BISMUTH, *Droit de l'informatique – Éléments de droit à l'usage des informaticiens*, L'Harmattan, 2011) quand le droit des communications électroniques intéresse les communicants. À l'inverse, on a également pu classer non le droit de l'informatique dans le droit des communications électroniques mais le droit des communications électroniques parmi le droit de l'informatique (J. HUET, « Informatique et multimédia », in D. ALLAND, S. RIALS, dir., *Dictionnaire de la culture juridique*, Lamy-Puf, coll. Quadrige-dicos poche, 2003, p. 824 s.). Ce choix ne peut davantage être accueilli, même en se fondant sur une définition extrêmement large dudit droit de l'informatique. Et informatique et internet peuvent être associés (par exemple, J. DEVÈZE, J. FRAYSSINET, A. LUCAS, *Droit de l'informatique et de l'internet*, Puf, coll. Thémis droit privé, 2001) mais pas confondus.

[1] Le droit du multimédia (P. HUET, dir., *Le droit du multimédia (de la télématique à l'internet)*, Éditions du téléphone, 1996), comme son nom l'indique, est par trop multiple et divers pour pouvoir être précisément identifié et constituer une branche du droit que comprendrait le droit des communications électroniques ou, plus sûrement, dans laquelle ce dernier s'inscrirait.

[2] L. n° 2004-669, 9 juill. 2004, *Relative aux communications électroniques et aux services de communication audiovisuelle*.

[3] PE et Cons. UE, dir. n° 2002/22/CE, 7 mars 2002, *Concernant le service universel et les droits des utilisateurs au regard des réseaux et services de communications électroniques* ; PE et Cons. UE, dir. n° 2002/21/CE, 7 mars 2002, *Relative à un cadre réglementaire commun pour les réseaux et services de communications électroniques* ; PE et Cons. UE, dir.

« communications électroniques » parmi le droit positif français, ladite expression subrogeant « télécommunication » et « télécommunications » dans l'ensemble des textes de référence, le Codes des postes et des télécommunications devenant le Code des postes et des communications électroniques et l'Autorité de régulation des télécommunications étant rebaptisée « Autorité de régulation des communications électroniques et des postes »[1].

La définition retenue par le législateur national est, comme beaucoup d'expressions législatives nouvelles, le fruit d'un mariage inopiné entre l'évolution des techniques et des pratiques sociales et la domination de l'anglais comme langue véhiculaire internationale[2]. La loi française caractérise les communications électroniques en tant qu'ensemble des « émissions, transmissions ou réceptions de signes, de signaux, d'écrits, d'images ou de sons, par voie électromagnétique »[3]. Ensuite, elle répartit ces communications électroniques en différentes familles qu'il convient de présenter compendieusement.

Sont distinguées les communications électroniques publiques et les communications électroniques privées. Alors que les premières sont sommairement caractérisées comme « toute mise à disposition du public ou de catégories de public, par un procédé de communication électronique », d'un message[4], les communications privées ne sont pas définies par le législateur qui s'est toujours borné à déterminer la seule notion de « lettre postale ». Il faut, en conséquence, se reporter à une circulaire de 1988 qui précise qu' « il y a correspondance privée lorsque le message est exclusivement destiné à une (ou plusieurs) personne[(s)], physique[(s)] ou morale[(s)], déterminée[(s)] ou individualisée[(s)] »[5]. Partant, les échanges

---

n° 2002/20/CE, 7 mars 2002, *Relative à l'autorisation de réseaux et de services de communications électroniques* ; PE et Cons. UE, dir. n° 2002/19/CE, 7 mars 2002, *Relative à l'accès aux réseaux de communications électroniques et aux ressources associées, ainsi qu'à leur interconnexion* ; PE et Cons. UE, dir. n° 2002/58/CE, 12 juill. 2002, *Concernant le traitement des données à caractère personnel et la protection de la vie privée dans le secteur des communications électroniques* ; PE et Cons. UE, dir. n° 2002/77/CE, 16 sept. 2002, *Relative à la concurrence dans les marchés des réseaux et des services de communications électroniques* ; Comm. CE, déc. n° 676/2002/CE, 7 mars 2002, *Relative à un cadre réglementaire pour la politique en matière de spectre radioélectrique dans la Communauté européenne*.

[1] L. n° 2004-669, 9 juill. 2004, *Relative aux communications électroniques et aux services de communication audiovisuelle*, art. 1er.

[2] *Lamy droit de l'informatique et des réseaux* 2011, n° 1526.

[3] C. P et CE, art. L. 32, 1° ; L. n° 86-1067, 30 sept. 1986, *Relative à la liberté de communication*, art. 2.

[4] L. n° 86-1067, 30 sept. 1986, *Relative à la liberté de communication*, art. 2.

[5] Circ., 17 févr. 1988, *Prise en application de l'article 43 de la loi 86-1067 du 30/09/1986 relative à la liberté de communication, concernant le régime déclaratif applicable à certains services de communication audiovisuelle*.

téléphoniques entre utilisateurs d'un service de téléconvivialité[1] ou encore la télécopie[2] sont des communications privées. Concernant les communications électroniques publiques, outre l'affirmation plusieurs fois répétée de la liberté de communication, la loi, spécialement suite à l'intervention législative du 21 juin 2004[3], établit une savante mais « guère heureuse »[4] architecture dont la principale subdivision sépare la communication au public en ligne et la communication audiovisuelle.

Ensuite, diverses complications sont induites par les définitions du législateur. Tout d'abord, le Code des postes et des communications électroniques prend soin de plusieurs fois préciser que les communications audiovisuelles ne sont pas visées par ses dispositions[5]. Beaucoup de commentateurs en déduisent que les communications audiovisuelles seraient une catégorie de communications indépendante de celle des communications électroniques, cela d'autant plus que les communications audiovisuelles reposent encore souvent sur des technologies analogiques. Mais, si tel était le cas, il ne serait pas nécessaire au législateur de préciser systématiquement, lorsque les communications audiovisuelles ne sont pas concernées par certains textes visant les communications électroniques, qu'elles ne le sont ainsi pas. En tout état de cause, les définitions portées par les articles L. 32, 1° du Code des postes et des communications électroniques et 2 de la loi du 30 septembre 1986 ne laissent place à aucune ambiguïté : *les communications audiovisuelles constituent une catégorie de communications électroniques*. Et la loi du 21 juin 2004 a remplacé dans plusieurs textes « communication audiovisuelle » par « communication au public par voie électronique »[6], ce qui traduit la proximité entre les deux expressions.

Plus délicate est la problématique de la distinction des contenants et des contenus. On a pu, suivant un raccourci simplificateur et — semble-t-il — inexact, caractériser les communications électroniques comme un

[1] CE, 29 mai 1991, n° 10.1319, *Fédération nationale des radio-répondeurs*.

[2] CA Paris, 20 déc. 1991, *Cahn et Viala*.

[3] L. n° 2004-575, 21 juin 2004, *Pour la confiance dans l'économie numérique*, dite « LCEN ».

[4] E. DREYER, J. HUET, *Droit de la communication numérique*, LGDJ, coll. Manuel, 2011, p. 92.

[5] Par exemple, est écrit que « ne sont pas visés par le présent code les systèmes d'accès sous condition et les systèmes techniques permettant la réception de services de communication audiovisuelle, définis et réglementés par la loi n° 86-1067 du 30 septembre 1986 relative à la liberté de communication » (C. P et CE, art. L. 32, 8°).

[6] Elle l'a fait dans la loi du 29 juillet 1982 sur la communication audiovisuelle, la loi du 29 juillet 1881 sur la liberté de la presse, le Code pénal, le Code de procédure pénale, le Code électoral, la loi du 31 décembre 1971 portant réforme de certaines professions judiciaires et juridiques ou encore la loi du 16 juillet 1984 relative à l'organisation et à la promotion des activités physiques et sportives.

ensemble de contenants par opposition à tout ce qui relève des contenus[1]. Une communication est *a priori* un contenu bien avant d'être un contenant, ainsi qu'en témoignent les dispositions de l'article 2 de la loi de 1986. Cependant, puisque le Code des communications électroniques, en son Livre II, encadre tant les réseaux que les services de communications électroniques, il est possible de soutenir que *les termes « communications électroniques » désignent tant des contenus que des contenants*, lesquels servent aux « transmissions de signaux » dont parlent les définitions des communications électroniques. Il est donc loisible de se borner à définir le droit des communications électroniques tel « le droit voué à régir la fourniture de réseaux et de services de communications électroniques »[2], mais à condition d'inclure sous l'étiquette de « services » tant ceux qui se rapportent aux contenus que ceux qui se rapportent aux contenants.

Néanmoins, l'incorporation, même si tel est le choix ici opéré, des réseaux de communications électroniques sous le couvert de l'étiquette « communications électroniques » demeure contestable. Il suffit de consulter un dictionnaire de la langue française pour constater qu'une communication est d'abord un message. Le législateur considère justement que lesdits réseaux servent à transporter des communications électroniques ; mais ils ne sont pas en soi des communications électroniques. Le recours, en ces lignes, à l'expression générique « communications électroniques » est un raccourci guidé par un souci esthétique — exactement le même que celui qui a conduit le législateur à nommer le code « Code des communications électroniques ». La branche du droit sujet d'expérience comporte donc des normes applicables à des contenants (spécialement des réseaux) et des normes applicables à des contenus (des services, dont les services de communication audiovisuelle). Elle comporte aussi des normes applicables à des communications privées autant que des normes applicables à des communications publiques. On a pu réserver l'expression « droit de la communication » à tout ce qui relève des transmissions de messages à caractère public[3]. Il ne semble pourtant pas que « communication privée » soit une *contradictio in adjecto*.

Ensuite, au-delà des termes de la loi, les communications électroniques sont, bien que non exclusivement, très liées au langage numérique qui codifie les textes, les images, les sons, les voix et, en général, tous signaux sous la forme binaire de suites d'impulsions électriques et de silences, notés « 1 » et « 0 ». Combiné aux progrès des techniques de

---

[1] *Lamy droit de l'informatique et des réseaux* 2011, n° 1524.
[2] J. CATTAN, *Le droit et les communications électroniques*, th., Université d'Aix-Marseille, 2012, p. 26.
[3] JCl. Communication, V° « Communication au public en ligne », fasc. n° 1300 [par E. Derieux].

compression des données, ce langage, qui succède à la communication analogique, a permis l'avènement de moyens d'enregistrement, de stockage et de diffusion inédits. Le numérique est une véritable révolution qui a ouvert la voie aux « autoroutes de l'information »[1] et à l'ère du multimédia, soit la convergence sur un même récepteur de données d'origines et de natures différentes. De plus, la puissance de calcul des microprocesseurs n'a cessé de croître, celle-ci étant, suivant la célèbre conjecture de Gordon Earle Moore, pratiquement multipliée par deux tous les 18 mois depuis l'invention du premier microprocesseur en 1971. Ces technologies ont permis le rapprochement des médias et des industries s'y attachant et, aujourd'hui, les communications électroniques tendent de plus en plus à se confondre avec les communications par internet tant le réseau mondial cannibalise le monde de la communication et de l'information. Il est de plus en plus difficile de distinguer, notamment, les communications audiovisuelles et certaines communications publiques par internet. Se pose la question de savoir si un service de télévision accessible grâce au web doit être rangé dans la catégorie des services de communication audiovisuelle — *in fine* tel est le cas aux yeux du droit étatique — ou dans celle des services de « communication au public en ligne ». Cependant, les segmentations entre métiers demeurent fermement établies et offrir des services de téléphonie n'est certainement pas identique au fait de produire des services de télévision. Ces activités reposeront encore quelques temps sur des cultures économiques, des traditions et, surtout, des cadres juridiques distincts.

C'est en raison de son caractère pluriel que le droit des communications électroniques, à cheval entre le passé et le futur, a été choisi en tant que sujet d'expérience. Il convient, à présent, de caractériser les sous-branches qui, réunies, le constituent. En premier lieu, il faut s'intéresser au droit de la communication audiovisuelle.

b. Première sous-branche du droit des communications électroniques : le droit de la communication audiovisuelle

La loi, puisqu'il n'est pas inutile de considérer les définitions qu'elle retient, envisage la communication audiovisuelle en ces termes : « toute communication au public de services de radio ou de télévision, quelles que soient les modalités de mise à disposition auprès du public, toute communication au public par voie électronique de services autres que de radio et de télévision et ne relevant pas de la communication au public en

[1] Réf., notamment, à A. BONAFÉ, M. GUIEYSSE, G. THÉRY, *Les autoroutes de l'information – Rapport au Premier Ministre*, La documentation française, 1994.

ligne […], ainsi que toute communication au public de services de médias audiovisuels à la demande »[1].

Ensuite, la loi définit les différents types de services de communication audiovisuelle[2] : les services de télévision, c'est-à-dire « tout service de communication au public par voie électronique destiné à être reçu simultanément par l'ensemble du public ou par une catégorie de public et dont le programme principal est composé d'une suite ordonnée d'émissions comportant des images et des sons » ; les services de radio, soit « tout service de communication au public par voie électronique destiné à être reçu simultanément par l'ensemble du public ou par une catégorie de public et dont le programme principal est composé d'une suite ordonnée d'émissions comportant des sons » ; et les services de médias audiovisuels à la demande, spécifiés comme « tout service de communication au public par voie électronique permettant le visionnage de programmes au moment choisi par l'utilisateur et sur sa demande, à partir d'un catalogue de programmes dont la sélection et l'organisation sont contrôlées par l'éditeur de ce service ». Ces définitions ne posent guère de difficultés tant elles correspondent peu ou prou à ce que, intuitivement, un non juriste envisage normalement derrière les expressions en cause.

Il faut ensuite s'intéresser au droit des réseaux de communications électroniques.

c. Deuxième sous-branche du droit des communications électroniques : le droit des réseaux de communications électroniques

Le droit des communications électroniques comporte tout un pan relatif aux réseaux et à l'accès aux réseaux de communications électroniques ; c'est ce pan que régit le Code des communications électroniques. Un réseau de communications électroniques est « toute installation ou tout ensemble d'installations de transport ou de diffusion ainsi que, le cas échéant, les autres moyens assurant l'acheminement de communications électroniques, notamment ceux de commutation et de routage »[3]. Sont qualifiés de réseaux, notamment, « les réseaux satellitaires, les réseaux terrestres, les systèmes utilisant le réseau électrique […] et les réseaux assurant la diffusion ou utilisés pour la distribution de services de communication audiovisuelle »[4]. Quant à l'accès, il s'agit de « toute mise à disposition de moyens, matériels ou logiciels, ou de services, en vue de permettre au bénéficiaire de fournir des services de communications

---

[1] L. n° 86-1067, 30 sept. 1986, *Relative à la liberté de communication*, art. 2.
[2] L. n° 86-1067, 30 sept. 1986, *Relative à la liberté de communication*, art. 2.
[3] C. P et CE, art. L. 32, 2°.
[4] C. P et CE, art. L. 32, 2°.

électroniques »[1]. Concrètement, est soumis au Code des communications électroniques tout opérateur, c'est-à-dire « toute personne physique ou morale exploitant un réseau de communications électroniques ouvert au public ou fournissant au public un service de communications électroniques »[2], soit tout fournisseur d'accès à internet, à des services de communication audiovisuelle ou à des services de téléphonie fixe ou mobile[3].

Ces définitions posées, reste à envisager le droit de la communication par internet, troisième et dernière sous-branche du droit des communications électroniques qui se distingue à différents titres du droit de la communication audiovisuelle et du droit des réseaux de communications électroniques. Le droit des communications électroniques n'aurait certainement pas été retenu en tant qu'objet de l'expérience s'il n'avait pas comporté en son sein ce droit original qu'est le droit de la communication par internet.

d. Troisième sous-branche du droit des communications électroniques : le droit de la communication par internet

Pour ce qui est de la loi, tout d'abord, elle envisage la « communication en ligne », qu'elle soit à caractère public ou à caractère privé[4] et qu'il faut rapprocher intimement de la communication par internet, comme « toute transmission, *sur demande individuelle*, de données numériques [...] par un procédé de communication électronique permettant un *échange réciproque d'informations* entre l'émetteur et le récepteur »[5]. Les critères de distinction sont clairs : une communication en ligne est marquée par l'*interactivité* — l'utilisateur interroge un service et « ne reçoit en retour que les éléments demandés »[6] — et par l'*intemporalité*, alors qu'une communication audiovisuelle est diffusée à horaire fixe et est, donc, linéaire. Toutefois, la loi associe les services de médias audiovisuels à la demande, qui sont consultés eux-aussi « sur demande individuelle », aux communications audiovisuelles. Et, puisque le législateur ne se réfère, dans

---

[1] C. P et CE, art. L. 32, 8°.
[2] C. P et CE, art. L. 32, 15°.
[3] Le législateur prend la peine de définir le service de téléphonie au public comme « un service permettant au public de passer et de recevoir, directement ou indirectement, des appels nationaux ou nationaux et internationaux, en composant un ou plusieurs numéros du plan national ou international de numérotation téléphonique » (C. P et CE, art. L. 32, 7°).
[4] Mais le législateur ne s'intéresse qu'aux communications publiques en ligne, soit celles qui n'ont « pas un caractère de correspondance privée » (L. n° 2004-575, 21 juin 2004, *Pour la confiance dans l'économie numérique*, art. 1er, IV).
[5] L. n° 2004-575, 21 juin 2004, *Pour la confiance dans l'économie numérique*, art. 1er, IV (non souligné dans le texte original).
[6] Ancienne formulation de l'article 77 de la L. n° 82-652, 29 juill. 1982, *Sur la communication audiovisuelle*.

sa définition de la communication en ligne, ni au web ni à l'internet (qui n'existent pas dans le vocabulaire législatif[1], mis à part dans l' « espace HADOPI »[2]) et puisque d'autres moyens électroniques pourraient permettre des échanges réciproques d'informations et des transmissions de données numériques sur demande individuelle[3], *il n'est pas lieu de considérer que l'expression « communication en ligne » serait exactement synonyme de « communication par internet »*. C'est pourquoi le qualificatif « en ligne » ne sera pas employé en ces pages. En d'autres termes, la communication en ligne (qui intéresse la loi) est plus vaste que la communication par internet (qui intéresse ce livre), car cette dernière se spécifie par un procédé de communication électronique bien précis : la suite de protocoles TCP/IP.

Le droit de la communication par internet correspond ainsi *aux normes juridiques applicables aux échanges d'informations, publiques ou privées, entre un/des émetteur(s) et un/des récepteur(s) ou entre des interlocuteurs au moyen de l'internet, donc au moyen de la suite de protocoles TCP/IP*. Il comprend aussi *les normes juridiques applicables à l'internet en tant que tel, ce que désigne au sens strict l'idée de « droit de l'internet »*. Il faut donc inclure dans le droit de la communication par internet tant le droit du contenu de la communication par internet (*i.e.* le droit applicable aux messages et services véhiculés) que le droit du contenant de la communication par internet (*i.e.* le droit applicable aux technologies et infrastructures qui véhiculent).

En ces pages, est désigné par *droit de l'internet* un droit du contenant, car l'internet n'est qu'une infrastructure technologique quand une communication est *un contenu évoluant au sein d'un contenant*. Est dès lors exclu de suivre l'usage très commun de l'expression « droit de l'internet » — tous les ouvrages portant ce nom semblent s'y conformer — selon lequel

---

[1] En particulier, les mots « web » et « internet » ne se retrouvent à aucune reprise dans la loi *Pour la confiance dans l'économie numérique* (L. n° 2004-575, 21 juin 2004, *Pour la confiance dans l'économie numérique*). Et ces termes sont absents, par exemple, de la récente loi *Relative au renseignement* (L. n° 2015-912, 24 juill. 2015, *Relative au renseignement*).

[2] L. n° 2009-669, 12 juin 2009, *Favorisant la diffusion et la protection de la création sur internet* ; L. n° 2009-1311, 28 oct. 2009, *Relative à la protection pénale de la propriété littéraire et artistique sur internet*. Le projet de « Loi pour une République numérique », que la Secrétaire d'État chargée du numérique a présenté au Parlement au début de l'année 2016, fait à diverses reprises référence à « internet » ; mais celui-ci n'est l'objet d'aucune définition et il est largement confondu avec le web.

[3] Il faut croire que le « droit de la communication en ligne » déborde du droit de la communication par internet, notamment en ce qu'il semble inclure naturellement le droit de la communication téléphonique. Seulement le législateur ne s'intéresse-t-il qu'aux seules « communications au public en ligne » et ne se penche-t-il jamais sur quelques « communications privées en ligne » (L. n° 86-1067, 30 sept. 1986, *Relative à la liberté de communication*, art. 2 ; JCl. Communication, V° « Communication au public en ligne », fasc. n° 1300 [par E. Derieux]).

celui-ci serait essentiellement un droit des contenus[1]. « Droit de la communication par internet » et « droit de l'internet » ne sont donc pas appréhendés en tant que synonymes. Le droit de l'internet est conçu telle une sous-branche à l'intérieur du droit de la communication par internet. Toutefois, seront utilisées les expressions plus explicites « droit du contenant de la communication par internet » et « droit du contenu de la communication par internet ».

Le droit du contenu de la communication désigne *les normes juridiques applicables aux activités relatives aux informations (publiques ou privées), aux services et aux programmes, soit à la collecte, au classement et à la mise en forme des informations et à la confection des services et des programmes*[2]. Le droit du contenant de la communication désigne, lui, *les normes juridiques applicables aux supports, aux infrastructures physiques et aux moyens techniques et technologiques qui permettent l'acheminement des données, l'accès aux services et aux programmes, ainsi que l'interopérabilité.*

Le régime juridique des infrastructures, défini par le Code des postes et des communications électroniques, est commun à l'internet et à ce qui était désigné, dans l'ancienne terminologie, par « télécommunications ». Puisqu'une sous-branche est propre au droit des réseaux de communications électroniques, le droit du contenant de la communication par internet fait ici référence, quoique non exclusivement, aux technologies qui permettent à l'internet et, notamment, au web de fonctionner, c'est-à-dire aux protocoles et autres normes et standards de cet ordre, étant accepté *ab initio* que l'architecture nomo-technologique constitue une composante du cadre juridique du cyberespace[3]. L'internet, *lato sensu*, se décompose en trois couches : la *couche physique ou matérielle* sur laquelle les informations circulent (les réseaux de communications électroniques), la *couche logique* (le « Code ») et la *couche des contenus*, des données communiquées[4]. Le droit du contenant de la communication par internet correspond donc en premier lieu au droit applicable à la couche médiane.

En outre, le droit applicable aux services de communication audiovisuelle, y compris celui applicable aux SMAD, n'est pas intégré parmi

---

[1] Notamment, J.-M. BRUGUIÈRE, P. DEPREZ, V. FAUCHOUX, *Le droit de l'internet – Lois, contrats et usages*, LexisNexis, coll. Professionnels, 2014 ; J. LARRIEU, *Droit de l'Internet*, 2e éd., Ellipses, coll. Mise au point, 2010 ; C. CASTETS-RENARD, *Droit de l'internet : droit français et européen*, 2e éd., Montchrestien, coll. Cours, 2012 ; A. AGUADO, *Le droit de l'internet*, Sud Ouest (Bordeaux), 2003.

[2] *Lamy Droit de l'informatique et des réseaux* 2011, n° 1524.

[3] En ce sens, R. GOLA, « La gestion des conflits entre droit des marques et *usernames* sur les réseaux sociaux : un exemple de cocréation et de corégulation », *RLDI* 2013, n° 97, p. 106.

[4] En ce sens, notamment, L. LESSIG, *L'avenir des idées – Le sort des biens communs à l'heure des réseaux numériques*, Presses universitaires de Lyon, 2005.

le droit du contenu de la communication par internet, alors pourtant que le web permet d'accéder à de tels services. Ce choix, comme celui de ne pas inclure le droit des réseaux de communications électroniques à l'intérieur du droit du contenant de la communication par internet, s'explique par le fait que tant le droit de la communication audiovisuelle que le droit des réseaux de communications électroniques ont existé bien avant que n'apparaisse la communication par internet et, donc, bien avant que n'apparaisse le droit de la communication par internet. Ils répondent à des logiques et se présentent sous des formes propres, spécialement pour des raisons historiques, ce qui invite — du point de vue doctrinal visant à analyser et non à appliquer le droit — à les opposer plutôt qu'à les associer au droit de la communication par internet[1]. Ce dernier, tel qu'il est compris en ce livre, correspond ainsi au *droit applicable aux outils, technologies, services, messages et autres activités étant apparus avec l'internet et n'ayant pas d'existence autonome en dehors de l'espace internetique* (protocoles, hébergement, courriels, sites web, pair-à-pair etc.).

Et c'est tout particulièrement en raison de la présence du droit de la communication par internet parmi les sous-branches du droit des communications électroniques que ce dernier paraît constituer un sujet d'expérience pertinent pour qui souhaite évaluer la réalité du pluralisme juridique.

2. Un sujet d'expérience opportun pour la mesure du pluralisme juridique

Pour être pertinent, le sujet d'expérience doit être suffisamment caractéristique du ou des visage(s) du droit. Si le choix du droit des communications électroniques semble répondre à cette attente, cela provient en premier lieu de sa double figure. En effet, aux côtés du droit de la communication par internet, concrétisation en actes des idées de droits « postmoderne » et « global », se trouvent des branches du droit rattachables au droit moderne. Tel est le cas, déjà, du droit de la communication audiovisuelle. Cette dernière, qu'elle soit télévisuelle ou radiophonique, paraît participer clairement « de la nature et de l'essence de l'État et de l'administration publique »[2]. Elle a été rapidement placée sous un régime de monopole de police, avant que ne soit institué un monopole public

[1] De même, le droit de la presse n'est pas incorporé au sein du droit des contenus de la communication par internet dès lors que s'applique aux publications de presse dématérialisées, exception faite de quelques dispositions *ad hoc*, le droit commun de la presse établi très antérieurement à l'invention de l'internet.

[2] CE, 22 janv. 1921, *Société commerciale de l'Ouest africain*, Rec. CE 1921, p. 91, concl. Matter.

d'exploitation[1]. Longtemps, il est revenu à l'État d'assurer le service public de la communication audiovisuelle. Certainement cette activité de service public a-t-elle largement évolué jusqu'à aujourd'hui, dans le sens d'une libéralisation, mais le droit de la communication audiovisuelle demeure potentiellement une branche du droit tout à fait significative de ce qu'a été et de ce qu'est le droit moderne, droit étato-centré.

Par ailleurs, le choix du droit des communications électroniques apparaît d'autant plus légitime que la communication et le droit qui l'accompagne sont au cœur des activités et des préoccupations des hommes. En premier lieu, l'internet est au carrefour de la plupart des actes et mouvements humains qui, s'il venait à dysfonctionner soudainement, seraient contraints de s'arrêter. La quasi-totalité des infrastructures économiques, sociales et même politiques en dépendent désormais. Et puis l'homme est avant tout un « être communiquant »[2]. L'histoire de l'humanité a été décrite comme un processus d'extériorisation technique voué à la conquête de l'espace et du temps. Quatre vagues de civilisation caractériseraient cette histoire : la « chasse-cueillette » (3 millions d'années) ; l' « agriculture-élevage » (environ 30 000 ans) ; l' « industrie-production » (moins de 300 ans) ; et l' « information-connaissance » (actuellement)[3]. L'internet et son droit ne sont donc pas un sujet anecdotique ou marginal ; ils constituent un sujet central et transversal puisque l'un comme l'autre sont omniprésents. L'internet est la technologie aujourd'hui la plus importante pour l'humanité, située au cœur de toutes les problématiques des sociétés, que ce soit en tant que source de problèmes ou en tant que foyer de solutions. Depuis les systèmes biométriques jusqu'au marquage des objets par des puces intelligentes et communicantes, en passant par les systèmes de géolocalisation, le réseau et les normes qui s'y attachent ont des conséquences concrètes et quotidiennes pour l'ensemble des individus. De plus en plus, des activités traditionnelles sont happées par les lignes de l'internet — avec le préfixe « e- » comme électronique — : e-administration, e-santé, e-éducation etc. ; ce qui tend à faire de la numérisation et de la communication internetique le « vecteur numéro un de la transformation des sociétés »[4]. Et l'expression « gouvernance de l'internet », abondamment réemployée, induit une métonymie forte qui amène à imaginer que gouverner le réseau reviendrait à prendre en charge une partie de la conduite des affaires du monde.

---

[1] *Cf.* H. ISAR, *Le service public et la communication audiovisuelle*, Economica-PUAM (Paris-Aix-en-Provence), 1996, p. 16-19.

[2] M. SERRES, *Hermès ou la communication*, Minuit, 1968.

[3] A. TOFFLER, *Le choc du futur* (1970), Gallimard, coll. Folio essais, 1987.

[4] F. MASSIT-FOLLÉA, « Technologies de l'information et de la communication », in Commission française pour l'UNESCO, *La « société de l'information » : glossaire critique*, La documentation française, 2005, p. 87.

Plus généralement, les communications électroniques, pour reprendre les termes de Charles de Gaulle qui évoquait alors les médias audiovisuels, « tout en captant sans parti pris et en répandant sans exclusive les courants de l'évènement, de l'art, de la science, de la politique, concoure[nt] à la liberté, à la dignité, à la solidarité des hommes »[1]. Et Nelson Mandela de faire de « la capacité à communiquer […] une clé des droits de l'homme au XXIe s. »[2]. Ajouté à cela le fait que, dans les lycées, depuis la rentrée 2012, une quatrième option qui est « informatique et sciences du numérique »[3] peut être choisie dans les sections scientifiques de terminale, il semble fort qu'étudier le droit des communications électroniques ne revienne pas à étudier une matière juridique secondaire ou mineure. Comme, dans le même temps, le total des règles qui constituent ce droit ne correspond qu'à une faible proportion de l'ensemble des règles de droit existantes, la matière semblait pouvoir être justement retenue en tant que sujet d'expérience.

Ensuite, s'il apparaît intéressant d'étudier le droit de la communication par internet en soi, cela parce qu'il est la branche du droit des communications électroniques symptomatique du droit « global » et du droit « postmoderne » qui tendraient, progressivement, à remplacer le droit moderne et le droit national qui se sont imposés au XXe s. et, donc, parce qu'il pourrait servir de *révélateur des mutations contemporaines du monde juridique*, ce sont aussi et peut-être surtout les comparaisons avec les autres branches du droit des communications électroniques qui peuvent se révéler lourdes d'enseignements.

Aussi faut-il insister sur le fait que, en raison des différentes sous-branches qui le constituent, le droit des communications électroniques peut s'analyser telle une branche du droit à la fois représentative du droit moderne d'hier et d'aujourd'hui et symptomatique du droit postmoderne de demain.

3. Un sujet d'expérience à la fois représentatif du droit moderne d'hier et d'aujourd'hui et symptomatique du droit « postmoderne » de demain

Le droit des communications électroniques *comporte peut-être toutes les textures et toutes les structures du droit existantes*. Ce sujet d'expérience,

---

[1] Ch. DE GAULLE, « Pour l'effort (août 1962-décembre 1965) », in *Discours et messages*, Plon, 1972 (cité par H. ISAR, *Le service public et la communication audiovisuelle*, Economica-PUAM (Paris-Aix-en-Provence), coll. Droit de l'audiovisuel, 1996, p. 15).

[2] Cité par M.-F. LANDRÉA, « Internet et le World Wide Web », [en ligne] <ufe.obspm.fr>, 1998, p. 5.

[3] G. DOWEK, « Le retour de l'informatique au lycée », Place de la toile, France culture, 1er nov. 2012.

parce qu'il inclut des sous-branches aussi dissemblables que le droit de la communication audiovisuelle et le droit de la communication par internet, doit permettre de tirer des conclusions valables à l'égard du droit (français) en général, compris *dans toute sa complexité et dans toute sa diversité*. Par conséquent, il aurait été moins judicieux de retenir en tant qu'objet d'étude le seul droit de la communication par internet, sans possibilité de mettre en perspective sa composition normative avec celles du droit des réseaux et du droit de la communication audiovisuelle.

Néanmoins, suivant un adage cité par Maurice Hauriou et sans doute emprunté à Platon, « s'il n'y a de science que du général, il n'y a de vérité que du particulier »[1]. Aussi ne sera-t-il en aucun instant lieu d'affirmer que toutes les constatations opérées concerneraient la totalité du droit, sans exception aucune. Reste que le droit des communications électroniques est peut-être un exemple pertinent dès lors que les observations effectuées à son aune pourraient l'être également à l'aune de nombreuses autres branches du droit. S'il est vrai qu' « il n'y a de science que du général », il est décisif que le sujet d'expérience soit relativement représentatif de l'ensemble de la matière dans laquelle il se situe. Étudier un élément particulier parfaitement original présenterait un intérêt limité à un cercle étroit d'initiés. Or il faut croire que, très au-delà des spécialistes du droit des communications électroniques, tous les juristes ou, plus sûrement, tous les scientifiques du droit pourraient éventuellement être attentifs aux résultats et aux enseignements de l'expérience de mesure du pluralisme juridique.

On soutient que rien ne serait compréhensible sans exemple[2]. Concernant une problématique telle que celle du pluralisme juridique, cela semble d'autant plus vrai et il faudrait même avancer que *ledit pluralisme n'existerait que dans l'exemple*, quand bien même celui-ci serait peu ou prou représentatif d'un ensemble normatif plus étendu. Pourtant, il arrive fréquemment que des ouvrages se prononcent quant au droit en général en ne puisant d'exemples que dans une seule de ses branches — le droit civil notamment[3] — ; étant donnée la diversité qui empreint le monde juridique, peut-être n'est-ce pas là un procédé acceptable scientifiquement. On dit qu'il est aisé de démontrer l'existence du pluralisme juridique : il suffit de se focaliser sur une branche du droit dans laquelle celui-ci existe encore à l'état « brut » ou « sauvage »[4]. Mais alors il est tout aussi facile de démontrer

---

[1] M. Hauriou, *Principes de droit public à l'usage des étudiants en licence et en doctorat ès sciences politiques*, 2e éd., Librairie du Recueil Sirey, 1916, p. XXXI.

[2] M. Olivier, *Peirce : la pensée et le réel*, Hermann, 2013.

[3] Par exemple, R. Libchaber, *L'ordre juridique et le discours du droit – Essai sur les limites de la connaissance du droit*, LGDJ, 2013, *passim*.

[4] J.-J. Sueur, « Analyser le pluralisme pour comprendre la mondialisation ? », in J.-Y. Chérot, B. Frydman, dir., *La science du droit dans la globalisation*, Bruylant (Bruxelles), coll. Penser le droit, 2012, p. 104.

l'inexistence du pluralisme juridique, en se concentrant sur une branche du droit dans laquelle il n'est à l'évidence ou par définition pas une réalité (le droit fiscal ou le droit pénal par exemple). Le droit des communications électroniques, en tant que sujet d'expérience, est possiblement un choix judicieux en ce qu'il n'est pas possible *ab initio*, avant d'avoir procédé à l'analyse, de se prononcer en faveur du pluralisme ou en faveur du monisme juridique.

Certains observateurs du droit des communications électroniques y voient depuis longtemps un domaine dans lequel se développeraient plus que nulle part ailleurs « l' "infra-droit", le "contre-droit", le "droit imaginaire", le "droit intuitif" et le "droit ordinaire", c'est-à-dire des formes de droit susceptibles de se juxtaposer ou de s'opposer au droit établi »[1]. D'autres, au contraire, « souligne[nt] l'unité fondamentale du droit de la communication »[2]. Selon le versant observé, ce droit ne présente pas le même visage, à tel point qu'il semble que soient en cause *des droits différents*. Tel est bel-et-bien le cas dès lors que le droit des communications électroniques se décompose en plusieurs sous-branches qui ne partagent que peu de caractéristiques.

Parmi elles, le droit de la communication par internet est assurément la plus singulière et il faut insister au long de quelques pages sur ce particularisme qui paraît relever l'intérêt de l'étude du droit des communications électroniques.

4. Un sujet d'expérience porteur en raison du caractère atypique du droit de la communication par internet

Puisque, avec l'internet, « nous avons changé de planète »[3], puisque le réseau mondial est désigné comme étant le lieu du déploiement de la « troisième révolution industrielle »[4] en même temps que de la mondialisation[5], puisque le cyberespace est officiellement considéré comme le cinquième milieu par le « livre blanc sur la défense 2014 » (avec l'eau, la terre, l'air et l'espace), puisque, entre 2000 et 2010, ont été produites tous les deux ans autant de données que depuis le début de l'histoire de l'humanité[6], puisque l'avantage stratégique donné par la « suprématie informationnelle » et par la science de l' « *information warfare* » est comparé à celui qui est

---

[1] J. COMMAILLE, « Droit et médias – Présentation », *Dr. et société* 1990, p. 277.
[2] D. DE BELLESCIZE, L. FRANCESCHINI, *Droit de la communication*, 2e éd., Puf, coll. Thémis droit, 2011, p. 2.
[3] J. BAUDRILLARD (cité par J. DELUMEAU, Un monde d'idées, France culture, 17 mars 2014).
[4] G. BABINET, Un monde d'idées, France info, 28 mars 2014.
[5] F. RIGAUX, *Ordonnancements juridiques et conversion numérique*, Larcier (Bruxelles), coll. Petites fugues, 2014, p. 362.
[6] J.-F. FOGEL, B. PATINO, *La condition numérique*, Grasset, 2013.

assuré à ses détenteurs par l'arme atomique[1], puisque, dans la loi de programmation militaire du 18 décembre 2013[2], les seuls postes créés sont dévolus à la cybersécurité, puisque le fondateur de Facebook estime que son service est désormais « aussi important pour l'Homme que l'électricité »[3], puisque Google enregistre 2,5 milliards de requêtes chaque jour et 30 000 requêtes par seconde[4], est capable de prédire les épidémies de grippe trente-six heures avant les autorités officielles[5], « a aujourd'hui beaucoup plus de pouvoir que le Président des États-Unis »[6] et parvient à imposer sa « Google *lex* »[7], si bien qu'il serait un — si ce n'est le — nœud clé des sociétés modernes, se substituant ainsi à l'État[8], l'internet et les activités internetiques ne peuvent qu'être un objet d'étude attractif, cela dans tous les registres de la connaissance.

Et, puisque le droit de la communication par internet est le point de friction le plus intense entre progrès technique et droit, à tel point qu'on évoque des « malédictions numériques » frappant le droit[9] — mais c'est surtout que « la politique et le droit ne supportent pas le rythme du monde globalisé »[10] qui est identique à celui des communications par internet —, et puisque le droit du réseau est certainement l'une des meilleures illustrations du *droit « en réseau »* (l'antanaclase n'étant évidemment pas anodine) venant s'opposer au classique droit « pyramidal »[11], il est tentant de

---

[1] R. DELMAS, « Internet et la règle : une gouvernance faible », in H. FISHER, dir., *Les défis du cybermonde*, Les presses de l'Université Laval (Québec), 2003, p. 49.

[2] L. n° 2013-1168, 18 déc. 2013, *Relative à la programmation militaire pour les années 2014 à 2019 et portant diverses dispositions concernant la défense et la sécurité nationale.*

[3] M. ZUCKERBERG (cité par B. BEAUDE, *Les fins d'Internet*, Fyp éditions, coll. Stimulo, 2014).

[4] P. BLOCHE, P. VERCHÈRE, « Les droits de l'individu dans la révolution numérique », rapport d'information n° 3560, Assemblée nationale, 2011, p. 129.

[5] J. HENNO, *Tous fichés – L'incroyable projet américain pour déjouer les attentats terroristes*, Télémaque, 2005. Les autorités sanitaires publiques se basent sur les informations remontant des médecins, alors que Google se fonde sur les recherches des internautes.

[6] A. DESFORGES, « Cyberespace et géopolitique », Place de la toile, France culture, 24 mai 2014.

[7] A. GARAPON, « Le droit à l'oubli numérique », Le bien commun, France culture, 22 mars 2012.

[8] Il est classique d'observer que « l'État apparaît comme la clef de voûte de la société […] et [qu']il est sans doute fallacieux de parler de "société sans État" » (J. CHEVALLIER, *L'État post-moderne*, 3e éd., LGDJ, coll. Droit et société, 2008, p. 22).

[9] Ch. CARON, « Malédictions numériques », *Comm. com. électr.* 2009, repère 8.

[10] D. INNERARITY, *Le futur et ses ennemis – De la confiscation de l'avenir à l'espérance politique*, Flammarion, coll. Climats, 2008, p. 114.

[11] L'auteur de ces lignes a, par le passé, mis à l'épreuve du droit de la communication par internet les paradigmes métaphorico-théoriques de la « pyramide des normes » et du « réseau de normes ». Il a alors pu constater combien le « droit du réseau » permet d'illustrer le « droit en réseau » (B. BARRAUD, *Repenser la pyramide à l'ère des réseaux – Pour une conception pragmatique du droit*, L'Harmattan, coll. Logiques juridiques, 2012). Et une thèse de doctorat récemment soutenue de confirmer cela (A. BAMDE, *Essai d'une théorie sur l'architecture normative du réseau internet*, th., Université Paris II - Panthéon-Assas, 2013 ; également,

consacrer une étude à cette branche spécifique et originale du droit, témoignant mieux que toute autre de la « vie du droit »[1], plutôt qu'à une autre. Ce sentiment se trouve conforté par qui concluait, en 2012, un colloque relatif au droit de l'internet en ces termes : « Malgré l'écoulement du temps, les interrogations d'hier sont encore assez largement celles d'aujourd'hui. La seule évidence est que les incertitudes ne sont nullement dissipées »[2]. C'est moins la question de l' « internet face au droit »[3] que celle du droit face à l'internet qui mérite, aujourd'hui toujours, d'être posée, *le droit étant interrogé par l'internet plus qu'il ne l'interroge* puisque c'est bien le réseau qui est un « vecteur de déstabilisation créatrice »[4]. Selon le Professeur Jean-Louis Bergel, « le droit peut être en retard ou en avance sur son temps »[5] ; il est permis de gager que, en matière d'internet, le droit — surtout si compris comme droit d'origine publique — est souvent en retard plutôt qu'en avance sur son temps[6].

R. BERTHOU, « Le droit au gré d'Internet : à propos d'une réseautisation fort peu anodine de l'univers juridique », *Lex Electronica* 2006, n° 11 ; L. M. DUONG, « Les sources du droit d'Internet : du modèle pyramidal au modèle en réseau », *D.* 2010, p. 790 s.), alors que, plus globalement, on voit dans l'internet l'origine du développement d'une recherche du réseau, d'une logique du réseau, d'une culture du réseau, d'une pensée-réseau (M. CASTELLS, *La société en réseau – t. I : L'ère de l'information* (1996), Fayard, 1998, p. 101 ; également, P. MUSSO, *Télécommunications et philosophie des réseaux – La postérité paradoxale de Saint-Simon*, Puf, coll. La politique éclatée, 1998) qui s'immiscent jusque dans le droit positif, dans la pensée juridique et dans la culture juridique (J. FRAYSSINET, « Le droit et la création des contenus numériques – À la recherche d'une nouvelle culture juridique », *Les cahiers du LID2MS* 2013, n° 1). Et le paradigme du « réseau » tend à s'imposer très au-delà de la théorie du droit (*cf.*, notamment, M. GUILLAUME, *L'empire des réseaux*, Descartes & Co, 1999).

[1] Réf. à J. CRUET, *La vie du droit et l'impuissance des lois*, Flammarion, 1914 ; J. HILAIRE, *La vie du droit – Coutumes et droit écrit*, Puf, coll. Droit, éthique, société, 1994.

[2] S. BOLLÉE, « Rapport de synthèse », *RLDI* 2012, n° 81, p. 91.

[3] Réf. à É. MONTERO, *Internet face au droit*, Story-Scientia (Bruxelles), 1997.

[4] J.-P. CORNIOU, *Le web, 15 ans déjà... et après ?*, Dunod, 2009, p. 5. L'auteur écrit : « Internet, comme toute innovation majeure, corrode l'ordre ancien pour en détruire des pans entiers, plus ou moins rapidement, et fait émerger de nouvelles formes de pouvoir, des nouveaux comportements, de nouvelles structures, de nouveaux produits » (*ibid.*). Le droit ne saurait être épargné par pareil constat.

[5] J.-L. BERGEL, *Théorie générale du droit*, 5e éd., Dalloz, coll. Méthodes du droit, 2012, p. 145. Et « la constante mutabilité du droit, sa relativité dans le temps, est un de ses traits caractéristiques » (*ibid.*, p. 125). Cela aussi se remarque tout spécialement à l'aune du droit de la communication par internet.

[6] Le constat qu'un auteur opérait en 1984 est *a fortiori* justifié maintenant que l'internet et le web ont émergé : « L'inadéquation du droit législatif ou règlementaire est patente face aux problèmes juridiques éminemment complexes que pose — et que posera de manière croissante — l'irruption des nouvelles technologies de l'information et de la communication. [Celles-ci] connaissent un développement si rapide qu'il n'est pas hasardeux de prédire qu'elles seront longtemps en avance sur le droit, par nature conservateur et retardataire » (L. COHEN-TANUGI, *Le droit sans l'État* (1984), 2e éd., Puf, coll. Quadrige essais débats, 2007, p. 86).

Par ailleurs, les activités internetiques sont parfaitement réelles et en aucune façon virtuelles[1], si bien que leurs conséquences peuvent être aussi graves et profondes pour les individus que celles des activités physiques. Aussi l'internet en général et le web en particulier doivent-ils être régulés ; il n'est plus personne, tant dans la sphère privée que dans la sphère publique, qui le conteste — seuls les « pères fondateurs de l'internet » et quelques « cyber-utopistes-libertaires »[2] ont pu, un temps, envisager qu'il s'agirait là d'un monde à part capable de fonctionner sans normes. Alors qu'Hannah Arendt notait il y a peu encore que « la culture de masse est une contradiction dans les termes »[3], les services du web sont peut-être l'incarnation de la « Bibliothèque de Babel », cette bibliothèque contenant tous les livres du monde, à mille lieues de la Pravda de Staline, et qui fait perdre la raison aux hommes dans la nouvelle éponyme de Jorge Luis Borges[4]. Un tel monument, révolutionnaire sous tous les aspects mais spécialement du point de vue de la démocratisation de la culture et de l'instantanéité de la communication et de l'accès à l'information, doit évidemment être saisi par les règles de droit[5] ; seulement la question des modalités de cette prise en main se pose-t-elle.

Le choix du sujet d'expérience semble donc plus particulièrement légitime en ce qu'il comprend le droit de la communication par internet. Il est remarquable que l'article « Sources du droit » du *Dictionnaire de la culture juridique* cite « la société de l'information » en tant que « lieu

---

[1] A. Casilli, « Dix idées reçues sur la toile », Place de la toile, France culture, 1er mars 2014.

[2] Il faudrait opposer à ceux-ci, avec Rousseau, que ce sont l'État et le droit qui rendent libre ou, du moins, qui peuvent rendre libre.

[3] H. Arendt, *La crise de la culture* (1968), trad. P. Lévy et *alii*, Gallimard, coll. Folio essais, 2011, p. 253.

[4] J. L. Borgès, « La bibliothèque de Babel », in *Fictions* (1944), Gallimard, 1951. Le rapport « Création et Internet » remis en 2010 souligne, de manière significative, qu' « internet a métamorphosé la relation à la culture et la notion même de consommation culturelle » (G. Cerutti, J. Toubon, P. Zelnik, *Création et Internet – Rapport au ministre de la culture et de la communication*, La documentation française, 2010, p. 1). Et Tocqueville faisait œuvre presciente lorsqu'il décrivait un monde où l' « on ne rencontre guère d'hommes très savants ni de populations très ignorantes. Le génie devient plus rare et les lumières plus communes. […] Il y a moins de perfection mais plus de fécondité dans les œuvres » (A. de Tocqueville, *De la démocratie en Amérique* (1835 et 1840), Flammarion, coll. GF, 2010, p. 273). Le domaine culturel, à l'heure de l'internet, est proche de revêtir les traits esquissés par l'illustre précurseur de la sociologie.

[5] Par exemple, D. Olivennes, *La gratuité, c'est le vol*, Grasset, 2007. Il est ici possible d'opposer ces propos tenus en 1967 par André Malraux : « Il faut bien admettre qu'un jour on aura fait pour la culture ce que Jules Ferry a fait pour l'instruction : la culture sera gratuite. Le monde moderne, le monde de la génération qui nous succèdera, sera dans l'obligation de faire pour la culture ce qui a été fait pour l'instruction primaire » (A. Malraux, « Présentation du budget des affaires culturelles », [en ligne] <assemblee-nationale.fr>, 9 nov. 1967 (cité par J. Cattan, *Le droit et les communications électroniques*, th., Université d'Aix-Marseille, 2012, p. 550)).

pertinent pour étudier le renouvellement des sources du droit »[1], ce que confirment différents écrits[2]. De manière très significative, d'aucuns n'hésitent pas à placer explicitement les lois, les contrats et les usages sur un pied d'égalité en termes d'importance et de rôle joué dans le « droit de l'internet »[3]. Parmi bien d'autres auteurs qui mettent en exergue la grande originalité de l'internet en même temps que du régime normatif qui l'accompagne[4], le Professeur Alain Supiot observe que, « avec la révolution numérique, c'est un nouvel imaginaire qui domine nos sociétés. L'objet fétiche, sur le modèle duquel le monde est conçu, n'est plus l'horloge et son jeu de forces mécaniques, mais l'ordinateur et sa puissance de calcul »[5]. Certainement l'ère anté-internetique et l'ère internetique sont-elles deux époques très différentes à l'échelle de l'humanité, mais aussi à l'échelle, autrement plus modeste, du droit. Si « le web change le monde »[6], peut-être change-t-il également le droit.

En 1943 — *i.e.* il y a seulement 70 ans —, Thomas Watson, président de la firme IBM, estimait qu' « il y a un marché mondial pour environ cinq ordinateurs »[7]. Mais, par l'effet notamment de la « loi de Moore » — selon laquelle la puissance de calcul des processeurs double tous les 18 mois —, les progrès de l'informatique ont été colossaux au cours de la seconde moitié du XXe s. et l'informatisation de la société a été l'une des caractéristiques les plus remarquables de cette période[8]. Surtout, l'internet est apparu et s'est développé. Bien qu'ait déjà été publiée une « histoire de la société de l'information »[9], cette histoire, comprise comme histoire débutant avec l'internet — ce qui est une compréhension peut-être trop étroite —, est une histoire courte et fulgurante ; la vitesse de propagation des outils et des

---

[1] P. DEUMIER, Th. REVET, « Sources du droit (problématique générale) », in D. ALLAND, S. RIALS, dir., *Dictionnaire de la culture juridique*, Lamy-Puf, coll. Quadrige-dicos poche, 2003, p. 1433.

[2] Par exemple, L. DUONG, « Le pluralisme des sources du droit d'Internet », in L. BOY, J.-B. RACINE, J.-J. SUEUR, dir., *Pluralisme juridique et effectivité du droit économique*, Larcier (Bruxelles), 2011, p. 187 s.

[3] P. DEPREZ, V. FAUCHOUX, *Le droit de l'internet – Lois, contrats et usages*, Litec, coll. Professionnels, 2008.

[4] Par exemple, P. CAYE, « La condition immatérielle du monde et la question du droit », *Arch. phil. droit* 1999, p. 225 s.

[5] A. SUPIOT, « État social et mondialisation : analyse juridique des solidarités », Leçon inaugurale au Collège de France, 29 nov. 2012.

[6] Réf. à D. PIOTET, F. PISANI, *Comment le web change le monde – L'alchimie des multitudes*, Pearson (Londres), 2008.

[7] Cité par M.-O. CHARAUDEAU, « Il faut gouverner les informations ! », [en ligne] <sociétédelinformation.com>, 4 juin 2012.

[8] *Cf.* A. MINC, S. NORA, *L'informatisation de la société*, La documentation française, 1978, *passim*.

[9] A. MATTELART, *Histoire de la société de l'information*, 4e éd., La découverte, coll. Repères, 2010.

usages de l'internet est sans doute l'une de ses caractéristiques les plus extraordinaires — peut-être est-ce là le propre de tout ce qui fonctionne en réseau. L'internet, qui met tout en réseau, des États aux universités[1], compte assurément parmi les plus importantes inventions technico-technologiques de l'histoire de l'Homme, aux côtés de la roue ou de l'imprimerie. Permettre d'étudier les caractéristiques du régime juridique applicable à l'une des plus importantes inventions technico-technologiques de l'histoire de l'Homme est également ce qui fait du droit des communications électroniques un sujet d'expérience potentiellement porteur.

Les réseaux de communication sont décrits tantôt comme le principal vecteur de la mondialisation[2], tantôt comme l'instrument premier du passage de la modernité à la « postmodernité »[3], tantôt telle une « poudrière juridique »[4] — référence d'origine géopolitique ô combien explicite —, tantôt, encore, telle la « source de la mort du droit »[5] — image sans doute moins bienvenue, à l'instar de celles du « vide juridique » et de la « zone de non-droit ». La doctrine a très vite réfléchi aux conséquences juridiques du développement de la technologie internetique[6] et, avant les années 2000, des auteurs, avec Pierre Catala[7], annonçaient de « grandes manœuvres juridiques »[8] et des « bouleversements du droit »[9] à venir, si ce n'est une « révolution juridique »[10]. Les *Archives de philosophie du droit* n'ont pas manqué de s'intéresser à ce défi que posent au droit les nouvelles technologies de l'information en y sacrifiant l'une de leurs livraisons[11], tandis que le Conseil d'État a lui aussi témoigné de l'importance de ces enjeux en consacrant son étude annuelle de 2014 aux réseaux numériques[12]

---

[1] P. Musso, « Philosophie du réseau (4/4) : Du bon usage des réseaux », Les nouveaux chemins de la connaissance, France culture, 28 nov. 2013.

[2] F. Rigaux, *Ordonnancements juridiques et conversion numérique*, Larcier (Bruxelles), coll. Petites fugues, 2014, p. 362.

[3] B. Frydman, « Le droit, de la modernité à la postmodernité », *Réseaux* 2000, n° 88-90, p. 67.

[4] G. Haas, *Internet et protection des données personnelles*, Litec, 2004.

[5] I. Falque-Pierrotin, « Internet et le droit », conférence à l'Académie des sciences morales et politiques, [en ligne] <asmp.fr>, 26 mai 2008.

[6] Par exemple, É. Montero, dir., *Internet face au droit*, Story Scientia (Bruxelles), 1997.

[7] P. Catala, *Le droit à l'épreuve du numérique – Jus ex machina*, Puf, coll. Droit, éthique, société, 1998.

[8] N. Mallet-Poujol, « Autoroutes de l'information : les grandes manœuvres juridiques », *LPA* 3 févr. 1996, p. 4 s.

[9] G. Farjat, « Les bouleversements du droit par Internet », in J.-M. Chevalier et *alii*, *Internet et nos fondamentaux*, Puf, 2000, p. 37 s.

[10] É. Barbry, F. Olivier, « Des réseaux aux autoroutes de l'information : Révolution technique ? Révolution juridique ? », *JCP G* 1996, n° 3926.

[11] *Arch. phil. droit* 1999, « Le droit et l'immatériel ».

[12] Conseil d'État, *Le numérique et les droits fondamentaux*, La documentation française, coll. Les rapports du Conseil d'État, 2014.

et à la « question hautement sensible de la rencontre du droit et de l'Internet »[1] ; et d'aucuns notent que, à l'échelle plus fine de la branche du droit, « le droit de l'internet renouvelle la problématique du droit de la communication »[2].

Partant, alors qu'on observe de plus en plus communément les apparitions contemporaines d'un droit « global » et d'un droit « postmoderne » aux visages incertains, le droit des communications électroniques est un exemple qu'il serait judicieux de choisir parce qu'il pourrait permettre de confirmer ou infirmer la réalité de ces phénomènes[3]. S'il est un droit « global » ou un droit « postmoderne » entre tous, un droit attestant de la « démultiplication des sources du droit »[4], ce ne pourrait qu'être le droit de la communication par internet[5]. Mais se concentrer uniquement sur ce dernier n'aurait pas été satisfaisant tant tout le droit est sans doute loin de revêtir les atours du droit « global » et du droit « postmoderne ». Parce que le droit de la communication par internet cohabite, parmi le droit des communications électroniques, avec le droit des réseaux et avec le droit de la communication audiovisuelle, sous-branches témoignant de la modernité juridique, il fallait opter en faveur du droit des communications électroniques bien plutôt qu'en faveur du droit de la communication par internet. On écrit que le droit des communications électroniques serait la discipline juridique la « plus symptomatique du phénomène de globalisation du droit »[6]. S'il est vrai que les communications électroniques sont par nature transnationales, il semble néanmoins nécessaire d'opérer des distinctions entre les différentes sous-branches qui composent ce droit.

Et le droit des communications électroniques, parce qu'il comprend le droit de la communication par internet en son sein, serait encore un objet d'étude *a priori* pertinent dès lors qu'il pourrait permettre de penser le droit très au-delà de la seule expérience relative à la composition normative du droit et à la réalité du pluralisme juridique. Le droit de la communication par internet interroge, notamment, la légistique, soit les modalités techniques de

---

[1] Conseil d'État, « Communiqué », [en ligne] <conseil-etat.fr>, 19 juill. 2013.

[2] D. DE BELLESCIZE, L. FRANCESCHINI, *Droit de la communication*, 2e éd., Puf, coll. Thémis droit, 2011, p. 477.

[3] En ce sens, K. RENAUD, *Enjeux juridiques et processus de mondialisation de la communication*, th., Université de Toulouse I - Capitole, 2004.

[4] F. OST, M. VAN DE KERCHOVE, *De la pyramide au réseau ? – Pour une théorie dialectique du droit*, Publications des Facultés universitaires Saint-Louis (Bruxelles), 2002, p. 431.

[5] J.-L. BERGEL, « La dynamique des systèmes juridiques, évolutions et convergences », conférence à la Faculté de droit et de science politique d'Aix-en-Provence, 22 févr. 2012.

[6] B. RICOU, M. TOUZEIL-DIVINA, « Des communications électroniques : Quelle unité du Droit ? Quel service public ? », in B. RICOU, M. TOUZEIL-DIVINA, dir., *Communications électroniques – Objets juridiques au cœur de l'Unité des droits*, L'Epitoge-Lextenso, coll. L'Unité du Droit, 2012, p. V.

production des règles de droit, et les modes de régulation[1], par exemple à travers l'idée de « corégulation »[2]. En ce sens, Louis Favoreu estimait que le droit des nouvelles technologies de l'information et de la communication devrait être abandonné aux juges et, donc, devenir un droit foncièrement jurisprudentiel, cela en raison du besoin de réactivité et d'évolutivité que ne pourrait matériellement satisfaire le législateur[3]. Mais encore faut-il que les magistrats parviennent à appréhender de façon pertinente ces nouvelles technologies, éventuellement en s'inscrivant dans une « nouvelle culture judiciaire »[4]. Les communications internetiques semblent mettre à l'épreuve l'efficacité et la légitimité du droit étatique[5] ; elles requièrent peut-être la « flexibilité d'une normativité auto-produite et auto-contrôlée [s'adaptant] à une conjoncture à la fois ultra spécialisée et instable »[6] et seraient donc naturellement portées en direction du droit d'origine privée plutôt qu'en direction du droit d'origine publique, rigide et lent à établir[7].

---

[1] En ce sens, M. VIVANT, « Internet et modes de régulation », in É. MONTERO, dir., *Internet face au droit*, Story Scientia (Bruxelles), 1997, p. 229 s.

[2] Notamment, T. R. FENOUHLET, « La corégulation : une piste pour la régulation de la société de l'information ? », *LPA* 21 févr. 2002, p. 9 s.

[3] L. FAVOREU, « Rapport introductif », in N. LENOIR, B. MATHIEU, D. MAUS, dir., *Constitution et éthique biomédicale*, La documentation française, coll. Les cahiers constitutionnels de Paris I, 1998, p. 19 (cité par J. HERVOIS, *La production de la norme juridique en matière scientifique et technologique*, th., Université de La Rochelle, 2011, p. 392). Il est remarquable que, en 1984, un auteur écrivait, de façon tout à fait prophétique, que « l'inadéquation du droit législatif ou réglementaire est patente face aux problèmes juridiques éminemment complexes que pose — et que posera de manière croissante — l'irruption des nouvelles technologies de l'information et de la communication. [Celles-ci] connaissent un développement si rapide qu'il n'est pas hasardeux de prédire qu'elles seront longtemps en avance sur le droit, par nature conservateur et retardataire. Il en résulte d'ores et déjà un vide juridique autour d'un grand nombre de problèmes, qui conduit à transférer la charge de leur résolution aux tribunaux » (L. COHEN-TANUGI, *Le droit sans l'État* (1984), 2e éd., Puf, coll. Quadrige essais débats, 2007, p. 86).

[4] L. FERRAND, « Nouvelles technologies et nouvelle culture judiciaire », *Arch. phil. droit* 2011, p. 13 s.

[5] En ce sens, J. MAÏA, « L'"efficacité du droit" et les nouvelles technologies », *Arch. phil. droit* 2011, p. 7 s.

[6] P. VAN OMMESLAGHE, « L'autorégulation – Rapport de synthèse », in P. VAN OMMESLAGHE, dir., *L'autorégulation*, Bruylant (Bruxelles), 1995 (cité par F. OST, M. VAN DE KERCHOVE, *De la pyramide au réseau ? – Pour une théorie dialectique du droit*, Publications des Facultés universitaires Saint-Louis (Bruxelles), 2002, p. 109).

[7] On écrit, en ce sens, que, « pour parvenir à encadrer le développement de la technoscience, les autorités publiques françaises comme les autorités publiques internationales ont opéré depuis les années 1970 des transformations nombreuses et parfois radicales des mécanismes juridiques qui constituent le soubassement des processus d'élaboration du droit. En d'autres termes, les conditions de production de la norme juridique [...] en matière technologique fournissent une illustration particulièrement convaincante des transformations ayant affecté au cours des quarante dernières années le phénomène juridique dans les démocraties occidentales » (J. HERVOIS, *La production de la norme juridique en matière scientifique et technologique*, th., Université de La Rochelle, 2011, p. 38).

Aussi, avant même que les résultats de l'expérience ne soient présentés, le pari peut-il être pris que le droit de la communication par internet, sous-branche du droit des communications électroniques, serait un sujet d'expérience bienvenu pour qui s'intéresse au pluralisme juridique compris comme existence d'une part importante de droit d'origine privée à côté du droit d'origine publique. Peut-être la « Google *lex* »[1] n'est-elle pas un phénomène marginal au sein de ce droit. Nul n'oserait écrire que « le droit de la communication par internet témoigne du monisme juridique » ; en revanche, qui a consacré une thèse de doctorat à cette branche du droit peut conclure celle-ci en ces termes : « C'est bien la diversité qui domine la production des normes juridiques »[2]. Dans le même temps, il fait peu de doute qu'une part importante des textes normatifs ayant trait au droit de la communication audiovisuelle et au droit des réseaux de communications électroniques est d'origine publique et que la nature des règles applicables aux activités des services de téléphonie, de radio ou de télévision est moins plurielle que ne l'est celle des règles applicables aux services du web.

« Ces temps de révolution technologique accélérée, relève un auteur, correspondent logiquement à ceux du doute de l'ensemble de la société à l'égard du rôle du droit et de sa prétention à continuer à régir les rapports sociaux, politiques et économiques »[3]. S'enquérir du droit des communications électroniques serait donc plus stimulant et susceptible de conduire à quelques enseignement significatifs, très au-delà de la seule question du pluralisme juridique, que s'enquérir d'une branche du droit classique et ancienne, à propos de laquelle tout ou presque aurait déjà été dit et écrit. Sans doute d'autres matières seraient-elles mobilisables par qui aspire à étudier le droit d'origine privée : le droit social[4], le droit de

---

[1] A. GARAPON, « Le droit à l'oubli numérique », Le bien commun, France culture, 22 mars 2012.

[2] J. HERVOIS, *La production de la norme juridique en matière scientifique et technologique*, th., Université de La Rochelle, 2011, p. 463.

[3] B. WARUSFEL, « Le droit des nouvelles technologies : entre technique et civilisation », *La lettre de la rue Saint-Guillaume* 2002, n° 127, p. 56.

[4] Par exemple, J. DIRRINGER, *Les sources de la représentation des salariés – Contribution à l'étude des sources du droit*, th., Université Paris X - Ouest Nanterre La Défense, 2012 ; H. SINZHEIMER, « La théorie des sources du droit et le droit ouvrier », *Arch. phil. droit* 1934, p. 73 s. ; J.-Y. CHÉROT, « Les droits fondamentaux au travail et la globalisation – Un nouveau modèle de droit global ? », in *Mélanges Louis Favoreu*, Dalloz, 2007, p. 1505 s. ; E. JEANSEN, *L'articulation des sources du droit – Essai en droit du travail*, Economica, coll. Recherches juridiques, 2008 ; J.-M. OLIVIER, « Les conflits de sources en droit du travail », in B. TEYSSIE, dir., *Les sources du droit du travail*, Puf, coll. Droit, éthique, société, 1998, p. 201 s. ; T. TAURAN, « Remarques sur la complexité actuelle des normes juridiques : l'exemple du droit du travail », *RRJ* 2003, p. 933 s. ; J.-P. BONAFE-SCHMITT, « Pour une approche socio-juridique de la production des normes dans les relations de travail », *Dr. et société* 1994, p. 337 s.

l'environnement[1], le droit des marchés financiers[2], le droit du commerce international — avec sa fameuse *lex mercatoria* —, le droit du sport[3], le droit de la publicité[4] ou même les principes directeurs du procès judiciaire[5]. Mais le droit des communications électroniques — il faut insister sur ce point — se distingue de ces branches du droit en ce qu'il associe au droit de la communication par internet le droit des réseaux de communications électroniques et le droit de la communication audiovisuelle. La télévision et les télécommunications n'interrogent pas le droit et l'État dans les mêmes termes que l'internet, lequel « abolit l'espace et le temps »[6]. Surtout, elles ne les questionnent pas aussi profondément et intensément que lui.

Enfin, analyser le droit des communications électroniques dans sa totalité et non seulement le droit de la communication par internet doit permettre de *ne jamais succomber à la tentation des raccourcis maladroits et des généralisations ou banalisations infondées.* Autrement dit, si les conclusions valables à la fois à l'égard du droit de l'audiovisuel, à l'égard du droit des réseaux et à l'égard du droit de la communication par internet peuvent être valables à l'égard du droit en son entier, elles seules peuvent l'être.

Au terme de ces diverses explications, il n'est guère surprenant que le droit des communications électroniques ait déjà été à plusieurs reprises choisi en tant qu'exemple unique ou en tant qu'exemple principal de travaux universitaires[7]. Avant de détailler les résultats de l'expérience de mesure du pluralisme juridique à son échelle, il reste à présenter et justifier son découpage en cinq niveaux de sous-branches.

---

[1] Par exemple, F. OST, *La nature hors la loi – L'écologie à l'épreuve du droit*, La découverte, 1995 ; A. POMADE, *La société civile et le droit de l'environnement – Contribution à la réflexion sur les sources et la validité des normes juridiques*, th., Université d'Orléans, 2009.

[2] Par exemple, A.-J. ARNAUD, B. XUE-BACQUET, « Le droit des marchés financiers entre modernité et globalisation », *L'Année sociologique* 1999, p. 427 s.

[3] Ch. DUDOGNON, *Les sources du droit du sport*, th., Université de Limoges, 2007.

[4] P. FILLIOL, *Le problème de l'intégration de l'autorégulation dans le système juridique : contribution à l'étude de l'autorégulation à travers le prisme du droit de la publicité*, th., Université Paul Cézanne - Aix-Marseille III, 2003.

[5] E. VERGÈS, *Les principes directeurs du procès judiciaire*, th., Université Paul Cézanne - Aix-Marseille III, 2000, p. 75 s. (qui consacre une section au « constat de la diversité : le pluralisme des sources formelles des principes directeurs du procès judiciaire »).

[6] K. BENYEKHLEF, *Une possible histoire de la norme : les normativités émergentes de la mondialisation*, Thémis (Montréal), 2008, p. 719.

[7] Notamment, T. GALANIS, *Droit de la concurrence et régulation sectorielle – L'exemple des communications électroniques*, Bruylant (Bruxelles), 2010 ; C. GUENOD, *Théorie juridique et économique du régulateur sectoriel – Modèles communautaire et français dans les secteurs des communications électroniques et de l'énergie*, th., Université Paris IX, 2009 ; D. POPOVIC, *Le droit communautaire de la concurrence et les communications électroniques*, LGDJ, 2009.

Section 6. Une expérience obligeant à segmenter le droit des communications électroniques

L'existence d'une branche du droit dépend de l'existence de lois spécifiques, de solutions jurisprudentielles particulières, de notions propres, d'une identification doctrinale permettant sa rationalisation et d'enseignements *ad hoc* parmi les facultés de droit[1]. Il faut gager que le droit des communications électroniques est une branche du droit à part entière. Néanmoins, selon un auteur, « le temps de la revendication de l'autonomie d'une jeune branche du droit par rapport à son tronc commun [...] est toujours suivi par celui de la réconciliation, car la jeune branche du droit joue [...] un rôle de laboratoire où de nouvelles solutions sont éprouvées qui, lorsqu'elles sont jugées satisfaisantes, irradient en dehors de ses frontières »[2]. Où le choix de présenter *différents niveaux de sous-branches du droit*, non de multiples branches coexistant les unes à côté des autres sans jamais s'inclure les unes dans les autres, se trouve conforté. Le droit français est peut-être déjà une branche du droit, tout comme le seraient le droit privé et le droit public etc. En droit aussi, « tout se tient » ; et les branches sont bien toutes celles d'un même arbre, donc faites du même bois.

Léon Duguit écrivait ainsi que,

> *Dans les sociétés modernes, le domaine du droit est devenu tellement étendu qu'il est nécessaire d'y faire des divisions. C'est la condition indispensable pour étudier avec ordre et méthode les nombreuses règles du droit moderne. Mais, comme toutes les distinctions que fait l'esprit, celles que l'on doit faire dans le domaine du droit sont un peu artificielles et forcément se pénètrent respectivement.*[3]

La *division du droit des communications électroniques en 62 sous-branches* obéit exactement à cette nécessité et à cette limite que décrivait le maître bordelais. Elle est ainsi en partie arbitraire et forcément imparfaite (*1*). Ensuite, le regard tend logiquement à se tourner en direction des sous-branches du droit de plus haut niveau, les enseignements propres à certaines sous-branches comptant au nombre des plus fines étant forcément de moins de poids (*2*).

---

[1] A. JEAMMAUD, « Droit du travail », in D. ALLAND, S. RIALS, dir., *Dictionnaire de la culture juridique*, Lamy-Puf, coll. Quadrige-dicos poche, 2003, p. 472.

[2] J. ROBICHEZ, *Droit du travail, droit de la concurrence, droit de la consommation – Le rôle de la branche du droit dans la dialectique juridique*, th., Université Paris I - Panthéon-Sorbonne, 1999 (cité par J. HERVOIS, *La production de la norme juridique en matière scientifique et technologique*, th., Université de La Rochelle, 2011, p. 444).

[3] L. DUGUIT, *Traité de droit constitutionnel – Tome premier : La règle de droit, le problème de l'État*, 3e éd., De Boccard, 1927, p. 702.

1. Un découpage relativement arbitraire des sous-branches du droit des communications électroniques

Les résultats les plus intéressants sont peut-être ceux obtenus au niveau des sous-branches du droit des communications électroniques que sont le droit de la communication par internet, le droit de la communication audiovisuelle et le droit des réseaux de communications électroniques. Afin de procéder à l'expérience, il fallait cependant, à l'instar d'un manuel à destination des étudiants et/ou des professionnels, procéder à *une « segmentation du droit »*[1] *des communications électroniques*. Aussi ce droit a-t-il été décomposé en *8 sous-branches de troisième niveau, 16 sous-branches de quatrième niveau et 32 sous-branches de cinquième niveau.* Procéder à pareille minutieuse répartition des normes n'est peut-être pas anodin ou surabondant dès lors que « toute connaissance se réduit à ceci : 1°) limiter un domaine ; 2°) le diviser ou classer en éléments »[2].

Certainement proposer un enseignement à partir de découpages du réel est-il toujours risqué puisque, même si ces répartitions se veulent réalistes, la réalité est toujours plus riche que sa traduction par la pensée de l'homme ; mais opérer loin de toute classification serait bien davantage dangereux, *a fortiori* aux yeux de qui fait remarquer qu' « il faut parler des droits et non du droit des communications électroniques »[3]. Il s'agit ici d'expliquer les scissions opérées parmi les diverses sous-branches du droit des communications électroniques sans chercher à cacher le fait que celles-ci, bien qu'elles s'appuient largement sur le contenu positif du droit, sont inéluctablement arbitraires. Ce caractère subjectif de l'identification des sous-branches du droit des communications électroniques est illustré en particulier par le fait que le droit de la communication par internet n'est pas divisé en deux sous-branches qui seraient le droit de la communication publique par internet et le droit de la communication privée par internet[4] mais en deux sous-branches qui sont *le droit du contenant de la communication par internet et le droit du contenu de la communication par*

---

[1] P. LE CANNU, *Droit des sociétés*, 2e éd., Montchrestien, 2003, p. 11 (cité par V. LASSERRE-KIESOW, « Les Livres verts et les Livres blancs de la Commission européenne », in Association Henri Capitant, *Le droit souple*, Dalloz, coll. Thèmes et commentaires, 2009, p. 88).

[2] P. VALÉRY, *Cahiers*, t. II, Gallimard, 1988, p. 213 (cité par F. ROUVIÈRE, « La globalisation du droit : une idée théoriquement inutile », in J.-Y. CHÉROT, B. FRYDMAN, dir., *La science du droit dans la globalisation*, Bruylant (Bruxelles), coll. Penser le droit, 2012, p. 119). Le poète ajoutait : « 3°) connaître les formules de transformation d'un élément dans un autre » (*ibid.*).

[3] B. RICOU, M. TOUZEIL-DIVINA, « Des communications électroniques : Quelle unité du Droit ? Quel service public ? », in B. RICOU, M. TOUZEIL-DIVINA, dir., *Communications électroniques – Objets juridiques au cœur de l'Unité des droits*, L'Epitoge-Lextenso, coll. L'Unité du Droit, 2012, p. IX.

[4] On réduit parfois le droit de la communication au droit de la communication publique, excluant l'idée d'un droit de la communication privée.

internet. Si le droit positif est normalement un guide très influent, l'établissement de l' « arbre » du droit est toujours un exercice qui appelle des choix de la part de l'auteur, car les branches ne sont jamais données directement, sans faire appel à quelques interprétations, en particulier concernant l' « arbre » du droit des communications électroniques.

La loi sépare, au sein du droit des communications électroniques, le droit de la communication au public en ligne et le droit de la communication audiovisuelle[1]. La classification générale opérée par le législateur a été, dans le cadre de l'expérience, globalement suivie, mais en adjoignant le droit des communications privées « en ligne » au droit de la communication au public « en ligne » et en associant le droit des réseaux de communications électroniques et le droit de la communication audiovisuelle. Le choix de ne pas se conformer exactement à la « taxinomie » légale, à l'architecture officielle[2], se voit notamment justifié par les nombreuses critiques que les spécialistes lui adressent, dénonçant un « bricolage malheureux entre l'évolution incessante de la technique et des pratiques sociales et la domination sans partage de l'anglais comme langue véhiculaire internationale »[3].

Par ailleurs, diverses propositions doctrinales n'ont pas été retenues, à l'instar de celle de faire du « droit de la communication numérique »[4] une branche du droit, cette expression demeurant pour l'heure trop absente tant du discours des jurislateurs que de celui de la majorité des commentateurs, ou de celle d'opposer « droit de la communication » et « droit de l'information » en définissant le premier comme un droit du contenant et le second comme un droit du contenu[5]. Il serait trop fastidieux en même temps qu'inutile de présenter en détails les 62 sous-branches du droit des communications électroniques ici retenues. Simplement faut-il espérer qu'elles répondent à la plus grande logique et soient conformes à l'esprit autant qu'à l'état de la structure positive de ce droit — *qui n'est pas uniquement étatique et encore moins uniquement législative*.

Charles Eisenmann soulignait combien l'établissement de classifications opératoires serait l'une des premières difficultés auxquelles devrait répondre la science du droit[6]. Il semble que tel soit plus encore le cas

---

[1] L. n° 86-1067, 30 sept. 1986, *Relative à la liberté de communication*, art. 2.
[2] *Cf.*, par exemple, *Lamy Droit des médias et de la communication* 2012, n° 321-43.
[3] *Lamy Droit de l'informatique et des réseaux* 2011, n° 1526 ; également, B. TABAKA, « Éclaircissements autour des définitions des communications électroniques », *RLDI* 2006, n° 17, p. 45 s.
[4] J. HUET, E. DREYER, *Droit de la communication numérique*, LGDJ, coll. Manuel, 2011 ; B. TEYSSIÉ, dir., *La communication numérique, un droit, des droits*, Éditions Panthéon-Assas, 2013.
[5] *Lamy Droit de l'informatique et des réseaux* 2011, n° 1524.
[6] *Cf.* Ch. EISENMANN, « Quelques problèmes de méthodologie des définitions et des classifications en science juridique », *Arch. phil. droit* 1966, p. 25 s.

à l'ère contemporaine que lorsque l'illustre professeur a écrit, spécialement concernant la « taxinomie » des branches du droit. Il faut accepter, sans autre forme de procès, que le plan du droit des communications électroniques dessiné au moment de procéder à l'expérience de mesure du pluralisme juridique n'est pas la retranscription d'une parfaite réalité objectivement et empiriquement saisissable et qu'il est, au moins partiellement, le fruit de la subjectivité et de l'arbitraire. La carte n'est pas le territoire et la réalité est forcément plus complexe et subtile que ne le laissent croire les divisions opérées. Mais l'objet de ces travaux n'est pas de proposer quelque manuel à visée opérationnelle à destination des praticiens du droit des communications électroniques ; il est uniquement de permettre de se prononcer quant à la réalité du pluralisme juridique à l'échelle de cette branche du droit.

René David, à propos du droit civil comparé, notait qu'il existe autant de classifications en la matière que d'auteurs[1]. La « taxinomie » des branches du droit des communications électroniques en ces pages esquissée n'est qu'un essai parmi d'innombrables autres possibles. Le phénomène dit de « convergence », dont témoignent notamment les services de médias audiovisuels à la demande (SMAD)[2], achève de rendre la classification établie relative en appelant une convergence des droits[3]. La « tectonique des médias »[4] est de moins en moins une réalité ; les continents médiatiques, chaque jour un peu plus, se rapprochent et tendent à ne faire plus qu'un.

C'est aussi pour cela que, si les plus petites sous-branches du droit des communications électroniques étaient indispensables à la conduite de l'expérience, les enseignements à tirer de cette dernière se rapporteront principalement aux sous-branches de plus haut niveau.

---

[1] R. DAVID, *Traité élémentaire de droit civil comparé*, LGDJ, 1950 (cité par B. ANCEL, « Familles de droits (classification) », in D. ALLAND, S. RIALS, dir., *Dictionnaire de la culture juridique*, Lamy-Puf, coll. Quadrige-dicos poche, 2003, p. 703).

[2] Par exemple, J.-P. ROUX, « Quelle règlementation pour les services de médias audiovisuels à la demande ? », *Gaz. Pal.* 23 avr. 2009, p. 14 s. Au niveau des textes déclinant les obligations devant être assumées du fait de la diffusion de SMAD, la ligne de démarcation entre la communication audiovisuelle et la communication au public en ligne devient de plus en plus ténue. La question de l'effectivité des règles imposées aux SMAD se pose avec d'autant plus d'insistance que les téléviseurs connectés émergent dans les foyers et que les fournisseurs d'accès fournissent des boîtiers de plus en plus évolués permettant de faire se rejoindre l'ensemble des pans de la communication par voie électronique sur un seul et même écran.

[3] En ce sens, Comm. CE, « Livre vert sur la convergence des secteurs des télécommunications, des médias et des technologies de l'information, et les implications pour la réglementation – Vers une approche pour la société de l'information », 1997.

[4] X. DALLOZ, « La tectonique des médias ou les axes de rupture technologique », *Rev. éco. fin.* 2002, n° 69, p. 39 s.

2. Une attention essentiellement portée sur les principales sous-branches du droit des communications électroniques

Certainement ne serait-il pas vain de rechercher quelques enseignements significatifs parmi les plus fines subdivisions du droit des communications électroniques, dans « la protection des données personnelles et de l'ordre public » ou dans « la responsabilité des fournisseurs d'hébergement », par exemple. Mais Cicéron n'observait-il pas que « les jurisconsultes, soit qu'ils aient voulu nous tromper en faisant paraître à nos yeux leur science comme plus étendue et plus difficile qu'elle ne l'est, soit, ce qui est plus vraisemblable, qu'ils ne sachent pas enseigner, [...] divisent souvent à l'infini des questions qui sont comprises dans une seule et même connaissance »[1] ? Les résultats de l'expérience touchant aux sous-branches de troisième, quatrième et cinquième niveaux ne semblent pouvoir qu'être moins importants que les résultats touchant aux sous-branches de premier et deuxième niveaux. Chaque sous-branche de dernier niveau pourrait être l'objet d'un ouvrage *ad hoc* — certaines l'ont déjà été — ; aussi serait-il excessivement ambitieux de vouloir discuter les statistiques obtenues concernant chacune des 62 subdivisions, d'autant plus qu'il est impossible de maîtriser ces multiples sous-branches du droit aussi bien que quelqu'un qui ne travaillerait que sur l'une ou que sur quelques-unes d'entre elles. En ce sens, Max Weber remarquait, de façon incontestable, qu'il faut, en pareilles circonstances, « se résigner dès le départ à une réussite incomplète »[2].

Les tenants de l'analyse systémique expliquent qu'il ne serait pas possible d'analyser un système complexe après l'avoir découpé en plus ou moins grandes parcelles car, en opérant ainsi, le chercheur perdrait de vue certaines qualités du système global influençant la structure, la composition et l'évolution de certaines de ses parties[3]. Sans qu'il soit besoin d'adhérer à semblable doctrine, il est permis d'avancer que moins l'échelle à laquelle les observations sont effectuées est fine, plus celles-ci sont d'un poids important et sont susceptibles d'intéresser un nombre élevé d'étudiants et de chercheurs. Il ne paraît pas nécessaire de justifier plus avant le fait de se

---

[1] CICÉRON, *Traité des lois*, 52 av. J.-C., L. II, chap. 19 (cité par A. SÉRIAUX, *Le Droit – Une introduction*, Ellipses, 1997, p. 267).

[2] M. WEBER, *L'Éthique protestante et l'esprit du capitalisme* (1920), Pocket, coll. Agora, 1967, p. 23. Le sociologue visait les travaux comparatifs, notant qu'il serait impossible d'être autant spécialiste de plusieurs pays en même temps que d'un seul.

[3] Par exemple, E. MORIN, « La stratégie de reliance pour l'intelligence de la complexité », *Revue internationale de systémique* 1995, n° 9, p. 110 (« les "tout" organisés produisent des qualités qui ne peuvent pas exister à l'état de parties, mais qui peuvent rétroagir sur les parties. [...] Les qualités émergentes, vous ne les connaîtrez jamais si vous coupez les systèmes organisés en rondelles » (cité par B. FABRE, *La crise du droit d'auteur : une approche systémique*, th., Université d'Aix-Marseille, 2012, p. 27)).

concentrer davantage, par exemple, sur la réalité du pluralisme juridique au niveau du droit de la communication audiovisuelle que sur la réalité du pluralisme juridique au niveau du droit du placement de produit.

Il est temps, désormais, d'exposer et d'expliquer, dans leurs grandes lignes donc, les résultats issus de l'expérience de mesure du pluralisme juridique aux niveaux du droit des communications électroniques et de ses sous-branches que sont, principalement, le droit de la communication audiovisuelle, le droit des réseaux de communications électroniques et le droit de la communication par internet. S'il est vrai que « le droit des communications électroniques marque un tournant pour le droit »[1], alors ces résultats sont potentiellement riches d'enseignements. En matière économique et sociale, c'est un fait que les nouvelles technologies ont bouleversé le secteur de la communication et, aujourd'hui, par exemple, le « ticket d'entrée » ne coûte plus rien — a été opéré un passage du « *one to many* » (un à plusieurs) au « *many to many* » (plusieurs à plusieurs) — alors que, depuis les premiers temps de son histoire, la communication était marquée par la difficulté d'accéder au « pouvoir d'émettre »[2] (mais aussi par une baisse constante du coût de la production et de la diffusion de l'information). Peut-être le droit de la communication lui aussi a-t-il été profondément impacté par la mutation des technologies et des activités communicationnelles. Le secteur peut difficilement muer sans que le droit le régissant mue en même temps[3] ; ou bien il faudrait redouter quelque « crise du droit ». Si « le web change le monde »[4], n'est-ce pas qu'il change le droit ?

Mais *seules les données recueillies peuvent faire foi* et il semble nécessaire de ne jamais se départir de la leçon de Durkheim : « Que le savant prenne résolument son parti de ne pas se laisser intimider par les résultats auxquels aboutissent ses recherches, si elles ont été méthodiquement conduites »[5]. Et il faut rappeler, avant de débuter la deuxième partie de ce livre, le principal enjeu attaché à la mesure du pluralisme juridique : *une part croissante de droit d'origine publique externe implique une diminution*

---

[1] B. RICOU, M. TOUZEIL-DIVINA, « Des communications électroniques : Quelle unité du Droit ? Quel service public ? », in B. RICOU, M. TOUZEIL-DIVINA, dir., *Communications électroniques – Objets juridiques au cœur de l'Unité des droits*, L'Epitoge-Lextenso, coll. L'Unité du Droit, 2012, p. IX.

[2] J.-P. CORNIOU, *Le web 15 ans déjà... et après ?*, Dunod, 2009, p. 34. L'auteur écrit que « le droit d'émettre, savamment protégé pendant tant de siècles, [est] désormais tombé dans le domaine public ».

[3] Par exemple, J. CHEVALLIER, « Les mutations du secteur français de la communication : opérateurs globaux et instances de régulation », *RID éco.* 1999, p. 43 s.

[4] Réf. à F. PISANI, D. PIOTET, *Comment le web change le monde – L'alchimie des multitudes*, Pearson (Londres), 2008.

[5] É. DURKHEIM, *Les règles de la méthode sociologique*, 2e éd. (1937), Puf, coll. Bibliothèque de philosophie contemporaine, 1973, p. VII.

concomitante de la souveraineté (juridique) de l'État quand une part croissante de droit d'origine privée implique une diminution concomitante de la puissance (factuelle) de l'État[1].

[1] Raymond Carré de Malberg écrivait, sans toutefois voir dans la puissance une donnée d'ordre factuel, que « la puissance de l'État s'oppose aux différentes puissances privées qui peuvent régir les hommes » (R. CARRÉ DE MALBERG, *Contribution à la théorie générale de l'État spécialement d'après les données fournies par le droit constitutionnel français*, t. I, Librairie du Recueil Sirey, 1920, p. 70).

Deuxième partie
Bilan de l'expérience

Avant de détailler l'intégralité des résultats de l'expérience à l'échelle de chacune des sous-branches du droit (*section 4*), il importe de présenter leurs grandes lignes (*section 1*) et les principaux enseignements qui peuvent en être tirés (*section 2*). En particulier, il est remarquable que *le pluralisme juridique tend à être une réalité en droit de la communication par internet* (*section 3*). Mais il serait fort inconséquent de généraliser cet *état de fait propre à cette branche particulière du droit*. Si le droit de la communication par internet est peut-être symptomatique du droit « global » et du droit « postmoderne », ce droit « global » et ce droit « postmoderne » ne paraissent pas correspondre à la réalité dominante du droit d'aujourd'hui ; autrement dit, l'heure de la fin du droit moderne étato-national semble ne pas avoir encore sonné, ainsi qu'en témoigneraient les résultats de l'expérience à l'échelle du droit des réseaux de communications électroniques et du droit de la communication audiovisuelle.

Section 1. Les principaux résultats de l'expérience

Au terme de l'expérience de mesure du pluralisme juridique en droit des communications électroniques, il apparaît que :

→ La composition normative du droit des communications électroniques est la suivante :

1.

Droit d'origine étatique : 54 %
- droit d'origine étatique politique : 33 %
- droit d'origine étatique spécialisée : 12 %
- droit d'origine étatique juridictionnelle : 9 %

Droit d'origine publique externe : 22 %
- droit d'origine européenne : 17 %
- droit d'origine internationale : 5 %

Droit d'origine privée : 24 %

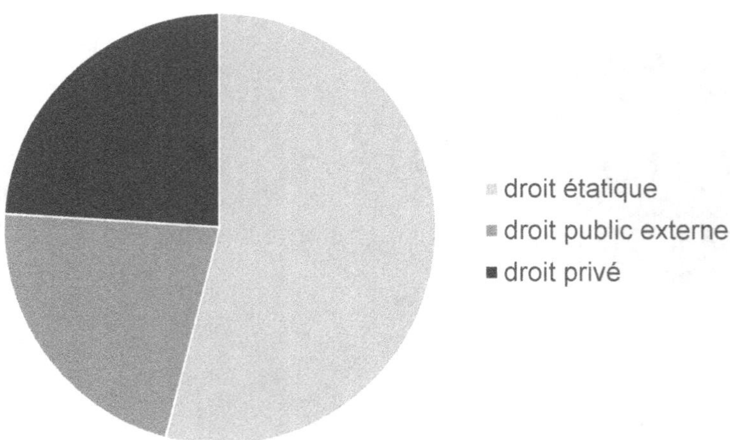

→ La composition normative du droit des réseaux de communications électroniques est la suivante :

2.

Droit d'origine étatique : 65 %
- droit d'origine étatique politique : 45 %
- droit d'origine étatique spécialisée : 15 %
- droit d'origine étatique juridictionnelle : 5 %

Droit d'origine publique externe : 32 %
- droit d'origine européenne : 28 %
- droit d'origine internationale : 4 %

Droit d'origine privée : 3 %

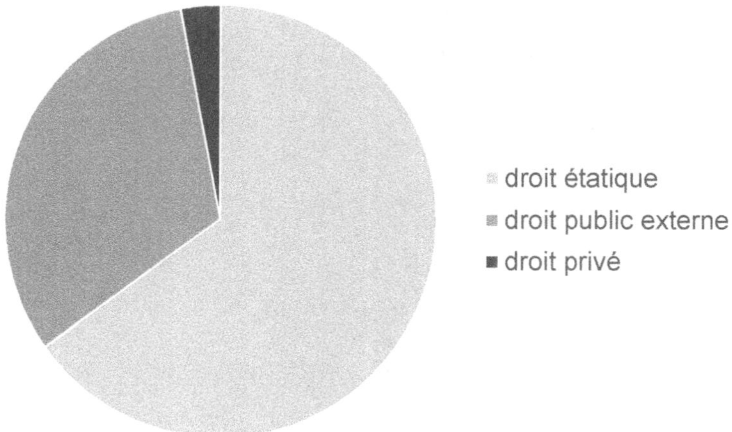

→ La composition normative du droit de la communication audiovisuelle est la suivante :

3.

Droit d'origine étatique : 74 %
- droit d'origine étatique politique : 43 %
- droit d'origine étatique spécialisée : 26 %
- droit d'origine étatique juridictionnelle : 5 %

Droit d'origine publique externe : 12 %
- droit d'origine européenne : 11 %
- droit d'origine internationale : 1 %

Droit d'origine privée : 14 %

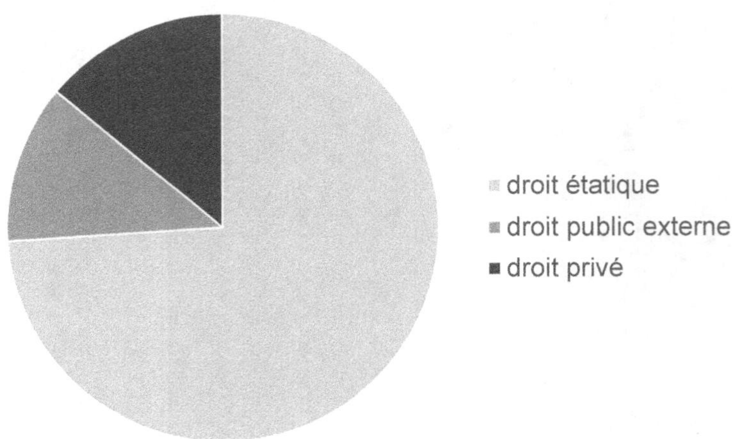

→ La composition normative du droit de la communication par internet est la suivante :

4.

Droit d'origine étatique : 38 %
- droit d'origine étatique politique : 21 %
- droit d'origine étatique spécialisée : 3 %
- droit d'origine étatique juridictionnelle : 14 %

Droit d'origine publique externe : 22 %
- droit d'origine européenne : 14 %
- droit d'origine internationale : 8 %

Droit d'origine privée : 40 %

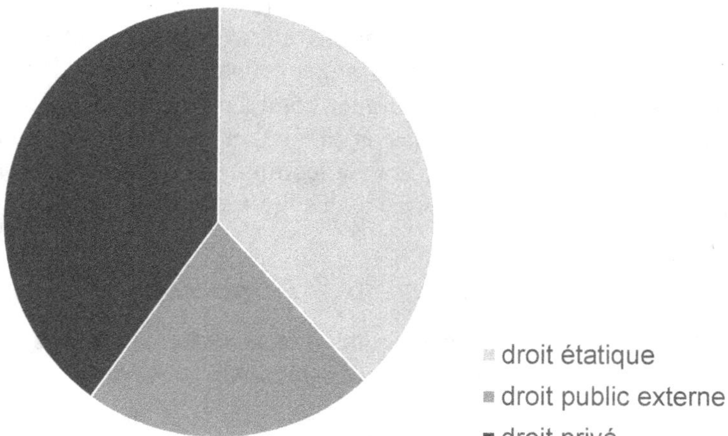

L'ensemble des compositions normatives des 62 sous-branches du droit des communications électroniques sera détaillé au sein de la quatrième section à venir. Le lecteur pourra alors prendre connaissance des *quantités de normes* observées à l'échelle des 32 sous-branches du droit des communications électroniques de cinquième niveau. On plaide parfois en faveur d'un droit des médias unifié, monolithique, commun à tous, allant de l'audiovisuel à l'internet[1] et incarné par le « droit du multimédia »[2] ; la réalité positive de ce droit paraît demeurer, pour l'heure, loin d'un tel aboutissement, comme semblent le prouver les résultats de l'expérience. Aussi importe-t-il, au-delà de ses résultats bruts, de présenter les principaux enseignements à en tirer.

Section 2. Les principaux enseignements de l'expérience

Après avoir procédé à une synthèse des leçons retenues à l'aune des statistiques normatives tirées de l'expérience de mesure du pluralisme juridique en droit des communications électroniques (*1*) et avant d'opérer quelques premières conclusions d'ordre général en fonction de ces leçons empiriques (*4*), il s'agira de souligner combien les résultats de l'expérience jouissent d'une *validité scientifique* permettant peut-être aux commentaires en découlant de profiter d'une grande légitimité (*2*). Il conviendra également de dire quelques mots de la portée et des limites de ces résultats (*3*).

1. La synthèse des enseignements de l'expérience

Les principaux enseignements obtenus au terme des recherches sur la réalité du pluralisme juridique sont les suivants :

* Le pluralisme juridique n'est pas une réalité en droit des communications électroniques ;

* Le pluralisme juridique n'est pas une réalité en droit des réseaux de communications électroniques ;

* Le pluralisme juridique n'est pas une réalité en droit de la communication audiovisuelle ;

---

[1] *Lamy Droit des médias et de la communication* 2012, n° 325-78.

[2] *Lamy Droit de l'informatique et des réseaux* 2011, n° 1550 (le multimédia est défini comme le « résultat de l'évolution convergente de l'informatique, des télécommunications, de l'audiovisuel et de l'édition. Le multimédia se rapporte surtout aux contenus, c'est-à-dire aux programmes et aux œuvres appelés à être conçus et distribués sur les infrastructures communes à ces quatre secteurs et au moyen d'équipements d'un type nouveau combinant les virtualités d'un ordinateur, d'un combiné téléphonique et d'un récepteur de télévision »). Également, P. HUET, dir., *Le droit du multimédia (de la télématique à l'internet)*, Éditions du Téléphone, 1996.

* Le pluralisme juridique est une réalité en droit de la communication par internet ;

* Le droit d'origine étatique domine le droit des communications électroniques (54 %), le droit des réseaux de communications électroniques (65 %) et le droit de la communication audiovisuelle (74 %), mais non le droit de la communication par internet (38 %) ;

* Le droit d'origine privée est aussi important que le droit d'origine étatique dans le droit de la communication par internet (40 %), mais les sources publiques (internes et externes additionnées) y jouent un rôle plus essentiel (60 %) ;

* La part du droit d'origine privée est peu élevée en droit de la communication audiovisuelle (14 %) et est marginale en droit des réseaux de communications électroniques (3 %) ;

* Le droit d'origine publique externe joue un rôle plus important en droit des réseaux de communications électroniques (32 %) qu'en droit de la communication par internet (22 %) et un rôle plus important en droit de la communication par internet qu'en droit de la communication audiovisuelle (12 %) ;

* L'Union européenne est une source de normes conséquente en droit des réseaux de communications électroniques (28 %), beaucoup plus qu'en droit de la communication audiovisuelle (11 %) et qu'en droit de la communication par internet (14 %) ;

* Les organisations internationales sont une source globalement peu importante du droit des communications électroniques (5 %) ;

* Les sources étatiques dites « politiques » (Parlement, Président de la République et Premier ministre) ne sont pas le foyer de la majorité des normes composant le droit des communications électroniques (33 %) ; elles sont centrales en droit des réseaux de communications électroniques (45 %) et en droit de la communication audiovisuelle (43 %), mais pas en droit de la communication par internet (21 %) ;

* Le droit produit par les autorités étatiques spécialisées pèse relativement lourd en droit de la communication audiovisuelle (26 %) et en droit des réseaux de communications électroniques (15 %), mais il est quasiment insignifiant en droit de la communication par internet (3 %) ;

* La jurisprudence, droit établi par les juridictions, occupe une place plus cardinale en droit de la communication par internet (14 %) qu'en droit des réseaux de communications électroniques (5 %) et qu'en droit de la communication audiovisuelle (5 %).

Ensuite, ces divers enseignements étant tirés de travaux scientifiques, objectifs et empiriques, ils jouissent peut-être d'une légitimité elle-même scientifique.

2. La légitimité scientifique des enseignements de l'expérience

L'expérience de mesure du pluralisme juridique a été voulue scientifique, *i.e.* objective et empirique, cela avec Gaston Jèze qui faisait l'apologie de la « méthode expérimentale », décrite en ces termes :

> *Certains cherchent la construction qui explique, sans la forcer, tous les faits sociaux. La méthode d'observation est leur procédé favori. De l'observation attentive des faits, ils essaient de dégager des idées générales ; les conséquences qu'ils en tirent sont ensuite soigneusement rapprochées des faits et minutieusement contrôlées. Le résultat de ce rapprochement sera soit la confirmation de l'idée générale, soit sa modification. En aucun cas les faits ne seront tordus en vue de les introduire de gré ou de force dans les cadres préfixés d'un système a priori.*[1]

C'est exactement cette attitude qui a été adoptée au cours de la conduite de l'expérience ; et c'est encore à elle qu'il faut s'attacher au moment de dégager quelques enseignements. Les statistiques ci-dessus et ci-dessous exposées sont la traduction objective et empirique de faits auxquels il n'est que possible de se soumettre, sans pouvoir avancer aucun argument afin de les contester si ce n'est celui selon lequel ce qui est ici qualifié de « faits » n'en serait en réalité pas, c'est-à-dire en niant le sérieux de l'enquête menée. Au-delà de cette hypothèse, il convient de « ne pas se laisser intimider par les résultats auxquels aboutissent ses recherches »[2] et, donc, de les accepter tous sans exception, sans égards pour le fait qu'ils puissent éventuellement paraître surprenants. *Une conclusion permise par une série d'observations scientifiques sera peut-être toujours plus convaincante qu'une opinion ou qu'un ressenti exprimé* a priori.

Sans doute « les juristes français sont[-ils] amoureux de la loi »[3], ce qui les amène à voir davantage de normes législatives et, plus largement, de normes étatiques qu'il n'y en a *de facto* dans la branche du droit qu'ils

---

[1] G. JÈZE, *Principes généraux du droit administratif*, Berger-Levrault, 1904, p. 7-8 (cité par O. BEAUD, « L'œuvre de Gaston Jèze signifie-t-elle un repli de la doctrine publiciste française sur la technique juridique ? », *Jus Politicum* 2013, n° 11, p. 17). Et Gaston Jèze de préciser que, « au premier rang des jurisconsultes de cette école, que l'on peut appeler l'école positiviste, l'école des faits, se place l'éminent professeur de droit constitutionnel et public à l'Université de Bordeaux, Léon Duguit » (*ibid.*).

[2] É. DURKHEIM, *Les règles de la méthode sociologique*, 2e éd. (1937), Puf, coll. Bibliothèque de philosophie contemporaine, 1973, p. VII.

[3] P. DEUMIER, *Introduction générale au droit*, 2e éd., LGDJ, coll. Manuel, 2013, p. 56.

observent. « La loi incarne souvent tout le droit positif », observe-t-on[1]. Dans ce cas, même si des auteurs comme François Gény ont œuvré contre l'« absolutisme » de la loi[2] et même si ces questions font appel à des prémisses théoriques, mieux vaut peut-être se baser sur des données scientifiquement obtenues. Il en irait à l'identique face à qui soutient, à l'inverse, que « le législateur, même le plus interventionniste, ne pourra jamais égaler, ni en quantité ni en qualité, la coutume. À tout prendre, les lois ne règlent qu'une infime partie du droit en vigueur dans une société »[3] ; ou face à qui argue que « le nombre des cas et des problèmes de conduite qui sont réglés par le droit officiel représente une quantité absolument microscopique par rapport à la multiplicité infinie des cas et des problèmes régis par le droit inofficiel »[4]. De pareilles propositions prennent une autre dimension lorsqu'elles sont confirmées par des données issues d'enquêtes objectives et empiriques.

Néanmoins, il importe de ne pas surestimer les enseignements tirés de l'expérience de mesure du pluralisme juridique en droit des communications électroniques.

3. La portée et les limites des enseignements de l'expérience

L'étude de la réalité du pluralisme juridique en droit des communications électroniques amène, tout d'abord, à souligner à quel point il est difficile de se prononcer quant à l'état du droit et quant à l'état de l'État de façon générale. Y compris en une branche relativement fine telle que le droit des communications électroniques, qui ne compte que pour une part infime dans l'ensemble du droit existant, il est impossible de tirer quelques enseignements valables à l'égard de toutes les sous-branches qui la composent. Et il en va presque de même au niveau encore plus restreint, par exemple, du droit de la communication par internet, car *le droit du contenant de la communication par internet ne présente pas le même visage que le droit du contenu de la communication par internet*. En somme, plus le propos concerne une branche fine du droit, plus il est précis et juste mais moins il est susceptible d'intéresser un large public, et inversement. On écrit

---

[1] J.-C. BÉCANE, M. COUDERC, J.-L. HÉRIN, *La loi*, 2e éd., Dalloz, coll. Méthodes du droit, 2010, p. XIII.

[2] En particulier, F. GÉNY, *Méthode d'interprétation et sources en droit privé positif*, LGDJ, 1919.

[3] A. SÉRIAUX, *Le Droit – Une introduction*, Ellipses, 1997, p. 83.

[4] L. PETRASIZKY, *La Théorie du droit et de l'État*, 1904, p. 99 (cité par G. GURVITCH, *L'expérience juridique et la philosophie pluraliste du droit*, Pedone, 1935, p. 160-161). De même, Ehrlich soutenait que « ce n'est qu'une partie infime de l'ordre juridique de la société qui peut être atteinte par la législation de l'État » (E. EHRLICH, « Le droit ne se réduit pas au droit étatique » (1913), in Ch. GRZEGORCZYK, F. MICHAUT, M. TROPER, *Le positivisme juridique*, LGDJ, coll. La pensée juridique, 1993, p. 372).

souvent que « l'institution étatique conserve un poids considérable, [...] maîtrise l'essentiel des flux juridiques, [...] reste le principal régulateur »[1], demeure le « lieu focal et incontournable du débat politique »[2], ou, au contraire, que l'État est de plus en plus « écarté du jeu »[3] et que « les sources du droit non étatiques se multiplient »[4] ; mais tout dépend du domaine en cause et retenir une position globalisante, essentialisante, peut être inconséquent dès lors qu'un certain nombre de situations se présentent tels des contre-exemples et permettent de nier la congruence de ce qui est affirmé.

Concernant le droit des communications électroniques, le Conseil économique, social et environnemental, en 2014, notait que, « historiquement, pour réguler les télécommunications et l'audiovisuel, un rôle prédominant était accordé à l'État. L'architecture ouverte de l'internet a opéré un profond bouleversement en conférant des moyens d'action et des pouvoirs importants aux usagers »[5]. Les résultats de l'expérience tendent à confirmer ce constat. En outre, cette citation, parce qu'elle fait référence à des considérations historiques, donne l'occasion de relever une limite propre aux présents travaux : les résultats de l'expérience sont une photographie d'un moment donné de l'état du droit positif ; ils ne sauraient autoriser aucun enseignement tant quant au passé que quant à l'avenir de la composition normative du droit des communications électroniques et il n'est, notamment, pas possible de savoir si les différentes sources occupent une place croissante ou une place décroissante dans cet ensemble normatif. Aussi les résultats de l'expérience ne peuvent-ils être mis à profit afin de jauger quelque évolution en termes de densités normatives.

Cependant, bien que nulle donnée scientifique ne vienne donc le confirmer, il semble difficilement contestable que l'État recourt traditionnellement, dans le domaine des télécommunications, à un

---

[1] J.-B. AUBY, *La globalisation, le droit et l'État*, 2e éd., LGDJ, coll. Systèmes, 2010, p. 140-141. Mais l'auteur note, quelques lignes plus loin, que « la régression de la puissance juridique de l'État est d'une ampleur variable selon les domaines » et que « la globalisation a fait naître une part non négligeable d'autorégulation dans certains secteurs » (*ibid.*, p. 141).

[2] F. CRÉPEAU, « Introduction », in F. CRÉPEAU, dir., *Mondialisation des échanges et fonctions de l'État*, Bruylant (Bruxelles), 1997, p. 12.

[3] É. LE ROY, *Le jeu des lois – Une anthropologie dynamique du Droit*, LGDJ, coll. Droit et société, 1999, p. 264.

[4] Z. LAÏDI, *La norme sans la force – L'énigme de la puissance européenne*, Presses de Sciences po, 2008, p. 83 (cité par J.-B. AUBY, *La globalisation, le droit et l'État*, 2e éd., LGDJ, coll. Systèmes, 2010, p. 104).

[5] N. CHICHE, *Internet : pour une gouvernance ouverte et équitable*, Éditions des journaux officiels, coll. Les études du Conseil économique, social et environnemental, 2014, p. 7.

« colbertisme high-tech »[1], lequel se traduit notamment par une quête du monopole ou du quasi-monopole en matière de création du droit. À l'inverse, il est bien connu que, durant les premiers temps, les États se sont rarement saisis de l'internet, si bien qu'ils paraissent, au cours des années 1990 puis durant les années 2000, avoir sans cesse *œuvré dans le sens de la publicisation des sources du droit* applicable à ces technologies et aux activités se développant grâce à elles, lesquelles étaient originellement abandonnées à des règles d'essence privée. La publicisation des sources du droit de la communication par internet n'est pas qu'une possibilité pour le futur ; elle est aussi une réalité historique. Où il apparaît que l'expérience de mesure du pluralisme juridique ne saurait évidemment être la seule source d'enseignements dignes d'intérêt.

Depuis 1804 et l'entrée en vigueur du Code civil, l'État a constamment et croissement réaffirmé sa volonté de dominer la production des règles de droit, si fortement qu'on enseigne que les codifications auraient en permanence prétendu être des « codifications de tarissement ou de captation de toutes les autres sources de droit »[2] et que l'opinion majoritaire parmi les théoriciens du droit est devenue celle selon laquelle l'étaticité serait la condition *sine qua non* de la juridicité. Le droit de la communication ne pouvait échapper à ce processus de publicisation tant matérielle que symbolique ; *mais le droit de la communication par internet est, matériellement et symboliquement, très différent des autres droits de la communication — à communication postmoderne droit postmoderne.*

Par ailleurs, une autre limite atteignant les résultats de l'expérience est que ceux-ci, parce qu'ils se focalisent sur les sources formelles, *ignorent la question des sources matérielles*. Or celle-ci est loin d'être dénuée d'intérêt, ainsi que le faisait remarquer Carbonnier lorsqu'il demandait : « Qui fait les lois ? Les grands législateurs [...] ou bien les forces anonymes à l'œuvre dans l'épaisseur des sociétés ? »[3]. Rien dans l'étude en ces pages présentée ne permet de répondre. Pourtant, il est certain qu'une loi dictée par la volonté populaire et par l'intérêt général est largement incomparable à une loi transposant une directive européenne ou, plus encore, à une loi dictée par quelques lobbies. Reste que le choix opéré est bien celui de n'interroger que les seules sources formelles, cadre qui interdit de distinguer plusieurs catégories de lois en fonction des influences exercées sur leurs auteurs officiels. En outre, ce choix empêche qu'une norme puisse posséder tout à la

---

[1] Réf. à É. COHEN, *Le colbertisme high-tech – Économie des télécoms et du grand projet*, Hachette, 1992.

[2] É. PICARD, « Common law », in D. ALLAND, S. RIALS, dir., *Dictionnaire de la culture juridique*, Lamy-Puf, coll. Quadrige-dicos poche, 2003, p. 242.

[3] J. CARBONNIER, « Le Code Napoléon en tant que phénomène sociologique », *RRJ* 1981, p. 327.

fois une origine publique et une origine privée, ce qui, alors que la corégulation prend chaque jour un peu plus d'ampleur, peut nuire à la compréhension de la réalité du droit, car les actes normatifs privés issus d'organisations indépendantes des instances publiques et les actes normatifs privés générés par des organes de corégulation eux-aussi ne présentent pas le même visage, n'emportent pas les mêmes conséquences[1].

Enfin, le fait de se concentrer essentiellement sur la présence de droit d'origine privée aux côtés du droit d'origine publique empêche de rendre totalement justice du fait que « le pluralisme gagne le droit étatique lui-même »[2]. Toutefois, la distinction du droit d'origine étatique politique, du droit d'origine étatique juridictionnelle et, surtout, du droit d'origine étatique spécialisée doit permettre d'illustrer ce phénomène, étant entendu que le véritable pluralisme juridique demeure celui que provoque le développement des sources privées de normes. En réduisant les sources du droit à trois ensembles principaux, le risque est de ne pas parvenir à témoigner de la réalité pleine et entière de matières composites sans les caricaturer.

Ces différentes limites des enseignements de l'expérience étant précisées, il est temps de tirer quelques premières conclusions, spécialement concernant ce droit potentiellement « postmoderne » et « global » que serait le droit de la communication par internet, mais aussi concernant les autres sous-branches de la branche du droit sujet d'expérience. Pourront ensuite être détaillés tous les résultats de l'expérience de mesure du pluralisme juridique.

4. Les premières conclusions tirées des enseignements de l'expérience

En 2004, un auteur, se référant à une « échelle de libéralisation », parlait d' « ouverture quasi-totale du secteur de l'informatique, [de] libéralisation prudente du secteur des télécommunications et [de] sanctuarisation du secteur de l'audiovisuel »[3]. Il pourrait exister une corrélation entre le choix des pouvoirs publics de libéraliser un secteur et le phénomène de privatisation de la production du droit applicable à ce secteur. Mais cette privatisation demeure aujourd'hui modeste tant en droit des réseaux de communications électroniques qu'en droit de la communication audiovisuelle, ce qui tend à infirmer cette hypothèse. L'ouverture à la concurrence d'un secteur de l'économie ne va pas nécessairement de pair

---

[1] *Cf.* A. FLUCKIGER, « L'autorégulation provoquée ou la loi "Damoclès" : une forme de corégulation en droit suisse », in J.-L. BERGEL, dir., *Le plurijuridisme*, PUAM (Aix-en-Provence), 2005, p. 321 s.

[2] J. CHEVALLIER, « La régulation juridique en question », *Dr. et société* 2001, p. 835.

[3] L. RAPP, « Le droit des communications entre règlementation et régulation », *AJDA* 2004, p. 2047.

avec une ouverture à la concurrence de la production du droit, avec la mise en place d'un marché de la création normative. Le « partage des tâches »[1] ne s'étend pas jusqu'à impliquer un partage de l'édiction des règles de droit. Le droit positif est l'outil d'expression de la politique et de l'État et il faut gager que ce dernier ne souhaite que rarement se désengager de la construction des cadres juridiques.

Quant à la communication par internet, la question d'une libéralisation ne s'est jamais posée puisque ce domaine est d'abord apparu très indépendant des structures étatiques. S'il n'est pas envisageable que l'État établisse ou même tente d'établir quelque monopole public concernant les activités internetiques, nul doute, en revanche, que son intention de saisir celles-ci par ses normes est ferme. Que les sources privées jouent un rôle aussi important que les sources étatiques dans l'établissement du cadre normatif de la communication par internet n'est sans doute pas la conséquence d'une décision d'un État qui profiterait de sa toute-puissance pour imposer et faire respecter celle-ci.

On explique la domination des sources étatiques sur le droit des réseaux de communications électroniques par le fait que ces dernières correspondraient à *une « activité de souveraineté »*[2] ; et on signale ainsi que, depuis le XIXe s., l'ensemble du régime juridique applicable aux télécommunications a toujours été uniquement guidé par la volonté de préserver la souveraineté[3], ce qui a conduit aux monopoles dans l'établissement et l'exploitation des réseaux de communication. Un État est souverain s'il est libre d'organiser une activité à sa guise, en la soumettant aux règles qui lui siéent le plus, ce qui implique que ladite activité ne soit pas également encadrée par des normes issues de sources concurrentes. D'aucuns voient dans l'internet le foyer de nombreux enjeux de souveraineté, par exemple avec la question de la conservation des données[4]. Où apparaît clairement la problématique de la publicisation des sources du droit de la communication par internet. Si ce dernier comporte aujourd'hui encore une part élevée de droit d'origine privée, cela est *le résultat de facteurs historiques et techniques, mais non celui d'une volonté étatique*. Et des spécialistes de relever que le principe de la souveraineté des États dans le domaine des communications électroniques rencontrerait de plus en plus

---

[1] J. HUET, « Initiative publique - initiative privée : conclusion sur le partage des tâches », in C. BERTHO-LAVENIR, dir., *L'État et les télécommunications en France et à l'étranger – 1837-1987*, Droz (Genève), coll. Hautes études médiévales et modernes, 1991, p. 161 s.

[2] Th. VEDEL, « De la régulation internalisée à la régulation externalisée dans le domaine des télécommunications », *Dr. et société* 1999, p. 57.

[3] *Lamy Droit de l'informatique et des réseaux* 2011, n° 2040.

[4] Notamment, P. BELLANGER, *La souveraineté numérique*, Stock, 2014. Cela a amené, parmi divers exemples, le Parlement russe à adopter, à l'automne 2014, une loi interdisant toutes les entreprises ne stockant pas leurs données sur le territoire national.

d'obstacles tenant aux « pressions en faveur d'une dérèglementation » et au « rôle croissant des organisations internationales, notamment l'Union européenne »[1]. Les résultats de l'expérience tendent à confirmer ce sentiment, mais il reste décisif de séparer le sort des communications internetiques et le sort des autres modes de communication électronique.

Duguit, dans les années 1920, constatait que « nos sociétés contemporaines sont arrivées, dans l'évolution générale du droit, à la période de l'expression du droit par la loi positive émanée de l'État, [...] à ce qu'on peut appeler la période du droit législatif, c'est-à-dire la période où le mode essentiel de constatation du droit est la loi positive faite par l'État »[2]. Outre l'idée de « constatation du droit », qui rappelle la tendance jusnaturaliste de la pensée de l'illustre professeur bordelais, ces dires ne sauraient être repris par qui observe le droit de la communication par internet. C'est peut-être davantage Carré de Malberg qu'il faudrait suivre : « Malgré le grand développement qu'ont pris à l'époque présente les tendances à l'étatisme, le nombre des affaires assumées directement par l'État est relativement peu considérable »[3]. Au-delà, il semble fort que, *au XXIe s., l'heure soit à un recul du rôle joué par l'État dans la production du droit, cela à cause du déploiement des sources privées mais aussi et surtout à cause du phénomène d'externalisation de l'élaboration des normes*, c'est-à-dire en raison de la place occupée par les organisations inter- et supra-étatiques et, en particulier, par l'Union européenne.

Mais Duguit remarquait dans le même temps, de façon quelque peu contradictoire, que « la coutume continue à jouer un rôle important et beaucoup de règles coutumières viennent se superposer aux règles législatives »[4]. Si cette observation était juste au moment où elle a été émise — ce qui est incertain —, alors peut-être cela signifie-t-il que *la seconde partie du XXe s. aurait connu un mouvement de publicisation de la fabrique des normes*. Le droit de la communication par internet, foncièrement d'origine privée, soit annoncerait une reprivatisation des sources du droit, reposant sur d'autres médiums que la coutume, soit — et plus sûrement — constituerait une exception par rapport à l'évolution générale du droit, le droit « postmoderne » étant exceptionnel à l'ère du droit moderne.

Ensuite, les résultats de l'expérience permettent de confirmer, infirmer ou modérer à l'aune de données statistiques d'innombrables affirmations.

---

[1] *Lamy Droit de l'informatique et des réseaux* 2011, n° 2040.

[2] L. DUGUIT, *Traité de droit constitutionnel – Tome premier : La règle de droit, le problème de l'État*, 3e éd., De Boccard, 1927, p. 688-689.

[3] R. CARRÉ DE MALBERG, *Contribution à la théorie générale de l'État spécialement d'après les données fournies par le droit constitutionnel français*, t. I, Librairie du Recueil Sirey, 1920, p. 262.

[4] L. DUGUIT, *Traité de droit constitutionnel – Tome premier : La règle de droit, le problème de l'État*, 3e éd., De Boccard, 1927, p. 689.

Tel est le cas, par exemple, de celle selon laquelle le droit des télécommunications serait abandonné aux instances de l'Union européenne[1], celle selon laquelle le droit s'organiserait désormais non plus autour de l'État mais autour du « Léviathan communautaire »[2], celle selon laquelle la loi serait la source principale du droit quand les autres sources seraient seulement complémentaires[3], celle selon laquelle la jurisprudence serait la source première du droit[4] ou encore celle, classique parmi les classiques, selon laquelle la loi serait la « source principale du droit »[5]. Il serait peu utile de lister plus longuement les innombrables propositions doctrinales dont l'expérience de mesure du pluralisme juridique permettrait de discuter le bien-fondé. Doit simplement être rappelé que les chiffres obtenus ne sauraient permettre de confirmer, infirmer ou modérer les assertions relatives aux évolutions de la composition du droit, par exemple celle selon laquelle, depuis plusieurs années, se produirait un mouvement de reflux du légicentrisme[6] ou celle en vertu de laquelle le pluralisme juridique serait en constante expansion[7]. Les résultats de l'expérience permettent de se prononcer avec force scientifique quant à la réalité du pluralisme juridique mais non quant à la question d'une tendance vers plus ou moins de pluralisme juridique, vers plus ou moins de droit d'essence privée. Et, si les normes ont été dénombrées, il n'est pas davantage permis de valider ou invalider la thèse de l'inflation normative[8] puisque celle-ci porte aussi sur un processus et oblige ainsi à comparer des données relatives à des temps différents.

Parce qu'elle témoignerait potentiellement du droit « postmoderne » et du droit « global », droits aux contours moins bien connus que ceux du droit moderne et des droits étato-nationaux, des commentaires particuliers doivent être réservés à la composition normative du droit de la communication par internet ; tandis qu'il ne semble pas utile de davantage discuter les compositions normatives du droit des réseaux de communications

---

[1] Th. VEDEL, « De la régulation internalisée à la régulation externalisée dans le domaine des télécommunications », *Dr. et société* 1999, p. 58.

[2] L. AZOULAY, « L'ordre concurrentiel et le droit communautaire », in *Mélanges Antoine Pirovano*, Frison-Roche, 2003, p. 284 (cité par J. CATTAN, *Le droit et les communications électroniques*, th., Université d'Aix-Marseille, 2012, p. 186).

[3] J.-C. BÉCANE, M. COUDERC, J.-L. HÉRIN, *La loi*, 2e éd., Dalloz, coll. Méthodes du droit, 2010, p. 57.

[4] P. DEUMIER, *Introduction générale au droit*, 2e éd., LGDJ, coll. Manuel, 2013, p. 284.

[5] N. BOBBIO, *Essais de théorie du droit*, trad. Ch. Agostini, M. Guéret, LGDJ-Bruylant (Paris-Bruxelles), coll. La pensée juridique, 1998, p. 27.

[6] M. DE VILLIERS, « Le principe de légalité », in Th. DE BERANGER, M. DE VILLIERS, dir., *Droit public général*, 5e éd., LexisNexis, coll. Manuel, 2011, p. 432.

[7] J. CHEVALLIER, « La régulation juridique en question », *Dr. et société* 2001, p. 827.

[8] Par exemple, N. NITSCH, « L'inflation juridique et ses conséquences », *Arch. phil. droit* 1982, p. 161 s.

électroniques et du droit de la communication audiovisuelle, lesquels, pour des raisons politico-historiques et technologiques, sont des branches du droit relativement « classiques » et donc à propos desquelles tout a déjà été peu ou prou, tant directement qu'indirectement, dit et écrit. L'élaboration du droit de la communication audiovisuelle et du droit des réseaux de communications électroniques répond aujourd'hui à un schéma précisément établi et qui n'est appelé à évoluer qu'à la marge[1]. Le droit de la communication par internet, lui, demeure incertain quant à sa structure et à sa texture actuelles et, *a fortiori*, quant à sa structure et à sa texture futures. « Quel droit pour l'internet ? » est une question qui se pose aujourd'hui avec quasiment autant d'acuité qu'il y a quinze ans[2]. Ce droit constituerait, dès lors, un objet d'étude particulièrement intéressant et porteur.

Section 3. L'enseignement de l'expérience le plus révélateur et problématique : la réalité du pluralisme juridique à l'échelle du droit de la communication par internet

« Nul ne songe, écrit le Professeur Jean-Louis Bergel, à nier que le droit évolue et que cette évolution se précipite à l'époque contemporaine, avec l'accélération de l'histoire »[3] — en attendant quelque « fin de l'histoire »[4] à venir ? L'internet, au XXIe s., impacte l'histoire plus soudainement, plus profondément et plus globalement qu'aucune technique ou technologie ne l'a fait depuis l'invention du verbe ou depuis celle de l'écriture. Même Johannes Gutenberg et l'imprimerie n'ont peut-être pas influencé à ce point le cours des évènements. De la façon de faire la guerre à la façon de commercer, tout semble changé en raison de l'avènement de la communication internetique[5]. Logiquement, le droit devrait être autant que tout autre pan des sociétés touché ; et le droit de la communication par internet ne saurait présenter le même visage que les matières les plus anciennes et les mieux installées parmi les facultés de droit. Le Professeur Jean-Louis Bergel ajoute : « Le droit doit maintenant s'adapter sans répit à la modernité, ce qui bouscule ses rythmes temporels classiques et en accélère le

[1] D. DE BELLESCIZE, L. FRANCESCHINI, *Droit de la communication*, 2e éd., Puf, coll. Thémis droit, 2011, p. 3.
[2] Réf. à B. FRYDMAN, « Quel droit pour l'Internet ? », in B. FRYDMAN et *alii*, *Internet sous le regard du droit*, Éditions du Jeune Barreau de Bruxelles, 1997, p. 279 s.
[3] J.-L. BERGEL, *Théorie générale du droit*, 5e éd., Dalloz, coll. Méthodes du droit, 2012, p. 128.
[4] F. FUKUYAMA, *La fin de l'histoire*, Plon, 1992.
[5] J.-M. CHEVALIER et *alii*, *Internet et nos fondamentaux*, Puf, 2000.

mouvement »[1]. Le droit de la communication par internet est peut-être le premier visé par de tels dires. Or l'un des principaux traits remarquables de cette branche « postmoderne » du droit réside dans le fait que sa production est dans une large mesure assurée par des sources privées, lesquelles peuvent être complémentaires mais sont aussi souvent *concurrentes des sources publiques*[2]. Et ces sources privées sont, bien davantage que les sources publiques, internes comme externes, *originales et inhabituelles aux yeux des universitaires-juristes*.

Lorsque le Conseil économique, social et environnemental dresse le constat selon lequel « les GAFA [*i.e.* Google, Apple, Facebook et Amazon] sont de fait les véritables régulateurs du web »[3], celui-ci n'est pas un autre que celui d'*une « crise » de l'État et de la politique à l'échelle du droit de la communication par internet*[4]. On va jusqu'à accorder aux principales multinationales de l'internet une souveraineté semblable à celle des États[5], si bien que les unes et les autres devraient négocier sur un pied d'égalité les modalités de leur collaboration et de leur entente, à l'identique de ce qui se passa il y a plusieurs siècles au moment du déploiement du « droit des gens », c'est-à-dire du droit international public. Ne dit pas autre chose qui remarque que, « en affirmant qu'acteurs privés, entreprises et sociétés civiles sont autant que les États et les organisations internationales légitimes à réguler l'internet, la Déclaration de Tunis [du 18 novembre 2005] n'a fait qu'acter un *état de fait* »[6]. De même, l'observation que « Google ne tient pas compte des législations des pays où il n'est pas implanté »[7] est sans équivoque une observation de grandes difficultés étatiques, comme celle selon laquelle « la gouvernance de l'internet est dans une large mesure le fait

---

[1] J.-L. BERGEL, *Théorie générale du droit*, 5e éd., Dalloz, coll. Méthodes du droit, 2012, p. 128.

[2] En ce sens, O. COSTA, P. MAGNETTE, « La société civile entre coopération et contestation », in B. FRYDMAN, dir., *La société civile et ses droits*, Bruylant (Bruxelles), 2004, p. 181 s.

[3] N. CHICHE, *Internet : pour une gouvernance ouverte et équitable*, Éditions des journaux officiels, coll. Les études du Conseil économique, social et environnemental, 2014, p. 15.

[4] Un autre constat dressé est celui selon lequel « internet fonctionne techniquement bien mais politiquement beaucoup moins bien » (*ibid.*, p. 7).

[5] C. MORIN-DESAILLY, « L'Union européenne, colonie du monde numérique ? », rapport d'information fait au nom de la commission des affaires européennes du Sénat, mars 2013 (cité par N. CHICHE, *Internet : pour une gouvernance ouverte et équitable*, Éditions des journaux officiels, coll. Les études du Conseil économique, social et environnemental, 2014, p. 31).

[6] N. CHICHE, *Internet : pour une gouvernance ouverte et équitable*, Éditions des journaux officiels, coll. Les études du Conseil économique, social et environnemental, 2014, p. 18 (non souligné dans le texte original).

[7] P. BLOCHE, P. VERCHÈRE, « Les droits de l'individu dans la révolution numérique », rapport d'information n° 3560, Assemblée nationale, 2011, p. 183. Les députés ajoutent, de manière euphémistique : « Cette position peut être source de tensions avec les pays concernés, dans la mesure où les services de Google y sont tout de même accessibles » (*ibid.*).

des internautes et des usages qu'ils ont imposés »[1]. Jusqu'à des cartes d'identité électroniques ont été instituées dans un cadre entièrement privé[2], alors que l'édiction des cartes d'identité devrait être une prérogative réservée des États. L'émission de monnaies privées électroniques, telles que le bitcoin, est peut-être une atteinte portée à la souveraineté étatique encore plus flagrante[3].

Partant, en ce qu'il est une branche du droit dans laquelle le pluralisme juridique tend à être une réalité, le droit de la communication par internet se présenterait tel un parangon de droit « global » et de droit « postmoderne » (*1*), tel un lieu privilégié où observer les formes émergentes de « gouvernance » et de « régulation » (*2*), d'essence privée en particulier (*3*). Mais le droit « global » et le droit « postmoderne » sont pour l'heure loin de correspondre au visage le plus habituel du droit, ce qui interdit de généraliser les conclusions opérées à l'aune du seul droit de la communication par internet (*5*). Ce dernier n'en serait pas moins un objet d'étude pertinent à différents titres (*4*).

1. Un pluralisme juridique caractéristique du droit « global » et du droit « postmoderne » ?

La mondialisation-globalisation est souvent présentée, en termes juridiques, tel un moment de multiplication et de diversification des sources du droit « faisant exploser les modèles étatiques et les ensembles normatifs classiques pour se diffuser librement dans le monde entier »[4]. Les statistiques tirées de l'expérience confirment que le droit de la communication par internet serait particulièrement représentatif du droit « global » et des « ordres juridiques délégalisés à caractère privatif, propres à des groupements privés […] qui ignorent les frontières et diffusent dans le monde entier leurs règles »[5], des « systèmes juridiques particuliers, distincts des systèmes étatiques et internationaux, autonomes et qui rivalisent avec eux »[6], dont d'aucuns « postmodernes » envisagent le déploiement à l'ère

[1] N. Chiche, *Internet : pour une gouvernance ouverte et équitable*, Éditions des journaux officiels, coll. Les études du Conseil économique, social et environnemental, 2014, p. 17. Va encore dans ce sens le constat selon lequel, « si la responsabilité et la capacité d'action des acteurs privés sont reconnues, c'est parce que les gouvernements n'ont pas concrètement les moyens d'assurer le respect de leurs normes propres dans le cyberespace » (*ibid.*, p. 18).

[2] A. Fiévée, F. Mattatia, « Développement des services financiers en ligne – Le contrôle et la preuve de l'identité numérique », *Expertises* 2009, n° 342, p. 57.

[3] *Cf.*, par exemple, R. Falkinge, « Monnaies virtuelles : une révolution fiscale ? », [en ligne] <owni.fr>, 4 juin 2011.

[4] J.-L. Bergel, *Théorie générale du droit*, 5e éd., Dalloz, coll. Méthodes du droit, 2012, p. 177.

[5] *Ibid.*

[6] J.-L. Bergel, « Globalisation du droit et professions juridiques », *RRJ* 2010, p. 2165.

contemporaine. C'est tout spécialement pour cette raison que ledit droit de la communication par internet mériterait davantage que le droit de la communication audiovisuelle, que le droit des réseaux de communications électroniques ou que le droit des communications électroniques pris dans son ensemble d'être étudié plus finement.

Le Professeur François Terré note la « prolifération des points d'émergence des normes », laquelle conduirait à un « refoulement du rôle des personnages fondateurs : le juge et le législateur », à tel point que pourrait se produire la « faillite du positivisme juridique »[1]. Et le Professeur Jacques Chevallier de voir dans le développement de l'autorégulation qui complète, remplace ou concurrence la régulation par l'État « l'un des traits essentiels de la postmodernité étatique »[2]. Sans doute le droit de la communication par internet constitue-t-il un objet d'étude opportun afin de réfléchir à pareils enjeux. Si le droit « global » correspond à une montée en puissance des acteurs non étatiques et si le droit de la communication par internet témoigne d'une telle montée en puissance en étant pluriel, alors ce droit serait un parfait exemple de droit « global », lequel interroge profondément l'État, spécialement en raison de l' « impasse des échelles »[3] et de la mise à mal de l' « orthodoxie juridique »[4] — on écrit que « théoriser l'État est dépassé dans un monde globalisé »[5] et qu'il ne faudrait plus s'intéresser aux relations internationales mais aux « relations transnationales »[6]. Bien sûr, d'autres branches du droit symptomatiques de la globalisation juridique pourraient être étudiées, jusqu'au « droit du chocolat » qui amène à dire que « les États ne sont plus souverains en matière d'alimentation »[7].

En 2006, le Conseil d'État mettait en garde contre le « foisonnement normatif » et la « multiplication des auteurs de normes »[8]. Seulement le

---

[1] F. TERRÉ, « Crise et sources du droit », in L. AYNÈS et *alii*, *Droit de la crise : crise du droit ?*, Puf, coll. Publications de la Faculté de droit et des sciences sociales de Poitiers, 1997, p. 47.
[2] J. CHEVALLIER, *L'État post-moderne*, 3e éd., LGDJ, coll. Droit et société, 2008, p. 62.
[3] *Cf.* B. BARRAUD, « L'État territorial face au cyberespace mondial – L'informatique en nuage… de Tchernobyl », *RLDI* 2016, n° 122, p. 41 s. ; B. BARRAUD, « Internet et temps du droit », *RLDI* 2016, n° 123, p. 37 s.
[4] J. CHEVALLIER, « La gouvernance et le droit », in *Mélanges Paul Amselek*, Bruylant (Bruxelles), 2005, p. 207.
[5] D. BATTISTELLA, « Le bel avenir de la théorie de l'État en relations internationales », *Jus Politicum* 2012, n° 8, p. 2.
[6] J. NYE, *The Future of Power*, Public Affairs (New York), 2011 (cité par S. SAURUGGER, « Théoriser l'État dans l'Union européenne ou la souveraineté au concret », *Jus Politicum* 2012, n° 8, p. 11)
[7] J.-P. BRANLARD, *Droit et gastronomie – Aspects juridiques de l'alimentation et des produits gourmands*, LGDJ-Gualino, 1999.
[8] EDCE 2006, *Sécurité juridique et complexité du droit*, p. 234.

problème du pluralisme juridique est-il réel non lorsque les auteurs de normes sont nombreux mais lorsque, en outre, ils produisent tous des quantités élevées de règles. Cela motive le recours à une enquête relative à la composition normative du droit, c'est-à-dire à la mesure des importances respectives de chacune des sources du droit. Or la présente expérience conduit à conclure que les dangers mis en exergue par le Conseil d'État existeraient à l'échelle du droit de la communication par internet. Et, selon un auteur, les situations de « vrai pluralisme juridique », celles dans lesquelles « un droit se développe indépendamment de l'État », seraient « très rares et peut-être inexistantes »[1]. L'expérience montre qu'il y aurait des branches du droit dans lesquelles un tel « vrai pluralisme juridique » serait une réalité ; le droit de la communication par internet semble être de celles-là.

Ensuite, cela découlerait en premier lieu de l'avènement de nouvelles formes de « gouvernance » et de « régulation » que le droit de la communication par internet permettrait tout spécialement d'observer.

2. Un pluralisme juridique lié à de nouvelles formes de « gouvernance » et de « régulation » ?

Une idée longtemps véhiculée était celle selon laquelle le cyberespace serait un monde parallèle nécessitant une normativité propre au médium, qui remplacerait la règlementation d'origine publique[2]. Si cette conception est désormais très peu partagée, la plupart des observateurs du droit de la communication par internet voient néanmoins en celui-ci un domaine abandonné à des « mécanismes émergents de gouvernance »[3], à des « régulations — au pluriel — »[4] qui, souvent, ont une origine privée et sont indépendantes des États autant que des organisations internationales. Ils conviennent ainsi que de nombreux régimes juridiques propres au droit de la communication par internet s'abreuveraient à toutes les sources du droit sauf à la loi[5].

Le Conseil économique, social et environnemental, en 2014, notait que « les citoyens, s'organisant indépendamment des États, jouent un rôle

---

[1] M. GERMAIN, « Pluralisme et droit économique », *Arch. phil. droit* 2005, p. 235.

[2] Notamment, D. JOHNSON, D. POST, « Law and Borders – The Rise of Law in Cyberspace », *Stanford Law Review* 1996, p. 1367 s.

[3] D. BOURCIER, « Comment s'accorder sur les normes ? Le Droit et la Gouvernance face à Internet », *Lex Electronica* 2006, n° 10, p. 6.

[4] M. VIVANT, « Internet et modes de régulation », in É. MONTERO, dir., *Internet face au droit*, Story Scientia (Bruxelles), 1997, p. 229.

[5] *Lamy Droit de l'informatique et des réseaux* 2011, n° 2104.

crucial dans la régulation [de l'internet] »[1] et que « la gouvernance pratique et quotidienne de l'internet est dans une large mesure le fait des internautes et des usages qu'ils ont imposés »[2]. La même année, alors que le président de l'ICANN d'alors faisait remarquer que « la gouvernance de l'internet est à l'image de l'internet : distribuée et ouverte »[3], le Conseil d'État observait que « le terme de gouvernance est particulièrement approprié au sujet d'internet, puisqu'il n'existe pas d'autorité centrale mais une pluralité d'instances traitant de divers aspects de son fonctionnement »[4], et que « la gouvernance d'internet a toujours reposé jusqu'ici sur le droit souple »[5]. Un an plus tôt, l'auteur d'une étude intitulée « La souveraineté des États à l'épreuve d'internet » écrivait que le droit applicable à ce dernier « est actuellement organisé sous la forme de mécanismes d'autorégulation, donc largement confié au secteur privé et à la société civile »[6]. Et, en 2009, l'auteur d'une thèse portant sur la construction du droit de l'internet pouvait conclure son propos en avançant que ce droit serait « laissé à la libre appréciation du secteur privé »[7].

Le droit de la communication par internet subrogerait la « gouvernance » au gouvernement[8], la régulation à la règlementation, la « législation transposée » à la « législation délibérée » et l' « État tuteur » à l' « État censeur »[9]. Dans ce droit, les contrats et les usages rivaliseraient avec les lois[10]. Les conséquences pour les organisations publiques sont de taille : « Internet généralise l'autorégulation. […] Les diverses communautés d'internautes contribuent à leur

---

[1] N. CHICHE, *Internet : pour une gouvernance ouverte et équitable*, Éditions des journaux officiels, coll. Les études du Conseil économique, social et environnemental, 2014, p. 17.
[2] *Ibid.*
[3] F. CHEHADÉ, « Rencontre avec le chef d'internet », Place de la toile, France culture, 22 févr. 2014.
[4] Conseil d'État, *Le numérique et les droits fondamentaux*, La documentation française, coll. Les rapports du Conseil d'État, 2014, p. 135.
[5] *Ibid.*, p. 331. Mais le Conseil d'État relève également que « la spécificité d'internet tient moins à l'absence du droit dur émanant des États, en réalité très présent, qu'à l'absence d'organisation interétatique et de convention internationale au niveau mondial » (*ibid.*, p. 137).
[6] P. TÜRK, « La souveraineté des États à l'épreuve d'internet », *RDP* 2013, p. 1489.
[7] V. TROVATELLO, *L'infrastructure d'internet – Entre régulation et gouvernance*, th., Université d'Aix-Marseille III - Paul Cézanne, 2009, p. 33.
[8] Par exemple, selon le Professeur Alain Supiot, « la révolution numérique va de pair avec celle qui s'opère en matière juridique où l'idéal d'une gouvernance par les nombres tend à supplanter celui du gouvernement par les lois » (A. SUPIOT, « État social et mondialisation : analyse juridique des solidarités », Leçon inaugurale au Collège de France, 29 nov. 2012).
[9] M.-Ch. ROQUES-BONNET, *Le droit peut-il ignorer la révolution numérique ?*, Michalon, 2010, p. 322. Cet auteur décrit un droit de la communication par internet « résultant essentiellement de la transposition de normes communautaires, de l'effort de gouvernance européenne et mondiale, de la corégulation et de l'autorégulation ».
[10] En ce sens, P. DEPREZ, V. FAUCHOUX, *Le droit de l'internet – Lois, contrats et usages*, Litec, coll. Professionnels, 2008.

mesure à l'harmonisation et à la standardisation du droit au sein du "village global", s'ajoutant à l'influence d'autres cercles et communautés non étatiques ou post-étatiques qui produisent leur propre droit, hors de tout contrôle étatique et indépendamment de tout processus de délibération politique classique »[1].

Il n'est pas lieu d'affirmer *ab initio* que, dans tous les cas, l'État serait incapable de saisir normativement l'internet[2] ; il faut croire en la possibilité d'un droit étatique de la communication par internet efficace et, par conséquent, capable de dominer la matière. Seulement cela implique-t-il de repenser les modes étatiques de production du droit[3] — sont évoqués un « droit formellement déréglé »[4] ou une « crise de la technique législative »[5]. En somme, l'offre des juristes et des politistes ne semble pas répondre de manière satisfaisante à la demande des citoyens-internautes[6], donnée expliquant le développement des sources privées et le retrait relatif mais véritable des sources étatiques. *L'incompatibilité entre les spécificités de l'internet et les méthodes classiques de régulation* jus-*étatique* est depuis longtemps soulignée[7] et il faudrait entièrement suivre Georges Burdeau lorsqu'il expliquait qu'

> *Il est tout à fait inexact de considérer le Pouvoir étatique comme une puissance statique portant en elle sa justification définitive. Ce n'est pas un édifice achevé dont le style afficherait la pureté des œuvres qui n'attendent plus rien des hommes que l'admiration et le respect ; c'est, bien au contraire, un monument composite tributaire de l'effort désordonné des générations ; tantôt temple et tantôt forteresse, sa destination change au gré des forces qui la soutiennent ou qui l'assaillent.*[8]

---

[1] P. TÜRK, « La souveraineté des États à l'épreuve d'internet », *RDP* 2013, p. 1489.

[2] Pour une analyse contraire, *cf.* D. JOHNSON, D. POST, « Law and Borders – The Rise of Law in Cyberspace », *Stanford Law Review* 1996, p. 1367 s.

[3] En ce sens, C. ZOLYNSKI, « Questions de légistique soulevées par la construction de la norme à l'aune du renouvellement des sources de droit », in M. BEHAR-TOUCHAIS, N. MARTIAL-BRAZ, J.-F. RIFFARD, dir., *Les mutations de la norme*, Economica, coll. Études juridiques, 2011, p. 51 s. ; C. BROUARD-GALLET, « Les mutations de la norme et le renouvellement des sources du droit : questions pratiques de légistique », in M. BEHAR-TOUCHAIS, N. MARTIAL-BRAZ, J.-F. RIFFARD, dir., *Les mutations de la norme*, Economica, coll. Études juridiques, 2011, p. 65 s.

[4] N. MOLFESSIS, « Simplification du droit et déclin de la loi », *RTD civ.* 2004, p. 156.

[5] A. VIANDIER, « La crise de la technique législative », *Droits* 1986, n° 4, p. 75 s.

[6] Mais le juriste n'est-il pas l'homme des questions avant d'être celui des réponses, ainsi que l'observait Christian Atias (Ch. ATIAS, « La question de droit », *RTD civ.* 2010, p. 248) ?

[7] En particulier, J.-F. CASILE, S. MIANNAY, « Nouvelles technologies de l'information et de la communication et anciens instruments de régulation : l'exemple d'Internet en France », *Politique et société* 1999, n° 18, p. 61 s.

[8] G. BURDEAU, *L'État* (1970), Le Seuil, coll. Points, 2009, p. 87.

Par ailleurs, les constats dressés à l'aune de la composition normative du droit de la communication par internet invitent peut-être à repenser le droit et même à repenser la pensée du droit puisque l'internet « "chahute" toutes les frontières structurantes de notre pensée juridique »[1].

3. Un développement des sources privées de normes synonyme de révolution pour le droit et pour la pensée du droit ?

Si les statistiques obtenues au terme de l'expérience ne permettent pas de se prononcer avec force scientifique sur ce point, il semble qu'existe un mouvement de publicisation des origines du droit de la communication par internet : la part du droit d'origine publique dans la totalité de cette branche du droit serait en constant progrès depuis ses origines[2]. Le Professeur Jacques Chevallier relève que « le développement d'internet s'est fait sous [un] régime d'autorégulation »[3] ; mais la maturation du droit des activités internetiques pourrait être le fait d'une prise en main par les sources publiques. En 2010, le Forum des droits sur l'internet observait ainsi que « le droit positif [de l'internet] s'est progressivement enrichi, réduisant considérablement les zones de "flou", et limitant l'action du Forum à de rares niches en passe d'être recouvertes par de nouveaux outils législatifs »[4].

Il n'en demeure pas moins que l'expérience pratiquée sur le droit positif actuel prouve que la part de droit d'origine privée dans le droit de la communication par internet est pour l'instant équivalente à la part de droit d'origine étatique et supérieure à la part de droit d'origine publique externe. Si cette expérience permet de renforcer le sentiment d'une place centrale et originale des sources privées, il semble que rares soient les spécialistes à ne pas être habités par ce sentiment et à avancer que le droit en cause serait dominé par les sources étatiques. Ils y voient un droit « décentralisé »[5], « polycentrique »[6], « hétérarchique »[7], « en réseau »[8], « labyrinthique »[1],

---

[1] M. BERGUIG, V. FAUCHOUX, « Dix ans du droit de l'internet – Bilan du colloque du 6 juin 2006 », *Légipresse* 2006, n° 235, p. 125 s.

[2] En ce sens, M. BERGUIG, V. FAUCHOUX, « Dix ans du droit de l'internet – Bilan du colloque du 6 juin 2006 », *Légipresse* 2006, n° 235, p. 125 s.

[3] J. CHEVALLIER, *L'État post-moderne*, 3e éd., LGDJ, coll. Droit et société, 2008, p. 125.

[4] Forum des droits sur l'internet, « Construire ensemble la civilité de l'internet », 2010, p. 11.

[5] J. CHEVALLIER, « Vers un droit postmoderne ? », in J. CLAM, G. MARTIN, dir., *Les transformations de la régulation juridique*, LGDJ, coll. Droit et société, 1998, p. 32.

[6] T. W. BELL, « Polycentric law », *Humane Studies Rewiew* 1991, n° 7 (cité par R. BERTHOU, « Le droit au gré d'Internet : à propos d'une réseautisation fort peu anodine de l'univers juridique », *Lex Electronica* 2006, n° 11, p. 10).

[7] F. OST, M. VAN DE KERCHOVE, *De la pyramide au réseau ? – Pour une théorie dialectique du droit*, Publications des Facultés universitaires Saint-Louis (Bruxelles), 2002, p. 174.

[8] M. CASTELLS, *La société en réseau – t. I : L'ère de l'information* (1996), Fayard, 1998 (qui enseigne que le réseautage suppose des environnements interconnectés unissant les acteurs, les régulateurs et toutes les entités jouant un rôle dans la gouvernance). Également,

« hybride »[2] ou — tout simplement — « pluriel »[3], issu d'une « perpétuelle reconstruction »[4], d'un « dialogue internormatif »[5] et d'une « multirégulation »[6] dans laquelle les acteurs privés rivaliseraient avec les acteurs publics[7] et qui serait le fruit d'une « révolution dans la répartition des rôles entre les sources de la normativité »[8] — loin, donc, du droit hiérarchique, linéaire et arborescent produit par l'État moderne. La proposition de Dworkin selon laquelle le droit serait une histoire écrite à plusieurs mains[9] prend alors tout son sens.

Percevoir une frange notable de normes d'origine privée dans le monde juridique n'est pas une chose nouvelle et des auteurs comme Ehrlich[10] ou, plus tard, Gurvitch, qui a écrit durant la première moitié du

---

P. TRUDEL, « Un "droit en réseau" pour le réseau : le contrôle des communications et la responsabilité sur internet », in Institut canadien d'études juridiques supérieures, *Droits de la personne – Éthique et mondialisation*, Yvon Blais (Cowansville), 2004, p. 221 s. ; R. BERTHOU, « Le droit au gré d'Internet : à propos d'une réseautisation fort peu anodine de l'univers juridique », *Lex Electronica* 2006, n° 11, p. 16 (selon qui un droit en réseau possèderait une « structure d'interconnexion instable, composée d'entités en interaction, […] qui s'entrecroisent, s'opposent, s'entraident tout en restant chacune elle-même »).

[1] M. VIVANT, « Préface », in Th. VERBIEST, É. WERY, *Le droit de l'internet et de la société de l'information – Droits européen, belge et français*, Larcier (Bruxelles), coll. Création information communication, 2001, p. 10.

[2] B. BENHAMOU, L. SORBIER, « Internet et souveraineté : la gouvernance de la société de l'information », *Politique étrangère* 2006, n° 1, p. 5.

[3] Par exemple, L. M. DUONG, « Le pluralisme des sources du droit d'Internet », in L. BOY, J.-B. RACINE, J.-J. SUEUR, dir., *Pluralisme juridique et effectivité du droit économique*, Larcier (Bruxelles), 2011, p. 187 s.

[4] C. CASTETS-RENARD, *Droit de l'internet*, Montchrestien, coll. Cours, 2010, p. 4.

[5] Ph. AMBLARD, *Régulation de l'internet – L'élaboration des règles de conduite par le dialogue internormatif*, Bruylant (Bruxelles), coll. Cahiers du CRID, 2004.

[6] *Lamy Droit des médias et de la communication* 2012, n° 466-62. Un auteur va jusqu'à qualifier la « multirégulation » de « pilier central d'une régulation éthique de l'internet » (S. ASTIER, « Une régulation éthique de l'internet : les défis d'une gouvernance mondiale », *RISA* 2005, p. 143). Et il définit cette « multirégulation » comme le « paradigme qui donne une mission régulatrice à l'ensemble des acteurs de l'internet » (*ibid.*, p. 144).

[7] L'auteur d'une thèse de doctorat portant sur le sujet de la fabrique des normes applicables à l'internet observe que celui-ci « impose un jeu de droit dans les ordres juridiques où, par manque de relevance, les faiseurs de [règles] se heurtent sans qu'aucun ne s'impose » (R. BERTHOU, « Le droit au gré d'Internet : à propos d'une réseautisation fort peu anodine de l'univers juridique », *Lex Electronica* 2006, n° 11, p. 11).

[8] P. TRUDEL, « Quel droit et quelle régulation dans le cyberespace ? », *Sociologie et sociétés* 2000, n° 32, p. 195 (cité par *Lamy Droit des médias et de la communication* 2012, n° 466-103).

[9] R. DWORKIN, « La chaîne du droit », *Dr. et société* 1985, p. 52.

[10] Par exemple, E. EHRLICH, « Le droit ne se réduit pas au droit étatique » (1913), in Ch. GRZEGORCZYK, F. MICHAUT, M. TROPER, *Le positivisme juridique*, LGDJ, coll. La pensée juridique, 1993, p. 371 s.

XXe s.[1] — et qui, donnée significative, traitait du droit sans avoir reçu une formation de juriste —, ont cherché à convaincre leurs lecteurs de la place centrale occupée par les forces privées dans la genèse des règles de droit. Le sociologue français allait ainsi jusqu'à estimer que « les individus ignorent les propositions juridiques formulées par l'État [...] [et] vivent leurs vies juridiques seulement dans le droit spontané de la société »[2]. Et Duguit, pour sa part, disait observer un mouvement incontestable et irréversible de « socialisation du droit », qui est une forme de privatisation du droit[3]. Seulement ces écrits n'ont-ils jamais été véritablement « entendus » par la masse des juristes et, plus particulièrement, par le pan universitaire de celle-ci. Or le droit de la communication par internet et les quelques autres parangons de droit « global » qui existent certainement semblent en mesure de persuader, *a fortiori* dès lors que leurs compositions normatives sont décrites au terme d'études scientifiques, loin de tout dogmatisme, de la présence de proportions élevées de normes d'origine privée en certaines branches du droit.

Longtemps, la possibilité de règles de droit d'essence privée s'est résumée à la question de la coutume[4], si bien que peu ou prou tous les manuels de droit listent trois sources du droit : la loi, la jurisprudence et la coutume. C'est ainsi que, depuis que Bodin a séparé « le Prince souverain maistre de la loi [et] les particuliers maistres des coutumes »[5], on accepte l'idée d'un droit issu de la société, mais uniquement par le biais de la coutume[6] — à moins que ce ne soit surtout le temps qui soit la source du droit coutumier[7]. Or le droit de la communication par internet, en raison du caractère récent du réseau mondial, ne comporte guère de normes d'origine coutumière[8], tout juste un certain nombre d'usages[1]. Si la coutume est une

---

[1] Spécialement, G. GURVITCH, *L'expérience juridique et la philosophie pluraliste du droit*, Pedone, 1935.

[2] G. GURVITCH, *Éléments de sociologie juridique*, Aubier, 1940, p. 129.

[3] Notamment, L. DUGUIT, *Les transformations générales du droit privé depuis le Code Napoléon*, Félix Alcan, 1912 ; L. DUGUIT, *Les transformations du droit public*, Armand Colin, 1913.

[4] En ce sens, J.-M. CARBASSE, « Coutume, temps, interprétation », *Droits* 2000, n° 30, p. 15 s.

[5] J. BODIN, *Les six livres de la République*, 1576, L. I, chap. 10 (cité par O. BEAUD, *La puissance de l'État*, Puf, coll. Léviathan, 1994, p. 99).

[6] Par exemple, P. DEUMIER, *Introduction générale au droit*, 2e éd., LGDJ, coll. Manuel, 2013, p. 54.

[7] J.-L. BERGEL, *Théorie générale du droit*, 5e éd., Dalloz, coll. Méthodes du droit, 2012, p. 126.

[8] La coutume peut être définie telle une « règle de droit élaborée avec le temps, reçue depuis longtemps » (J. CARBONNIER, *Théorie sociologique des sources du droit*, Association corporative des étudiants en droit de l'Université Panthéon-Sorbonne, 1961, p. 89), tel « un comportement de masse obéissant à un type constant et adopté uniquement parce que se sont formées des accoutumances et imitations fléchées dans les voies tracées par la tradition » (M. WEBER, *Économie et société*, t. II (1922), trad. J. Freund, Plon, 1971, p. 23 (cité par

« source historique »[2] du droit, elle ne peut matériellement trouver sa place en une branche du droit aussi neuve.

La majeure partie du droit de la communication par internet d'origine privée est composée de normes portées par des actes textuels, sorte de « quasi-législation privée »[3], ce qui affirme d'autant plus leur particularisme[4]. Au début des années 2000, on constatait que « les codes de conduite sectoriels fleurissent sur l'internet. Aucun domaine n'est épargné [...]. Ils proposent un éventail de règles qu'il n'est pas possible d'analyser de manière exhaustive »[5]. Si, depuis que ces lignes ont été écrites, les institutions publiques ont certainement œuvré dans le sens d'une publicisation des sources du droit de la communication par internet, il semble que lesdits codes de conduite continuent à occuper une position cardinale dans l'établissement des régimes juridiques applicables aux activités internetiques. Et la présentation classique des sources du droit — qui réduit donc l'empire du droit d'origine privée à l'empire du droit d'origine coutumière — est d'autant plus difficile à accepter qu'il paraît peu contestable que la coutume a quasiment disparu dans les systèmes juridiques occidentaux contemporains[6], lesquels préfèrent allègrement la sécurité des textes à la « sauvagerie » des coutumes[7].

É. Serverin, « Agir selon des règles dans la sociologie de Max Weber », in A. Berthoud, É. Serverin, dir., *La production des normes entre État et société civile – Les figures de l'institution et de la norme entre État et sociétés civiles*, L'Harmattan, 2000, p. 231)). Et Carbonnier d'ajouter : « La mode est une imitation dans l'espace, la coutume une imitation dans le temps » (J. Carbonnier, *Théorie sociologique des sources du droit*, Association corporative des étudiants en droit de l'Université Panthéon-Sorbonne, 1961, p. 159).

[1] La différence entre la coutume et l'usage réside peut-être dans l'ancienneté et dans le degré de généralisation : l'usage est plus récent, moins profondément ancré dans la psyché collective, circonscrit à un cercle de population plus restreint, donc plus fragile.

[2] P. Haggenmarcher, « Coutume », *Arch. phil. droit* 1990, p. 27 ; J. Hilaire, *La vie du droit – Coutumes et droit écrit*, Puf, 1994.

[3] Ph. Jestaz, *Les sources du droit*, Dalloz, coll. Connaissance du droit, 2005, p. 35.

[4] *Lamy Droit de l'informatique et des réseaux – Guide – Solutions et applications, pratique contractuelle* 2011, n° 4686.

[5] Th. Verbiest, E. Wéry, *Le droit de l'internet et de la société de l'information – Droits européen, belge et français*, Larcier (Bruxelles), 2001, p. 529.

[6] En ce sens, R. Libchaber, *L'ordre juridique et le discours du droit – Essai sur les limites de la connaissance du droit*, LGDJ, 2013, p. 361 ; P. Deumier, *Le droit spontané*, Economica, coll. Recherches juridiques, 2002, p. 126. Également, Ph. Jestaz, *Les sources du droit*, Dalloz, coll. Connaissance du droit, 2005, p. 110 (« de nos jours, les rares sociétés coutumières qui subsistent encore sont des sociétés traditionnelles vivant à l'écart : il s'agit de tribus n'ayant guère d'allégeance à l'État qui les héberge sur une petite partie de son territoire »). Et déjà en 1910 Maurice Hauriou notait combien la coutume est socialement anachronique car « elle s'appuie sur le passé », tandis que la loi est plus adaptée à l'esprit de la civilisation moderne (M. Hauriou, *Principes de droit public à l'usage des étudiants en licence et en doctorat ès sciences politiques*, Librairie du Recueil Sirey, 1910, p. 622).

[7] Réf. à R.-J. Dupuy, « Coutume sage et coutume sauvage », in *Mélanges Charles Rousseau*, Pedone, 1974, p. 75 s.

En somme, il faudrait, dans la classification des sources du droit, *remplacer la coutume par l'usage, le code de conduite, la charte et le contrat-type privés*[1]. Or, tandis que la présentation habituelle des sources en retient trois dont deux étatiques, est esquissé par Lawrence Lessig un tableau des sources du droit de la communication par internet dans lequel une source est publique et trois sources sont privées : la loi étatique, les normes autorégulatrices, l'architecture du réseau et le contrat[2]. Porter ainsi l'attention sur les sources privées et résumer les sources publiques à la seule loi étatique atteste du renversement de perspective qui empreindrait l'esprit de ceux qui étudient les sources du droit de la communication par internet : *c'est foncièrement sur les sources privées qu'il conviendrait de se concentrer* quand, traditionnellement, on n'a d'égards que pour les sources publiques, limitant le droit d'origine privée à la coutume alors pourtant que celle-ci ne joue plus qu'un rôle secondaire à l'ère moderne.

En outre, le fait que les juges, régulièrement, se réfèrent très explicitement aux chartes, codes et usages privés afin de fonder leurs décisions[3], les rendant ainsi « officiellement » opposables, participe de la consécration des sources privées du droit de la communication par internet. Il en va à l'identique de l'idée de « *lex electronica* » (ou, éventuellement, « *lex networkia* »[4]) à laquelle d'aucuns spécialistes du droit de la communication par internet adhèrent. La *lex electronica* est présentée comme le pendant immatériel de la *lex mercatoria*, « tiers droit » situé entre le droit national et le droit international[5], ensemble d'usages et de contrats-types régissant, en l'absence de règles d'origine publique, les rapports transnationaux entre entreprises multinationales plus ou moins déterritorialisées et dénationalisées[6] et formant un exemple-type de droit a-

---

[1] Par exemple, Y. CARTUYVELS, H. DUMONT, Ph. GÉRARD, I. HACHEZ, F. OST, M. VAN DE KERCHOVE, dir., *Les sources du droit revisitées – Volume 3 : Normativités concurrentes*, Publications de l'Université Saint-Louis-Anthémis (Bruxelles), 2013 ; D. LEGEAIS, « Les mutations de la norme : le renouvellement des sources du droit en question », in M. BEHAR-TOUCHAIS, N. MARTIAL-BRAZ, J.-F. RIFFARD, dir., *Les mutations de la norme*, Economica, coll. Études juridiques, 2011, p. XI ; G. FARJAT, « Nouvelles réflexions sur les codes de conduite privés », in J. CLAM, G. MARTIN, dir., *Les transformations de la régulation juridique*, LGDJ, coll. Droit et société, 1998, p. 163 s.

[2] L. LESSIG, « The Constitution of Code – Limitations on Choice-Based Critiques of Cyberspace Regulation », *Communication Law Conspectus* 1997, n° 5, p. 10 (cité par V. TROVATELLO, *L'infrastructure d'internet – Entre régulation et gouvernance*, th., Université Aix-Marseille III - Paul Cézanne, 2009, p. 39).

[3] Pour la citation de divers exemples, *cf.* B. DELEPORTE, « Codes de bonne conduite sur Internet : quelle portée juridique ? », [en ligne] <journaldunet.com>, 21 mai 2010.

[4] J. -B. AUBY, *La globalisation, le droit et l'État*, 2e éd., LGDJ, coll. Systèmes, 2010, p. 59.

[5] A. PELLET, « La *lex mercatoria*, "tiers-ordre juridique" ? Remarques ingénues d'un internationaliste de droit public », in *Mélanges Philippe Kahn*, Litec, 2000, p. 53.

[6] *Cf.* D. BUREAU, « *Lex mercatoria* », in D. ALLAND, S. RIALS, dir., *Dictionnaire de la culture juridique*, Lamy-Puf, coll. Quadrige-dicos poche, 2003, p. 933 s. L'auteur explique,

étatique[1], uniformisé et spontané[2], mais aussi désordonné[3]. Définie comme l'« ensemble des règles juridiques informelles applicables dans le cadre du commerce électronique »[4] — le caractère informel[5] est sans doute contestable et mieux vaudrait parler de règles « non officielles » —, la *lex electronica* est un parfait exemple de *privatisation du droit comprise à la fois comme privatisation du droit positif et comme privatisation imprégnant la pensée juridique*, où le code de conduite privé serait en passe de triompher de la loi[6].

La *lex mercatoria* est le symbole du droit d'origine privée et, plus encore, de l'acceptation doctrinale de la potentialité d'un droit d'origine privée indépendant des sources publiques, ainsi que du renouvellement des sources du droit. Il pourrait en aller de même à l'échelle du droit de la communication par internet de la *lex electronica*. Celle-ci se dessine grâce à la pratique standardisée, parfois même codifiée, des cybercommerçants qui établissent de la sorte divers usages et autres principes afin de régir leurs relations — et qui se soumettent à quelques « lois naturelles » du marché[7]. Des acteurs privés édictent ainsi, de manière autonome, des normes reconnues, appliquées et diffusées par d'autres acteurs privés, et même parfois par des acteurs publics, contribuant à construire un véritable ordre

---

notamment, que la *lex mercatoria* est née au Moyen Âge, dans plusieurs pays d'Europe, par l'élaboration d'une coutume marchande : le « droit des foires » ; que son caractère international procède de la renaissance des activités marchandes à partir du XIe s. en Europe occidentale ; et que la diversité et l'inadaptation des droits étatiques et le développement des relations commerciales internationales l'expliquent principalement. Également, B. GOLDMAN, « Nouvelles réflexions sur la *Lex Mercatoria* », in *Mélanges Pierre Lalive*, Helbing & Lichtenhahn (Bâle), 1993, p. 241 s. ; A. KASSIS, *Théorie générale des usages du commerce (droit comparé, contrats et arbitrage internationaux,* lex mercatoria*)*, LGDJ, 1984.

1 F. OSMAN, *Les principes généraux de la lex mercatoria – Contribution à l'étude d'un ordre juridique anational*, LGDJ, 1992.

2 J.-F. RIFFARD, « Globalisation de l'économie et internationalisation du droit des affaires : vers une abdication de l'État de droit ? », in D. MOCKLE, dir., *Mondialisation et État de droit*, Bruylant (Bruxelles), 2001 ; D. BUREAU, « *Lex mercatoria* », in D. ALLAND, S. RIALS, dir., *Dictionnaire de la culture juridique*, Lamy-Puf, coll. Quadrige-dicos poche, 2003, p. 934.

3 Réf. à P. DEUMIER, « La *lex mercatoria* entre ordre et désordre », in *Mélanges Jacques Foyer*, Economica, 2007, p. 305 s.

4 K. BENYEKHLEF, V. GAUTRAIS, G. LEFEBVRE, « Droit du commerce électronique et normes applicables : l'émergence de la *Lex Electronica* », *Revue de droit des affaires internationales* 1997, p. 548.

5 Également, D. BUREAU, *Les sources informelles du droit dans les relations privées internationales*, th., Université Paris II - Panthéon-Sorbonne, 1992.

6 Par exemple, R. CANET, A. VEILLEUX, « Codes de conduite et gouvernance mondiale », in R. CANET, J. DUCHASTEL, dir., *La régulation néolibérale – Crise ou ajustement ?*, Athéna éditions, 2004.

7 P. TRUDEL, « La *lex electronica* », in Ch-A. MORAND, dir., *Le droit saisi par la mondialisation*, Bruylant (Bruxelles), 2001, p. 221 s. ; V. GAUTRAIS, *Le contrat électroniques international*, th., Université de Rennes I, 2002.

juridique. « Les GAFA[1], observe le Conseil économique, social et environnemental, sont de fait les véritables régulateurs du web en établissant leurs propres règles »[2]. Et il ne s'agit pas que d'un droit concurrent par rapport au droit de l'État ; c'est aussi et surtout un droit venant combler les carences de celui-ci, venant répondre à une demande de normes due à l' « abstention ou incapacité de l'État à exercer ses fonctions normatives dans un contexte de mondialisation »[3], à l' « impasse pratique de la règlementation étatique »[4] et à l' « impossible régulation du réseau selon une approche étatiste du droit »[5].

On observe que les codes de conduite ou de bonnes pratiques et autres règlements privés, s'ils sont une réalité récente[6], « fleurissent sur internet »[7] — et au-delà, spécialement avec la *lex mercatoria* qui se trouve codifiée[8]. Ils sont peut-être les actes normatifs privés qui viennent le plus frontalement concurrencer les actes normatifs publics. Ces actes sont désignés tels les symboles de l' « autorégulation » (ou « autodiscipline »[9]), du « *soft law* »[10], de la « gouvernance » et du « droit global »[11]. À la différence des usages et, surtout, des coutumes, les normes d'origine privée qu'ils portent ne revêtent aucune légitimité de fait que confère l'écoulement du temps ; mais elles profitent de la légitimité de leurs auteurs, une légitimité concurrente de la légitimité démocratique du Parlement et du Gouvernement. Ces normes n'ont pas de force obligatoire officielle, étant en termes de contrainte de simples recommandations, mais elles possèdent souvent une force

---

[1] Le sigle « GAFA » désigne « Google, Amazon, Facebook, Apple ».

[2] N. CHICHE, *Internet : pour une gouvernance ouverte et équitable*, Éditions des journaux officiels, coll. Les études du Conseil économique, social et environnemental, 2014, p. 15.

[3] L. PECH, « Le droit à l'épreuve de la gouvernance », in R. CANET, J. DUCHASTEL, dir., *La régulation néolibérale – Crise ou ajustement ?*, Athéna éditions (Montréal), 2005.

[4] *Lamy Droit des médias et de la communication* 2012, n° 466-30.

[5] *Ibid.*

[6] Ch. JUBAULT, « Les "codes de conduite privés" », in Association Henri Capitant, *Le droit souple*, Dalloz, coll. Thèmes et commentaires, 2009, p. 29. L'auteur observe que c'est surtout depuis les années 1990 que le recours aux codes privés a pris de l'ampleur, initié par des entreprises transnationales du secteur textile.

[7] Th. VERBIEST, E. WÉRY, *Le droit de l'internet et de la société de l'information – Droits européen, belge et français*, Larcier (Bruxelles), 2001, p. 529.

[8] *Cf.* P. DEUMIER, « Les sources de l'éthique des affaires – Codes de bonne conduite, chartes et autres règles éthiques », in *Mélanges Philippe Le Tourneau*, Dalloz, 2008, p. 351 s.

[9] A. DEBET, « Les usages et pratiques professionnels en droit de la propriété intellectuelle », *CDE* 2008, n° 4, p. 41.

[10] K. BENYEKHLEF, K. SEFFAR, « Commerce électronique et normativités alternatives », *University of Ottawa Law and Technology Journal* 2006, p. 374.

[11] R. CANET, A. VEILLEUX, « Codes de conduite et gouvernance mondiale », in R. CANET, J. DUCHASTEL, dir., *La régulation néolibérale – Crise ou ajustement ?*, Athéna éditions, 2004 ; D. MOCKLE, « Gouverner sans le droit ? Mutations des normes et nouveaux modes de régulation », *Les Cahiers de droit* 2002, n° 43, p. 197 s.

obligatoire de fait, morale[1]. Et les codes de conduite privés présentent nombre d'avantages par rapport au droit d'origine publique qui expliquent peut-être leur succès dans la sphère internetique : flexibilité, adaptabilité, technicité, volontarisme et proximité, notamment[2].

Un auteur décrit le code privé type applicable aux communications par internet : « Très formel, il adopte la présentation des textes législatifs ou règlementaires. [Il] fixe la régulation de l'activité en ligne de la manière la plus exhaustive possible. Ses dispositions sont concises et impératives »[3]. Alors que certains doutent de la possibilité de parler de « codes privés » ou de « codifications privées », arguant que « la législation culmine dans la codification »[4] et que la codification serait « l'esprit de méthode appliqué à la législation »[5], cette définition témoigne de l'importance que peut prendre le droit d'origine privée, à tel point que, mis à part leur origine privée et leur caractère sectoriel, les actes normatifs privés tendent de plus en plus à ressembler à des actes normatifs publics et de moins en moins à incarner le « droit flou (sans précision), doux (sans obligation) et mou (sans sanction) »[6]. Et d'aucuns n'hésitent pas à faire du développement des actes normatifs privés un symptôme de l' « échec de la loi, voire de l'État »[7] — l'étude des sources privées est toujours, au moins indirectement, par ricochet, une étude des sources publiques. Il n'est peut-être pas inconséquent de soutenir que le pluralisme juridique serait le signe d'un « droit en péril [...] en raison de l'affaiblissement de l'État »[8].

---

[1] G. FARJAT, « Nouvelles réflexions sur les codes de conduite privés », in J. CLAM, G. MARTIN, dir., *Les transformations de la régulation juridique*, LGDJ, coll. Droit et société, 1998, p. 153.

[2] G. FARJAT, « Réflexions sur les codes de conduite privés », in *Mélanges Berthold Goldman*, 1982, p. 47.

[3] Ph. AMBLARD, *Régulation de l'internet – L'élaboration des règles de conduite par le dialogue internormatif*, Bruylant (Bruxelles), coll. Cahiers du CRID, 2004, p. 110 (cité par K. BENYEKHLEF, K. SEFFAR, « Commerce électronique et normativités alternatives », *University of Ottawa Law and Technology Journal* 2006, p. 375).

[4] G. CORNU, *Droit civil – Introduction*, 13e éd., Montchrestien, 2007, n° 222 (cité par G. CHANTEPIE, « Les codifications privées », in Association Henri Capitant, *Le droit souple*, Dalloz, coll. Thèmes et commentaires, 2009, p. 39).

[5] F. PORTALIS, *Essai sur l'utilité de la codification*, 1844, p. IV (cité par G. CHANTEPIE, « Les codifications privées », in Association Henri Capitant, *Le droit souple*, Dalloz, coll. Thèmes et commentaires, 2009, p. 39).

[6] C. THIBIERGE, « Le droit souple – Réflexion sur les textures du droit », *RTD civ.* 2003, p. 599.

[7] C. CORGAS-BERNARD, « Les mutations de la norme en droit interne – Les règles de bonnes pratiques », in M. BEHAR-TOUCHAIS, N. MARTIAL-BRAZ, J.-F. RIFFARD, dir., *Les mutations de la norme*, Economica, coll. Études juridiques, 2011, p. 73.

[8] L. FONTAINE, « Le pluralisme comme théorie des normes », in L. FONTAINE, dir., *Droit et pluralisme*, Nemesis-Bruylant (Bruxelles), coll. Droit et justice, 2007, p. 138.

In fine, c'est la question de la pérennité du bien-fondé du droit étatique que pose l'analyse des sources privées du droit de la communication par internet, sans présumer que la réponse devrait fatalement être négative. La part élevée de normes d'essence privée à l'intérieur du droit applicable à l'internet et aux activités internetiques ne peut donc pas se comprendre comme le résultat d'une volonté étatique qui serait totalement opposée à celle qui, historiquement, imprègne le droit de la communication audiovisuelle ou le droit des télécommunications. Au contraire, il faut l'analyser à la suite de qui fait des normes privées les « témoins de l'échec de la loi »[1]. *A fortiori* lorsque la normativité privée se déploie, sur un point de régime juridique donné, non dans le vide issu d'une non-intervention publique[2] mais *en concurrence par rapport à l'intervention publique*, cela signifie que *la production privée de normes apparaît plus légitime que la production publique de normes aux yeux de leurs destinataires*[3] ou, du moins, aux yeux de ceux qui possèdent quelque puissance juridique du même type que la puissance étatique.

Il s'agira de revenir sur ces problématiques étato-centrées au cours de la troisième et dernière partie de ce livre. Peut-être les enjeux sont-ils importants tant, ainsi que d'aucuns le soulignent, « Internet n'a pas inventé les arnaques de tous genres ni suscité les perversions. Ceci est aussi ancien que l'humanité. Mais, comme vecteur de diffusion à grande échelle, protégeant l'anonymat, Internet a sans nul doute ouvert de nouvelles possibilités d'expansion aux commerces et conduites illicites. Aussi, dans une société responsable, les États ne peuvent sans réaction laisser se libérer ces comportements qui représentent une menace contre les libertés, contre l'intégrité des personnes et contre la sécurité »[4].

Pour l'heure, doit être insisté au long de quelques lignes sur le caractère potentiellement opportun d'une étude du droit de la communication par internet que l'expérience de mesure du pluralisme juridique permettrait d'attester.

---

[1] C. CORGAS-BERNARD, « Les règles de bonnes pratiques », in M. BEHAR-TOUCHAIS, N. MARTIAL-BRAZ, J.-F. RIFFARD, dir., *Les mutations de la norme*, Economica, coll. Études juridiques, 2011, p. 73.
[2] Par exemple, G. HAAS, « L'identité usurpée sur l'internet : vide juridique », *RLDI* 2009, n° 47, p. 86 s.
[3] *Cf.* M. LANORD FARINELLI, « La norme technique : une source du droit légitime ? », *RFDA* 2005, p. 738 s.
[4] J.-P. CORNIOU, *Le web 15 ans déjà... et après ?*, Dunod, 2009, p. 157.

4. Une étude du pluralisme juridique en droit de la communication par internet bienvenue

Par exemple, la *lex electronica*, à l'instar de la *lex mercatoria*, se singularise par un recours abondant aux modes alternatifs de résolution des conflits (la médiation notamment) malmenant la prérogative des États selon laquelle il leur appartiendrait de trancher les litiges et de sanctionner les auteurs d'infractions[1]. Dans le même temps, la tendance des nouvelles technologies à entraîner un accroissement de la part du droit prétorien serait à l'origine d'une « mini-révolution juridique »[2]. Le droit de la communication par internet est pour une part considérable jurisprudentiel, ce qui constitue une autre de ses spécificités. Les statistiques comparées des parts du droit d'origine juridictionnelle dans le droit de la communication par internet, dans le droit des réseaux de communications électroniques et dans le droit de la communication audiovisuelle montrent que le premier est beaucoup plus que les autres abandonné aux juges. On fait même de ces derniers les « législateurs naturels » des activités internetiques[3].

S'il est vrai que le droit applicable au cyberespace constitue un laboratoire opportun afin d'étudier les phénomènes juridiques les plus contemporains[4], tel celui du « self-service normatif »[5], peut-être prendre le droit de la communication par internet comme objet d'étude est-il pertinent, spécialement afin d'interroger les modes publics d'élaboration du droit, l'émergence de « tiers droits »[6] ou la probabilité d'une « grande déconstruction du droit »[7] à venir. Bien plus que toute autre chose, « la morphologie du réseau opère de spectaculaires réorganisations des relations de pouvoir »[8]. Depuis toujours, la « gouvernance » de l'internet repose sur une « conception libertaire [...] niant toute légitimité de l'État à

---

[1] É. A. CAPRIOLI, « Arbitrage international et commerce électronique », *RLDI* 2012, n° 81 ; É. LOQUIN, « Les sources du droit mondialisé », *Dr. et patrimoine* 2001, p. 96.
[2] L. COHEN-TANUGI, *Le droit sans l'État*, 2e éd., Puf, coll. Quadrige essais débats, 2007, p. 87. Cela tendrait à confirmer que « la France est redevenue un État de Justice, comme sous l'Ancien Régime » (J. KRYNEN, « La figure du juge aux XIXe et XXe siècles », Le bien commun, France culture, 15 mars 2012).
[3] *Lamy Droit de l'informatique et des réseaux* 2011, n° 2325.
[4] Th. SCHULTZ, « La régulation en réseau du cyberespace », *RIEJ* 2005, n° 55, p. 32.
[5] Réf. à A. SUPIOT, « Du nouveau au self-service normatif : la responsabilité sociale des entreprises », in *Mélanges Jean Pélissier*, Dalloz, 2004, p. 541 s.
[6] Réf. à M. VIRALLY, « Un tiers droit ? Réflexions théoriques », in *Mélanges Berthold Goldman*, Litec, 1982, p. 377 s.
[7] G. TEUBNER, « Global Bukowina: Legal Pluralism in the World Society », in G. TEUBNER, dir., *Global Law without a State*, Aldershot (Dartmouth), 1997, p. 7 (cité par F. OST, M. VAN DE KERCHOVE, *De la pyramide au réseau ? – Pour une théorie dialectique du droit*, Publications des Facultés universitaires Saint-Louis (Bruxelles), 2002, p. 111).
[8] M. CASTELLS, *La société en réseau – t. I : L'ère de l'information* (1996), Fayard, 1998, p. 527.

intervenir »[1], sur un « libre-marché de règles »[2], et nombreux sont les acteurs du monde internetique à « rejet[er] les rois, les présidents et les lois, [à] croi[re] aux codes qui marchent »[3] et à s'adresser en ces termes aux États : « Nous espérons que nous serons capables d'élaborer nos solutions particulières [...], mais nous ne pouvons pas accepter les solutions que vous tentez de nous imposer »[4].

Pour autant, si ces spécificités du droit de la communication par internet sont ce qui confère à son étude un certain intérêt, il importe de se méfier des généralisations maladroites et de ne pas imaginer que tout le droit ni que la majorité du droit pourraient être aujourd'hui à son image. Les statistiques tirées de l'examen des droits de l'audiovisuel et des réseaux sont là pour le rappeler.

5. Une généralisation des leçons propres au droit de la communication par internet malvenue

Il serait dangereux épistémiquement de voir dans le droit de la communication par internet une branche du droit témoignant de la juridicité et de la normativité telles qu'elles se présentent le plus généralement aux yeux de l'observateur. Si le droit des communications électroniques est peut-être un sujet d'expérience à la bonne échelle, c'est parce qu'il est à la fois représentatif et symptomatique : le droit de la communication audiovisuelle et le droit des réseaux de communications électroniques sont représentatifs du droit encore aujourd'hui le plus ordinaire et habituel ; le droit de la communication par internet est symptomatique des « révolutions » qui affectent certains traits fondamentaux du droit, est annonciateur de ce que pourrait être le droit de demain. Il serait donc inconséquent de généraliser les constats opérés et les conclusions tirées à propos du droit de la communication par internet. Ce dernier est possiblement un « espace ingouvernable »[5], un « *Far West* juridique »[6] — marqué par l' « excès de

---

[1] *Lamy Droit des médias et de la communication* 2012, n° 466-30.

[2] D.-G. POST, « Anarchy, State and the Internet – An Essay on Law-Making in Cyberespace », *Journal of Online Law* 1995 (cité par *Lamy Droit des médias et de la communication* 2012, n° 466-30).

[3] D. CLARK (premier président de l'Interactive Advertising Bureau (IAB), cité par Ch. HUITEMA, *Et Dieu créa l'Internet...*, Eyrolles, 1995, p. 80).

[4] J.-P. BARLOW, « Déclaration d'indépendance du cybermonde », [en ligne] <freescape.eu>, 8 févr. 1996.

[5] I. FALQUE-PIERROTIN, « Internet et le droit », conférence à l'Académie des sciences morales et politiques, 26 mai 2008.

[6] P. DEPREZ, V. FAUCHOUX, *Le droit de l'Internet – Lois, contrats et usages*, Litec, coll. Professionnels, 2008, p. 1.

droit »[1] (compris comme excès de normes d'origines diverses et possiblement antagonistes) et non par le « vide juridique »[2] (seul le vide législatif serait possible[3]) — qui présente une architecture hyper-complexe[4], mais il n'en va certainement pas de même du droit dans son ensemble.

Les particularités sectorielles constituent une limite interdisant de tirer des conclusions générales à partir d'un exemple spécifique[5], *a fortiori* concernant le droit de la communication par internet qui est un « cas extrême ». Ses traits caractéristiques ne sont pas ceux du droit le plus commun ; ils ne sont pas même ceux du droit de la communication le plus commun ni ceux du droit des communications électroniques le plus commun. « L'océan, disait Jean Rivero, est peuplé d'une infinité de sardines et de quelques cœlacanthes. Et j'avoue que l'invocation du triomphe généralisé de la *soft law* me fait irrésistiblement penser à une théorie générale du peuplement halieutique qui serait établie sur l'observation des seules cœlacanthes et qui aurait totalement laissé les sardines de côté »[6]. On constate parfois le « tarissement de la loi comme source de droit »[7] ; pareille conclusion, qu'elle corresponde ou non à une réalité factuelle, ne saurait être autorisée par la seule observation d'une branche du droit aussi spécifique que le droit de la communication par internet.

Carbonnier mettait en garde ses lecteurs contre la tentation du « prophétisme » et de faire œuvre de « doctrinaire »[8]. Il fallait et faudra s'efforcer, en ces pages, de ne pas s'adonner à un tel penchant, par exemple en assurant que le droit de la communication par internet serait très exactement caractéristique d'un droit « postmoderne » censé dominer le

---

[1] M. VIVANT, « Préface », in Th. VERBIEST, É. WÉRY, *Le droit de l'internet et de la société de l'information – Droits européen, belge et français*, Larcier (Bruxelles), coll. Création information communication, 2001, p. 9.

[2] Récemment encore, G. HAAS, « L'identité usurpée sur l'internet : vide juridique », *RLDI* 2009, n° 47, p. 86 s.

[3] Il est permis de voir dans le principe selon lequel tout ce qui n'est pas interdit est permis l'arme absolue contre le vide juridique puisque toute « lacune » vaudrait permission (M.-C. RONDEAU-RIVIER, « L'alibi du vide juridique », *Économie et Humanisme* 1991, n° 318, p. 24).

[4] *Cf.* A. BAMDE, *Essai d'une théorie sur l'architecture normative du réseau internet*, th., Université Paris II - Panthéon-Assas, 2013.

[5] F. CAFAGGI, « Le rôle des acteurs privés dans les processus de régulation : participation, autorégulation et régulation privée », *RF adm. publ.* 2004, n° 109, p. 27.

[6] Cité par D. DE BÉCHILLON, « La structure des normes juridiques à l'épreuve de la postmodernité », in A. BERTHOUD, É. SERVERIN, dir., *La production des normes entre État et société civile – Les figures de l'institution et de la norme entre État et sociétés civiles*, L'Harmattan, 2000, p. 64.

[7] J.-C. BÉCANE, M. COUDERC, J.-L. HÉRIN, *La loi*, 2e éd., Dalloz, coll. Méthodes du droit, 2010, p. 57.

[8] J. CARBONNIER, *Flexible droit – Pour une sociologie du droit sans rigueur*, 8e éd., LGDJ, 1995, p. 43.

monde juridique et avoir remplacé le droit moderne. Il est d'ailleurs remarquable que les ouvrages de référence sur la question de la « postmodernité » juridique sont souvent coupables de carences en termes d'illustrations concrètes, ce qui témoigne d'un parti pris, d'un manque d'objectivité et d'empirisme, et conduit le lecteur à se demander s'il n'est finalement pas rendu compte de phénomènes marginaux dont l'impact serait artificiellement amplifié, à la façon journalistique qui ne peut pas être celle du scientifique du droit. L'exemple est un allié dangereux pour qui cherche à évaluer le changement dans la mesure où il a été sélectionné en raison de son exemplarité et, donc, plus ou moins consciemment, du fait de son adéquation privilégiée au modèle qu'il a pour fonction d'illustrer[1]. Aussi était-il et sera-t-il impératif, en ce livre, de ne pas surestimer les conclusions tirées de l'étude de la branche du droit sujet d'expérience.

Si l'impact de l'internet sur les sociétés et sur les modes de vie est considérable, à tel point qu'on fait du « réseau de réseaux » la troisième révolution industrielle et qu'on voit en lui le vecteur d'un « nouvel âge de l'humanité »[2], *le droit de la communication par internet* — ensemble normatif applicable à des robots autant qu'à des hommes[3] — *n'exerce pas une influence aussi profonde sur l'ensemble-droit et il serait impropre d'en faire le vecteur d'un « nouvel âge du droit »*.

Toutefois, si la communication par internet est le « meilleur exemple [...] [des] phénomènes que l'État peine à encadrer »[4] et qui seraient à l'origine de sa « crise »[5], il n'est pas interdit de voir dans le droit de la communication par internet les prémices de quelque renouveau du droit. Peut-être signe-t-il au moins un renouveau du droit de la communication[6] dès lors que les médias traditionnels tendent tous à migrer, totalement ou partiellement, vers l'outil internetique, tandis qu'apparaissent chaque jour de nouveaux services propres au réseau mondial[7]. Et il est envisageable que certaines conclusions opérées au sujet du droit de la communication par

---

[1] D. DE BÉCHILLON, « La structure des normes juridiques à l'épreuve de la postmodernité », in A. BERTHOUD, É. SERVERIN, dir., *La production des normes entre État et société civile – Les figures de l'institution et de la norme entre État et sociétés civiles*, L'Harmattan, 2000, p. 47.

[2] G. BABINET, *L'ère numérique, un nouvel âge de l'humanité*, Le Passeur, 2014.

[3] En 2013, 61,5 % du trafic par l'internet a été le fait de robots (« robot » désignant un programme procédant à des connexions sur internet de manière automatisée), le trafic d'origine humaine n'étant que de 38,5 % (Conseil d'État, *Le numérique et les droits fondamentaux*, La documentation française, coll. Les rapports du Conseil d'État, 2014, p. 50).

[4] F. POIRAT, « État », in D. ALLAND, S. RIALS, dir., *Dictionnaire de la culture juridique*, Lamy-Puf, coll. Quadrige-dicos poche, 2003, p. 644.

[5] *Ibid.*

[6] Par exemple, D. DE BELLESCIZE, L. FRANCESCHINI, *Droit de la communication*, 2e éd., Puf, coll. Thémis droit, 2011, p. 477.

[7] *Cf.* F. BALLE, *Médias et société*, 15e éd., Montchrestien, coll. Précis Domat, 2011, p. 234-235.

internet puissent l'être également à propos d'autres branches du droit ou même à propos du droit en général. Mais rechercher quand cela est le cas et dans quelles proportions cela est le cas excèderait l'objet de ces travaux. Aussi faut-il sans plus attendre en revenir à l'essentiel de ceux-ci et détailler l'ensemble des résultats de l'expérience de mesure du pluralisme juridique.

Section 4. L'ensemble des résultats de l'expérience

Peut-être aurait-il été peu porteur de s'attacher uniquement aux sources traditionnelles du droit (loi, jurisprudence et coutume) au moment d'envisager un sujet d'expérience tel que le droit des communications électroniques. Il fallait trouver les moyens d'intégrer à l'étude les sources les plus cachées, les moins visibles et immédiatement perceptibles, sans quoi l'expérience aurait risqué d'être faussée car reposant sur des données incorrectes. En ce sens, Carbonnier décrivait la difficulté suivante, propre à la doctrine juridique :

> *Nous avons tendance à retenir les phénomènes juridiques d'autant mieux qu'ils se présentent sous une forme matérielle. Le reste de la réalité juridique, c'est un peu comme les parties molles du corps humain qui, la mort venue, sont appelées à se décomposer, ne restant que le squelette. Le danger [...], c'est de prendre le squelette pour la réalité totale [...]. Le risque, c'est de ne retenir [...] que les formes faciles à retrouver par leur matérialité. [...] Il y a là un obstacle sérieux à une exacte connaissance des phénomènes pris dans leur ensemble : la forme de quelques-uns accapare l'attention des chercheurs.*[1]

L'un des principaux enjeux attachés au choix de retenir le droit des communications électroniques en tant qu'objet d'étude était donc de parvenir à bousculer les habitudes afin, notamment, d'accepter qu'il soit possible que des sources extraordinaires de normes juridiques concurrencent les sources ordinaires de normes juridiques. Si le droit de la communication par internet est fort dissemblable des autres sous-branches du droit des communications électroniques ainsi que de la plupart des branches du droit, il était nécessaire de se départir des aprioris propres à ces branches avant de l'envisager et, en premier lieu, il fallait admettre que diverses organisations privées puissent être de parfaites sources formelles du droit.

La *summa divisio* du droit des communications électroniques retenue a donc conduit à envisager les classiques droit des réseaux de communications électroniques et droit de la communication audiovisuelle,

---

[1] J. CARBONNIER, *Théorie sociologique des sources du droit*, Association corporative des étudiants en droit de l'Université Panthéon-Sorbonne, 1961, p. 37.

ainsi que les sous-branches de chacun (*1*), puis l'atypique droit de la communication par internet et ses sous-branches (*2*).

1. Le droit des réseaux de communications électroniques et le droit de la communication audiovisuelle

1.

Sources étatiques : 70 %
- sources étatiques politiques : 44 %
- sources étatiques spécialisées : 21 %
- sources étatiques juridictionnelles : 5 %

Sources publiques externes : 22 %
- sources européennes : 19 %
- sources internationales : 3%

Sources privées : 8 %

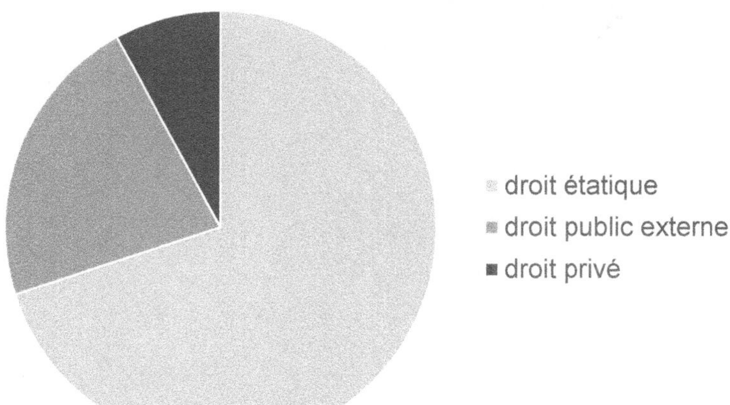

1.1. Le droit des réseaux de communications électroniques

2.

Sources étatiques : 65 %
- sources étatiques politiques : 45 %
- sources étatiques spécialisées : 15 %
- sources étatiques juridictionnelles : 5 %

Sources publiques externes : 32 %
- sources européennes : 28 %
- sources internationales : 4 %

Sources privées : 3 %

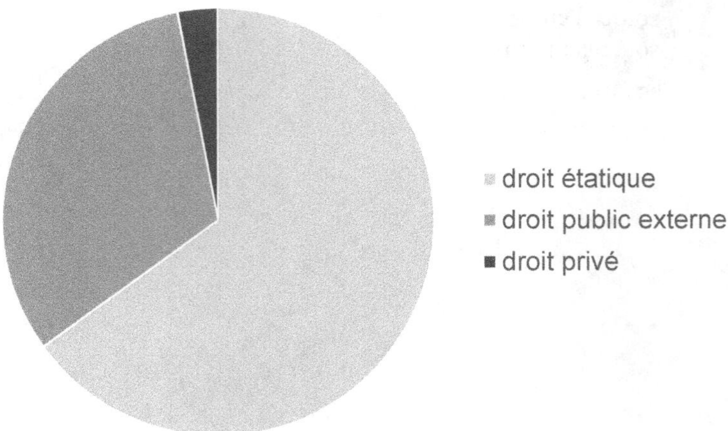

1.1.1. Le droit applicable aux infrastructures physiques des réseaux de communications électroniques

3.

Sources étatiques : 73 %
- sources étatiques politiques : 54 %
- sources étatiques spécialisées : 15 %
- sources étatiques juridictionnelles : 4 %

Sources publiques externes : 26 %
- sources européennes : 22 %
- sources internationales : 4 %

Sources privées : 1 %

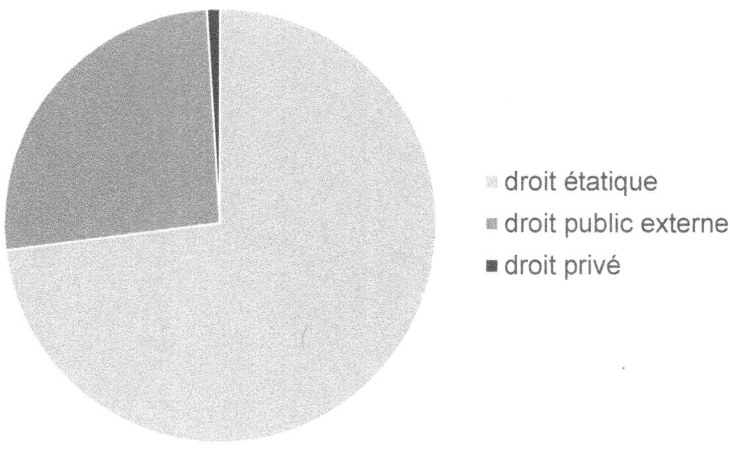

1.1.1.1. L'exploitation du spectre radioélectrique

4.

Sources étatiques : 75 %
- sources étatiques politiques : 52 %
- sources étatiques spécialisées : 18 %
- sources étatiques juridictionnelles : 6 %

Sources publiques externes : 25 %
- sources européennes : 20 %
- sources internationales : 5 %

Sources privées : 0 %

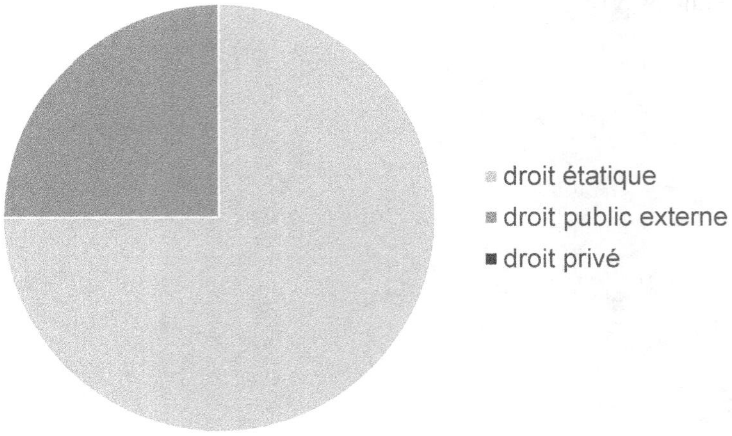

1.1.1.1.1. L'affectation des fréquences hertziennes aux services de communications électroniques autres qu'audiovisuelles

5.

Sources étatiques : 67 % (540 normes)
- sources étatiques politiques : 49 % (390 normes)
- sources étatiques spécialisées : 15 % (120 normes)
- sources étatiques juridictionnelles : 4 % (30 normes)

Sources publiques externes : 33 % (260 normes)
- sources européennes : 26 % (210 normes)
- sources internationales : 6 % (50 normes)

Sources privées : 0 % (0 norme)

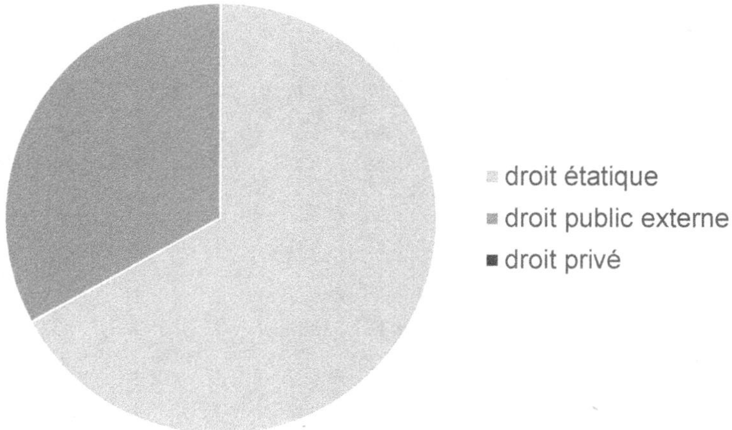

1.1.1.1.2. L'affectation des fréquences hertziennes aux services de communication audiovisuelle

6.

Sources étatiques : 83 % (480 normes)
- sources étatiques politiques : 55 % (320 normes)
- sources étatiques spécialisées : 21 % (120 normes)
- sources étatiques juridictionnelles : 7 % (40 normes)

Sources publiques externes : 17 % (100 normes)
- sources européennes : 14 % (80 normes)
- sources internationales : 3 % (20 normes)

Sources privées : 0 % (0 norme)

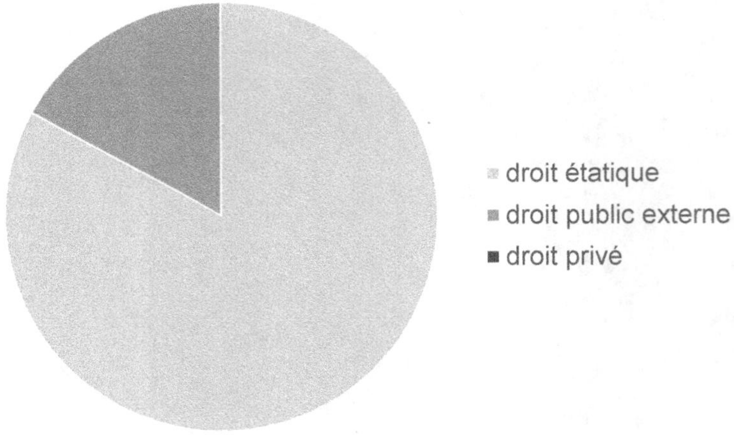

1.1.1.2. Le déploiement et la gestion des réseaux filaires

7.

Sources étatiques : 70 %

sources étatiques politiques : 57 %
sources étatiques spécialisées : 12 %
sources étatiques juridictionnelles : 1 %

Sources publiques externes : 27 %

sources européennes : 24 %
sources internationales : 3 %

Sources privées : 3 %

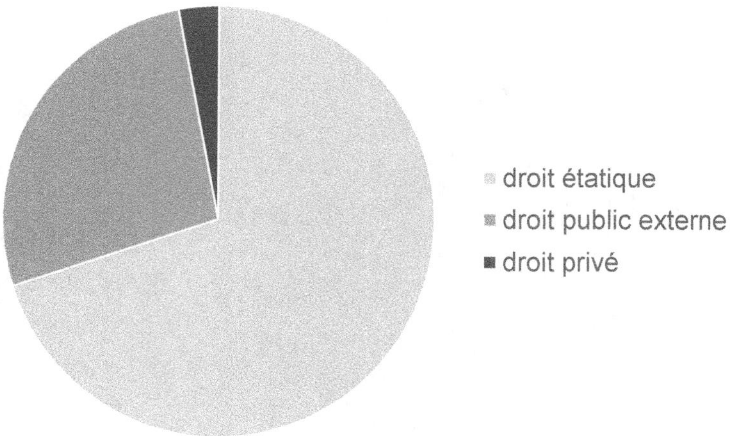

1.1.1.2.1. Les réseaux filaires utilisés par les services de communications électroniques autres qu'audiovisuelles

8.

Sources étatiques : 69 % (490 normes)

sources étatiques politiques : 58 % (410 normes)
sources étatiques spécialisées : 10 % (70 normes)
sources étatiques juridictionnelles : 1 % (10 normes)

Sources publiques externes : 24 % (170 normes)

sources européennes : 17 % (120 normes)
sources internationales : 7 % (50 normes)

Sources privées : 7 % (50 normes)

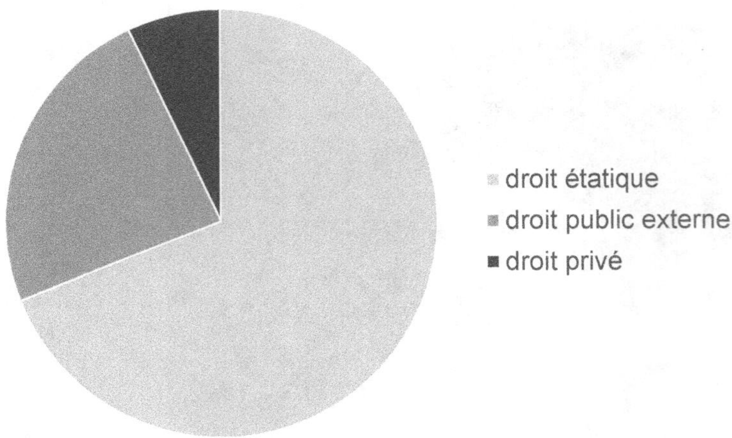

1.1.1.2.2. Les réseaux filaires empruntés par les services de communication audiovisuelle

9.

Sources étatiques : 70 % (140 normes)
sources étatiques politiques : 55 % (110 normes)
sources étatiques spécialisées : 15 % (30 normes)
sources étatiques juridictionnelles : 0 % (0 norme)

Sources publiques externes : 30 % (60 normes)
sources européennes : 30 % (60 normes)
sources internationales : 0 % (0 norme)

Sources privées : 0 % (0 norme)

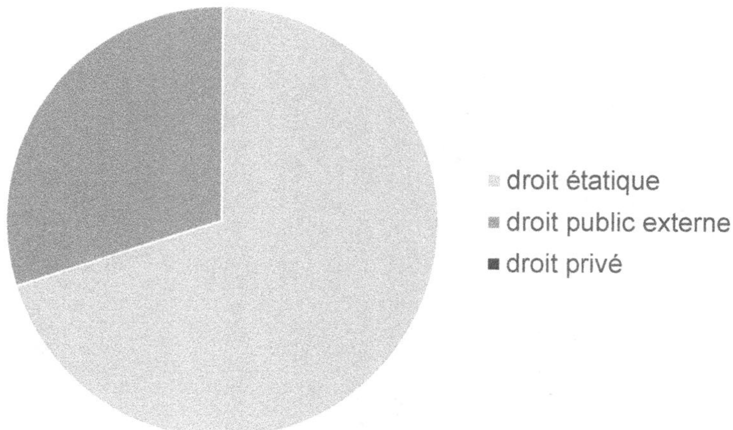

1.1.2. Le droit applicable aux services d'accès aux réseaux de communications électroniques

10.

Sources étatiques : 57 %
- sources étatiques politiques : 36 %
- sources étatiques spécialisées : 16 %
- sources étatiques juridictionnelles : 5 %

Sources publiques externes : 37 %
- sources européennes : 33 %
- sources internationales : 4 %

Sources privées : 6 %

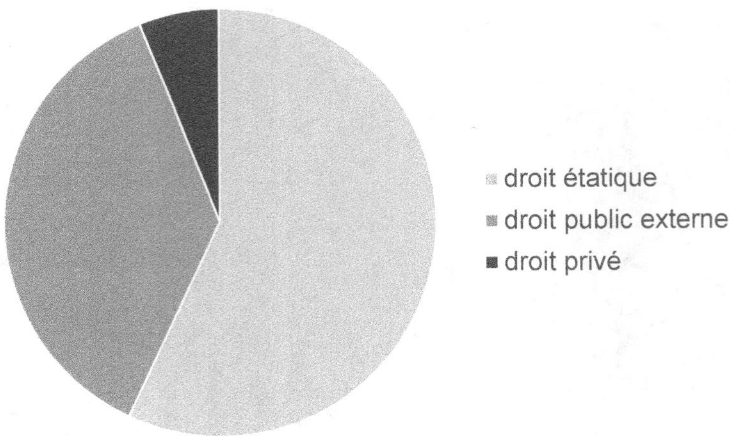

1.1.2.1. L'entrée sur le marché et sa régulation

11.

Sources étatiques : 53 %
- sources étatiques politiques : 30 %
- sources étatiques spécialisées : 20 %
- sources étatiques juridictionnelles : 3 %

Sources publiques externes : 47 %
- sources européennes : 43 %
- sources internationales : 4 %

Sources privées : 0 %

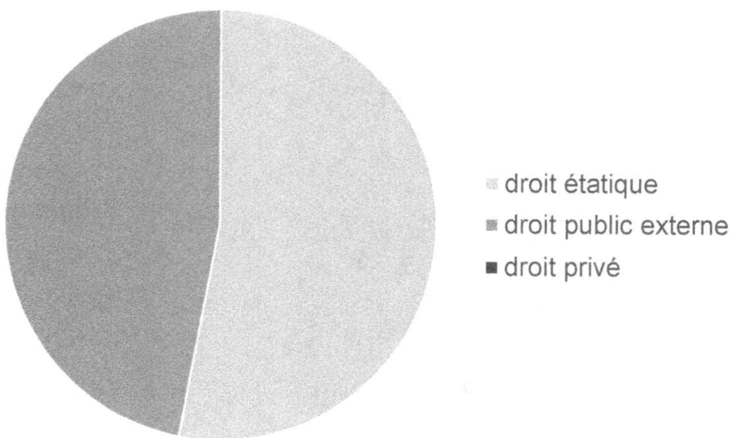

1.1.2.1.1. L'entrée sur le marché de la téléphonie fixe, de l'accès aux services de communication en ligne et de l'accès aux services de communication audiovisuelle et sa régulation

12.

Sources étatiques : 55 % (700 normes)
- sources étatiques politiques : 30 % (380 normes)
- sources étatiques spécialisées : 20 % (260 normes)
- sources étatiques juridictionnelles : 5 % (60 normes)

Sources publiques externes : 45 % (580 normes)
- sources européennes : 41 % (530 normes)
- sources internationales : 4 % (50 normes)

Sources privées : 0 % (0 norme)

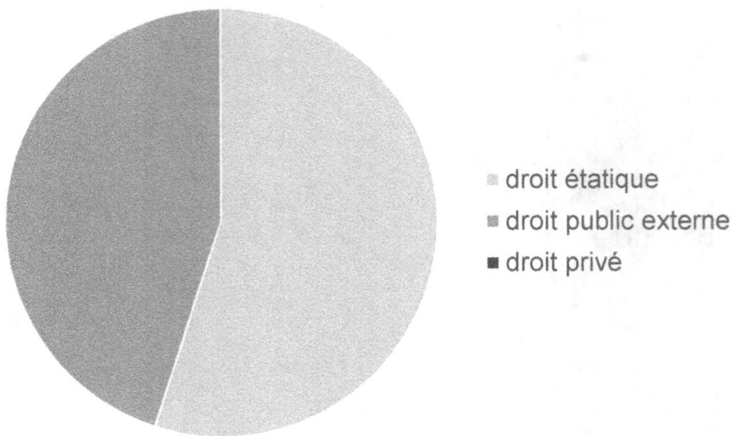

1.1.2.1.2. L'entrée sur le marché de la téléphonie mobile et sa régulation

13.

Sources étatiques : 51 % (270 normes)
- sources étatiques politiques : 30 % (160 normes)
- sources étatiques spécialisées : 19 % (100 normes)
- sources étatiques juridictionnelles : 2 % (10 normes)

Sources publiques externes : 49 % (260 normes)
- sources européennes : 45 % (240 normes)
- sources internationales : 4 % (20 normes)

Sources privées : 0 % (0 norme)

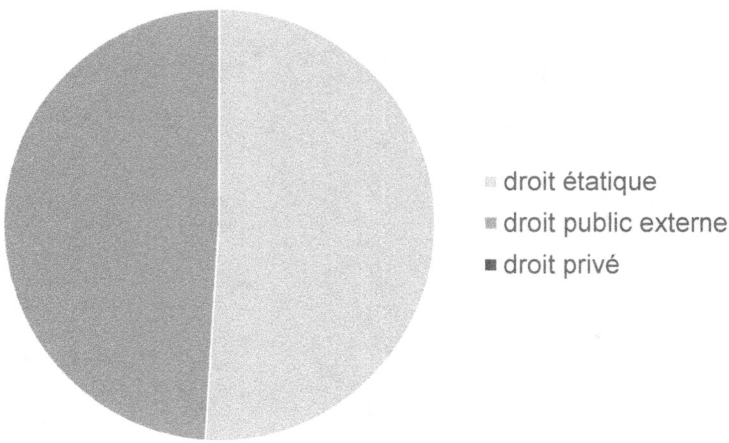

1.1.2.2. Les droits et les obligations des opérateurs

14.

Sources étatiques : 60 %
- sources étatiques politiques : 43 %
- sources étatiques spécialisées : 11 %
- sources étatiques juridictionnelles : 6 %

Sources publiques externes : 27 %
- sources européennes : 23 %
- sources internationales : 14 %

Sources privées : 13 %

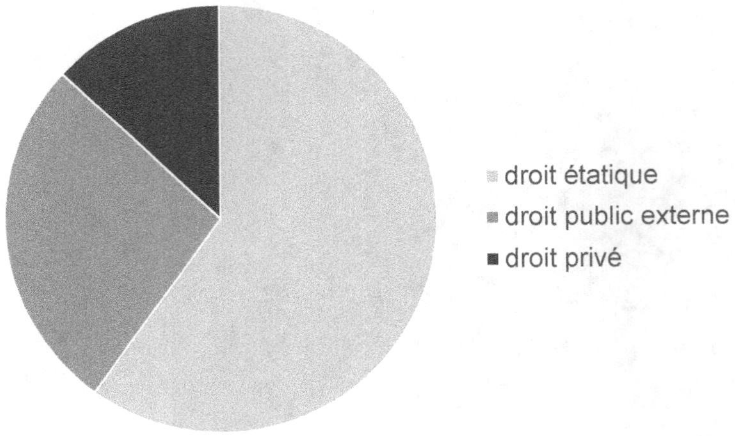

1.1.2.2.1. Les droits et les obligations des opérateurs de téléphonie fixe, d'accès aux services de communication en ligne et d'accès aux services de communication audiovisuelle

15.

Sources étatiques : 63 % (1590 normes)
- sources étatiques politiques : 47 % (1190 normes)
- sources étatiques spécialisées : 11 % (280 normes)
- sources étatiques juridictionnelles : 5 % (120 normes)

Sources publiques externes : 26 % (640 normes)
- sources européennes : 21 % (520 normes)
- sources internationales : 5 % (120 normes)

Sources privées : 11 % (280 normes)

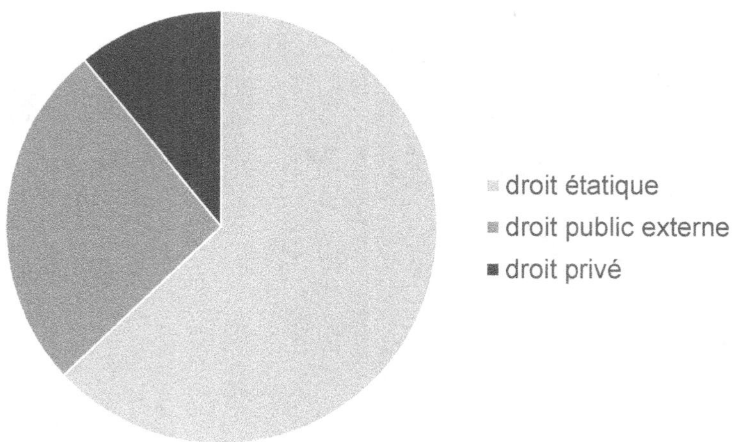

1.1.2.2.2. Les droits et les obligations des opérateurs de téléphonie mobile

16.

Sources étatiques : 56 % (550 normes)
- sources étatiques politiques : 39 % (380 normes)
- sources étatiques spécialisées : 11 % (110 normes)
- sources étatiques juridictionnelles : 6 % (60 normes)

Sources publiques externes : 28 % (270 normes)
- sources européennes : 24 % (240 normes)
- sources internationales : 3 % (30 normes)

Sources privées : 16 % (160 normes)

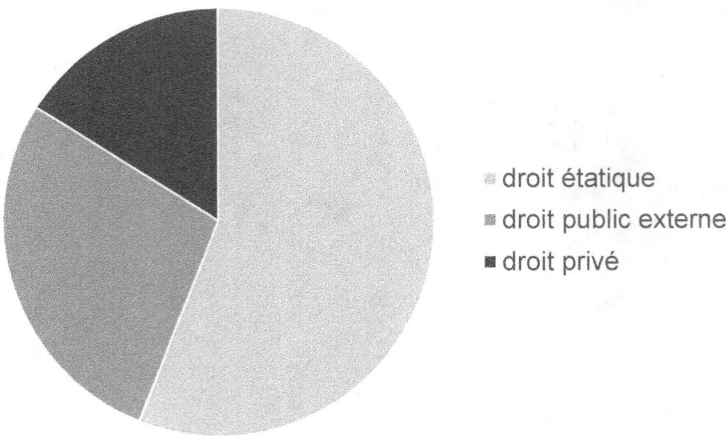

1.2. Le droit de la communication audiovisuelle

17.

Sources étatiques : 74 %
- sources étatiques politiques : 43 %
- sources étatiques spécialisées : 26 %
- sources étatiques juridictionnelles : 5 %

Sources publiques externes : 12 %
- sources européennes : 11 %
- sources internationales : 1 %

Sources privées : 14 %

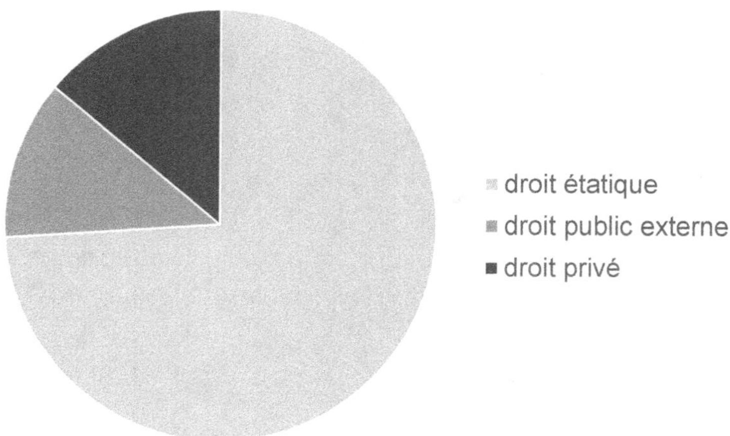

1.2.1. Le droit applicable aux sociétés éditrices de services de communication audiovisuelle

18.

Sources étatiques : 81 %
- sources étatiques politiques : 52 %
- sources étatiques spécialisées : 22 %
- sources étatiques juridictionnelles : 7 %

Sources publiques externes : 10 %
- sources européennes : 10 %
- sources internationales : 0 %

Sources privées : 9 %

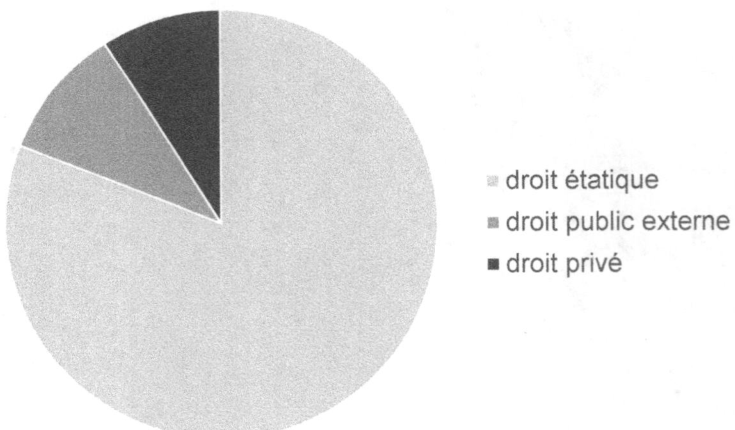

1.2.1.1. La création d'une société éditrice d'un service de communication audiovisuelle

19.

Sources étatiques : 89 %
- sources étatiques politiques : 49 %
- sources étatiques spécialisées : 30 %
- sources étatiques juridictionnelles : 10 %

Sources publiques externes : 11 %
- sources européennes : 11 %
- sources internationales : 0 %

Sources privées : 0 %

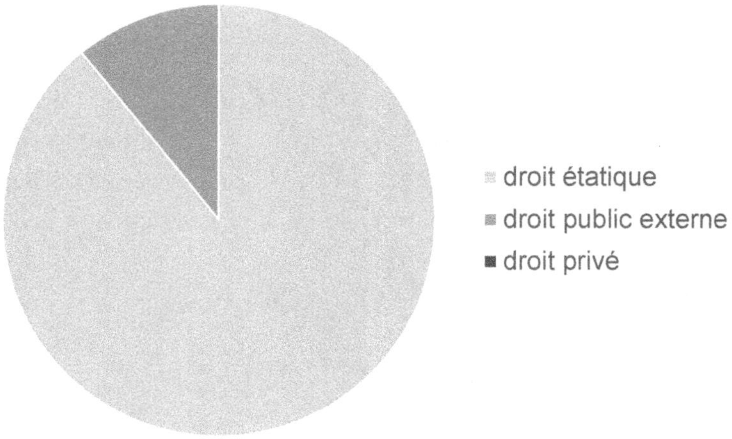

1.2.1.1.1. La création d'une société éditrice d'un service de télévision

20.

Sources étatiques : 88 % (370 normes)
sources étatiques politiques : 40 % (170 normes)
sources étatiques spécialisées : 38 % (160 normes)
sources étatiques juridictionnelles : 10 % (40 normes)

Sources publiques externes : 12 % (50 normes)
sources européennes : 12 % (50 normes)
sources internationales : 0 % (0 norme)

Sources privées : 0 % (0 norme)

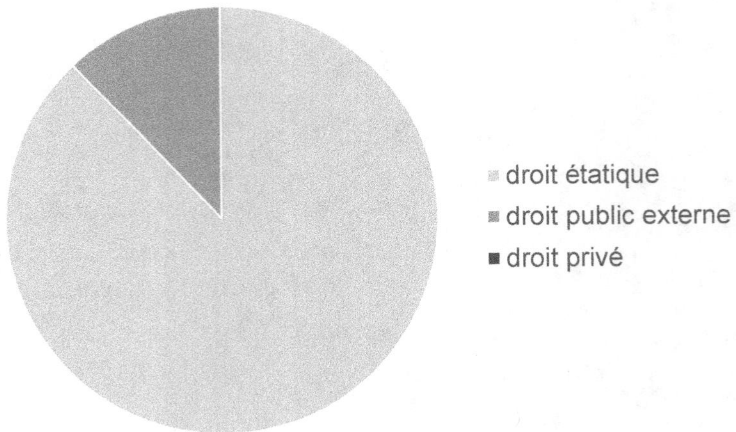

1.2.1.1.2. La création d'une société éditrice d'un service de radio

21.

Sources étatiques : 90 % (280 normes)
- sources étatiques politiques : 58 % (180 normes)
- sources étatiques spécialisées : 23 % (70 normes)
- sources étatiques juridictionnelles : 10 % (30 normes)

Sources publiques externes : 10 % (30 normes)
- sources européennes : 10 % (30 normes)
- sources internationales : 0 % (0 norme)

Sources privées : 0 % (0 norme)

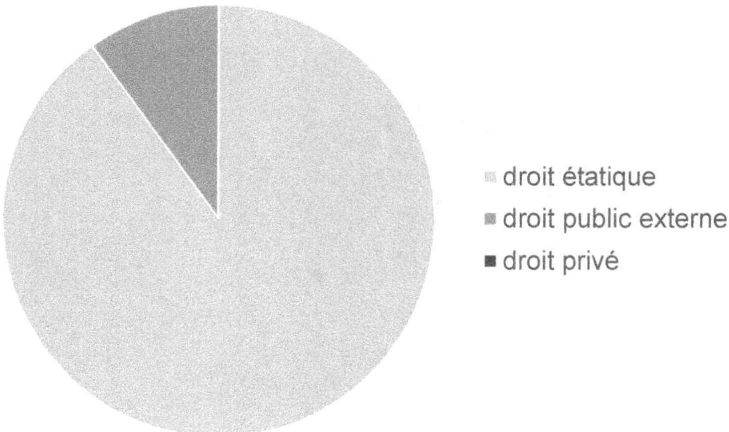

1.2.1.2. Les droits et obligations des sociétés éditrices de services de communication audiovisuelle

22.

Sources étatiques : 72 %
- sources étatiques politiques : 54 %
- sources étatiques spécialisées : 14 %
- sources étatiques juridictionnelles : 4 %

Sources publiques externes : 10 %
- sources européennes : 10 %
- sources internationales : 0 %

Sources privées : 18 %

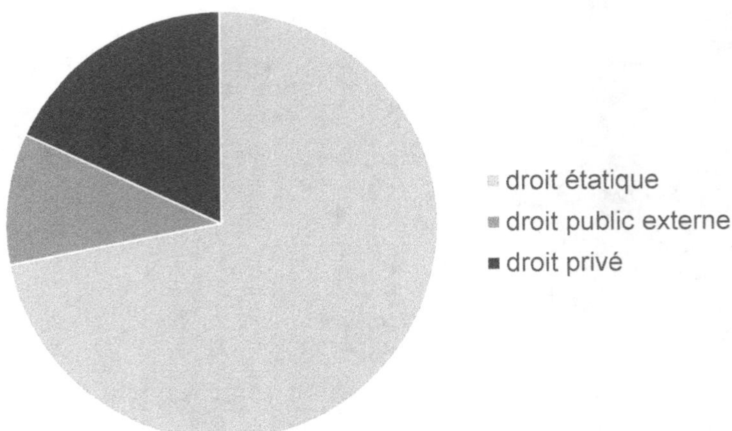

1.2.1.2.1. Les droits et obligations des sociétés éditrices de services de télévision

23.

Sources étatiques : 74 % (1350 normes)
- sources étatiques politiques : 52 % (940 normes)
- sources étatiques spécialisées : 20 % (360 normes)
- sources étatiques juridictionnelles : 3 % (50 normes)

Sources publiques externes : 10 % (180 normes)
- sources européennes : 10 % (180 normes)
- sources internationales : 0 % (0 norme)

Sources privées : 16 % (290 normes)

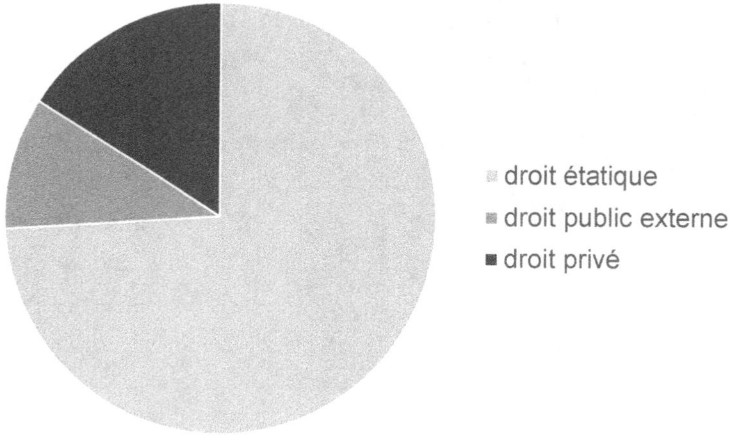

1.2.1.2.2. Les droits et obligations des sociétés éditrices de services de radio

24.

Sources étatiques : 69 % (270 normes)
- sources étatiques politiques : 56 % (220 normes)
- sources étatiques spécialisées : 8 % (30 normes)
- sources étatiques juridictionnelles : 5 % (20 normes)

Sources publiques externes : 10 % (40 normes)
- sources européennes : 10 % (40 normes)
- sources internationales : 0 % (0 norme)

Sources privées : 21 % (80 normes)

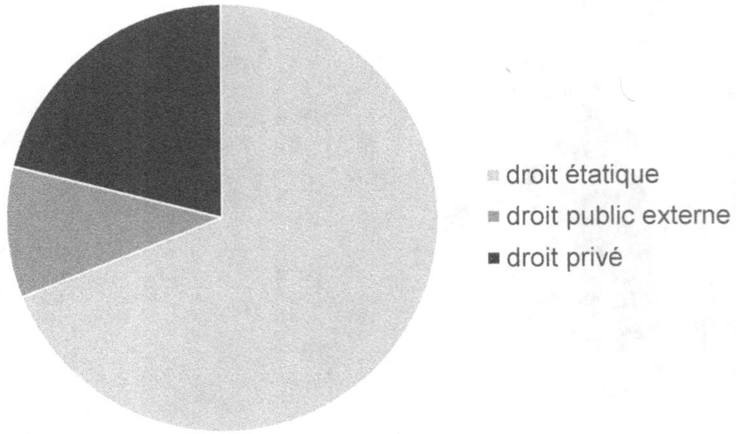

1.2.2. Le droit applicable aux services de communication audiovisuelle

25.

Sources étatiques : 67 %
- sources étatiques politiques : 35 %
- sources étatiques spécialisées : 29 %
- sources étatiques juridictionnelles : 3 %

Sources publiques externes : 14 %
- sources européennes : 12 %
- sources internationales : 2 %

Sources privées : 19 %

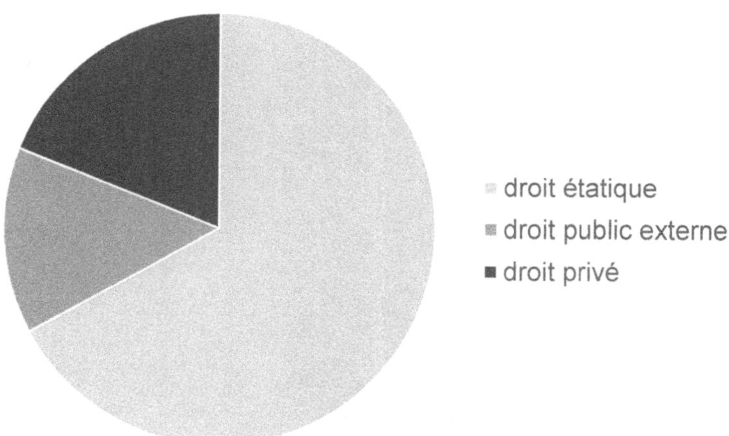

1.2.2.1. Le cadre juridique des programmes audiovisuels

26.

Sources étatiques : 74 %
- sources étatiques politiques : 35 %
- sources étatiques spécialisées : 35 %
- sources étatiques juridictionnelles : 4 %

Sources publiques externes : 10 %
- sources européennes : 8 %
- sources internationales : 2 %

Sources privées : 16 %

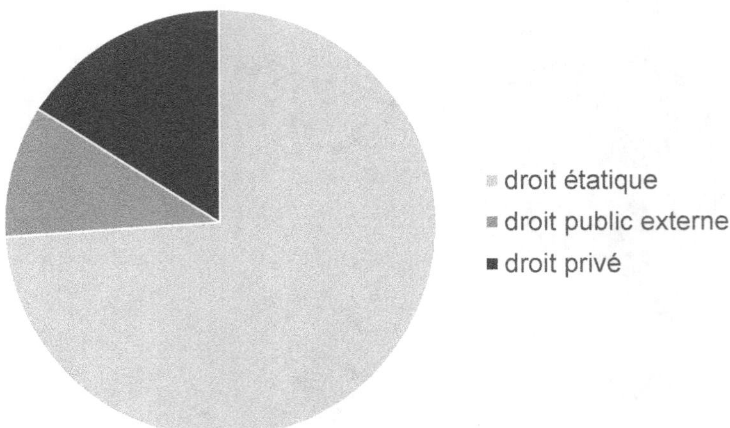

1.2.2.1.1. La diffusion des œuvres cinématographiques, audiovisuelles et musicales

27.

Sources étatiques : 71 % (460 normes)
- sources étatiques politiques : 49 % (320 normes)
- sources étatiques spécialisées : 20 % (130 normes)
- sources étatiques juridictionnelles : 2 % (10 normes)

Sources publiques externes : 12 % (80 normes)
- sources européennes : 11 % (70 normes)
- sources internationales : 2 % (10 normes)

Sources privées : 17 % (110 normes)

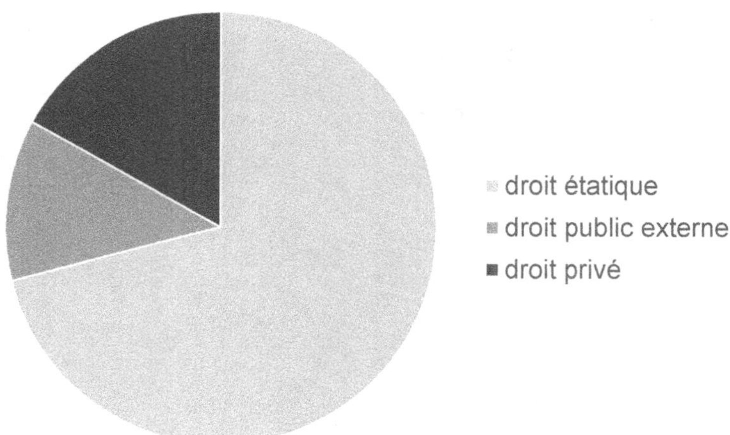

1.2.2.1.2. La diffusion de certaines émissions particulières

28.

Sources étatiques : 76 % (1080 normes)
- sources étatiques politiques : 20 % (280 normes)
- sources étatiques spécialisées : 51 % (730 normes)
- sources étatiques juridictionnelles : 5 % (70 normes)

Sources publiques externes : 9 % (130 normes)
- sources européennes : 6 % (90 normes)
- sources internationales : 3 % (40 normes)

Sources privées : 15 % (210 normes)

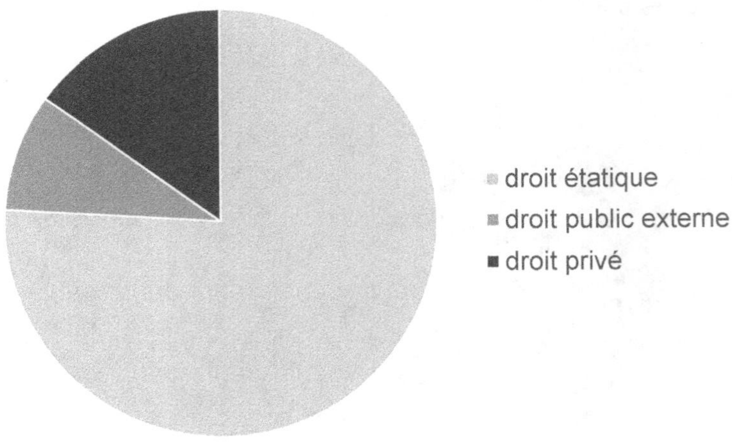

1.2.2.2. Le cadre juridique des émissions et messages publicitaires

29.

Sources étatiques : 59 %
- sources étatiques politiques : 35 %
- sources étatiques spécialisées : 22 %
- sources étatiques juridictionnelles : 2 %

Sources publiques externes : 18 %
- sources européennes : 17 %
- sources internationales : 1 %

Sources privées : 23 %

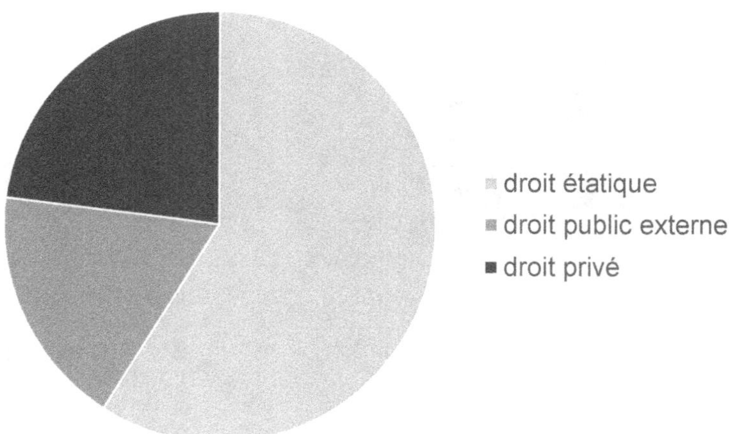

1.2.2.2.1. Les interruptions et séquences publicitaires

30.

Sources étatiques : 57 % (980 normes)
- sources étatiques politiques : 37 % (630 normes)
- sources étatiques spécialisées : 18 % (310 normes)
- sources étatiques juridictionnelles : 2 % (40 normes)

Sources publiques externes : 10 % (180 normes)
- sources européennes : 9 % (160 normes)
- sources internationales : 1 % (20 normes)

Sources privées : 33 % (560 normes)

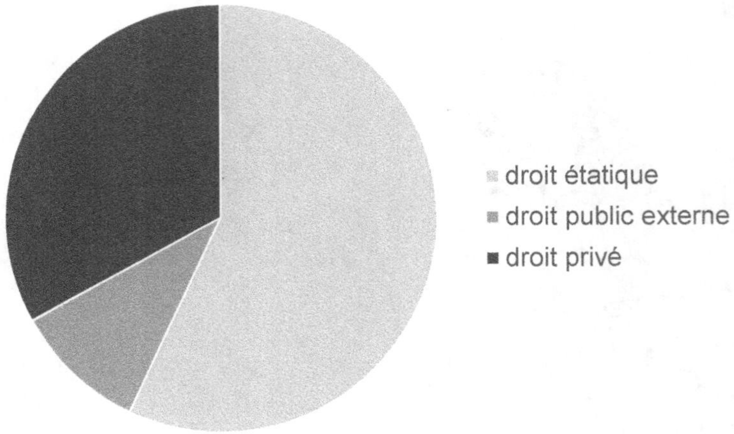

1.2.2.2.2. Le placement de produit, le parrainage et le télé-achat

31.

Sources étatiques : 61 % (270 normes)
- sources étatiques politiques : 32 % (140 normes)
- sources étatiques spécialisées : 27 % (120 normes)
- sources étatiques juridictionnelles : 2 % (10 normes)

Sources publiques externes : 25 % (110 normes)
- sources européennes : 25 % (110 normes)
- sources internationales : 0 % (0 norme)

Sources privées : 14 % (60 normes)

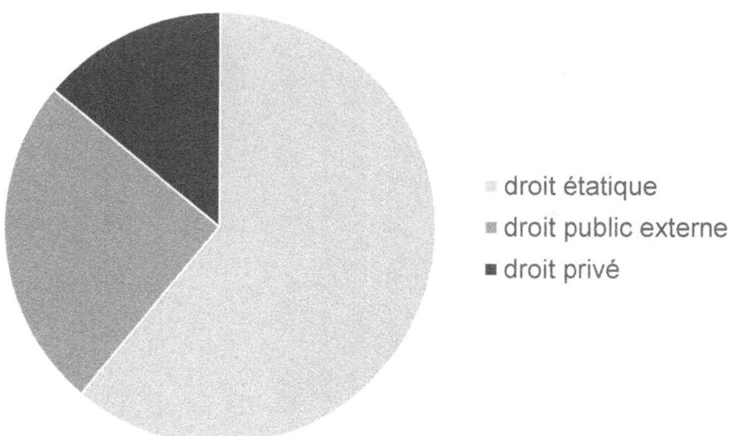

2. Le droit de la communication par internet

32.

Sources étatiques : 38 %

sources étatiques politiques : 21 %
sources étatiques spécialisées : 3 %
sources étatiques juridictionnelles : 14 %

Sources publiques externes : 22 %

sources européennes : 14 %
sources internationales : 8 %

Sources privées : 40 %

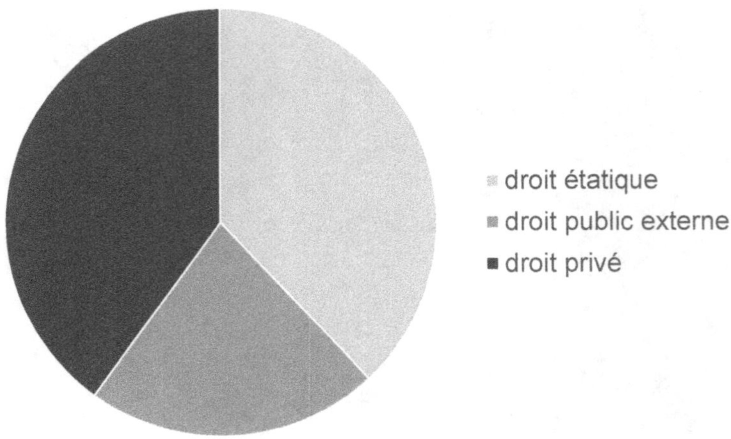

2.1. Le droit du contenant des services de communication par internet

33.

Sources étatiques : 30 %
- sources étatiques politiques : 15 %
- sources étatiques spécialisées : 1 %
- sources étatiques juridictionnelles : 14 %

Sources publiques externes : 19 %
- sources européennes : 11 %
- sources internationales : 8 %

Sources privées : 51 %

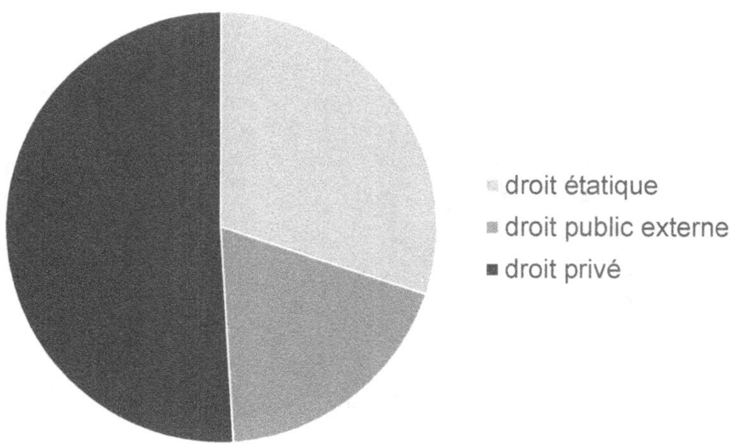

2.1.1. Le droit applicable à l'internet

34.

Sources étatiques : 33 %
- sources étatiques politiques : 16 %
- sources étatiques spécialisées : 1 %
- sources étatiques juridictionnelles : 16 %

Sources publiques externes : 20 %
- sources européennes : 13 %
- sources internationales : 7 %

Sources privées : 47 %

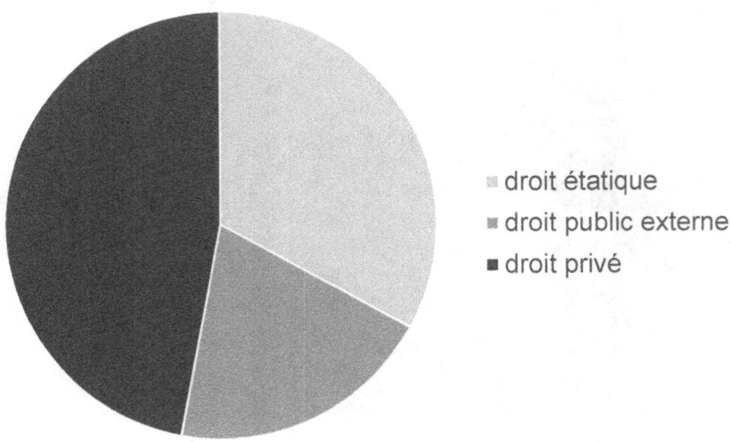

2.1.1.1. La normalisation de l'internet

35.

Sources étatiques : 5 %
- sources étatiques politiques : 5 %
- sources étatiques spécialisées : 0 %
- sources étatiques juridictionnelles : 0 %

Sources publiques externes : 16 %
- sources européennes : 3 %
- sources internationales : 13 %

Sources privées : 79 %

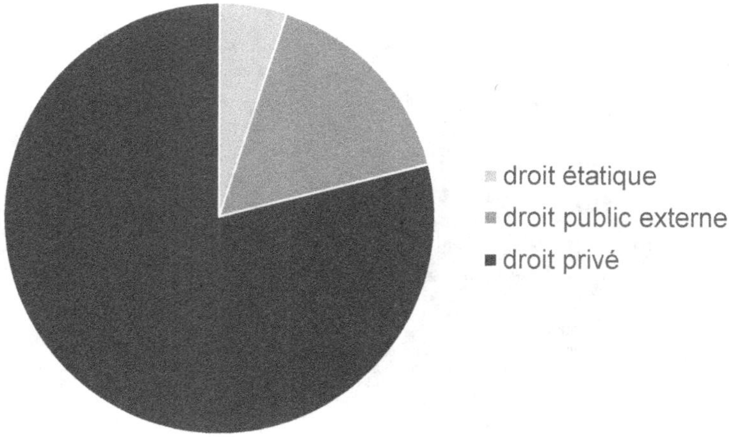

2.1.1.1.1. L'établissement des standards et protocoles essentiels

36.

Sources étatiques : 0 % (0 norme)
- sources étatiques politiques : 0 % (0 norme)
- sources étatiques spécialisées : 0 % (0 norme)
- sources étatiques juridictionnelles : 0 % (0 norme)

Sources publiques externes : 11 % (40 normes)
- sources européennes : 0 % (0 norme)
- sources internationales : 11 % (40 normes)

Sources privées : 89 % (320 normes)

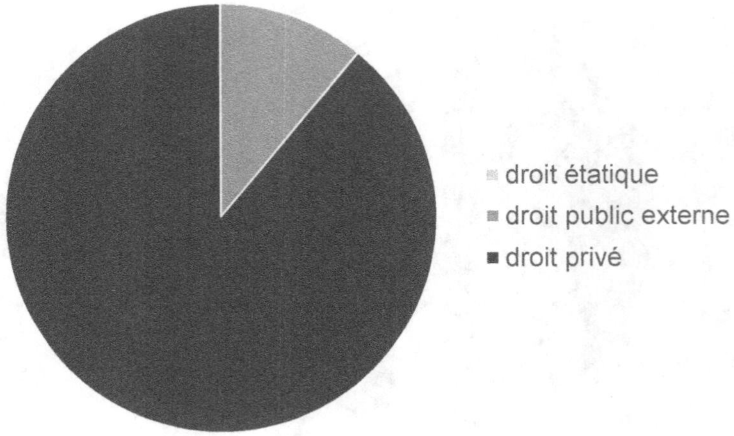

2.1.1.1.2. L'établissement des standards et protocoles accessoires

37.

Sources étatiques : 11 % (50 normes)
- sources étatiques politiques : 11 % (50 normes)
- sources étatiques spécialisées : 0 % (0 norme)
- sources étatiques juridictionnelles : 0 % (0 norme)

Sources publiques externes : 21 % (90 normes)
- sources européennes : 7 % (30 normes)
- sources internationales : 14 % (60 normes)

Sources privées : 68 % (300 normes)

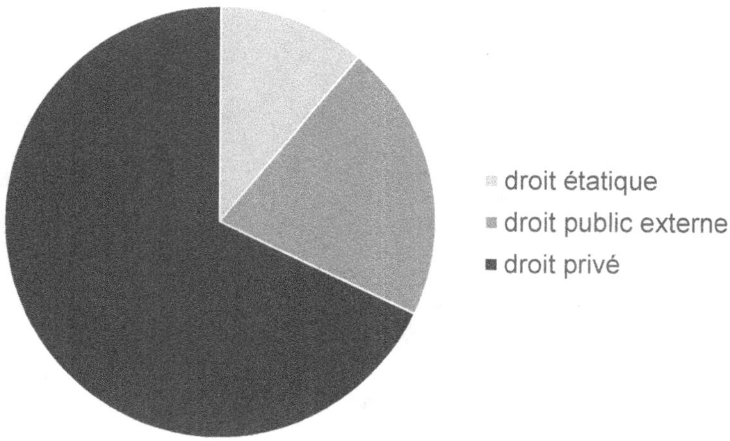

2.1.1.2. L'hébergement de services de communication par internet

38.

Sources étatiques : 62 %
- sources étatiques politiques : 28 %
- sources étatiques spécialisées : 2 %
- sources étatiques juridictionnelles : 32 %

Sources publiques externes : 24 % (normes)
- sources européennes : 24 %
- sources internationales : 0 %

Sources privées : 14 %

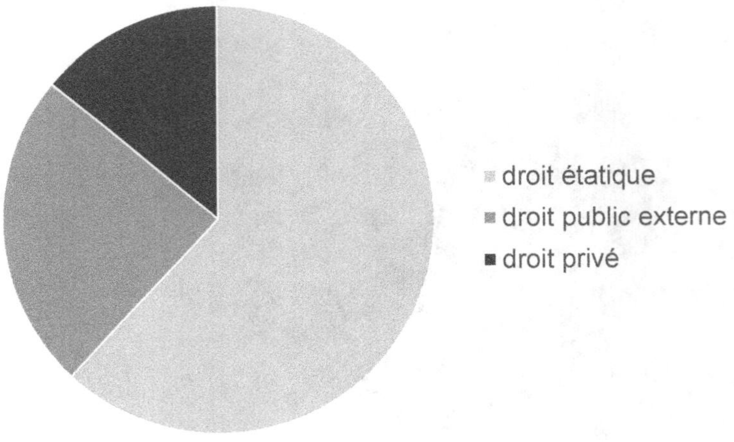

2.1.1.2.1. La définition des fournisseurs d'hébergement

39.

Sources étatiques : 67 % (180 normes)
- sources étatiques politiques : 19 % (50 normes)
- sources étatiques spécialisées : 0 % (0 norme)
- sources étatiques juridictionnelles : 48 % (130 normes)

Sources publiques externes : 26 % (70 normes)
- sources européennes : 26 % (70 normes)
- sources internationales : 0 % (0 norme)

Sources privées : 7 % (20 normes)

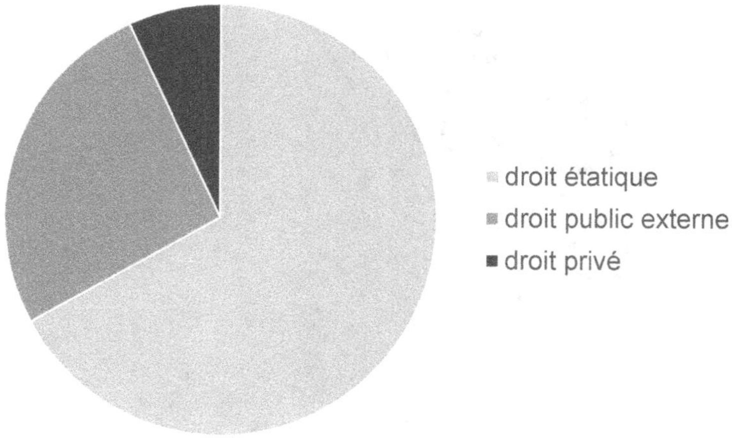

2.1.1.2.2. La responsabilité des fournisseurs d'hébergement

40.

Sources étatiques : 58 % (320 normes)
- sources étatiques politiques : 38 % (210 normes)
- sources étatiques spécialisées : 4 % (20 normes)
- sources étatiques juridictionnelles : 16 % (90 normes)

Sources publiques externes : 22 % (120 normes)
- sources européennes : 22 % (120 normes)
- sources internationales : 0 % (0 norme)

Sources privées : 20 % (110 normes)

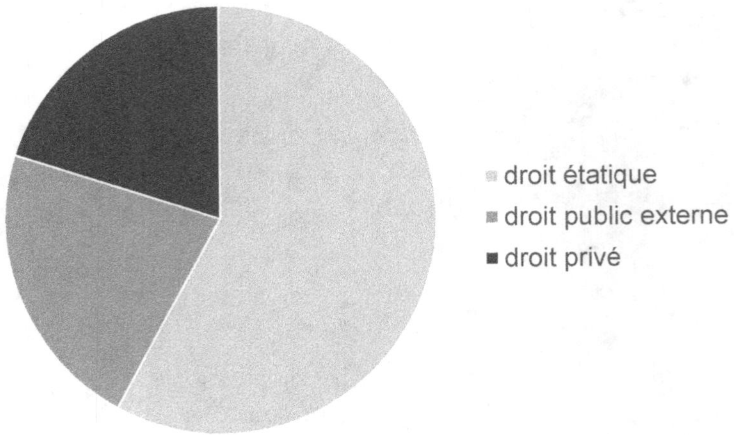

2.1.2. Le droit applicable aux noms de domaine

41.

Sources étatiques : 28 %
- sources étatiques politiques : 14 %
- sources étatiques spécialisées : 1 %
- sources étatiques juridictionnelles : 13 %

Sources publiques externes : 17 %
- sources européennes : 9 %
- sources internationales : 8 %

Sources privées : 55 %

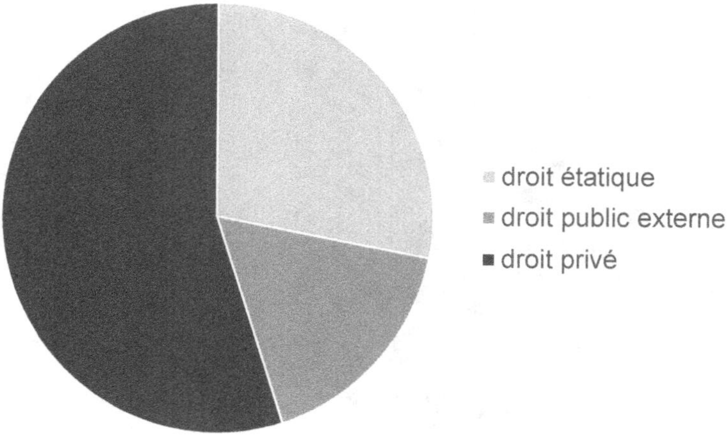

2.1.2.1. L'attribution des noms de domaine

42.

Sources étatiques : 26 % (normes)
- sources étatiques politiques : 19 % (normes)
- sources étatiques spécialisées : 2 % (normes)
- sources étatiques juridictionnelles : 5 % (normes)

Sources publiques externes : 10 % (normes)
- sources européennes : 10 % (normes)
- sources internationales : 0 % (normes)

Sources privées : 64 % (normes)

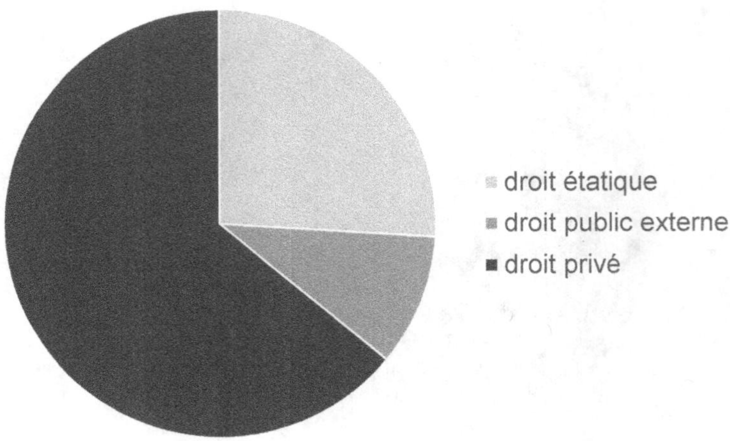

2.1.2.1.1. L'attribution des extensions génériques

43.

Sources étatiques : 0 % (0 norme)
sources étatiques politiques : 0 % (0 norme)
sources étatiques spécialisées : 0 % (0 norme)
sources étatiques juridictionnelles : 0 % (0 norme)

Sources publiques externes : 0 % (0 norme)
sources européennes : 0 % (0 norme)
sources internationales : 0 % (0 norme)

Sources privées : 100 % (190 normes)

2.1.2.1.2. L'attribution des extensions géographiques

44.

Sources étatiques : 52 % (220 normes)
- sources étatiques politiques : 38 % (160 normes)
- sources étatiques spécialisées : 5 % (20 normes)
- sources étatiques juridictionnelles : 10 % (40 normes)

Sources publiques externes : 20 % (80 normes)
- sources européennes : 20 % (80 normes)
- sources internationales : 0 % (0 norme)

Sources privées : 28 % (120 normes)

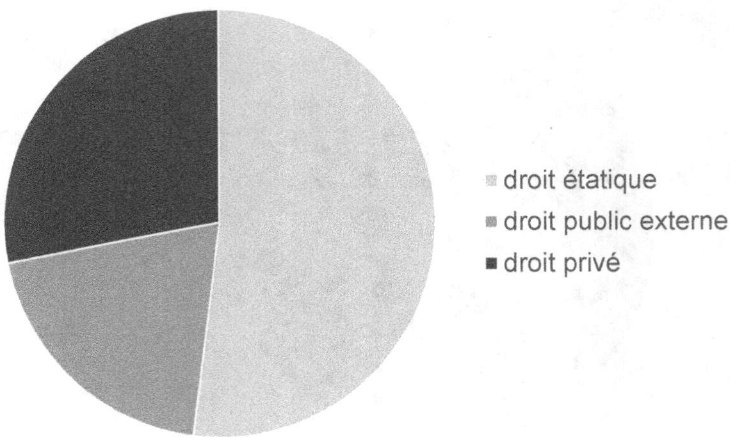

2.1.2.2. Le contentieux des noms de domaine

45.

Sources étatiques : 31 %
- sources étatiques politiques : 10 %
- sources étatiques spécialisées : 0 %
- sources étatiques juridictionnelles : 21 %

Sources publiques externes : 24 %
- sources européennes : 7 %
- sources internationales : 17 %

Sources privées : 45 %

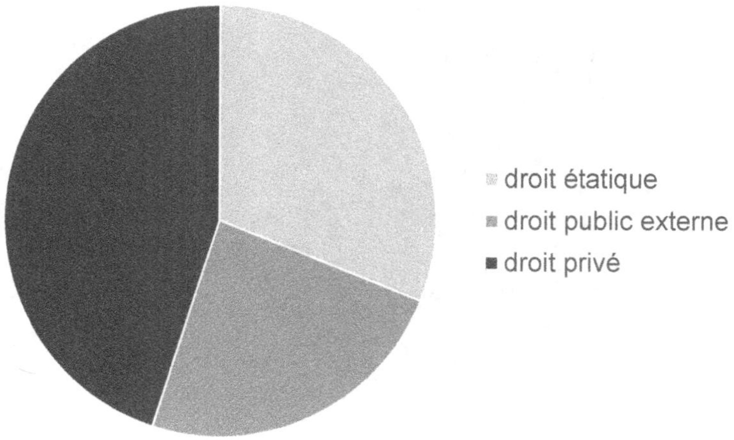

2.1.2.2.1. Le contentieux relatif aux extensions génériques

46.

Sources étatiques : 7 % (20 normes)
- sources étatiques politiques : 0 % (0 norme)
- sources étatiques spécialisées : 0 % (0 norme)
- sources étatiques juridictionnelles : 7 % (20 normes)

Sources publiques externes : 21 % (60 normes)
- sources européennes : 0 % (0 norme)
- sources internationales : 21 % (61 normes)

Sources privées : 72 % (200 normes)

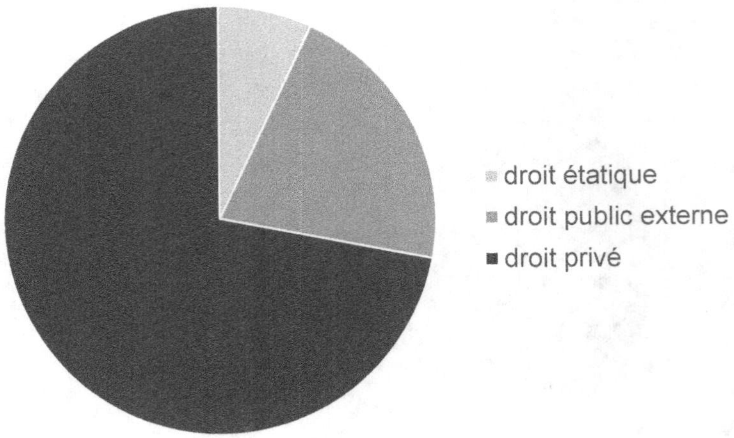

2.1.2.2.2. Le contentieux relatif aux extensions géographiques

47.

Sources étatiques : 56 % (220 normes)
- sources étatiques politiques : 21 % (80 normes)
- sources étatiques spécialisées : 0 % (0 norme)
- sources étatiques juridictionnelles : 36 % (140 normes)

Sources publiques externes : 26 % (100 normes)
- sources européennes : 13 % (50 normes)
- sources internationales : 13 % (50 normes)

Sources privées : 18 % (70 normes)

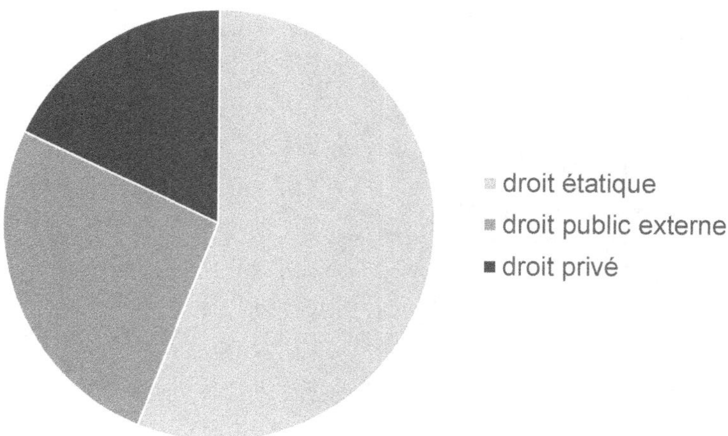

2.2. Le droit du contenu des services de communication par internet

48.

Sources étatiques : 45 %
 sources étatiques politiques : 27 %
 sources étatiques spécialisées : 4 %
 sources étatiques juridictionnelles : 14 %

Sources publiques externes : 26 %
 sources européennes : 17 %
 sources internationales : 9 %

Sources privées : 29 %

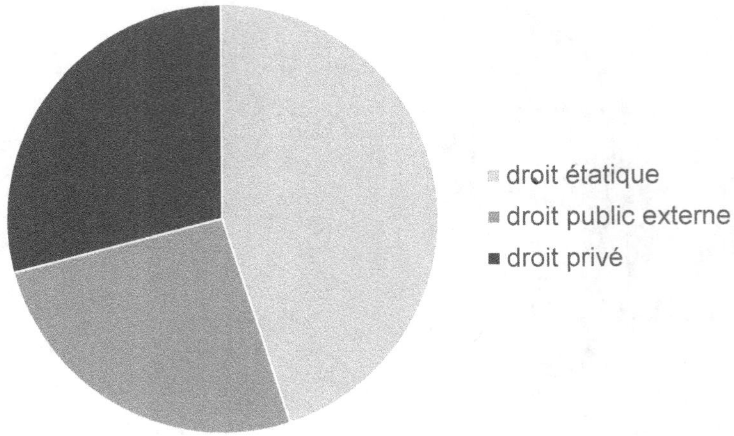

2.2.1. Le droit applicable aux services de commerce électronique

49.

Sources étatiques : 42 %
- sources étatiques politiques : 24 %
- sources étatiques spécialisées : 5 %
- sources étatiques juridictionnelles : 13 %

Sources publiques externes : 18 %
- sources européennes : 14 %
- sources internationales : 4 %

Sources privées : 40 %

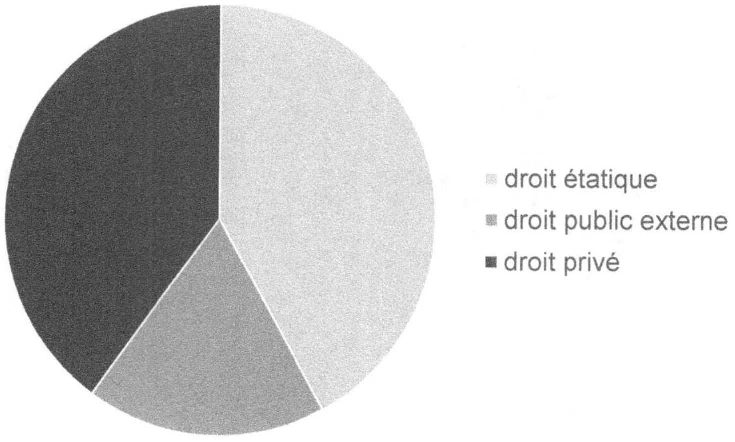

2.2.1.1. L'activité des services de commerce électronique

50.

Sources étatiques : 44 %
- sources étatiques politiques : 30 %
- sources étatiques spécialisées : 7 %
- sources étatiques juridictionnelles : 7 %

Sources publiques externes : 22 %
- sources européennes : 14 %
- sources internationales : 8 %

Sources privées : 34 %

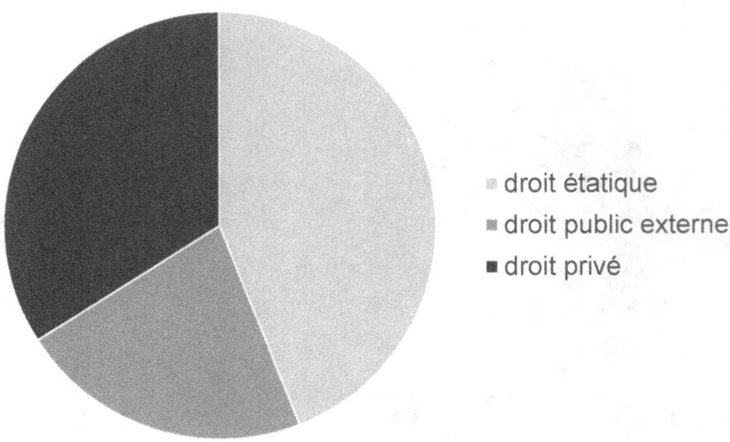

2.2.1.1.1. Les droits et obligations des services de commerce électronique

51.

Sources étatiques : 36 % (610 normes)
- sources étatiques politiques : 26 % (430 normes)
- sources étatiques spécialisées : 4 % (70 normes)
- sources étatiques juridictionnelles : 7 % (110 normes)

Sources publiques externes : 26 % (430 normes)
- sources européennes : 16 % (270 normes)
- sources internationales : 10 % (160 normes)

Sources privées : 38 % (630 normes)

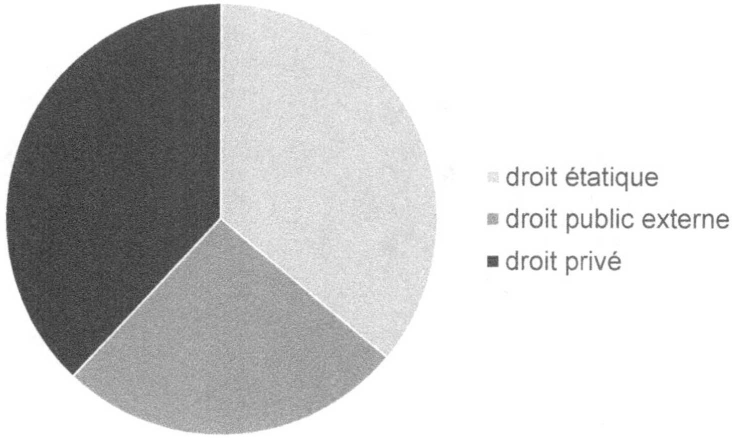

2.2.1.1.2. Les secteurs spécialement règlementés du commerce électronique

52.

Sources étatiques : 52 % (1270 normes)
- sources étatiques politiques : 35 % (860 normes)
- sources étatiques spécialisées : 11 % (260 normes)
- sources étatiques juridictionnelles : 6 % (150 normes)

Sources publiques externes : 18 % (440 normes)
- sources européennes : 13 % (310 normes)
- sources internationales : 5 % (130 normes)

Sources privées : 30 % (730 normes)

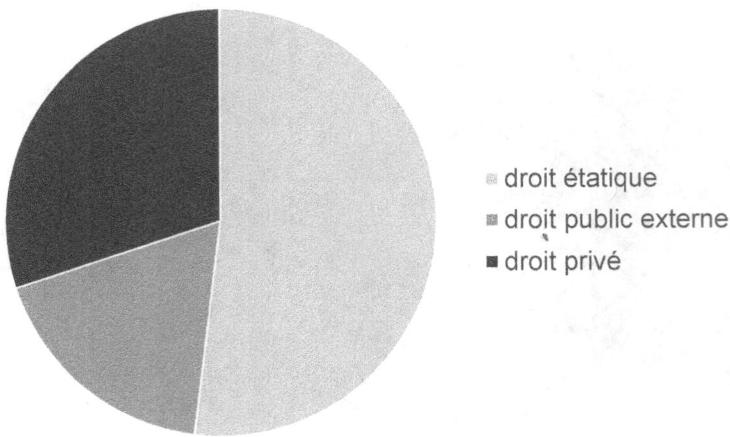

2.2.1.2. La visibilité des services de commerce électronique

53.

Sources étatiques : 41 %
- sources étatiques politiques : 19 %
- sources étatiques spécialisées : 3 %
- sources étatiques juridictionnelles : 19 %

Sources publiques externes : 14 %
- sources européennes : 14 %
- sources internationales : 0 %

Sources privées : 45 %

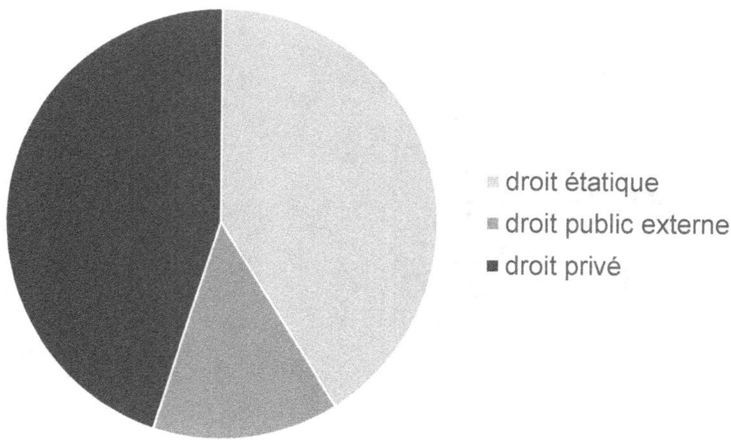

2.2.1.2.1. La publicité par voie électronique

54.

Sources étatiques : 34 % (470 normes)
- sources étatiques politiques : 27 % (370 normes)
- sources étatiques spécialisées : 2 % (30 normes)
- sources étatiques juridictionnelles : 5 % (70 normes)

Sources publiques externes : 15 % (200 normes)
- sources européennes : 15 % (200 normes)
- sources internationales : 0 % (0 norme)

Sources privées : 51 % (700 normes)

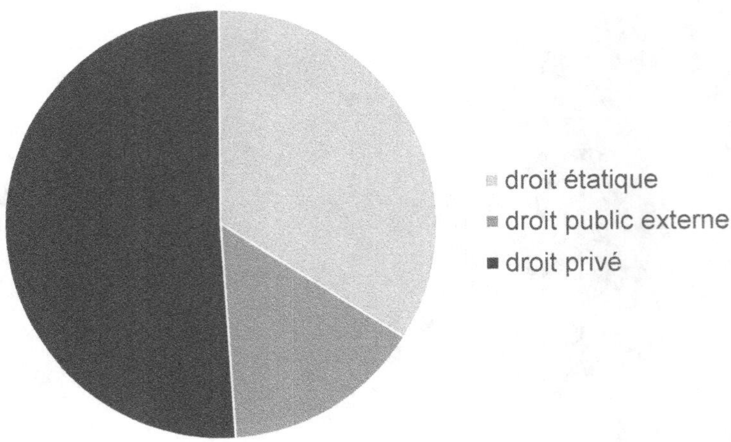

2.2.1.2.2. Le référencement électronique

55.

Sources étatiques : 48 % (180 normes)
- sources étatiques politiques : 11 % (40 normes)
- sources étatiques spécialisées : 5 % (20 normes)
- sources étatiques juridictionnelles : 32 % (120 normes)

Sources publiques externes : 14 % (50 normes)
- sources européennes : 14 % (50 normes)
- sources internationales : 0 % (0 norme)

Sources privées : 38 % (140 normes)

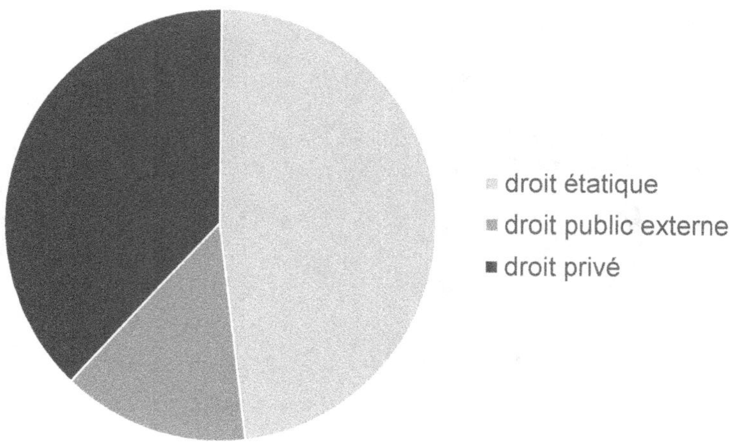

2.2.2. Le droit applicable aux contenus illicites

56.

Sources étatiques : 49 %
- sources étatiques politiques : 31 %
- sources étatiques spécialisées : 3 %
- sources étatiques juridictionnelles : 15 %

Sources publiques externes : 33 %
- sources européennes : 19 %
- sources internationales : 14 %

Sources privées : 18 %

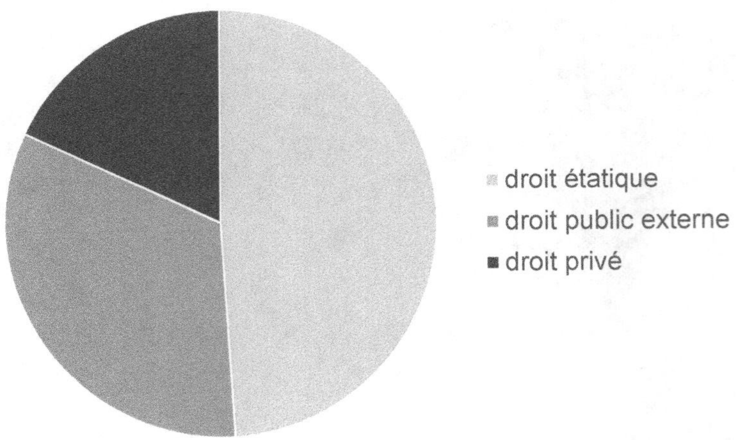

2.2.2.1. La définition des contenus interdits

57.

Sources étatiques : 44 %

sources étatiques politiques : 29 %
sources étatiques spécialisées : 6 %
sources étatiques juridictionnelles : 9 %

Sources publiques externes : 32 %

sources européennes : 17 %
sources internationales : 15 %

Sources privées : 24 %

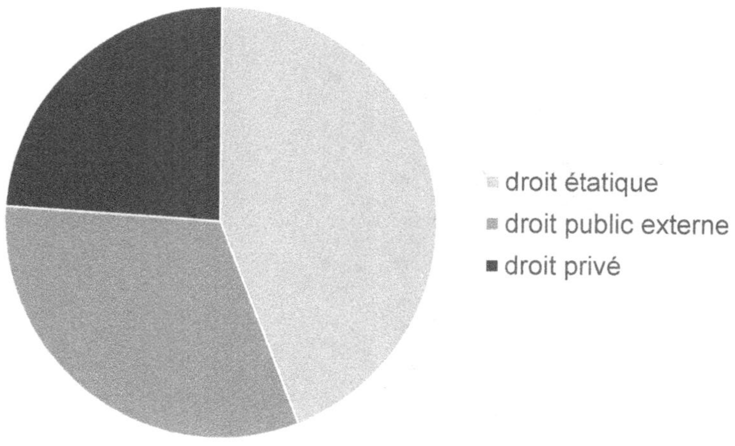

2.2.2.1.1. La protection de la propriété intellectuelle

58.

Sources étatiques : 46 % (1730 normes)
sources étatiques politiques : 31 % (1150 normes)
sources étatiques spécialisées : 5 % (180 normes)
sources étatiques juridictionnelles : 11 % (400 normes)

Sources publiques externes : 31 % (1150 normes)
sources européennes : 18 % (660 normes)
sources internationales : 13 % (490 normes)

Sources privées : 23 % (870 normes)

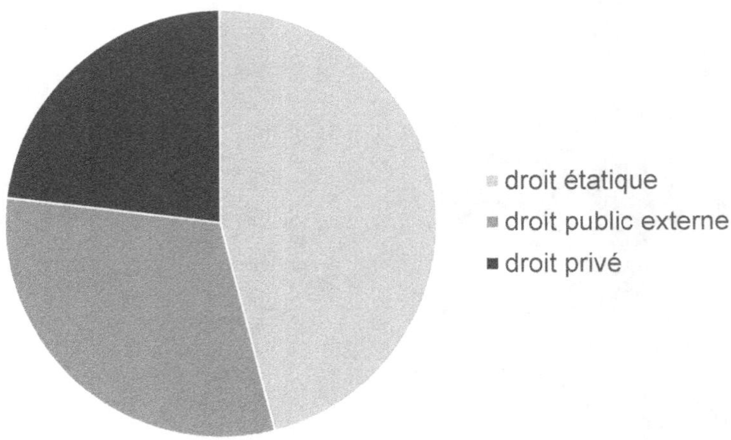

2.2.2.1.2. La protection des données personnelles et de l'ordre public

59.

Sources étatiques : 41 % (1720 normes)
- sources étatiques politiques : 27 % (1130 normes)
- sources étatiques spécialisées : 7 % (280 normes)
- sources étatiques juridictionnelles : 7 % (310 normes)

Sources publiques externes : 33 % (1380 normes)
- sources européennes : 16 % (680 normes)
- sources internationales : 17 % (700 normes)

Sources privées : 26 % (1060 normes)

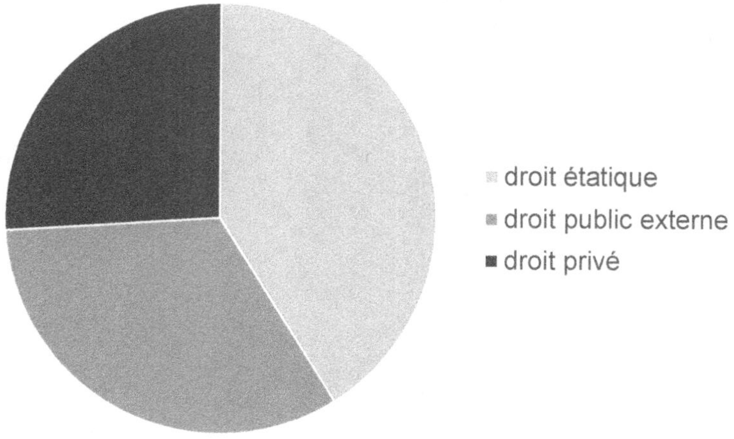

2.2.2.2. La sanction des responsables de contenus interdits

60.

Sources étatiques : 54 %
- sources étatiques politiques : 32 %
- sources étatiques spécialisées : 0 %
- sources étatiques juridictionnelles : 22 %

Sources publiques externes : 35 %
- sources européennes : 21 %
- sources internationales : 14 %

Sources privées : 11 %

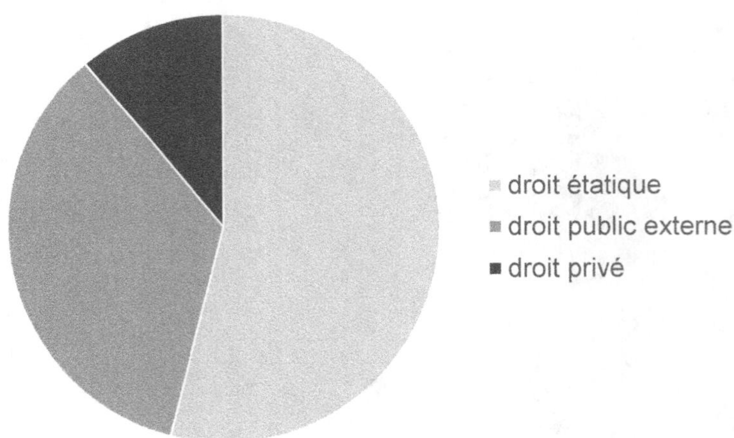

2.2.2.2.1. La détermination des responsables de contenus interdits

61.

Sources étatiques : 64 % (620 normes)
- sources étatiques politiques : 44 % (430 normes)
- sources étatiques spécialisées : 0 % (0 norme)
- sources étatiques juridictionnelles : 20 % (190 normes)

Sources publiques externes : 23 % (220 normes)
- sources européennes : 13 % (130 normes)
- sources internationales : 9 % (90 normes)

Sources privées : 13 % (130 normes)

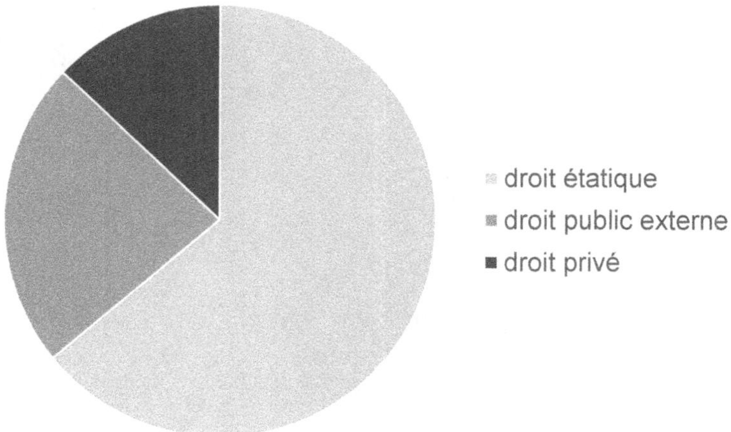

2.2.2.2.2. La résolution des conflits de compétences relatives aux contenus interdits

62.

Sources étatiques : 44 % (560 normes)
- sources étatiques politiques : 21 % (270 normes)
- sources étatiques spécialisées : 0 % (0 norme)
- sources étatiques juridictionnelles : 23 % (290 normes)

Sources publiques externes : 47 % (590 normes)
- sources européennes : 28 % (350 normes)
- sources internationales : 19 % (240 normes)

Sources privées : 9 % (120 normes)

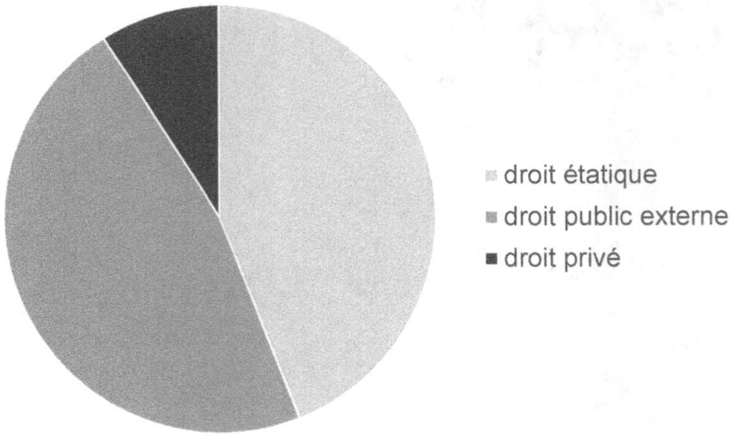

Le droit de la communication audiovisuelle et le droit des réseaux de communications électroniques sont fortement imprégnés par le sens qu'ont voulu leur donner les gouvernants, par des « avatars politiques »[1] qui leur confèrent un particularisme national. Ils comportent donc une part substantielle de droit d'origine étatique quand le droit d'origine privée ne les touche qu'à la marge. Et cela vaut pour leur partie contenants autant que pour leur partie contenus puisque ce sont les pouvoirs publics qui ont fixé les différents standards technologiques de l'audiovisuel et des télécommunications au cours du XXe s. Ces règlementations publiques strictes et précises sont depuis de nombreuses années justifiées par des exigences et contingences technologiques, comme si, en plus d'être dépendant de la science[2], le droit était souvent aussi dépendant de la technique[3]. On évoque la « dictature des ingénieurs »[4], mais aussi et surtout le « "mensonge technologique" »[5], car les orientations juridiques seraient en réalité tout autant motivées par des considérations politiques que par des considérations techniques. L'État, en tout cas, est depuis longtemps et aujourd'hui toujours très impliqué dans la détermination de ces droits, motivant cette mainmise également par l'argument du service public[6]. Et si ces prérogatives étatiques sont actuellement largement partagées avec les institutions de l'Union européenne, elles ne le sont en revanche que peu avec les pouvoirs privés.

Or la situation est très différente en matière de droit de la communication par internet. Si le droit des communications électroniques est un sujet d'expérience tout en même temps représentatif du droit moderne d'hier et d'aujourd'hui et symptomatique du droit « postmoderne » de demain, c'est parce qu'il contient, à côté du droit de la communication audiovisuelle et du droit des réseaux de communications électroniques, le droit de la communication par internet, lequel diffère des premiers tant du point de vue de sa logique, de son histoire et de ses principes que, surtout, du point de vue de ses règles positives et de leurs origines. On dit du droit des communications électroniques qu'il marquerait « un tournant pour le

---

[1] P. ALBERT, « Radio et télévision », in D. ALLAND, S. RIALS, dir., *Dictionnaire de la culture juridique*, Lamy-Puf, coll. Quadrige-dicos poche, 2003, p. 1289.

[2] B. BARRAUD, « Le droit dépendant de la science ? Les juges et le principe de précaution face aux pollutions électromagnétiques », *RLDI* 2012, n° 87, p. 73 s.

[3] M. FORNACCIARI, « Techniques du droit et droit des techniques », in M. FORNACCIARI et *alii*, *Droit et informatique – L'hermine et la puce*, Masson, 1992, p. 124 s.

[4] A. MINC, *Le média-choc*, Grasset, 1993, p. 35 (cité par H. ISAR, *Le service public et la communication audiovisuelle*, Economica-PUAM (Paris-Aix-en-Provence), coll. Droit de l'audiovisuel, 1995, p. 64).

[5] H. ISAR, *Le service public et la communication audiovisuelle*, Economica-PUAM (Paris-Aix-en-Provence), coll. Droit de l'audiovisuel, 1995, p. 64.

[6] *Ibid.*, *passim.*

droit »[1] ; il semble que ce soit plus précisément le droit de la communication par internet et non le droit des communications électroniques dans son ensemble qui ainsi signale de profonds renversements à venir parmi l'architecture et les équilibres du droit.

L'expérience de mesure du pluralisme juridique devait permettre d'apporter quelques *confirmations ou infirmations scientifiques* aux observations telles que, par exemple, celle que faisait le Forum des droits sur l'internet en 2010, selon laquelle il n'y aurait plus que de « rares niches », parmi les activités internetiques, qui ne seraient pas encore recouvertes par la loi et, donc, par le droit d'origine étatique[2]. La réalité est que les sources privées du droit de la communication par internet rivalisent, *sous l'angle des quantités de normes produites*, avec les sources étatiques de ce droit. Le droit de la communication par internet témoigne donc bien de la « prolifération des sources n'appartenant pas à la nomenclature officielle »[3] ; nombre des normes constitutives de ce droit « ne proviennent pas de sources homologuées par la théorie formaliste »[4]. Cela interroge à de multiples points de vue et, sous un angle non plus scientifique mais politique, philosophique ou idéologique, il faudrait se demander, avec le Conseil d'État, si « le fait qu'un acteur privé puisse définir de manière unilatérale, par des polices d'utilisation qui ont le caractère de contrats-types, les limites de la liberté d'expression de centaines de millions de personnes » est une situation normale[5] ou s'il faudrait rechercher les moyens de *publiciser la production des normes* régissant la liberté de cyber-expression. Aussi la dernière partie de ce livre servira-t-elle à proposer quelques premières réflexions relatives aux causes et aux conséquences étatiques du pluralisme juridique. En effet, il faut gager que le pluralisme juridique s'explique par la perturbation de l'État et, par suite, appelle la rénovation de l'État.

---

[1] B. RICOU, M. TOUZEIL-DIVINA, « Des communications électroniques : Quelle unité du Droit ? Quel service public ? », in B. RICOU, M. TOUZEIL-DIVINA, dir., *Communications électroniques – Objets juridiques au cœur de l'Unité des droits*, L'Epitoge-Lextenso, coll. L'Unité du Droit, 2012, p. IX.

[2] Forum des droits sur l'internet, « Construire ensemble la civilité de l'internet », 2010, p. 11.

[3] F. LATTY, « La diversité des sources du droit de l'internet », in Société française pour le droit international, *Internet et le droit international*, Pedone, 2013, p. 56.

[4] *Ibid.*, p. 57.

[5] Conseil d'État, *Le numérique et les droits fondamentaux*, La documentation française, coll. Les rapports du Conseil d'État, 2014, p. 286. Or, ainsi que le signale le Conseil, « certaines plateformes jouent un rôle tellement central que l'argument selon lequel un internaute mécontent de leurs règles pourrait toujours choisir de ne pas recourir à leurs services n'est pas suffisant » (*ibid.*).

Troisième partie
Réflexions au-delà de l'expérience : État et pluralisme juridique

Il s'agissait, au sein des précédentes parties de cet ouvrage, de proposer et de mettre en œuvre quelques moyens devant permettre de *faire accepter le fait que, dans certaines branches du droit, le pluralisme juridique est une réalité* quand, ordinairement, « la pensée juridique est monolâtre, cultive et révère l'unicité »[1]. Cela présente peut-être un certain intérêt tant, quoiqu'aujourd'hui moins qu'hier, « le pluralisme juridique fait figure d'aberration pour des esprits que le Code civil a habitués à une conception monolithique du droit »[2]. Bien sûr, comme l'exprimait Émile Durkheim, « quand on demande aux gens de se défaire des concepts qu'ils ont l'habitude d'appliquer à un ordre de choses, pour repenser celles-ci à nouveaux frais, on ne peut s'attendre à recruter une nombreuse clientèle »[3]. Et le Professeur Norbert Rouland d'expliquer que « le monisme juridique offre les avantages et autorise le repos des certitudes : quoi de plus rassurant qu'un astre unique dans un ciel fixe ? Le pluralisme [...] nous ouvre les portes d'un univers vertigineux, peuplé de galaxies juridiques qui s'éloignent les unes des autres, ou au contraire s'attirent, en mêlant parfois leurs bras »[4]. Toutefois, *en s'appuyant sur un outil aussi objectif et empirique que l'expérience de mesure du pluralisme juridique*, les conclusions du présent livre espèrent pouvoir être comprises comme *réalistes et scientifiques* et non comme idéologiques, polémiques et iconoclastes. Alors que de plus en plus de professeurs de droit regrettent ouvertement le manque de « vitalisme juridique » de la doctrine[5], quand « le changement est inscrit dans la nature du droit et cette dimension dynamique du droit en constitue une des spécificités remarquables »[6], vouloir *mettre en exergue avec le plus de force*

---

[1] R. LIBCHABER, *L'ordre juridique et le discours du droit – Essai sur les limites de la connaissance du droit*, LGDJ, 2013, p. 31.
[2] J. CARBONNIER, « Gurvitch et les juristes », *Dr. et société* 1986, p. 430.
[3] É. DURKHEIM, *Les règles de la méthode sociologique*, 2e éd. (1937), Puf, coll. Bibliothèque de philosophie contemporaine, 1973, p. 144.
[4] N. ROULAND, *Aux confins du droit – Anthropologie juridique de la modernité*, Odile Jacob, 1991, p. 124.
[5] O. BEAUD, « L'œuvre de Gaston Jèze signifie-t-elle un repli de la doctrine publiciste française sur la technique juridique ? », *Jus Politicum* 2013, n° 11, p. 21.
[6] *Ibid.*

scientifique possible certains mouvements du monde juridique apparaît peut-être justifié.

En 1974, un commentateur de l'œuvre de Santi Romano remarquait combien les travaux du juriste italien « ne semblent pas avoir vieilli [et] paraissent épouser le temps présent encore mieux que le sien »[1]. Cela n'est-il pas plus vrai à l'heure actuelle que dans les années 1970 ? Et cela n'est-il pas encore plus vrai à l'aune du droit de la communication par internet ? « La régulation de l'Internet doit être plurielle », écrivait en 2000 le député Christian Paul dans son rapport *Du droit et des libertés sur l'Internet*[2]. Au terme de l'expérience de mesure du pluralisme juridique, il faut affirmer, loin de la question de savoir si tel doit être le cas ou non, que « la régulation de l'internet est plurielle ». Ensuite, ce phénomène peut peut-être s'analyser comme symptomatique du passage en cours de la modernité à la « postmodernité » juridique[3] et comme symptomatique d'un droit « global » de plus en plus présent à l'heure du cyberespace.

Historiquement, « tout juriste est le successeur d'un pontife »[4]. À l'ère positiviste-étatiste, ce juriste s'imagine investi de la mission de protéger la loi, l'État et le roi Kelsen, si bien qu'il s'adonne insatiablement à leur culte et paraît prêt à défendre l'ordre établi contre tous les assaillants. Catéchisé par ces œillères conceptuelles, il se trouve juge et partie, et son analyse devient nécessairement un plébiscite. Ainsi perpétue-t-il « la tradition des légistes chargés de fortifier les ordres de l'autorité royale par une argumentation doctrinale »[5]. Le pari pris en ces pages est que le juriste, du moins celui des universités, peut aussi être très légitimement un scientifique, *animé par des intentions scientifiques et travaillant au moyen d'outils scientifiques*.

Un autre pari pris est celui de tout mettre en œuvre afin de ne pas sombrer dans les excès du manichéisme. Aussi a-t-il été abondamment souligné combien *le droit de la communication par internet n'est pas le droit*, combien le droit « postmoderne » de demain n'est pas le droit moderne d'aujourd'hui. L'intégration dans le champ du sujet d'expérience du droit de la communication audiovisuelle et du droit des réseaux de communications électroniques, parmi lesquels le pluralisme juridique n'est

[1] Ph. FRANCESCAKIS, « Introduction à l'édition française », in S. ROMANO, *L'ordre juridique* (1946), trad. L. François, P. Gothot, Dalloz, coll. Philosophie du droit, 1975, p. VII.
[2] Ch. PAUL, *Du droit et des libertés sur l'Internet – La corégulation, contribution française pour une régulation mondiale*, La documentation française, 2000, p. 52.
[3] E. LE ROY, « L'hypothèse du multijuridisme dans un contexte de sortie de modernité », in R. JANDA, A. LAJOIE, R. A. MACDONALD, G. ROCHER, dir., *Théories et émergence du droit : pluralisme, surdétermination et effectivité*, Bruylant-Thémis (Bruxelles-Montréal), 1998, p. 29 s.
[4] G. RIPERT, *Le régime démocratique et le droit civil moderne*, LGDJ, 1936, p. 3.
[5] *Ibid.*

pas une réalité, devait permettre de porter un regard lucide sur l'état du droit et sur l'état de l'État actuels. D'aucuns en viennent désormais à voir dans le pluralisme juridique quelque-chose de « banal »[1]. Pourtant, ainsi que l'indiquent certaines sous-branches du droit des communications électroniques, le pluralisme juridique n'est sûrement pas devenu ordinaire quand le monisme juridique serait devenu extraordinaire. Il n'y a que l'observation de branches du droit « postmodernes » telles que le droit de la communication par internet qui semble pouvoir conduire à opérer le constat de la réalité du pluralisme juridique. Partant, il importe de ne jamais se départir de la mise en garde formulée par Georges Ripert :

> *Il est facile de railler les juristes attardés qui se refusent à voir l'évolution du droit. Mais il est tout aussi facile de railler les juristes qui ne savent parler d'une institution que pour en signaler l'évolution, qui prônent toute innovation comme un progrès, oublient la valeur de tout ce qui demeure pour louer ce qui advient et demandent que l'évolution du droit s'accélère sans justifier d'ailleurs le motif de ce changement de vitesse.*[2]

Une « conception pragmatique du droit » doit surpasser la « loi de la bipolarité des erreurs »[3], cette sorte de balancier intellectuel qui ne permet à l'esprit de se délivrer d'un cercle d'égarements qu'en succombant aussitôt à d'autres fourvoiements. La vie, la Terre, l'Homme, l'histoire, la société — et le droit — ne sont depuis toujours que complexité et paradoxes, et le droit réel — « réel » en ce que nul ne saurait en esquisser mieux que les grossiers contours — se situe loin du champ de bataille paradigmatique, du théoricisme et des dichotomies. C'est pourquoi l'auteur de ces lignes a pu considérer que la dispute mettant aux prises la « pyramide » des normes kelsénienne et le « réseau » de normes des Professeurs François Ost et Michel van de Kerchove[4] devait amener à envisager le droit sous la forme

---

[1] L. AYNÈS, Ph. MALAURIE, P. MORVAN, *Introduction générale*, 2e éd., Defrénois, 2005, n° 235 (cité par V. LASSERRE-KIESOW, « L'ordre des sources ou le renouvellement des sources du droit », *D.* 2006, p. 2280).

[2] G. RIPERT, *Les forces créatrices du droit*, LGDJ, 1955, n° 10 (cité par L. PECH, « Droit et gouvernance : vers une "privatisation" du droit ? », [en ligne] <ieim.uqam.ca>, 2004, p. 20).

[3] G. BACHELARD, *La formation de l'esprit scientifique*, Vrin, 1977, p. 20 ; également, F. OST, M. VAN DE KERCHOVE, « De la "bipolarité des erreurs" ou de quelques paradigmes de la science du droit », *Arch. phil. droit* 1988, p. 199 s.

[4] Mais les auteurs ne manquent pas d'expliquer qu'il faut « se garder d'oublier que le paradigme, tel un idéal-type, schématise la réalité et en force les traits : dans les faits, l'État n'a jamais été dans la position de toute-puissance, ni le législateur dans la posture d'omniscience que le modèle pyramidal pourrait suggérer ; à l'inverse, des pans entiers de l'univers juridique s'articulent encore aujourd'hui dans la logique linéaire de la pensée hiérarchique, comme des îlots (parfois des continents) au sein du réseau régulatoire. [...] Insister sur la fin d'un monopole ne doit pas conduire à en produire de nouveaux : souligner la montée en puissance du juge, ce n'est pas le hisser au sommet d'une nouvelle pyramide et lui reconnaître tous les droits ; célébrer les mérites de l'interdisciplinarité, ce n'est pas

d'un « réseau de pyramides »[1], ce qui était une première forme d'*approche syncrétique de la pensée du droit.*

Le droit de la communication par internet[2]

Peut-être convient-il, surtout en matière de pensée et de concepts, de garder à l'esprit que, « quand on a l'impression de comprendre, il faut toujours s'inquiéter »[3]. Pour aborder au plus près une réalité qui ne saurait se réduire à un quelconque modèle, il s'agit de *raisonner en termes de superposition de paradigmes*, là où l'idée de substitution l'emporte traditionnellement, malgré sa brutalité. Il ne faut pas chercher à deviner une illusoire troisième voie mais se satisfaire d'un étrange équilibre, capable de transcender les antinomies afin de laisser s'exprimer les sources « postmodernes » du droit sans pour autant devoir abandonner aux bibliothèques d'histoire le droit centralisé, linéaire et hiérarchisé de l'État.

---

disqualifier pour autant une connaissance interne du droit ; insister sur l'importance croissante de l'autorégulation et de la démocratie participative à l'initiative de la société civile n'autorise pas à conclure à la disparition de l'État et de la démocratie représentative » (F. OST, M. VAN DE KERCHOVE, *De la pyramide au réseau ? – Pour une théorie dialectique du droit*, Publications des Facultés universitaires Saint-Louis (Bruxelles), 2002, p. 19 et 39).

[1] B. BARRAUD, *Repenser la pyramide à l'ère des réseaux – Pour une conception pragmatique du droit*, L'Harmattan, coll. Logiques juridiques, 2012, p. 303.

[2] *Ibid.*

[3] R. ARON, *Le marxisme de Marx*, De Fallois, 2002, p. 134 (cité par L. BAL, *Le mythe de la souveraineté en Droit international – La souveraineté des États à l'épreuve des mutations de l'ordre juridique international*, th., Université de Strasbourg, 2012, p. 13).

Aujourd'hui plus que jamais, et *a fortiori* avec l'internet, le droit est « une proie facile pour ce rapace qu'est le temps »[1]. C'est pourquoi il importerait de suivre la trace laissée, par exemple, par Cujas, qui fut le maître en France du courant historiciste de l'humanisme juridique, selon lequel *le droit serait marqué par de profondes évolutions, par la succession de différentes époques et par des phases clairement distinguables*[2]. On explique, à propos de la doctrine marxiste du droit, que « le principal facteur du développement des théories du droit esquissées par Marx ne fut ni d'ordre théorique ni d'ordre didactique, mais d'ordre historique. La révolution russe, en posant concrètement le problème de la société de transition et de son cadre institutionnel, relança la question de la place du droit »[3]. *N'est-ce pas la pensée du droit qui doit suivre le droit et non le droit qui doit suivre la pensée du droit ?* Il ne peut, en toute logique, y avoir de pensée « postmoderne » du droit prenant la place de la pensée moderne du droit que si un droit « postmoderne », *de facto*, remplace le droit moderne.

Ensuite, l'intérêt de se pencher sur le pluralisme juridique marquant le droit de la communication par internet résiderait dans le fait que cela permettrait d'anticiper et d'étudier à l'avance le droit de demain, le droit du futur. Un auteur met en exergue le « conservatisme inné du juriste le forçant à toujours regarder derrière lui »[4]. Regarder le droit de la communication par internet et ses sources, ce serait, tout au contraire, regarder devant soi. Cela interdirait de continuer à juger, avec Benjamin Constant, qu' « il n'y a rien que les lois ne règlent »[5] et obligerait à considérer, avec Emmanuel Kant, que « la fin d'un monde n'est pas la fin du monde »[6].

Reste à souligner combien cette troisième et dernière partie, au-delà de ces quelques développements préliminaires, s'inscrira dans un cadre *jus*-politique et non dans un cadre *jus*-scientifique comme le restant de ce livre. Les pages suivantes, consistant en des prolongements et en des ouvertures, ne se positionneront pas sur le même plan, en termes de prémisses et d'objectifs méthodologiques et épistémiques, que les pages précédentes.

---

[1] D. GUTMANN, « Temps », in D. ALLAND, S. RIALS, dir., *Dictionnaire de la culture juridique*, Lamy-Puf, coll. Quadrige-dicos poche, 2003, p. 1469.
[2] X. PRÉVOST, *Jacques Cujas (1522-1590) – Le droit à l'épreuve de l'humanisme*, th., Université Paris I - Panthéon-Sorbonne, 2012.
[3] E. RENAULT, « Marxistes (doctrines du droit) », in D. ALLAND, S. RIALS, dir., *Dictionnaire de la culture juridique*, Lamy-Puf, coll. Quadrige-dicos poche, 2003, p. 1003.
[4] D. TALLON, « Précédent », in D. ALLAND, S. RIALS, dir., *Dictionnaire de la culture juridique*, Lamy-Puf, coll. Quadrige-dicos poche, 2003, p. 1187.
[5] B. CONSTANT, *De la liberté des anciens comparée à celle des modernes*, 1819 (cité par O. THOLOZAN, « L'excellence de la loi dans la pensée juridique et politique française depuis le XVIIIe siècle », in M. FATIN-ROUGE STÉFANINI, L. GAY, J. PINI, dir., *Autour de la qualité des normes*, Bruylant (Bruxelles), coll. À la croisée des droits, 2010, p. 57).
[6] I. KANT, *Critique de la raison pure*, Hartknoch (Riga), 1781 (cité par P. RAIMAN, « Les philosophes et l'avenir », Le gai savoir, France culture, 8 sept. 2013).

On avance parfois que la poésie serait née dans le droit et à cause du droit[1] ; et on a pu proposer de « remplacer les Écoles de Droit par des Écoles de Musique »[2]. Sans doute le droit est-il « un art, l'art de structurer la vie sociale, l'art d'assurer l'ordre et la paix, d'énoncer ce qui est à chacun, d'assurer l'équilibre social »[3]. Cependant, cela vaut peut-être quant au droit comme produit d'une action politique mais non quant au droit en tant que discipline académique. L'angle d'étude du droit le plus naturel pour un juriste des universités ne paraît pouvoir être que l'angle scientifique, soit l'angle objectif et empirique qui conduit *à observer et à comprendre les normes et les institutions pour pouvoir ensuite les décrire et les expliquer*. C'est cet angle d'étude qui a été adopté au moment de présenter et de réaliser l'expérience de mesure du pluralisme juridique. On considère de temps à autre que parler de « science du droit » serait un excès de langage et que, strictement, le droit serait dans toutes ses composantes et par nature l'objet d'un art et non d'une science[4]. Est ici soutenu que, tout au contraire, les règles et les institutions juridiques peuvent parfaitement être abordées de manière très scientifique et, plus encore, qu'il est préférable qu'elles le soient. « Le droit positif, notait Charles Eisenmann, apporte au juriste toute une série de réglementations, de systèmes d'organisation politique ou gouvernementale divers ; il les lui offre pour ainsi dire “en vrac”, tous ensemble comme à “l'état brut” : et c'est à lui juriste [...] qu'il appartient et incombe de mettre l'ordre intelligible, l'ordre de la connaissance dans cette masse de matériaux »[5]. Il faut convenir que cette mission propre au *jus*-universitaire est une mission scientifique et qu'elle doit être comprise de la sorte par lui.

---

[1] En effet, on a pu soutenir que la poésie aurait le droit pour origine : « On ne savait point encore écrire et on voulut que certaines lois en petit nombre, et fort essentielles à la société, fussent gravées dans la mémoire des hommes, et d'une manière uniforme et invariable : pour cela, on s'avisa de ne les exprimer que par des mots assujettis à de certains retours réglés, à de certains nombres de syllabes » (B. DE FONTENELLE, « Sur la poésie en général », in *Œuvres de Fontenelle*, Salmon-Peytieux, 1825, p. 13 (cité par A. LECA, *La lyre de Thémis ou la poésie du droit*, PUAM (Aix-en-Provence), 2011, p. 23)). La part de poésie du droit, « science littéraire », ne fait aucun doute : « Le droit dans son Olympe est nourri d'ambroisie / Il vit de fictions comme la poésie » (C. THURIET, *Proverbes judiciaires*, Lechevalier, s. d., p. 2 (cité par A. LECA, *La lyre de Thémis ou la poésie du droit*, PUAM (Aix-en-Provence), 2011, p. 19)).

[2] J. DE DIEU D'OLIVIER, *L'Esprit d'Orphée, ou des influences respectives de la musique, de la morale et de la législation*, Pougens, 1804, p. 60 (cité par A. LECA, *La lyre de Thémis ou la poésie du droit*, PUAM (Aix-en-Provence), 2011, p. 59).

[3] M. VILLEY, *Critique de la pensée juridique moderne*, Dalloz, 1976, p. 64.

[4] J.-P. CHAZAL, « Philosophie du droit et théorie du droit, ou l'illusion scientifique », *Arch. phil. droit* 2001, p. 326.

[5] Ch. EISENMANN, « Quelques problèmes de méthodologie des définitions et des classifications en science juridique », *Arch. phil. droit* 1966, p. 25.

Néanmoins, il est également possible — et même pertinent tant une solution ne revêt pas, en soi, moins d'importance et de légitimité qu'une explication[1] — d'aborder le pluralisme juridique d'un point de vue plus politique, ce qui veut aussi dire d'un point de vue plus polémique, d'un point de vue plus subjectif et partial, conduisant à prendre parti et à avancer des propositions toujours contestables et non des descriptions par définition vraies. En ce sens, l'auteur d'un livre consacré en 2015 aux « nouvelles sources du droit » estime que son objet d'étude « justifie une mobilisation non seulement théorique (pour penser le droit au-delà de l'ordre et de la prescription) mais aussi politique (pour défendre les intérêts jugés dignes de protection et la démocratie) »[2].

Parmi les précédentes parties, il s'est agi « uniquement et exclusivement de connaître son objet, c'est-à-dire d'établir ce qu'est le droit et comment il est »[3], étant accepté que le juriste a en charge de « connaître le droit pour ainsi dire du dehors et, sur la base de cette connaissance, de le décrire [et] de l'analyser »[4]. L'objectif était de produire un contenu relevant du « droit objectiviste », pour reprendre une expression d'Hauriou[5]. Mais il ne serait pas inconséquent, bien que cette attitude soit moins naturelle parmi des facultés de droit qui sont entrées dans l'ère moderne en s'émancipant du monde politique[6], de chercher à « dire comment le droit devrait ou doit être ou être fait »[7], étant entendu que, macro-juridiquement, se pose la question de savoir comment le droit doit être fait et non celle de savoir comment il doit être, se pose la question du contenu des normes secondaires applicables aux gouvernants et non celle du contenu des normes primaires applicables aux gouvernés.

À travers ses rapports annuels, le Conseil d'État se met « au service d'une réflexion sur la cohérence, la complétude, la pertinence et l'effectivité de notre ordonnancement juridique face aux mutations, toujours plus profondes, de nos modes de vie »[8]. Or le pluralisme juridique est peut-être le signe et la conséquence de telles « mutations, toujours plus profondes, de nos modes de vie » impactant l'ordonnancement juridique. Aborder le sujet

---

[1] F. Ost, M. van de Kerchove, *De la pyramide au réseau ? – Pour une théorie dialectique du droit*, Publications des Facultés universitaires Saint-Louis (Bruxelles), 2002, p. 480.
[2] V. Lasserre, *Le nouvel ordre juridique – Le droit de la gouvernance*, LexisNexis, 2015, p. 22.
[3] H. Kelsen, *Théorie pure du droit*, 2e éd., trad. Ch. Eisenmann, Dalloz, 1962, p. 9.
[4] *Ibid.*
[5] M. Hauriou, *Principes de droit public à l'usage des étudiants en licence et en doctorat ès sciences politiques*, 2e éd., Librairie du Recueil Sirey, 1916, p. XIV.
[6] Ph. Raynaud, « Anciens et modernes », in D. Alland, S. Rials, dir., *Dictionnaire de la culture juridique*, Lamy-Puf, coll. Quadrige-dicos poche, 2003, p. 47.
[7] H. Kelsen, *Théorie pure du droit*, 2e éd., trad. Ch. Eisenmann, Dalloz, 1962, p. 9.
[8] J.-M. Sauvé, « Avant-propos », in Conseil d'État, *Le numérique et les droits fondamentaux*, La documentation française, coll. Les rapports du Conseil d'État, 2014, p. 5.

du pluralisme juridique animé par des intentions relevant de la politique juridique[1] aurait toutefois été autrement risqué et, peut-être, dangereux que de l'aborder animé par des intentions relevant de la science juridique. C'est pourquoi a été décidé de donner à ce livre consacré au pluralisme juridique une connotation essentiellement *jus*-scientifique en procédant à une véritable expérimentation. Et c'est pourquoi il importera de souligner, dans le cadre limité de cette troisième et dernière partie, combien les problèmes d'ordre *jus*-politique attachés au pluralisme juridique sont profonds et nombreux, spécialement du point de vue de l'État.

Par ailleurs, de plus en plus de professeurs comprennent le droit et invitent leurs étudiants à comprendre le droit en tant qu'expression et encadrement normatifs des activités politiques plus qu'en tant qu'ensemble d'instruments techniques dont la fin serait de permettre l'application des normes générales à des cas particuliers[2]. Tel était déjà le cas de Gaston Jèze au début du XXe s.[3]. Seulement cet objet qu'est le « droit politique », droit applicable au pouvoir, à la prise de décision et au processus d'édiction du droit[4], n'a-t-il rien en commun avec le cadre épistémologique qu'est la politique juridique : le « droit politique » peut être abordé sous un angle *jus*-scientifique autant que sous un angle *jus*-politique, comme le droit constitutionnel peut être envisagé sous l'un et sous l'autre angle[5].

---

[1] Sur la définition de la politique juridique, *cf.* B. BARRAUD, *La recherche juridique – Sciences et pensées du droit*, L'Harmattan, coll. Logiques juridiques, 2016, p. 231 s.

[2] Ch. GUSY, « Considérations sur le "droit politique" », *Jus Politicum* 2008, n° 1, p. 9.

[3] G. JÈZE, *Principes généraux du droit administratif*, Berger-Levrault, 1904 (cité par O. BEAUD, « L'œuvre de Gaston Jèze signifie-t-elle un repli de la doctrine publiciste française sur la technique juridique ? », *Jus Politicum* 2013, n° 11, p. 26).

[4] Ch. GUSY, « Considérations sur le "droit politique" », *Jus Politicum* 2008, n° 1, p. 2-3. Sont proposées de multiples définitions du « droit politique ». Par exemple, un auteur retient que « le droit considéré dans la relation que les organes politiques entretiennent avec l'ensemble des sujets, telle pourrait être la définition d'un droit politique. [...] La reconnaissance et le désaveu sont les véritables objets du droit politique. [...] Si la reconnaissance collective est ce qui fait le droit, la norme, prise en elle-même, importera moins pour le droit politique que la façon dont elle est admise ou récusée, comprise, discutée, décrite par les organes politiques et les sujets de l'État. La règle, en un mot, importe moins que les termes de sa réception » (C.-M. PIMENTEL, « Reconnaissance et désaveu : contribution à une théorie du droit politique », *Jus Politicum* 2008, n° 1, p. 2-3 et 5-6). Le « droit politique » serait donc à rapprocher de la sociologie du droit et ne désignerait pas une branche du droit mais un mode d'étude du droit. Selon un autre auteur, le « droit politique » s'attacherait aux « normes dont la validité ou l'application demeure politiquement contestée. [...] La problématique centrale du droit politique est celle de la légitimation » (Ch. GUSY, « Considérations sur le "droit politique" », *Jus Politicum* 2008, n° 1, p. 8 et 10). Et un troisième auteur de voir dans le « droit politique » une discipline cherchant à répondre aux questions « qu'est-ce que gouverner ? » et « comment gouverne-t-on ? » (A. LE DIVELLEC, « Jus Politicum : le droit ressaisi par la politique », [en ligne] <nonfiction.fr>, 2011).

[5] Le « droit politique » est proche du droit constitutionnel. On explique ainsi que « le premier domaine concevable du droit politique est le droit de l'organisation et de l'institutionnalisation des processus politiques. En relèvent les constitutions, mais aussi

Rechercher objectivement et empiriquement quels choix politiques se cachent derrière les normes en vigueur est incomparable au fait de proposer de traduire de nouveaux choix politiques par de nouvelles normes positives. D'ailleurs, un défenseur de ce « droit politique » ne manque pas d'en faire une « entreprise de la science juridique cherchant à renouer avec la dimension politique qui lui est consubstantielle »[1].

L'intention d'aborder le pluralisme juridique du point de vue de la politique juridique est donc sans rapport avec le « droit politique ». Elle est également sans rapport avec le droit constitutionnel[2], même si une part importante des normes interrogées *jus*-politiquement appartient à cette branche du droit. En revanche, la distinction du « jurisconsulte » et du « légiste »[3], elle, semble bien correspondre à la séparation de la science et de la politique juridiques. Alors que ce livre a été jusqu'à présent l'œuvre d'un légiste, il sera opportun, dans la troisième partie qui débute, de s'autoriser à penser en jurisconsulte. Enfin, l'objet étudié se rapprochera substantiellement de celui intéressant les politistes, qui pratiquent la « science » politique[4].

Plus précisément, il s'agira de *réfléchir aux causes et aux conséquences étatiques du pluralisme des sources du droit*. Il conviendra de dégager les implications pour l'État du phénomène de réalité du pluralisme juridique ; en particulier, il faudra rechercher de possibles solutions afin de réduire autant que possible la concurrence des sources privées de normes — à condition de considérer que la réalité du pluralisme juridique serait une donnée contre laquelle il faudrait lutter. Les enjeux, loin d'être marginaux,

---

d'autres lois importantes qui précisent et concrétisent des données du politique » (Ch. GUSY, « Considérations sur le "droit politique" », *Jus Politicum* 2008, n° 1, p. 7). Et on précise que « ces sujets — que l'on appelle traditionnellement, en Allemagne, la constitution au sens matériel — touchent d'abord à l'État, dont l'action est dans une large mesure politique. Mais il importe d'ajouter immédiatement que, particulièrement dans les démocraties, le processus politique dépasse de beaucoup le secteur étatique et s'étend à des pans importants de la formation de l'opinion dans la société civile [...]. Le Politique n'est donc pas seulement l'étatique » (*ibid.*). Et reste ce constat : « Les critères du Politique sont vagues, si bien que les critères du droit politique le sont également » (*ibid.*, p. 9).

[1] A. LE DIVELLEC, « Jus Politicum : le droit ressaisi par la politique », [en ligne] <nonfiction.fr>, 2011.

[2] On note que « les rapports entre Internet et le droit constitutionnel ont été peu explorés » (P. TÜRK, « La souveraineté des États à l'épreuve d'internet », *RDP* 2013, p. 1489). Une thèse de doctorat a cependant été consacrée à cette thématique en 2008. Son auteur s'inscrit dans un cadre *jus*-politique lorsqu'il propose de faire des « droits du développement numérique » une « quatrième génération de droits constitutionnels » (M.-Ch. ROQUES-BONNET, *La Constitution et l'internet*, th., Université Toulouse I - Capitole, 2008).

[3] O. BEAUD, « L'œuvre de Gaston Jèze signifie-t-elle un repli de la doctrine publiciste française sur la technique juridique ? », *Jus Politicum* 2013, n° 11, p. 3.

[4] *Cf.* B. BARRAUD, *La recherche juridique – Sciences et pensées du droit*, L'Harmattan, coll. Logiques juridiques, 2016, p. 197 s.

semblent gigantesques et décisifs pour l'institution étatique. Ainsi, alors que d'aucuns estiment que gouverner l'internet reviendrait à gouverner le monde[1], on demande : « Qui gouverne Internet ? »[2]. L'ambition de l'État ne saurait être une autre que celle de trouver les moyens d'éviter que pareille question soit posée, car il irait de soi que « l'État gouverne l'internet ». Mais, à l'heure actuelle, l'identité de ces moyens se laisse difficilement saisir et, en termes *jus*-politiques, il conviendrait tout spécialement de les rechercher.

« Internet fonctionne techniquement bien mais politiquement beaucoup moins bien », note le Conseil économique, social et environnemental[3], ce qui expliquerait le pluralisme des sources de son droit. L'expérience conduite dans ce livre invite ainsi à s'intéresser à l'une des grandes problématiques que traite actuellement la science politique, à savoir *« comment produire de l'ordre politique dans des sociétés de plus en plus techniques, de plus en plus fragmentées et de plus en plus ouvertes sur l'extérieur ? »*[4]. La « gouvernance de l'internet », pour l'heure largement spontanée, reste dans une certaine mesure à construire, construction qui peut difficilement s'opérer en suivant les modèles classiques de la régulation étatique. Aussi, même s'il incombe plus au juriste de comprendre et de mettre en œuvre le droit existant que de vouloir participer à l'élaboration du droit de demain, y aurait-il beaucoup à dire et à écrire en la matière. Si l'internet est bien le « laboratoire des nouvelles formes de gouvernance »[5], il est tentant de se pencher, au-delà des normes et des institutions qui sont, sur les normes et les institutions qui devraient-être. Duguit écrivait qu'il y a « quelque témérité à publier un livre sur l'État et le droit quand, depuis des siècles, le problème est étudié sous toutes ses faces et que les plus grands esprits n'ont pu le résoudre »[6]. Peut-être en va-t-il différemment dès lors que l'État et le droit connaissent de grandes évolutions et même de profondes ruptures qui obligent — ou qui devraient obliger — à reconsidérer ce qui hier apparaissait comme acquis, à l'image de la souveraineté ou de l'omnipotence de la loi. On s'accorde à dire que l'internet « bouleverse le droit »[7]. Il paraît évident que ce droit bouleversé et l'État qui l'accompagne

---

[1] D. FAYON, *Géopolitique d'Internet – Qui gouverne le monde ?*, Economica, 2013.

[2] *Alternatives économiques* 2013, n° 329, « Qui gouverne Internet ? ».

[3] N. CHICHE, *Internet : pour une gouvernance ouverte et équitable*, Éditions des journaux officiels, coll. Les études du Conseil économique, social et environnemental, 2014, p. 7.

[4] P. MULLER, « L'analyse cognitive des politiques publiques – Vers une sociologie politique de l'action publique », *RF sc. pol.* 2000, p. 192 (cité par V. LASSERRE, *Le nouvel ordre juridique – Le droit de la gouvernance*, LexisNexis, 2015, p. 19).

[5] B. BENHAMOU, L. SORBIER, « Internet et souveraineté : la gouvernance de la société de l'information », *Politique étrangère* 2006, n° 1, p. 2.

[6] L. DUGUIT, *L'État, le droit objectif et la loi positive*, Fontemoing, 1901 (cité par F. MELLERAY, « Léon Duguit – L'État détrôné », in N. HAKIM, F. MELLERAY, dir., *Le renouveau de la doctrine française*, Dalloz, coll. Méthodes du droit, 2009, p. 215).

[7] P. TÜRK, « La souveraineté des États à l'épreuve d'internet », *RDP* 2013, p. 1489.

— ou l'inverse — ne peuvent avoir été « étudiés sous toutes leurs faces depuis des siècles », *a fortiori* sous l'angle du pluralisme juridique qui est une problématique « à la mode » depuis peu de temps.

Certains auteurs ont déjà souligné à quel point les caractéristiques de l'internet et de la communication par internet s'opposent frontalement à celles de l'État et de la souveraineté, ce qui serait une autre cause du pluralisme juridique. En ce sens, on juge, par exemple, que « la souveraineté suppose de partitionner internet et donc de le supprimer »[1]. « Internet est exactement contradictoire avec l'idée de souveraineté », constate-t-on encore[2], avant d'ajouter que « la puissance de Facebook ou de Google est aujourd'hui beaucoup plus importante que celle de tout État »[3], tandis qu'un autre observateur relève que « l'un des aspects principaux de la crise engendrée par la culture numérique est la disparition de la souveraineté des États »[4]. Or, ainsi qu'expliqué précédemment en ce livre, la souveraineté ne peut-elle pas se comprendre tel un droit au droit, telle la justification des prérogatives de l'État en matière de production des normes ? Dans la « galaxie Internet »[5] et dans l'univers du droit de l'internet, l'État ne serait qu'une simple étoile au milieu de nombreuses autres parfois plus brillantes que lui.

Le « Léviathan » est ainsi remis en cause par le « nouvel ordre numérique »[6], par les nouvelles technologies de l'information et de la communication et par ce cyberespace dans lequel il peine à s'imposer face aux « puissances privées » transnationales, ce que le pluralisme juridique traduit. Lorsque l'État a déréglementé et libéralisé le marché des télécommunications, à la fin du XXe s., il a abandonné « souverainement », c'est-à-dire volontairement, librement, une part de sa souveraineté[7]. Or, *avec l'internet, le recul de la souveraineté semble plus subi que choisi par les pouvoirs publics.*

Y compris Jean-Marc Sauvé, Vice-président du Conseil d'État, convient que

> *Les perspectives que trace [son] étude sur les espaces déterritorialisés d'internet font apparaître à la communauté juridique et aux pouvoirs publics une nouvelle ère parfois inhospitalière aux figures du régulateur et du juge, mais elles*

---

[1] B. Beaude, *Les fins d'Internet*, Fyp éditions, coll. Stimulo, 2014.
[2] *Ibid.*
[3] *Ibid.* L'auteur précise que « les États arrivent à maîtriser les entreprises qui vendent des produits mais pas celles qui vendent des espaces publicitaires » (*ibid.*).
[4] P. Bellanger, *La souveraineté numérique*, Stock, 2014.
[5] Réf. à M. Castells, *La galaxie Internet*, Fayard, 2001
[6] Réf. à L. Cohen-Tanugi, *Le nouvel ordre numérique*, Odile Jacob, 1999.
[7] *Lamy Droit de l'informatique et des réseaux* 2011, n° 2038.

> *ébauchent aussi les linéaments d'un ordre juridique modernisé, à la texture plus ouverte et moins pyramidale, et lui-même devenu réseau des normes. Cet ordre juridique global [...] a vocation à se constituer en système juridique autonome et à s'imposer progressivement aux ordres juridiques nationaux.*[1]

Assurément, au vu de ces commentaires, y a-t-il beaucoup d'enseignements à tirer de la réalité du pluralisme juridique en droit de la communication par internet, tant d'un point de vue *jus*-scientifique que d'un point de vue *jus*-politique. Sous ce dernier angle, il faudrait en particulier rechercher plus finement les raisons de cet état de fait (*section 1*). Il y a peu, des professeurs utilisaient encore le nom « loi » en tant que synonyme de « droit »[2] ou bien écrivaient que, « aujourd'hui, alors que la puissance publique dispose d'une formidable emprise sur la société civile, [...] il n'est plus nécessaire de persuader les justiciables de l'excellence des lois ou de les présenter de manière séduisante pour les leur faire accepter »[3]. L'observation des lois censées régir les activités immatérielles amène à retenir des conclusions inverses, allant dans le sens du Professeur Alain Supiot lorsqu'il avance que « le premier des problèmes auxquels est confronté l'État est la crise du gouvernement par les lois »[4], facteur certain de pluralisme juridique.

Ensuite, il conviendrait d'envisager les conséquences de la réalité du pluralisme juridique en termes d'évolution ou même de révolution de la légistique, c'est-à-dire des modes étatiques de production des normes[5] (*section 2*). La question de la « meilleure des cités politiques », soulevée par Aristote dans *Les Politiques*[6], appelle des réponses relatives dans le temps et, notamment, appelle des réponses différentes selon qu'on se situe avant ou après l'irruption de l'internet dans la Cité. Il y a peu, on faisait remarquer combien l'internet « redéfini[t] un espace a-territorial, transnational et interactif dont les modes de gouvernance restent à inventer et où les États peinent à s'imposer face aux techniciens, aux acteurs privés et aux organisations internationales qui travaillent à [sa] régulation »[7]. Plutôt que de décrire et d'expliquer des « modes de gouvernance » en cours de construction, fragiles et instables, ce qui est la tâche du scientifique du droit,

---

[1] J.-M. SAUVÉ, « Avant-propos », in Conseil d'État, *Le numérique et les droits fondamentaux*, La documentation française, coll. Les rapports du Conseil d'État, 2014, p. 7.

[2] J.-C. BÉCANE, M. COUDERC, J.-L. HÉRIN, *La loi*, 2e éd., Dalloz, coll. Méthodes du droit, 2010, p. 4 s. Ces auteurs distinguent « la Loi », avec une majuscule, et « les lois », sans majuscule (*ibid.*, p. 1).

[3] A. LECA, *La lyre de Thémis ou la poésie du droit*, PUAM (Aix-en-Provence), 2011, p. 73.

[4] A. SUPIOT, « État social et mondialisation : analyse juridique des solidarités », Leçon inaugurale au Collège de France, 29 nov. 2012.

[5] *Cf.* B. BARRAUD, *La recherche juridique – Sciences et pensées du droit*, L'Harmattan, coll. Logiques juridiques, 2016, p. 213 s.

[6] ARISTOTE, *Les Politiques*, vers 330 av. J.-C., L. IV.

[7] P. TÜRK, « La souveraineté des États à l'épreuve d'internet », *RDP* 2013, p. 1489.

il pourrait être tentant de préférer chercher, *jus*-politiquement, quels devraient être ces « modes de gouvernance ». Et, si les « modes de gouvernance » existants reposent largement sur des organisations privées, ce qui paraît être le cas à l'aune des résultats de l'expérience de mesure du pluralisme juridique, peut-être serait-il même heureux de dépasser la simple observation pour réfléchir aux solutions susceptibles de permettre aux instances publiques de prendre le contrôle du droit de la communication par internet, diminuant ainsi le pluralisme juridique en réduisant l'emprise des sources privées.

Les spécialistes de ce droit ne manquent pas de relever le phénomène de « substitution du secteur privé au secteur public en matière de régulation de l'internet en raison de l'absence d'efficacité du second comparativement aux performances du premier [...] [et de] l'incompétence des gouvernants »[1]. Les grandes lignes de ce que pourraient être de premières réponses légistiques se laissent en conséquence entrevoir. Quelques travaux ont déjà été consacrés à la question du gouvernement dans le contexte de l'après-révolution numérique[2]. Il serait peut-être bienvenu de les poursuivre. Toutefois, ce ne sera qu'une modeste introduction à ces problématiques qui pourra être esquissée en cette troisième partie, celles-ci méritant que des ouvrages complets et substantiels leur soient consacrés.

Reste que la réalité du pluralisme juridique est un défi lancé à l'organisation westphalienne de la société internationale, à la segmentation de la planète en territoires, au morcellement de l'humanité en nations, à la centralité juridique et politique de l'État, à la territorialité du droit, à la différenciation des systèmes juridiques étatiques, à l'articulation entre ordre international et ordre interne etc. En somme, le pluralisme juridique approché d'un point de vue *jus*-politique amène à interroger la « crise de l'État » puis à conclure que, peut-être, « la perspective des transformations de l'État permet d'écarter, provisoirement au moins, l'hypothèse sans doute peu envisageable de la disparition de l'État, tout en admettant la réalité d'une crise qui contraint l'acteur étatique à se poser les questions de sa raison d'être, de ses fonctions et de la manière avec laquelle il les remplit »[3].

---

[1] V. TROVATELLO, *L'infrastructure d'internet – Entre régulation et gouvernance*, th., Université d'Aix-Marseille III, 2009, p. 324.

[2] Par exemple, N. COLIN, H. VERDIER, *L'âge de la multitude – Entreprendre et gouverner après la révolution numérique*, Armand Colin, 2012.

[3] P. VERCAUTEREN, « L'État entre globalisations et gouvernance : La quête du Prince parfait ou du nouveau Léviathan ? », in G. DEMUIJNCK, P. VERCAUTEREN, dir, *L'État face à la globalisation économique – Quelles formes de gouvernance ?*, Sandre, 2009, p. 26.

Section 1. La perturbation de l'État, cause du pluralisme juridique

Le pluralisme juridique peut s'analyser tel un signe important de la « crise de l'État » (*1*) puisque cette dernière expliquerait, en partie au moins, ce premier (*2*). Le pluralisme juridique serait donc intimement lié aux difficultés rencontrées par l'État, serait, dans une certaine mesure, proportionnel à elles. Dès lors, il est tentant, sous l'angle *jus*-politique propre à cette troisième partie, d'approfondir le problème en recherchant les origines de la « crise de l'État » qui seraient également, par voie de conséquence, les origines du pluralisme juridique (*3*).

1. Le pluralisme juridique comme signe de la « crise de l'État »

Selon Descartes, « il faut toujours partir des effets pour remonter aux causes »[1]. Ici, les effets résident dans le pluralisme juridique. Quant aux causes, elles peuvent se résumer dans l'idée de « crise de l'État », laquelle est le résultat de la conjonction de différents facteurs plus précis. Le nom « crise » dérive du grec « *crisis* » qui peut se traduire par « caractère de ce qui est visible ». « *Crisis* » était jadis utilisé lorsqu'une maladie devenait visible par quelques manifestations extérieures et Aristote, dont le père était médecin, aurait été le premier à utiliser la métaphore de la « crise » afin de désigner la « crise politique » à Nicomaque[2]. Un auteur enseigne qu'une véritable crise présenterait les trois caractères suivants : « être brève, être résolutive, donner à penser »[3]. Si la « crise de l'État » donne beaucoup à penser, qu'elle soit résolutive est incertain et qu'elle soit brève est encore plus douteux. Comme, par ailleurs, l'idée de « crise de l'État » est très polémique[4], mieux vaut la manier avec des pincettes, ce qui, typographiquement, se traduit par l'utilisation de guillemets.

Lorsque, en 1696, le dictionnaire de l'Académie française a été le premier à retenir une entrée « État », il concevait celui-ci telle la « situation d'un peuple qui vit sous la domination d'un prince ou en République ». Il

---

[1] R. DESCARTES, « Méditation seconde : De la nature de l'esprit humain », in *Méditations métaphysiques*, 1647 (cité par F. ROUVIÈRE, « Itinéraire de la recherche en droit – Le plan de la thèse », conférence à la Faculté de droit et de science politique d'Aix-en-Provence, 3 mars 2012).

[2] ARISTOTE, *Éthique à Nicomaque* (vers 340 av. J.-C.), Vrin, coll. Textes philosophiques, 1994.

[3] R. DRAÏ, « La gouvernance négative », *Cités* 2004, n° 18, p. 86.

[4] On note, par exemple, que « l'État est peut-être moins en crise que les théories qui tentent d'en rendre compte » (L. ROUBAN, « Les paradoxes de l'État postmoderne », *Cités* 2004, n° 18, p. 22). Également, H. HELLER, O. JOUANJAN, *La crise de la théorie de l'État*, Dalloz, coll. Tirés à part, 2012.

semble que plus les sources privées concurrencent les sources étatiques, moins le peuple vit sous la domination d'un prince ou en République. Il serait donc justifié d'établir un lien direct entre niveau de pluralisme juridique et niveau de « crise de l'État ». Le pluralisme juridique serait bien un signe topique du « malaise étatique ».

Le Conseil d'État décrit une « gouvernance de l'internet » dans laquelle « est impliquée une diversité de parties prenantes »[1] et où se remarque la « place prédominante du droit souple »[2]. Cette situation est peut-être la conséquence d'un manque de maîtrise des processus d'édiction du droit par l'État. Si le monisme juridique est le résultat de l' « emprise centralisatrice de l'État sur les diverses activités traditionnellement associées à la fonction juridique »[3], à savoir les activités de création et d'application des règles de droit, le pluralisme juridique, à l'inverse, ne pourrait qu'être le contrecoup d'un contrôle défaillant de ces activités par les instances étatiques. Évidemment, il arrive que ces dernières décident « souverainement » de ne plus créer le droit et d'abandonner cette prérogative à des organismes privés[4], mais il semble fort que, dans le domaine de la régulation de la communication par internet, le droit d'origine privée se développe pour une grande part loin de toute initiative et de toute validation des pouvoirs publics. Cette branche du droit tendrait à confirmer l'idée selon laquelle le droit paraétatique proviendrait d'une « rébellion par rapport au droit étatique »[5]. Cela ne saurait étonner puisque déjà les fondateurs de l'internet expliquaient que construire un réseau indestructible obligeait à construire un réseau incontrôlable[6]. En outre, il faut distinguer, parmi le droit d'origine privée validé ou accepté par les sources étatiques, la part de normes élaborées *ab initio* à l'initiative de l'État et la part de normes élaborées à l'initiative de quelques forces privées et qui, ensuite, sont ainsi validées ou acceptées par les instances publiques mais qui auraient existé

---

[1] Conseil d'État, *Le numérique et les droits fondamentaux*, La documentation française, coll. Les rapports du Conseil d'État, 2014, p. 137.

[2] *Ibid.*

[3] H. MOUTOUH, « Pluralisme juridique », in D. ALLAND, S. RIALS, dir., *Dictionnaire de la culture juridique*, Lamy-Puf, coll. Quadrige-dicos poche, 2003, p. 1159.

[4] Ph. JESTAZ, *Les sources du droit*, Dalloz, coll. Connaissance du droit, 2005, p. 35 (« le fait de la législation privée correspond à un retrait et non à une faiblesse de la puissance publique »).

[5] A.-J. ARNAUD, *Critique de la raison juridique – 2. Gouvernants sans frontières – Entre mondialisation et post-mondialisation*, LGDJ, coll. Droit et société, 2003, p. 249.

[6] B. BAYART, « Comprendre un monde qui change : Internet et ses enjeux », conférence à Mines Télécom, 8 nov. 2013.

dans tous les cas. Peut-être l'État en vient-il à « organiser le pluralisme »[1], ce dernier n'en est pas moins une réalité.

Ensuite, s'il y a pluralisme juridique parce qu'il y a « crise de l'État », cela provient peut-être déjà de quelque « crise de la loi ». Récemment, le Professeur Philippe Jestaz observait que « la législation privée n'a évidemment pas la même importance que la législation publique, ni sur le plan quantitatif où la disproportion est écrasante, ni sur le plan de l'obligatoriété qui est souvent moins forte »[2]. En droit de la communication par internet, cette évidence n'en est plus une, tout au contraire, et, tant quantitativement que qualitativement, il n'est pas rare que la « législation privée » fasse autant et aussi bien que la « législation publique ». Bobbio disait de la « loi naturelle » que « ce qui [lui] manque [...], c'est précisément ce qui constitue l'élément caractéristique du droit, c'est-à-dire l'efficacité »[3]. Or, avec la révolution numérique, cette carence paraît s'attacher également à la loi étatique, symbole du droit d'essence publique, qui « n'est plus ce qu'elle était »[4] au XIXe s., lorsque le respect des lois prenait un « aspect quasi-religieux »[5] car on s'adonnait à un véritable « culte de la loi »[6]. Sans doute dans bien des branches du droit est-il encore vrai que « la loi est parée de toutes les vertus, du fait de son écriture sous une forme officielle et publiée : elle est claire, fixe, accessible, connue de tous, rationalisée, délibérée, bref, elle incarne la raison faite droit »[7]. Mais l'étude du droit de la communication par internet, droit « global » et « postmoderne », amène à suivre les auteurs qui regrettent l' « échec »[8], le « déclin »[9], le « reflux »[10], la

---

[1] J.-J. SUEUR, « Analyser le pluralisme pour comprendre la mondialisation ? », in J.-Y. CHÉROT, B. FRYDMAN, dir., *La science du droit dans la globalisation*, Bruylant (Bruxelles), coll. Penser le droit, 2012, p. 105.

[2] Ph. JESTAZ, *Les sources du droit*, Dalloz, coll. Connaissance du droit, 2005, p. 35.

[3] N. BOBBIO, « Quelques arguments contre le droit naturel », *Annales de philosophie politique* 1959, p. 176 (cité par M.-Ch. ROQUES-BONNET, *Le droit peut-il ignorer la révolution numérique ?*, Michalon, 2010, p. 340).

[4] F. TERRÉ, « La “crise de la loi” », *Arch. phil. droit* 1980, p. 17.

[5] J. CARBONNIER, *Théorie sociologique des sources du droit*, Association corporative des étudiants en droit de l'Université Panthéon-Sorbonne, 1961, p. 110. Et Carbonnier d'ajouter que « l'irrespect de la religion n'[était] plus réprimé, mais les lois [sont devenues] une religion de substitution » (*ibid.*).

[6] *Ibid.*

[7] P. DEUMIER, *Introduction générale au droit*, 2e éd., LGDJ, coll. Manuel, 2013, p. 54.

[8] C. CORGAS-BERNARD, « Les règles de bonnes pratiques », in M. BEHAR-TOUCHAIS, N. MARTIAL-BRAZ, J.-F. RIFFARD, dir., *Les mutations de la norme*, Economica, coll. Études juridiques, 2011, p. 73.

[9] D. SALAS, « Juge (aujourd'hui) », in D. ALLAND, S. RIALS, dir., *Dictionnaire de la culture juridique*, Lamy-Puf, coll. Quadrige-dicos poche, 2003, p. 862 ; M. DE VILLIERS, « Le principe de légalité », in Th. DE BERANGER, M. DE VILLIERS, dir., *Droit public général*, 5e éd., LexisNexis, coll. Manuel, 2011, p. 433.

[10] M. DE VILLIERS, « Le principe de légalité », in Th. DE BERANGER, M. DE VILLIERS, dir., *Droit public général*, 5e éd., LexisNexis, coll. Manuel, 2011, p. 432.

« dépréciation »[1] ou même le « désenchantement »[2] ou la « décadence »[3] de la loi.

La légitimité, pourtant indispensable[4], de la loi et, plus généralement, du droit étatique est douteuse dans l'esprit de beaucoup des destinataires des normes qu'ils portent. Il est rare que lesdits destinataires retiennent, à la suite de Montaigne, que « les lois se maintiennent en crédit non parce qu'elles sont justes mais parce qu'elles sont lois »[5] ou bien, après Carré de Malberg, que tout ce qui importerait dans une loi serait sa « force formelle »[6], sa « majesté »[7], car elle serait un « rite incantatoire »[8]. Peu parmi les acteurs du monde de l'internet préfèreraient, à l'instar d'un Socrate au moment de s'empoisonner conformément à la sentence de mort rendue contre lui, « mourir en observant la loi que vivre en la violant »[9]. « Les lois ne sont pas de purs actes de puissance ; ce sont des actes de sagesse, de justice et de raison », clamait déjà Portalis[10]. Or, aux yeux de nombreux habitants du cyberespace, les lois, qui ne sauraient être acceptables du seul fait qu'elles sont revêtues du sceau de la puissance souveraine étatique, paraissent pécher par manque de sagesse, de justice et de raison, en premier lieu car ils n'imaginent pas que le législateur puisse être compétent et donc en mesure d'opérer les choix les plus opportuns. C'est même de façon générale qu'on souligne combien « la loi est de plus en plus insuffisante tant dans son contenu que dans son mode d'élaboration »[11]. En tout cas cela semble-t-il avéré concernant les lois censées saisir les activités internetiques.

Or, si la loi est souvent dénoncée comme défectueuse, l'État est un système complexe dans lequel différents organes jouent un rôle vital et,

---

[1] J.-C. BÉCANE, M. COUDERC, J.-L. HÉRIN, *La loi*, 2e éd., Dalloz, coll. Méthodes du droit, 2010, p. 54.

[2] O. COSTA, É. KERROUCHE, P. MAGNETTE, « Le temps du parlementarisme désenchanté ? Les parlements face aux nouveaux modes de gouvernance », in O. COSTA, É. KERROUCHE, P. MAGNETTE, dir., *Vers un renouveau du parlementarisme en Europe ?*, Éditions de l'Université de Bruxelles, 2004, p. 9 s.

[3] S. GOYARD-FABRE, *L'État, figure moderne de la politique*, Armand Colin, coll. Cursus-philosophie, 1999, p. 111.

[4] O. CORTEN, « La persistance de l'argument légaliste : éléments pour une typologie contemporaine des registres de légitimité dans une société libérale », *Dr. et société* 2002, p. 185 s.

[5] M. DE MONTAIGNE, *Les essais*, Abel Langelier, 1588.

[6] R. CARRÉ DE MALBERG, *Contribution à la théorie générale de l'État spécialement d'après les données fournies par le droit constitutionnel français*, t. I, Librairie du Recueil Sirey, 1920, p. 281

[7] M. VIRALLY, *La pensée juridique*, LGDJ, 1960, p. 149.

[8] Réf. à P. MAZEAUD, « "La loi ne doit pas être un rite incantatoire" », *JCP G* 2005, p. 245 s.

[9] XÉNOPHON, *Mémorables*, 370 av. J.-C., L. IV.

[10] J.-É.-M. PORTALIS, *Discours préliminaire sur le projet de Code civil*, 1801.

[11] J.-C. BÉCANE, M. COUDERC, J.-L. HÉRIN, *La loi*, 2e éd., Dalloz, coll. Méthodes du droit, 2010, p. 54.

lorsque l'un fonctionne mal, c'est tout le système qui se trouve altéré. La « crise de la loi »[1], du « modèle légicentrique »[2], de la « technique législative »[3] et de la « science de la législation »[4], associée au déploiement concomitant des normes d'origine privée, ne pourrait donc qu'aller de pair avec une « crise de l'État » dans son ensemble.

Le Professeur Norbert Rouland se demande si la vision moderne du droit, moniste donc, ne serait pas « aussi dépassée que le géocentrisme »[5]. S'il est incertain qu'elle le soit vraiment, peut-être l'est-elle de plus en plus à mesure que des branches du droit « postmodernes » viennent remplacer les branches du droit modernes. En tout cas, pour ce qui est du droit de la communication par internet, faut-il retenir que ce droit s'attache au pluralisme juridique et non au monisme juridique, ainsi que l'indiquent les résultats de l'expérience présentés dans ce livre. Cela est lourd de conséquences pour l'État. En effet, ce qui a conduit les juristes modernes à retenir l'équation « droit = droit de l'État » est avant tout la souveraineté-puissance faisant que les formes non étatiques de régulation sociale sont apparues dépourvues d'intérêt car dénuées de force comparativement aux règles produites par l'État. *A contrario, seul un effritement de la souveraineté-puissance pourrait inciter à accepter la réalité du pluralisme juridique.* Ainsi explique-t-on que « le pluralisme juridique évolue au rythme de l'évolution du phénomène d'étatisation et, plus particulièrement, en rapport avec la transformation du droit étatique. L'histoire du pluralisme juridique est inséparable de l'histoire du droit étatique. […] Recourir à la notion de pluralisme juridique, c'est défendre la thèse d'une étatisation incomplète du droit »[6]. *Le droit resterait donc dans tous les cas intimement lié à l'État en ce que ce serait de sa force ou faiblesse que dépendrait l'expansion ou le retrait du pluralisme juridique.* Si les pouvoirs publics peuvent décider « souverainement » d'abandonner une part de leur « droit au droit », il semble que, dans la majorité des situations, le pluralisme juridique gagne du terrain de façon inversement proportionnelle au développement de la puissance étatique.

---

[1] F. TERRÉ, « La “crise de la loi” », *Arch. phil. droit* 1980, p. 17 s.

[2] D. MOCKLE, « Crise et transformation du modèle légicentrique », in J. BOULAD-AYOUD, B. MELKEVIK, P. ROBERT, dir., *L'amour des lois – La crise de la loi moderne dans les sociétés démocratiques*, Presses de l'Université Laval-L'Harmattan (Québec-Paris), 1996, p. 17 s.

[3] A. VIANDIER, « La crise de la technique législative », *Droits* 1986, n° 4, p. 75 s.

[4] C. WIENER, « La crise de la science de la législation », in I. BANKOWSKI, dir., *La science de la législation*, Puf, coll. Philosophie du droit, 1989, p. 89 s.

[5] N. ROULAND, *Aux confins du droit – Anthropologie juridique de la modernité*, Odile Jacob, 1991, p. 124.

[6] J.-G. BELLEY, « L'État et la régulation juridique des sociétés globales – Pour une problématique du pluralisme juridique », *Sociologie et sociétés* 1986, n° 18, p. 12.

Au Moyen Âge, quand l'État n'existait pas ou seulement sous une forme très modeste, tandis que différentes monnaies avaient souvent cours simultanément, divers systèmes juridiques étaient en vigueur sur un même territoire[1]. Ensuite, avec les « temps modernes », plus le « Léviathan » a grandi, plus le monisme juridique a remplacé le pluralisme juridique. Le retour audit pluralisme traduirait dès lors quelque endormissement, si ce n'est évanouissement, du « Léviathan » — et des « temps modernes ».

Le pluralisme juridique, qui se laisse observer en droit de la communication par internet, pose ainsi de profondes et cruciales questions à l'État, à l'inverse du monisme juridique, qui se laisse observer en droit de la communication audiovisuelle et en droit des réseaux de communications électroniques et qui, aujourd'hui, se présente toujours telle la situation habituelle, telle la situation normale. Dans *Le Prince*, Machiavel professe qu' « il faut parfois au Prince faire l'homme, c'est-à-dire gouverner selon les lois, mais aussi la bête, gouverner selon la crainte et, comme un redoublement de l'animalité politique, user de ruse comme le renard ou de force brute tel le lion »[2]. Pour une part, le pluralisme juridique pourrait traduire un manque de ruse et de force du « Prince », lequel apparaît davantage sot et faible aux yeux de nombreux acteurs du cyberespace. Quant à Rousseau, il écrivait, à propos du « Léviathan » de Hobbes : « Ainsi voilà l'espèce humaine divisée en troupeaux de bétail, dont chacun a son chef, qui le garde pour mieux le dévorer »[3]. L'observation du droit de la communication par internet amène à considérer que le « peuple » des internautes serait au moins autant gardien que gardé, l'État étant lui aussi autant gardé que gardien, certaines « puissances privées » parvenant à rivaliser avec la puissance publique et à se positionner dans un rapport d'égal à égal avec elle.

Il y a un siècle, Carré de Malberg pouvait avancer que « la puissance d'État ne paraît pas appelée à entrer de sitôt dans une phase de décroissance »[4]. Aujourd'hui, à la vue du pluralisme juridique marquant le droit de la communication par internet, il devient difficile de tenir pareil discours. Dans le cyberespace, il semble uniquement permis d'estimer que « la puissance d'État est entrée dans une phase de décroissance ». Georges Burdeau convenait que l'État devrait être perçu aussi bien tel un « moteur »

---

[1] D. Terré, « Le pluralisme et le droit », *Arch. phil. droit* 2005, p. 78.

[2] N. Machiavel, *Le Prince*, Florence, 1532, chap. XVIII (cité par P. Kahn, *L'État*, Quintette, coll. Philosopher, 1989, p. 20).

[3] J.-J. Rousseau, *Du contrat social*, 1762, L. I, chap. 2 (cité par Ch. Behrendt, F. Bouhon, *Introduction à la théorie générale de l'État – Recueil de textes*, Larcier (Bruxelles), coll. Faculté de droit de l'Université de Liège, 2009, p. 176).

[4] R. Carré de Malberg, *Contribution à la théorie générale de l'État spécialement d'après les données fournies par le droit constitutionnel français*, t. I, Sirey, 1920, p. XVIII.

que tel un « frein »[1]. Dans le monde internetique, il est le plus souvent approché négativement et, donc, considéré comme un « frein », y compris en matière juridique. En résulte un développement intensif des sources privées de normes et une situation de pluralisme juridique. *L'État n'est pas une nécessité logique mais une « réalité historique dont le sort dépend en dernière analyse de son efficacité »*[2]. Ce ne serait ainsi pas autre chose que l'avenir et la pérennité de l'État qui seraient en jeu, ainsi que, avec eux, une part de l'avenir et de la pérennité de la société. Déjà en 1978 un professeur imaginait que l'État, « fondamentalement relatif », appartenait plus au passé qu'au futur[3]. Mais l'histoire à venir de l'État n'est pas pré-écrite et tout reste à faire afin de décider de son sort. Assurément, s'il continue à être perçu comme « schizophrène et autiste »[4], il faut s'attendre à ce qu'il perde inexorablement son aura, son prestige et, *in fine*, sa raison d'être. *Le monisme juridique de sources privées remplacerait alors le monisme juridique de sources publiques, après un temps de pluralisme juridique.* Néanmoins, l'État n'étant pas une institution monolithique et inerte, il peut être réformé, il peut connaître de profondes évolutions qui ne lui retireraient pas pour autant son caractère d'État. Au milieu du XIXe s., on s'alarmait devant les limites de l'institution étatique et de son action[5]. Par la suite, ces dernières ont été profondément changées et, aujourd'hui, l'État est toujours là, bien que différent.

Ainsi que le décrivait Hauriou, « l'État, comme toutes les personnes morales, […] se fonde objectivement ; il y a pour lui une période de fondation [et] on peut même soutenir que cette période de fondation se prolonge pendant toute son existence puisqu'il est constamment remanié, réorganisé, réformé »[6]. Partant, une fois opéré le constat de sa « crise », tout l'enjeu serait de rechercher les moyens de procéder à un renouvellement qui lui serait le plus profitable possible. Et parvenir à identifier précisément les causes des difficultés du droit étatique à dominer la matière juridique semble être un préalable indispensable puisque les solutions à trouver sont nécessairement des réponses à ces causes. « Dans le modèle centripète/centrifuge français, note un auteur, tout part de l'État et tout aboutit à l'État, qui irradie de son initiative et enserre de ses restrictions une

---

[1] G. BURDEAU, *L'État* (1970), Le Seuil, coll. Points, 2009, p. 114.
[2] F. POIRAT, « État », in D. ALLAND, S. RIALS, dir., *Dictionnaire de la culture juridique*, Lamy-Puf, coll. Quadrige-dicos poche, 2003, p. 643 (non souligné dans le texte original).
[3] J. VERHOEVEN, « L'État et l'ordre juridique international », *RGDI publ.* 1978, p. 774 (cité par J.-D. MOUTON, « La notion d'État et le droit international public », *Droits* 1993, n° 16, p. 53).
[4] J. BAGUENARD, *L'État – Une aventure incertaine*, Ellipses, coll. Mise au point, 1998, p. 150.
[5] W. VON HUMBOLDT, *Essai sur les limites de l'action de l'État*, Germer Baillière, 1867 ; E. LABOULAYE, *L'État et ses limites*, 1864.
[6] M. HAURIOU, *Principes de droit public à l'usage des étudiants en licence et en doctorat ès sciences politiques*, 2e éd., Librairie du Recueil Sirey, 1916, p. 4.

société dont il a préalablement puisé une bonne part de la substance et de l'énergie »[1]. Mais l'État ne saurait ainsi retirer à la société internetique une « bonne part de sa substance et de son énergie », de telle sorte que, en lieu et place du « modèle centripète/centrifuge », il serait grand temps de réfléchir plus sérieusement à l'installation, par exemple, d'un modèle « réseautique » faisant la part belle aux procédures de participation des destinataires des normes à leur élaboration, cela afin de lutter contre le « déficit démocratique de l'État moderne »[2] qui est largement palpable en matière de droit de la communication par internet. À l'époque moderne, la logique de l'État et de son droit est claire et simple : « Il doit y avoir dans chaque État une autorité qui n'a pas besoin d'avoir raison pour valider ses actes »[3], si bien que le propre de la puissance publique serait que les commandements émis d'une façon régulière s'imposeraient à l'obéissance des gouvernés sans justification préalable de leurs contenus. L'insuffisance de cette logique apparaît de manière de plus en plus patente à mesure que le célèbre aphorisme de Pascal selon lequel « la puissance des rois est fondée sur la raison et sur la folie du peuple, et bien plus sur la folie »[4] se voit démenti par les faits, les gouvernés demandant de plus en plus constamment aux gouvernants d'expliquer et de motiver leurs décisions.

Le problème de l'État résiderait dans le fait qu'il serait « "déconnecté" des réalités »[5]. Il suffirait donc de l'y reconnecter pour mettre fin à nombre des difficultés qu'il rencontre. Mais nul doute que cela impliquerait de profondes remises en question ; or le droit de la communication par internet, aussi important soit-il en pratique, n'est qu'une petite partie parmi l'ensemble du droit, et il n'est pas envisageable de créer un État spécial pour chaque matière spéciale. Partant, il faut croire que, malgré son omnipotence incroyable, *l'internet ne saurait parvenir à engendrer une révolution de l'État*. Tout juste pourrait-il être à l'origine de quelques adaptations. Il n'en demeure pas moins que réfléchir au sens à donner à ces adaptations serait fort légitime, car la « crise de l'État » ne profite à personne. Reste que, si le

---

[1] L. COHEN-TANUGI, *Le droit sans l'État*, 2e éd., Puf, coll. Quadrige essais débats, 2007, p. 187.

[2] B. FRYDMAN, *Les transformations du droit moderne*, Fondation Roi Baudoin (Bruxelles), coll. Citoyen, droit et société, 1998, p. 86. Selon François Rigaux, les démocraties contemporaines ne seraient que « des oligarchies qui s'affublent du beau nom de démocratie » (F. RIGAUX, *Ordonnancements juridiques et conversion numérique*, Larcier (Bruxelles), coll. Petites fugues, 2014, p. 368).

[3] P. JURIEU, *Les Lettres Pastorales adressées aux Fidèles de France qui gémissent sous la captivité de Babylone, du 1er septembre 1686 au 1er juillet 1689*, 1689 (cité par R. CARRÉ DE MALBERG, *Contribution à la théorie générale de l'État spécialement d'après les données fournies par le droit constitutionnel français*, t. I, Librairie du Recueil Sirey, 1920, p. 203).

[4] B. PASCAL, *Pensées*, 1669.

[5] N. CHICHE, *Internet : pour une gouvernance ouverte et équitable*, Éditions des journaux officiels, coll. Les études du Conseil économique, social et environnemental, 2014, p. 4.

pluralisme juridique, tant qu'il ne touche que certaines branches du droit telles que le droit de la communication par internet, peut demeurer supportable pour l'État, il n'est guère assuré qu'il n'atteigne pas bientôt beaucoup plus de branches du droit, devenant alors létal pour l'État.

Il faut encore insister au long de quelques pages sur ces enjeux. Si le pluralisme juridique signale la « crise de l'État », c'est que cette dernière paraît expliquer ce premier.

2. La « crise de l'État » comme explication du pluralisme juridique

Les activités humaines et sociales ne pouvant se passer de cadres normatifs forts et précis, le droit d'origine non étatique se développerait quasi-mécaniquement de façon inversement proportionnelle aux difficultés des sources étatiques à engendrer de tels cadres. Un spécialiste souligne en ce sens que « l'autorégulation a un rôle supplétif : elle intervient en cas de carence ou d'inefficacité de la régulation publique »[1]. *Le lien entre pluralisme juridique et « crise de l'État » serait donc bel et bien très direct.* Le pluralisme juridique prendrait le pas sur le monisme juridique à mesure que la remise en cause de la légitimité de l'État à produire le droit se ferait plus intense[2]. Et il est tentant d'appliquer au problème de la création des normes, par analogie, l'explication suivante : « L'État encourt ce qu'encourent les mauvaises monnaies qui n'achètent plus rien : une dévaluation si forte qu'elle favorise la restauration du troc et les conduites prédatrices »[3]. La régulation par le droit serait dès lors à la recherche d'un « nouvel équilibre »[4] et de nouveaux instruments[5] synonymes de « recomposition du paysage juridique »[6], de privatisation et de pluralisme.

Le lien reliant le droit à l'État et sa rupture peuvent se comprendre en ces termes :

> *L'effectivité globale du système juridique, c'est-à-dire de l'État, représente la condition sine qua non de son existence. L'État est*

---

[1] F. Cafaggi, « Le rôle des acteurs privés dans les processus de régulation : participation, autorégulation et régulation privée », *RF adm. publ.* 2004, p. 27.

[2] P. Vincent, « La remise en cause du rôle de l'État dans la production du droit », in CIEDEL, *Le droit autrement : nouvelles pratiques juridiques et pistes pour adapter le droit aux réalités locales contemporaines*, Éditions Charles Léopold Mayer, 2001, p. 52 s.

[3] R. Draï, *L'État purgatoire – La tentation postdémocratique*, Michalon, 2005, p. 14.

[4] A.-J. Arnaud, *Critique de la raison juridique – 2. Gouvernants sans frontières – Entre mondialisation et post-mondialisation*, LGDJ, coll. Droit et société, 2003, p. 92.

[5] J.-F. Casile, S. Miannay, « Nouvelles technologies de l'information et de la communication et anciens instruments de régulation : l'exemple d'Internet en France », *Politique et société* 1999, n° 18, p. 61 s.

[6] F. Ost, M. van de Kerchove, *De la pyramide au réseau ? Pour une théorie dialectique du droit*, Publications des Facultés universitaires Saint-Louis (Bruxelles), 2002, p. 108.

> *juridique parce qu'il s'affirme comme tel et qu'il n'est pas remis en cause dans cette qualité par une force supérieure à la sienne. Tant que l'État n'est pas jeté à terre par une révolution, il constitue un système juridique, lequel est précisément juridique parce qu'il est effectif. [...] L'ineffectivité totale du système juridique pourrait bien constituer la seule hypothèse dans laquelle le Droit se trouve véritablement mis en cause dans sa « juridicité ». De quoi s'agit-il ? De la révolution, ou du coup d'État. À partir du moment où l'ordre constitutionnel est complètement bafoué par la rue, lorsque plus aucune institution juridique n'est, aux yeux du peuple, reconnue comme légitime et fondée à dire le Droit et à le faire respecter, quelque chose de très spécial se produit dans l'ordonnancement juridique. Cette forme particulière, et pour ainsi dire totale, de l'ineffectivité conduit en effet à détruire toute la validité juridique du Droit officiel, c'est-à-dire son existence en tant que Droit.*[1]

Comme le disait un auteur au milieu du XXe s., « le droit bénéficie toujours de la plus grande force parce que la force se fait droit si le droit perd la force »[2]. Par suite, l'internet peut-il constituer une telle révolution capable de défaire le lien droit-État et de rattacher le monde juridique à autre chose qu'à l'État ? Il faut gager qu'il n'est ni une révolution ni une non-révolution, si bien que la thèse du pluralisme juridique s'avère autrement réaliste que celle du monisme juridique ou bien que celle du néo-monisme juridique (de sources privées). Le droit de la communication par internet invite à reconnaître le pluralisme juridique et non à conforter la maîtrise du droit par l'État ou à affirmer l'absence totale de rapport entre le droit et l'État. Avec la complexification du monde contemporain, les conceptions manichéennes et schématisantes paraissent de moins en moins admissibles épistémiquement. Ainsi faudrait-il préférablement reprendre, par exemple, cette conclusion du Professeur Jean-Bernard Auby : « Une incontestable *régression de la puissance juridique de l'État* n'empêche pas le maintien à un haut niveau de sa fonction régulatrice, mais elle exige d'envisager une nouvelle définition de la souveraineté »[3].

Faisant œuvre de prophète, Santi Romano estimait, au milieu du XXe s., qu'il était « probable que dans un avenir non lointain on assiste [...] à la crise de l'État moderne, impliquant qu'un grand nombre de groupes

---

[1] D. DE BÉCHILLON, *Qu'est-ce qu'une règle de droit ?*, Odile Jacob, 1997, p. 84.
[2] G. HÉRAUD, « La validité juridique », in *Mélanges Jacques Maury*, t. II, Dalloz, 1960, p. 477 (cité par D. DE BÉCHILLON, *Qu'est-ce qu'une règle de droit ?*, Odile Jacob, 1997, p. 84).
[3] J.-B. AUBY, *La globalisation, le droit et l'État*, 2e éd., LGDJ, coll. Systèmes, 2010, p. 136 (non souligné dans le texte original). L'auteur parle également de « perte de centralité juridique de l'État » (*ibid.*, p. 137).

sociaux tendent à se constituer chacun une sphère juridique indépendante »[1]. Tous les jours un peu plus, la prophétie du juriste romain paraît être en passe de se réaliser. Or, s'il est une origine évidente des difficultés que connaissent les instances étatiques à l'heure de la mondialisation, celle-ci réside assurément dans les nouvelles possibilités offertes par l'internet et par le web, facteurs de globalisation. Néanmoins, à l'ère contemporaine, c'est bien au-delà du cercle des commentateurs des modes de régulation à l'œuvre dans le cyberespace qu'on en vient à opérer le constat de la « crise de l'État », laquelle serait déjà une « crise » des moyens de l'État, qui seraient désormais « dépassés » et « obsolètes »[2]. Le présent ouvrage, *en venant indirectement confirmer la réalité de la « crise de l'État » à travers la confirmation de la réalité du pluralisme juridique en droit de la communication par internet*, apporte ainsi du sel à la table de ceux qui cherchent à convaincre du fait que la dilution de la force symbolique et matérielle de l'État ne serait pas une fantaisie mais bien quelque-chose qui deviendrait tangible. Les travaux relatifs au droit « global » et au droit « postmoderne », qui ont en commun de toujours relativiser la place de l'État par rapport à ce qu'elle est ou était à l'ère du droit moderne, des nations et des territoires, sont souvent et peut-être à raison critiqués en ce qu'ils appuieraient trop peu les affirmations qu'ils contiennent sur des données factuelles et, puisque factuelles, incontestables. Le pluralisme juridique en droit de la communication par internet est une telle donnée factuelle, comme tendent à le prouver les résultats de l'expérience de mesure du pluralisme juridique. Il pourrait donc être mis à profit par les penseurs du droit « global » et du droit « postmoderne » afin de conférer une plus solide assise empirique à leurs réflexions.

En tout cas, si le thème de la « crise de l'État » n'est pas nouveau[3], ceux qui le traitent sont de plus en plus nombreux. La réalité de ce phénomène est de plus en plus largement admise[4], bien qu'il revête un aspect diffus, progressif et non spectaculaire. Dans d'innombrables ouvrages, on parle désormais de « désétatisation des sociétés et du monde »[5], d'« historicité de la domination étatique »[6], de « déclin de l'État »[7], de

---

[1] S. ROMANO, *L'ordre juridique* (1946), trad. L. François, P. Gothot, Dalloz, coll. Philosophie du droit, 1975, p. 82-83.

[2] M.-A. FRISON-ROCHE, « Le droit de la régulation », *D.* 2001, p. 610.

[3] Par exemple, G. DEL VECCHIO, *La crise de l'État*, 1935 ; N. POULANTZAS, dir., *La crise de l'État*, Puf, 1976 ; J. CRUET, *La vie du droit ou l'impuissance des lois*, Flammarion, 1908 ; G. MORIN, *La révolte des faits contre le Code*, Grasset, 1920.

[4] Par exemple, R. DENOIX DE SAINT MARC, *L'État*, 2e éd., Puf, coll. Que sais-je ?, 2012, p. 120.

[5] J.-B. AUBY, *La globalisation, le droit et l'État*, 2e éd., LGDJ, coll. Systèmes, 2010, p. 24.

[6] S. GOYARD-FABRE, *L'État, figure moderne de la politique*, Armand Colin, coll. Cursus philosophie, 1999, p. 105-106.

[7] *Arch. phil. droit* 1976, « Genèse et déclin de l'État ».

« désenchantement de l'État »[1], de « dépérissement de l'État »[2], d' « érosion de l'État »[3], de « défaillance de l'État »[4], d' « État banalisé »[5], d' « État essoufflé »[6], d' « État ébranlé »[7], d' « État défiguré »[8], d' « État malhabile »[9], d' « État dépassé »[10], d' « État sur la sellette »[11], d' « État frappé de misère »[12], d' « État [qui] n'est plus que l'ombre de lui-même »[13], de « fin de l'âge d'or de l'État »[14], de « crise d'identité de l'État »[15] et même de « fin de l'État »[16] ou de « disparition de l'État »[17]. Moins négativement, le Professeur Jean-Bernard Auby se réfère à « une modification de la place et du rôle des États plus qu'un effacement de ceux-ci »[18] ; et le Professeur Jacques Chevallier relève l'avènement d'une « configuration étatique

---

[1] C. COLLIOT-THÉLÈNE, *Le désenchantement de l'État, de Hegel à Max Weber*, Minuit, 1992.

[2] P. HASSNER, « De la paix des États à la guerre des sociétés », in A.-M. LE GLOANNEC, dir., *Entre Union et Nations : l'État en Europe*, Presses de Sciences-po, 1998, p. 41 ; P. FRAISSEX, « De l'État-nation à l'État “groupusculaire” : chronique d'un dépérissement engagé », *D.* 2000, p. 61.

[3] S. STRANGE, *The Retreat of the State: the Diffusion of Power in the World Economy*, Cambridge University Press, 1996 (cité par P. VERCAUTEREN, « L'État entre globalisations et gouvernance : La quête du Prince parfait ou du nouveau Léviathan ? », in G. DEMUIJNCK, P. VERCAUTEREN, dir, *L'État face à la globalisation économique – Quelles formes de gouvernance ?*, Sandre, 2009, p. 26).

[4] H. QUARITSCH, « La situation actuelle de la théorie générale de l'État en Allemagne », *Droits* 1992, n° 15, p. 66.

[5] D. BATTISTELLA, « Le bel avenir de la théorie de l'État en Relations internationales », *Jus Politicum* 2012, n° 8, p. 3.

[6] Gh. SALAMÉ, *Appels d'Empire*, Fayard, 1996, p. 77 (cité par F. GARNIER, « Notes pour une possible histoire de la construction de la norme », in M. BEHAR-TOUCHAIS, N. MARTIAL-BRAZ, J.-F. RIFFARD, dir., *Les mutations de la norme*, Economica, coll. Études juridiques, 2011, p. 24).

[7] J. CHEVALLIER, *L'État post-moderne*, 3e éd., LGDJ, coll. Droit et société, 2008, p. 26.

[8] S. GOYARD-FABRE, *L'État, figure moderne de la politique*, Armand Colin, coll. Cursus philosophie, 1999, p. 88.

[9] J. BAGUENARD, *L'État – Une aventure incertaine*, Ellipses, coll. Mise au point, 1998, p. 89.

[10] J.-B. AUBY, *La globalisation, le droit et l'État*, 2e éd., LGDJ, coll. Systèmes, 2010, p. 25.

[11] L. ROUBAN, « Les paradoxes de l'État postmoderne », *Cités* 2004, n° 18, p. 11.

[12] A. SUPIOT, « État social et mondialisation : analyse juridique des solidarités », Leçon inaugurale au Collège de France, 29 nov. 2012.

[13] Y.-Ch. ZARKA, « L'ombre du Léviathan », *Cités* 2004, n° 18, p. 3.

[14] G. COURTY, E. SULEIMAN, *L'âge d'or de l'État – Une métamorphose annoncée*, Le Seuil, 1997.

[15] L. ROUBAN, « L'État en crise d'identité », *Rev. adm.* 1998, p. 262 s.

[16] P. BIRNBAUM, « La fin de l'État », *RF sc. pol.* 1985.

[17] K. OHMAE, *The End of the Nation State: the Rise of Regional Economies*, Harper Collins (Londres), 1996 (cité par P. VERCAUTEREN, « L'État entre globalisations et gouvernance : La quête du Prince parfait ou du nouveau Léviathan ? », in G. DEMUIJNCK, P. VERCAUTEREN, dir, *L'État face à la globalisation économique – Quelles formes de gouvernance ?*, Sandre, 2009, p. 26).

[18] J.-B. AUBY, *La globalisation, le droit et l'État*, 2e éd., LGDJ, coll. Systèmes, 2010, p. 25.

nouvelle »[1] : celle de l' « État postmoderne »[2] qui, semble-t-il, suit le droit « postmoderne » plus que ce dernier suit ce premier.

Au-delà des questions de la production des normes et du pluralisme juridique — mais donc non sans lien de cause à effet avec elles —, la « crise de l'État » serait en particulier une « crise de l'État-providence »[3], laquelle tendrait à « ronge[r] les institutions publiques »[4] et à renforcer l' « inefficacité de l'État »[5]. Il est vrai que les acteurs de la communication par internet tendent à ne rien demander à l'État et à ne rien en attendre. Aussi acceptent-ils difficilement que celui-ci cherche à encadrer leurs agissements dans le cyberespace. Plus généralement, on associe le retrait de l'État à la mondialisation et, spécialement, à la globalisation économique[6],

---

[1] J. CHEVALLIER, *L'État post-moderne*, 3e éd., LGDJ, coll. Droit et société, 2008, p. 17.

[2] Néanmoins, le professeur écrit que « tout se passe comme si l'on assistait à la remise en cause des attributs classiques de l'État, mais sans qu'il soit possible pour autant de tracer d'une main ferme les contours d'un nouveau modèle étatique : l'État postmoderne est un État dont les traits restent […] marqués par l'incertitude, la complexité, l'indétermination. […] Pour analyser celui-ci, il est dès lors nécessaire de quitter l'univers des certitudes, sortir des chemins bien balisés de l'ordre, abandonner l'illusion d'une nécessaire cohérence, d'une absolue complétude ; il est seulement possible de dégager un certain nombre d'aspects qui, contrastant avec les attributs traditionnels de l'État, sont la marque, l'indice, le signe tangible de cette indétermination nouvelle » (*ibid.*).

[3] Sur l'État-providence, *cf.*, notamment, F. EWALD, *L'État providence*, Grasset, 1986. On souligne, de façon significative, que « le changement d'appellation pour identifier l'État [d'"État-gendarme" à "État-providence"] est tout à fait révélateur. Le terme "gendarme" symbolise la force publique, alors que "providence", venant du latin "*providere*" qui signifie "pourvoir", veut dire, depuis Sénèque, "la sagesse divine prévoyant tout et pourvoyant à tout". La connotation religieuse de l'expression traduit l'espoir absolu mis dans un État sacralisé » (J. BAGUENARD, *L'État – Une aventure incertaine*, Ellipses, coll. Mise au point, 1998, p. 89).

[4] S. GOYARD-FABRE, *L'État, figure moderne de la politique*, Armand Colin, coll. Cursus philosophie, 1999, p. 96.

[5] J. CHEVALLIER, *L'État post-moderne*, 3e éd., LGDJ, coll. Droit et société, 2008, p. 25.

[6] Par exemple, *Souveraineté étatique et marchés internationaux à la fin du XXe s. – Mélanges Philippe Kahn*, Litec, 2000 ; J. -B. AUBY, *La globalisation, le droit et l'État*, 2e éd., LGDJ, coll. Systèmes, 2010 ; J.-L. HALPÉRIN, *Profils des mondialisations du droit*, Dalloz, coll. Méthodes du droit, 2009 ; G. TEUBNER, « Global Bukowina: Legal Pluralism in the World Society », in G. TEUBNER, dir., *Global Law without a State*, Aldershot (Dartmouth), 1997, p. 3 s. ; G. TEUBNER, « After Legal Instrumentalism? Stratégie Models of Post-Regulatory Law », in G. TEUBNER, dir., *Dilemmas of Law in the Welfare State*, Walter de Gruyter (Berlin-New York), 1986, p. 299 s. ; F. SNYDER, « Governing Economy Globalization: Global Legal Pluralism and European Law », *European Law Journal* 1999, p. 334 s.; F. OST, « Mondialisation, globalisation, universalisation : s'arracher encore et toujours à l'état de nature », in Ch-A. MORAND, dir., *Le droit saisi par la mondialisation*, Bruylant (Bruxelles), 2001, p. 3 s. ; A. PETITPIERRE-SAUVAIN, « Impact de la mondialisation sur les droits nationaux », in Ch.-A MORAND, dir., *Le droit saisi par la mondialisation*, Bruylant (Bruxelles), 2001, p. 407 s. ; M. DELMAS-MARTY, « Les processus de mondialisation du droit », in Ch.-A MORAND, dir., *Le droit saisi par la mondialisation*, Bruylant (Bruxelles), 2001, p. 63 s. ; M. DELMAS-MARTY, « La mondialisation du droit », in J. BAECHLER, R. KAMRANE, dir., *Aspects de la mondialisation politique*, Puf, 2003, p. 71 s. ; J.-F. RIFFARD,

qui va de pair avec une « montée en puissance des acteurs non étatiques »[1], notamment la société civile[2]. S'est imposée la conception hayekienne d'un « ordre artificiel de l'État, censé partisan et peu au fait des informations pertinentes »[3], ayant donc vocation à se désengager et à laisser la place à l' « ordre spontané ». Depuis la fin de la Guerre Froide, la mondialisation économique a petit à petit pris le dessus sur la rivalité politico-militaire antérieure, qui motivait largement l'action des États. Par exemple, alors que la revue *Pouvoirs* a consacré l'une de ses dernières livraisons aux « États sous contrainte économique »[4], un observateur met en exergue « la soumission de l'État aux intérêts économiques [qui] est au cœur du processus de recomposition contemporain de l'action publique »[5]. Il est difficile de contester le fait que la globalisation entraînerait une « crise sans précédent de légitimité et de souveraineté de l'État »[6], laquelle dépasse mais englobe les problématiques de la production du droit et du pluralisme juridique[7]. Ainsi en vient-on à évoquer l' « impuissance de la puissance »[1] et

---

« La mutation de la norme : l'avènement d'un droit nivelé ? Ou retour sur quelques aspects de l'unification et la globalisation des droits », in M. BEHAR-TOUCHAIS, N. MARTIAL-BRAZ, J.-F. RIFFARD, dir., *Les mutations de la norme*, Economica, coll. Études juridiques, 2011, p. 103 s. ; J.-P. HENRY, « La fin du rêve prométhéen ? Le marché contre l'État », *RDP* 1991, p. 652 s. ; S. SUR, « Sur quelques tribulations de l'État dans la société internationale », *RGDI publ.* 1993, p. 883 s.

[1] Ch. CHAVAGNEUX, « La montée en puissance des acteurs non étatiques », in P. JACQUET, J. PISANI-FERRY, L. TUBIANA et *alii*, *Gouvernance mondiale*, La documentation française, 2002, p. 229 s. Également, J. A. SCHOLTE, « Société civile et gouvernance mondiale », in P. JACQUET, J. PISANI-FERRY, L. TUBIANA et *alii*, *Gouvernance mondiale*, La documentation française, 2002, p. 211 s. ; G. FARJAT, « Les pouvoirs privés économiques », in *Mélanges Philippe Kahn*, Litec, 2000, p. 613 s. ; Ph. KAHN, « L'autorégulation », in H. GHERARI, S. SZUREK, dir., *L'émergence de la société civile internationale – Vers la privatisation du droit international*, Pedone, coll. Cahiers internationaux, 2003, p. 197 s. ; G. TEUBNER, « Un droit spontané dans la société mondiale ? », in Ch.-A. MORAND, dir., *Le droit saisi par la mondialisation*, Bruylant (Bruxelles), 2001, p. 199 s.

[2] *Cf.*, notamment, N. PERLAS, *La société civile : le troisième pouvoir*, Yves Michel, coll. Société, 2003.

[3] F. A. HAYEK, *Droit, législation et liberté – Une nouvelle formulation des principes libéraux de justice et d'économie politique*, t. I, trad. R. Audouin, Puf, 1980 (cité par F. OST, M. VAN DE KERCHOVE, *De la pyramide au réseau ? – Pour une théorie dialectique du droit*, Publications des Facultés universitaires Saint-Louis (Bruxelles), 2002, p. 109).

[4] *Pouvoirs* 2012, n° 142, « Les États sous contrainte économique ».

[5] L. ROUBAN, « Les paradoxes de l'État postmoderne », *Cités* 2004, n° 18, p. 16.

[6] P. VERCAUTEREN, « L'État entre globalisations et gouvernance : La quête du Prince parfait ou du nouveau Léviathan ? », in G. DEMUIJNCK, P. VERCAUTEREN, dir, *L'État face à la globalisation économique – Quelles formes de gouvernance ?*, Sandre, 2009, p. 26.

[7] Le Professeur Alain Supiot explique, notamment, qu' « exposé par l'ouverture de ses frontières commerciales à la concurrence du moins-disant social et fiscal et à des risques financiers systémiques, l'État voit ses ressources s'effriter en même temps que ses charges augmenter. Devenu débiteur universel, il engendre un peuple de créanciers qui ne se reconnaissent plus mutuellement solidaires et attendent de lui le remède à tous leurs mots » (A. SUPIOT, « État social et mondialisation : analyse juridique des solidarités », Leçon

à observer le développement de « puissances privées »[2]. Or, de la pensée de l'État de Jellinek à celle de Carré de Malberg, l'État est classiquement caractérisé avant toute autre chose par sa puissance, qui constitue son caractère discriminant par rapport aux autres formes d'organisation sociale. *La fin de la puissance de l'État pourrait difficilement ne pas être accompagnée d'une fin de l'État.* « De nombreux docteurs se pressent au chevet de l'État, remarque le Professeur Alain Supiot, [...] et certains dressent déjà son acte de décès »[3]. Le XXe s. a été celui du « passage d'un État libéral et neutraliste à un État néolibéral et interventionniste »[4] ; partant, il a été celui de la légitimation totale de la création du droit par les sources étatiques ou, du moins, sous le couvert étatique. Le XXIe s. pourrait être, à l'inverse, celui de la délégitimation (totale) de la création du droit par les sources étatiques et de l'émancipation des sources privées.

Pierre Bourdieu retenait que l'un des pouvoirs majeurs de l'État serait sa « faculté de produire et d'imposer les catégories de pensée que nous appliquons spontanément à toute chose du monde, et à l'État lui-même »[5]. Et le sociologue de se référer à la « violence symbolique de l'État »[6]. La « crise de l'État » se matérialiserait en premier lieu par la dissolution de cette emprise sur la psyché collective et, en particulier, sur la psyché juridique collective. Or l'État ne peut pas exister sans la reconnaissance de ses sujets[7].

---

inaugurale au Collège de France, 29 nov. 2012). Au-delà du problème du pluralisme juridique et des sources du droit, un auteur souligne également que « la greffe de l'État — sous-entendu westphalien — n'a pas pris, ou a mal pris, avec pour conséquence que la plupart des États existants ne sont pas des États mais des quasi-États, des États effondrés, des États en faillite, des États fantômes » (D. BATTISTELLA, « Le bel avenir de la théorie de l'État en Relations internationales », *Jus Politicum* 2012, n° 8, p. 3).

[1] B. BADIE, *L'impuissance de la puissance – Essai sur les nouvelles relations internationales*, Fayard, 2004.

[2] Réf. à J.-C. VENEZIA, « Puissance publique, puissance privée », in *Mélanges Charles Eisenmann*, Cujas, 1975, p. 363 s.

[3] A. SUPIOT, « État social et mondialisation : analyse juridique des solidarités », Leçon inaugurale au Collège de France, 29 nov. 2012.

[4] E. CADEAU, « La satisfaction des besoins collectifs : le service public », in Th. DE BERANGER, M. DE VILLIERS, dir., *Droit public général*, 5e éd., LexisNexis, coll. Manuel, 2011, p. 521.

[5] P. BOURDIEU, *Raisons pratiques – Sur la théorie de l'action*, Le Seuil, 1994, p. 101 (cité par D. DE BÉCHILLON, *Qu'est-ce qu'une règle de droit ?*, Odile Jacob, 1997, p. 287). Selon Bourdieu, « du fait qu'elle est l'aboutissement d'un processus qui l'institue à la fois dans des structures sociales et dans des structures mentales adaptées à ces structures, l'institution instituée fait oublier qu'elle est issue d'une longue série d'actes d'institution et se présente avec toutes les apparences du naturel » (*ibid.*, p. 104 (cité par D. DE BÉCHILLON, *Qu'est-ce qu'une règle de droit ?*, Odile Jacob, 1997, p. 288)).

[6] *Ibid.* (cité par D. DE BÉCHILLON, *Qu'est-ce qu'une règle de droit ?*, Odile Jacob, 1997, p. 288).

[7] C.-M. PIMENTEL, « Reconnaissance et désaveu : contribution à une théorie du droit politique », *Jus Politicum* 2008, n° 1, p. 5

Si, depuis longtemps, « l'imposition protéiforme, multipolaire, "biologique" — au sens où Foucault parlait d'un "biopouvoir" —, d'une image officielle du Droit et d'une conception *a priori* de la normativité par le truchement d'un nombre incalculable d'acteurs et de moyens parvient effectivement à constituer le Droit étatique comme une entité objective, naturelle, évidente »[1], cela ne paraît pas être le cas à l'échelle du droit de la communication par internet ni à l'échelle de plus en plus de branches du droit, de telle sorte que les étudier au départ des préconçus théoriques du monisme juridique — donc en ne prenant en compte que les normes d'origine publique — serait faire œuvre inconséquente. Il y a peu, le Professeur Mireille Delmas-Marty pouvait encore noter qu'en France, « pays des grands codes unificateurs et stabilisateurs, la pensée juridique identifie le droit à l'État »[2]. C'était un autre but-cadre poursuivi en ce livre que de parvenir à *travailler dans l'espace des préconçus théoriques du pluralisme juridique* quand les tenants du monisme et de l'étatisme juridiques en viennent à admettre : « Nous ne pouvons pas nier la "réalité" de la nasse cognitive où nous sommes enfermés, ni l'extrême difficulté que nous avons à penser en dehors d'elle, à l'extérieur de ses catégories »[3]. Et d'évoquer « ce goût que nous avons de l'unité, cette défiance à l'égard du multiple et cette peur du complexe »[4]. Mais ceux qui sont quotidiennement confrontés au pluralisme juridique se situent loin de cet étatisme ; et qui cherche à comprendre et à analyser pertinemment la réalité de ce pluralisme ne peut qu'en faire de même. Il faut gager que cela devient de moins en moins difficile à mesure que la « soumission doxique immédiate à l'ordre établi par l'État »[5] apparaît de plus en plus utopique et que les apparentes éminence et évidence de l'État cachent de moins en moins bien le fait que celui-ci n'est *qu'un des modèles possibles d'organisation des rapports humains, qu'une forme politique contingente*[6].

Néanmoins, il faut insister sur le fait que, concernant la question de la « crise de l'État », tout est foncièrement complexe et relatif. Là où le pluralisme du droit de la communication par internet tend à confirmer l'existence de cette « crise », le monisme qui empreint le droit de la famille,

---

[1] D. DE BÉCHILLON, *Qu'est-ce qu'une règle de droit ?*, Odile Jacob, 1997, p. 288.
[2] M. DELMAS-MARTY, « *Post-scriptum* sur les forces imaginantes du droit », in C. THIBIERGE, dir., *La force normative – Naissance d'un concept*, LGDJ-Bruylant (Paris-Bruxelles), 2009, p. 847.
[3] D. DE BÉCHILLON, *Qu'est-ce qu'une règle de droit ?*, Odile Jacob, 1997, p. 289.
[4] *Ibid.*, p. 291.
[5] P. BOURDIEU, *Raisons pratiques – Sur la théorie de l'action*, Le Seuil, 1994, p. 128 (cité par D. DE BÉCHILLON, *Qu'est-ce qu'une règle de droit ?*, Odile Jacob, 1997, p. 288).
[6] *Cf.*, notamment, J. CHARPENTIER, « Le phénomène étatique à travers les grandes mutations politiques contemporaines », in Société française pour le droit international, *L'État souverain à l'aube du XXIe siècle*, Pedone, 1994, p. 11 s.

par exemple, tend à l'infirmer[1] ; là où l'internaute qui utilise un service d'échange de fichiers par internet afin de réaliser des contrefaçons tend à confirmer la fin de la « névrose nationale » que décrivait Nietzsche[2], le supporter qui encourage son équipe nationale lors d'une coupe du monde de football tend à l'infirmer[3] etc. La « crise de l'État », si elle doit être relativisée dans l'absolu tant l'État reste au cœur du jeu de la société nationale et tant les États restent au cœur du jeu de la société internationale, est au moins une réalité à l'échelle du droit de la communication par internet. C'est pourquoi il est apparu opportun de se concentrer sur cette branche du droit plutôt que sur une autre en cette troisième partie. Aujourd'hui, des personnes influentes continuent de considérer que « les technologies de l'information et de la communication ne menacent pas l'État dans ses fonctions essentielles »[4]. L'un des enjeux attachés à ces pages est de montrer que, tout au contraire, la nature profondément anti-étatique de l'internet, associée à son intense influence dans tous les champs de l'existence humaine et sociale, fait *douter de l'État, de sa légitimité et de sa capacité à être la principale source du droit*. D'aucuns ont toutefois déjà mis en lumière ces difficultés et, par exemple, les députés Patrick Bloche et Patrice Verchère qualifient l'internet d'« outil de remise en cause permanente des instances légitimes »[5] et écrivent qu'« il est perçu par de nombreux internautes comme un espace de liberté totale, capable de se réguler tout seul et dans lequel toute velléité d'intervention des États est regardée avec méfiance »[6].

Quant au Conseil d'État, il observait, dans son rapport public de 2014, que « les deux postulats de l'approche libertaire, le défaut de légitimité des États à réglementer internet et leur incapacité à le faire, n'ont pas été vérifiés »[7], que « les États ne sont pas moins légitimes à légiférer sur les réseaux numériques que sur tout autre domaine d'activité humaine »[8] et que « la capacité des États à exercer leur pouvoir sur internet est désormais

---

[1] Néanmoins, y compris une matière telle que le droit de la famille connaît des bouleversements importants à l'heure de la mondialisation. Denis Salas observe, en ce sens, que « les juges, en droit de la famille, ont le monde dans leurs cabinets. Ils appliquent plus souvent des lois étrangères que les lois nationales » (D. SALAS, « Les grands défis du droit en France », Esprit de justice, France culture, 25 juin 2015).

[2] Cité par F. RIGAUX, *Ordonnancements juridiques et conversion numérique*, Larcier (Bruxelles), coll. Petites fugues, 2014, p. 362.

[3] *Cf.* P. COLLOMB, « Qu'est-ce qu'une équipe nationale ? », in M. MAISONNEUVE, dir., *Droit et coupe du monde*, Economica, 2011, p. 43 s.

[4] R. DENOIX DE SAINT MARC, *L'État*, 2e éd., Puf, coll. Que sais-je ?, 2012, p. 122.

[5] P. BLOCHE, P. VERCHÈRE, « Les droits de l'individu dans la révolution numérique », rapport d'information n° 3560, Assemblée nationale, 2011, p. 64.

[6] *Ibid.*, p. 293.

[7] Conseil d'État, *Le numérique et les droits fondamentaux*, La documentation française, coll. Les rapports du Conseil d'État, 2014, p. 15.

[8] *Ibid.*

avérée »[1]. Les résultats de l'expérience de mesure du pluralisme juridique conduisent à estimer, soutenu par quelques arguments à valeur scientifique, que la légitimité et la capacité réelles des États à règlementer l'internet et les activités internetiques se situent peu ou prou à mi-chemin entre la légitimité et la capacité entières que retient le Conseil d'État et la légitimité et la capacité nulles qu'il est tentant de mettre en avant afin de « faire sensation ». Reste que l'état des sources du droit de la communication par internet, appréhendé objectivement et empiriquement, amène à évoquer la « crise de l'État » plutôt que le « triomphe de l'État », car *l'institution étatique ne peut se satisfaire d'une capacité de régulation moyenne et d'une maîtrise des normes partielle*.

Suite à ces réflexions, il est tentant, à partir des enseignements tirés de l'expérience présentée et expliquée dans cet ouvrage, de chercher à identifier plus précisément les divers facteurs à l'origine de la « crise de l'État » et, par voie de conséquence, à l'origine du pluralisme juridique.

3. Essai d'identification des facteurs favorisant la « crise de l'État » et donc le pluralisme juridique

Si l'étude du pluralisme juridique se base sur des données quantitatives, cette réalité, lorsqu'elle est avérée, n'en est pas moins intimement liée à des éléments qualitatifs qu'il faudrait relever, comprendre et expliquer. Ces éléments peuvent notamment être rapprochés des questions de l'effectivité et de l'efficacité des normes. Pour ne prendre qu'un exemple, l'article 6 de la loi *Pour la confiance dans l'économie numérique*[2], mis en œuvre par le décret du 25 février 2011[3], impose aux hébergeurs de transmettre à l'autorité judiciaire les données « de nature à permettre l'identification de quiconque a contribué à la création du contenu ou de l'un des contenus des services dont elles sont prestataires », dans le but d'identifier les auteurs d'infractions pénales. Et l'article L. 246-1 du Code de la sécurité intérieure permet à l'autorité administrative, lorsqu'est en jeu la protection de la sécurité nationale, d'exiger de ces hébergeurs la communication des mêmes données. Or les grandes sociétés ayant la qualité d'hébergeur, américaines notamment, ne s'estiment pas tenues par ces dispositions et répondent à leur guise aux requêtes formulées par les autorités nationales, selon des critères qui leur sont propres. Ainsi les représentants de Facebook, auditionnés par le Conseil d'État, indiquent-ils qu'ils « ne répondent qu'aux demandes concernant des affaires criminelles »

---

[1] *Ibid.*

[2] L. n° 2004-575, 21 juin 2004, *Pour la confiance dans l'économie numérique*, art. 6.

[3] D. n° 2011-219, 25 févr. 2011, *Relatif à la conservation et à la communication des données permettant d'identifier toute personne ayant contribué à la création d'un contenu mis en ligne*.

et que « la légitimité de chacune des demandes reçues est vérifiée, et sont rejetées les demandes trop vagues ou imprécises »[1]. Et de préciser que, entre juillet et décembre 2013, Facebook n'a accédé qu'à 33 % des requêtes qui lui ont été adressées par les pouvoirs publics français[2]. Pourtant, <facebook.com> était, en 2014, le deuxième site web le plus visité en France, devancé seulement par <google.com>[3] — un commentateur, loin de toute caricature, juge que « Google a aujourd'hui beaucoup plus de pouvoir que le président des États-Unis »[4]. Il serait normal que des sociétés qui dirigent leurs activités vers la France, traitent les données d'internautes français et en retirent un bénéfice commercial soient *effectivement* soumises aux obligations de la loi *Pour la confiance dans l'économie numérique* et du Code de la sécurité intérieure. Mais, dans les faits, tel n'est guère le cas. Ensuite, *les obstacles que rencontre la fonction d'application du droit rejaillissent sur la fonction de création du droit*, ainsi qu'en témoigne le pluralisme juridique. Peut-être même faudrait-il considérer qu'une norme en vigueur dans l'ordre juridique mais inappliquée ne devrait pas être prise en compte par l'étudiant ; mais *l'étudiant-juriste est naturellement porté à préférer la validité à l'effectivité*, à l'inverse de l'étudiant-sociologue.

Un autre exemple tout à fait significatif, et proche d'être paroxystique, réside dans cette loi allemande qui entendit interdire la disponibilité des sites web à caractère pornographique la journée, entre 6 heures et 23 heures. Ce texte a été totalement ineffectif et inefficace, là où la pornographie à la télévision est depuis toujours précisément et concrètement règlementée[5]. C'est pourtant un enjeu d'ordre public que de parvenir à empêcher l'accès des enfants aux contenus choquants — qui d'ailleurs, dans le cyberespace, sont loin de se résumer aux seuls contenus pornographiques. Définitivement, *l'État ne réussit qu'à exercer un contrôle très imparfait sur les communications internetiques et cela se traduit par une situation de pluralisme juridique*. Selon l'illustre définition de l'État proposée par Max Weber, celui-ci est une instance dotée de la force, de la contrainte et de l'autorité légitimes[6]. Clairement, l'État, lorsqu'il entend élaborer le droit de

---

[1] Conseil d'État, *Le numérique et les droits fondamentaux*, La documentation française, coll. Les rapports du Conseil d'État, 2014, p. 245.

[2] *Ibid.*

[3] H. GUILLAUME, « Quels sont les 100 sites web les plus visités par les français ? », [en ligne] <comptoir-hardware.com>, 4 août 2014.

[4] A. DESFORGES, « Cyberespace et géopolitique », Place de la toile, France culture, 24 mai 2014.

[5] V. PIRONON, « L'Internet et la mondialisation », *Gaz. Pal.* 3 nov. 2007, p. 11 (qui note que « ce n'est certainement pas Berlin qui peut fixer l'heure mondiale sur le Net »).

[6] Plus précisément, Max Weber définissait l'État comme « une entreprise politique de caractère institutionnel lorsque et en tant que sa direction administrative revendique avec succès, dans l'application des règlements, le monopole de la contrainte physique légitime », le

la communication par internet, manque par trop de force, de contrainte, d'autorité, ainsi que de légitimité. On observe que « l'idée de loi et celle d'État restent encore imprégnées — presque enduites — par celle de force brute »[1]. Si tel est bel et bien le cas, le constat du défaut de « force brute » ne peut qu'être dramatique pour la loi et pour l'État.

Carré de Malberg enseignait que

> *L'activité et les décisions de l'État ne sont point déterminées uniquement par les mouvements de sa libre volonté, mais elles le sont en bonne partie par d'innombrables influences extérieures, auxquelles il est bien obligé de se plier et qui font qu'en définitive ses actes, tout comme les actions humaines, dépendent souvent des circonstances, des possibilités de fait, de la force des événements, bien plutôt que du libre jeu de sa puissance souveraine. À tous ces égards, il est incontestable que les restrictions et obstacles auxquels se heurte la puissance de l'État ne proviennent pas toujours de sa libre et volontaire autolimitation.*[2]

Concernant l'encadrement normatif des activités internetiques, l'explication du grand professeur alsacien se révèle plus pertinente que jamais et c'est régulièrement que les limites à l'action de l'État semblent par lui subies et non voulues. L'institution étatique est *de moins en moins le moteur des évènements et de plus en plus la proie des évènements*, qui chaque jour davantage remettent en cause sa qualité de centre du jeu social et politique.

La République de Platon fut peut-être l'une des premières expressions, dans l'histoire, de la « statolâtrie », adoration de l'État (au sens large englobant la Cité). Bien plus tard, Nietzsche a fait de l'État, non sans raisons, la « nouvelle idole » ayant remplacé des divinités devenues impuissantes[3]. Mais l'auteur d'*Ainsi parlait Zarathoustra* était autant affligé devant l'État que devant Dieu et dénonçait ce premier en des termes véhéments[4]. À la suite du philosophe allemand, beaucoup des acteurs de la communication par internet ne font guère confiance à l'État et y voient plus un diable contre lequel il faudrait se défendre qu'un dieu tout puissant sur

---

tout « à l'intérieur d'un territoire géographique déterminable » (M. WEBER, *Économie et société*, t. I (1922), Plon, 1965).

[1] R. DRAÏ, *L'État purgatoire – La tentation postdémocratique*, Michalon, 2005, p. 35.

[2] R. CARRÉ DE MALBERG, *Contribution à la théorie générale de l'État spécialement d'après les données fournies par le droit constitutionnel français*, t. I, Librairie du Recueil Sirey, 1920, p. 238.

[3] F. NIETZSCHE, « La nouvelle idole », in *Ainsi parlait Zarathoustra*, Verlag von Ernst Schmeitzner (Chemnitz), 1883.

[4] « L'État ment dans toutes les langues du bien et du mal ; et, dans tout ce qu'il dit, il ment — et tout ce qu'il a, il l'a volé. Tout en lui est faux ; il mord avec des dents volées, le hargneux. Feintes sont même ses entrailles » (*ibid.*).

lequel il serait loisible de se reposer. *Ils entendent alors se donner leur droit et s'émanciper des règles et institutions étatiques. En résulte une situation de pluralisme juridique qui a pour cause directe la « crise de l'État »*, laquelle présente mille visages.

Ensuite, l'exploration des racines d'une situation de pluralisme juridique ne paraît pas pouvoir entrer dans l'objet d'une étude juridique telle que comprise classiquement parmi les facultés de droit. Il appartient peut-être aux politistes et aux sociologues, éventuellement sociologues du droit, de s'adonner à ce travail sans doute digne d'intérêt. Aussi les différentes causes du pluralisme juridique — réunies, donc, au sein de l'expression « crise de l'État » — peuvent-elles uniquement être listées au sein de la présente troisième partie, sans chercher à expliquer plus avant chacune d'elles.

Au terme de l'expérience de mesure du pluralisme juridique ayant mis en lumière la réalité de celui-ci à l'échelle du droit de la communication par internet, les différents facteurs à l'origine de la place importante des sources privées et du retrait des sources étatiques semblent être les suivants :

→ l'épuisement du « contrat social » ;

→ l'affaiblissement du fondement national, c'est-à-dire du sentiment national et de l'unité nationale ;

→ l'obsolescence du lien entre peuple, territoire et État ;

→ l'avilissement du gouvernement représentatif, soit l'élargissement du fossé séparant représentants et représentés ;

→ le discrédit des décisions des gouvernants ;

→ l'« impuissance publique » symbolique ou le déclin de la force symbolique de l'État, de la loi et du tribunal ;

→ l'« impuissance publique » pratique, s'expliquant par l' « impasse des échelles » spatiale et temporelle[1] et se traduisant par l'ineffectivité des normes et par l'inefficacité des sanctions[2] ;

→ la déficience de la légitimation du droit étatique par le service public ;

→ la défaillance de la justification du droit étatique par l'ordre public ;

→ le triomphe de la liberté et la défaite de la propriété ;

[1] *Cf.* B. BARRAUD, « L'État territorial face au cyberespace mondial – L'informatique en nuage… de Tchernobyl », *RLDI* 2016, n° 122, p. 41 s. ; B. BARRAUD, « Internet et temps du droit », *RLDI* 2016, n° 123, p. 37 s.

[2] *Cf.* B. BARRAUD, « La crise de la sanction – Réflexions autour de la difficile répression des activités illicites en ligne », *RLDI* 2016, n° 128, p. 45 s.

→ la mise à mal de la souveraineté par les nombreuses externalisations juridiques (*i.e.* par les transferts de prérogatives à des institutions supra-nationales).

En matière d'activités internetiques, *les comportements normaux ne sont pas nécessairement les comportements légaux* et s'opère *une véritable dissociation entre le droit d'origine étatique et le droit réellement appliqué.* Pour les diverses raisons évoquées, n'est plus constaté l' « attachement de l'opinion plus instinctif que raisonné à un État tutélaire »[1] et les sources étatiques paraissent perdre le contrôle du droit. Le marché de la création juridique est comme libéralisé. L'Autorité de régulation professionnelle de la publicité aspire à « aider la profession à se prémunir contre un renforcement de l'encadrement législatif par de bonnes pratiques déontologiques »[2]. Beaucoup d'acteurs de la communication par internet considèrent, de la même manière, qu'un cadre juridique d'origine privée serait préférable à un cadre juridique d'origine publique. Il ne peut qu'en découler un contexte très favorable à l'épanouissement du pluralisme juridique. Et le courant « cyber-séparatiste », se basant sur la « déclaration d'indépendance du cyberespace », de revendiquer la totale inapplicabilité des règles étatiques dans le monde immatériel[3], quand certains jugent qu'une « régulation technique minimale » serait seule tolérable[4].

À l'aune du pluralisme juridique empreignant le droit de la communication par internet, il semble devenir impératif d'accepter, avec Kelsen, que « l'État a une existence temporelle »[5], que « l'existence de l'État est limitée dans le temps, puisque les États naissent et disparaissent »[6]. Partant, il serait loisible de retenir que « l'avenir n'appartient pas à l'État »[7]. L'invention et la mise en scène de l'État n'ont pas été imposées d'en haut. Elles ont été le résultat d'une construction humaine, psychologiquement, sociologiquement et historiquement marquée, qui a correspondu à des besoins et à des attentes dont il faudrait évaluer l'actualité afin de pouvoir anticiper l'avenir de l'institution étatique et, éventuellement, chercher les moyens de l'influencer. Si la raison d'être de l'État d'hier n'est plus valable aujourd'hui, il faut croire que l'État peut conserver l'une ou l'autre raison

---

[1] R. Denoix de Saint Marc, *L'État*, 2e éd., Puf, coll. Que sais-je ?, 2012, p. 121.

[2] ARPP, « Brochure 2013 », [en ligne] <arpp-pub.org>, 2013.

[3] P. Trudel, « Un "droit en réseau" pour le réseau : le contrôle des communications et la responsabilité sur internet », in Institut canadien d'études juridiques supérieures, *Droits de la personne – Éthique et mondialisation*, Yvon Blais (Cowansville), 2004, p. 221.

[4] É. Brousseau, « Régulation de l'internet : l'autorégulation nécessite-t-elle un cadre institutionnel ? », *Revue économique* 2001, p. 10.

[5] H. Kelsen, *Théorie pure du droit*, 2e éd., trad. Ch. Eisenmann, Dalloz, 1962, p. 382.

[6] *Ibid.*

[7] A. Leca, *Les métamorphoses du droit français – Histoire d'un système juridique des origines au XXIe siècle*, LexisNexis, 2011, p. 301.

d'être et qu'il doit *savoir se transformer plus que savoir s'effacer*[1]. Si les piliers de l'État moderne en viennent à s'écrouler, peut-être quelques piliers d'un « État postmoderne » pourraient-ils être édifiés. L'enjeu est grand pour l'État et pour son droit : recouvrer la légitimité sans laquelle ils ne sauraient s'imposer face aux autres foyers de normes et aux autres formes de normativité. *Le pluralisme juridique devrait ainsi motiver une profonde évolution de l'État et, plus particulièrement, de la légistique, c'est-à-dire des modes étatiques d'élaboration des règles.*

Section 2. La rénovation de l'État, conséquence du pluralisme juridique

En cette dernière section de l'ouvrage, il s'agira, toujours d'un point de vue *jus*-politique, de réfléchir aux différents principes d'une néo-légistique qui pourraient peut-être permettre aux instances étatiques de davantage contrôler la production des normes et, donc, de réagir efficacement face au développement du pluralisme juridique (*4*). Résiderait en cela un enjeu actuel et pressant que l'expérience présentée dans ce livre contribuerait à mettre en lumière (*1*), spécialement à travers l'exemple symptomatique du droit des nouvelles technologies de la communication (*3*). Pourtant, le chantier de la légistique peine à être entrepris ; il est même douteux qu'il ait effectivement débuté tant les efforts des pouvoirs publics en ce sens se font rares (*2*). Il n'en faudrait pas moins plaider pour l'évolution de l'État dogmatique en État pragmatique, ce qui pourrait, en dernière analyse, s'accompagner du passage d'un pluralisme juridique redouté à un pluralisme juridique accepté (*5*). *Le pluralisme juridique triompherait alors du monisme juridique sans toutefois triompher de l'État.*

1. La réforme et le perfectionnement des modes étatiques d'élaboration du droit, un enjeu actuel et pressant mis en lumière par le pluralisme juridique

Les nouvelles technologies de l'information et de la communication, au moins autant que tout autre objet, ont besoin d'être encadrées par le droit. Plus encore, il faut qu'elles soient saisies par un droit efficace, par un droit respectable et respecté, ce qui peut difficilement être le cas en situation de

[1] En ce sens, les députés Patrick Bloche et Patrice Verchère estiment que, « en raison même des bouleversements nés de la révolution numérique, les autorités publiques trouvent une nouvelle légitimité à agir » (P. BLOCHE, P. VERCHÈRE, « Les droits de l'individu dans la révolution numérique », rapport d'information n° 3560, Assemblée nationale, 2011, p. 311). Ensuite, toute la question est celle des moyens utiles afin de faire fructifier cette « nouvelle légitimité » et ne pas la dilapider, car sans doute est-elle précaire.

pluralisme juridique, celui-ci se développant au contraire lorsque le droit tergiverse et connaît quelques pérégrinations. Lesdites technologies ne semblent en effet profiter que très imparfaitement d'un tel cadre juridique efficace, respectable et respecté. En témoigne cette capture d'écran de la page d'accueil d'un site web sur laquelle onze infractions potentielles ont été recensées[1].

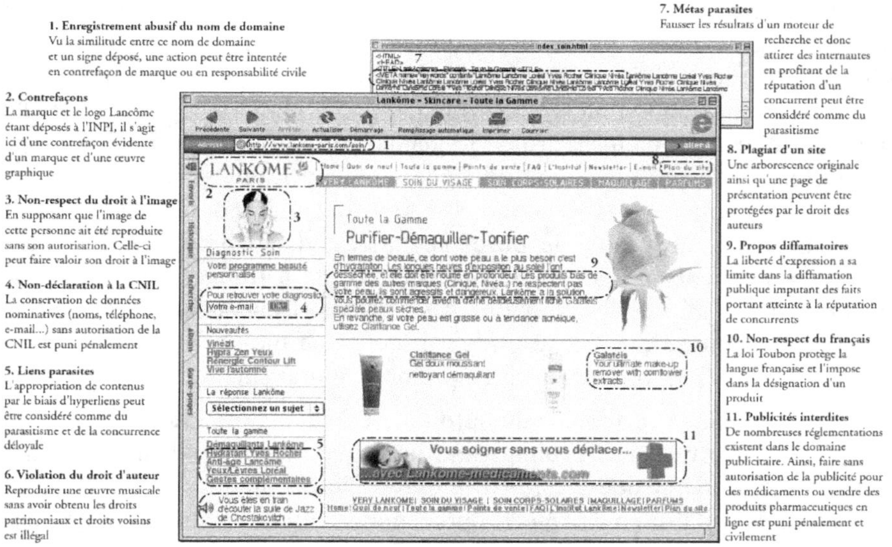

Les pouvoirs publics ne peuvent à l'évidence se satisfaire de pareil décalage entre les normes et les faits supposément régis par ces normes. Aussi conviendrait-il peut-être de repenser le droit ou, plus encore, de repenser le droit de la création du droit, c'est-à-dire la légistique et, dans un sens large, le gouvernement et le droit de gouvernement.

Ensuite, en vertu de l'autonomie constitutionnelle consacrée par l'Assemblée générale des Nations Unies, « chaque État a le droit souverain et inaliénable de choisir son système économique, de même que ses systèmes politique, social et culturel conformément à la volonté de son peuple et sans ingérence, pression ou menace extérieure d'aucune sorte »[2]. Un État a donc le droit de déterminer librement son système juridico-politique et la forme de son gouvernement, ce que le *jus cogens* garantit depuis les traités de Westphalie de 1648. Or l'internet et les types de

---

[1] J.-M. LOISIL, [en ligne] <universite.online.fr>, 2009.

[2] AG ONU, rés. n° 3281, 12 déc. 1974, *Portant adoption de la Charte des droits et devoirs économiques des États*. Également, AG ONU, rés. n° 2131, 21 déc. 1965 ; Charte des Nations Unies, art. 2 ; Pacte international relatif aux droits civils et politiques, 16 déc. 1966, art. 1er ; CIJ, 27 juin 1986, *Activités militaires et paramilitaires au Nicaragua et contre celui-ci*.

normativité « postmoderne » qui s'attachent à lui *interrogent fortement les choix de systèmes juridico-politiques et de formes de gouvernement opérés à l'ère anté-internetique*. Il est remarquable qu'un professeur observe que, « à bien des égards, la célébration contemporaine de l'État de droit sur le mode dithyrambique qu'on lui donne habituellement masque un processus de relativisation de l'État et l'apologie hypertrophique des droits fondamentaux laisse ouverte la question de savoir quelle forme politique pourra assurer demain la garantie effective de ces droits contre des puissances de plus en plus informelles »[1]. Selon la déclaration adoptée le 24 avril 2014 par les participants à la conférence « NetMundial » de Sao Paulo, « les personnes doivent jouir des mêmes droits fondamentaux lorsqu'elles ne sont pas connectées et lorsqu'elles sont en ligne ». Toute la question est de savoir comment aboutir à un tel résultat. S'il faut tout d'abord s'accorder sur les objectifs à poursuivre par le droit, ce qui est déjà une tâche délicate, *a fortiori* à l'échelle internationale, il reste ensuite à trouver les moyens les plus opportuns afin de les atteindre, ces moyens risquant fort de ne pas être identiques selon qu'est en cause le droit de la famille ou bien le droit de la communication par internet, droit empreint de pluralisme juridique.

La « course effrénée du droit »[2] et la « crise de l'État » que l'expérience de mesure du pluralisme juridique met en évidence devraient amener à considérer que le droit étatique de la communication par internet ne saurait être établi en suivant les procédures servant à édifier les branches ordinaires du droit. Il faudrait trouver les moyens de créer, dans le cadre étatique, un droit plus efficace, ce qui veut dire, en premier lieu, un droit plus légitime.

Le problème des modalités de l'exercice du pouvoir politique dans une société technicienne est loin d'être nouveau[3]. On note que, en matière de communication audiovisuelle, l'action de l'État a été sévèrement et unanimement critiquée avant la Ve République[4]. Durant les premières décennies qui ont suivi l'apparition de la radio et de la télévision, « la stratégie de réglementation par analogie, l'absence de réflexion globale et le manque de courage politique »[5] ont fait vivre l'entreprise de communication

---

[1] O. JOUANJAN, « État de droit », in D. ALLAND, S. RIALS, dir., *Dictionnaire de la culture juridique*, Lamy-Puf, coll. Quadrige-dicos poche, 2003, p. 653.

[2] V. LASSERRE, *Le nouvel ordre juridique – Le droit de la gouvernance*, LexisNexis, 2015, p. 1.

[3] Par exemple, J. ELLUL, *L'illusion politique*, Robert Laffont, 1965.

[4] H. ISAR, *Le service public et la communication audiovisuelle*, PUAM-Economica (Aix-en-Provence-Paris), coll. Droit de l'audiovisuel, 1996, p. 185 (« la première phase de développement de l'entreprise française de communication audiovisuelle a été principalement marquée par l'incapacité chronique des pouvoirs publics à définir et à appliquer un statut juridique cohérent et susceptible d'assurer un épanouissement convenable à ce nouveau mode de communication à distance »).

[5] *Ibid.*

audiovisuelle française « sous le régime du provisoire et même de l'incohérent, voire du paradoxal »[1]. Par la suite, le droit étatique de la communication audiovisuelle, alors pourtant qu'il coïncidait avec un monopole public de cette activité, a été beaucoup mieux accepté. Et, aujourd'hui toujours, la plupart des acteurs et des commentateurs voient dans le droit de la communication audiovisuelle, même s'il s'agit d'un droit très politiquement marqué, un droit clair, cohérent et équilibré qui, d'ailleurs, s'appuie sur des modes d'élaboration des normes plutôt originaux, dans le cadre du Conseil supérieur de l'audiovisuel et avec les conventions et cahiers des charges qui contiennent les droits et obligations des services. En résulte une large domination de l'État dans la production du droit de la communication audiovisuelle et une forte tendance de celui-ci au monisme juridique.

Il est tentant d'établir un parallèle entre les difficultés des pouvoirs publics à saisir la radiodiffusion-télévision dans ses premières années et leur pénible appréhension actuelle de l'internet et du web. Cependant, les technologies et les enjeux — ainsi que les époques, donc les mentalités — sont peu comparables et l'internet et le web apparaissent *a priori* beaucoup moins compatibles avec le cadre étatique que ne l'était la radiodiffusion-télévision. D'ailleurs, nul n'oserait imaginer que lesdits internet et web pourraient être accaparés par l'État sous la forme d'un monopole d'exploitation et qu'ainsi nombre des difficultés qu'ils posent pourraient être résolues. Dès lors, l'heure serait-elle à un pluralisme juridique inéluctable, presque naturel ? Reste que les tergiversations des institutions publiques face aux nouvelles technologies et aux nouveaux médias ne sont pas une chose inédite — la presse ou le télégraphe ont, en leurs temps, également remis en cause nombre des certitudes des gouvernants — et que *l'État a déjà eu l'occasion de montrer qu'il était capable, plus ou moins heureusement, de réagir et de s'adapter.*

Depuis le milieu du XXe s., explique un auteur, le droit serait soumis à une « inexorable nécessité d'adaptation »[2], serait « contraint de tenir compte de l'évolution de l'économie comme de celle des techniques et de se transformer dans l'urgence sous la pression constante des circonstances et des *lobbies* »[3]. Et d'ajouter que « certains droits exigent une mise à jour permanente pour correspondre à des réalités nouvelles »[4]. Assurément le droit de la communication par internet et, plus généralement, les droits

---

[1] M. BOUISSON, « Le statut de l'Office de la radiodiffusion-télévision française », *RDP* 1964, p. 1111 (cité par H. ISAR, *Le service public et la communication audiovisuelle*, PUAM-Economica (Aix-en-Provence-Paris), coll. Droit de l'audiovisuel, 1996, p. 185).

[2] J. PAILLUSSEAU, « Le droit des activités économiques à l'aube du XXIe siècle », *D.* 2003, p. 260.

[3] *Ibid.*

[4] *Ibid.*

marqués par le pluralisme juridique comptent-il au nombre de ces droits foncièrement mouvants et appelant une « inexorable nécessité d'adaptation ». Puisque le droit d'origine étatique n'évolue que lentement, l'un des premiers enjeux serait de mettre en œuvre, après les avoir « inventés », *des modes plus expéditifs d'édiction des normes.* « L'ordre étatique ne se maintient que par son aptitude à intégrer le mouvement présent », écrivait Georges Burdeau[1]. Seulement, si la lenteur du processus d'élaboration du droit trouve son origine notamment dans le besoin de recourir à nombre de consultations et d'avis, la célérité du droit ne pourrait que porter préjudice à sa qualité substantielle. Les remèdes, s'ils existent, ne sont donc pas simples à identifier et ce n'est qu'un long et difficile travail qui pourrait permettre de proposer quelques solutions pertinentes afin de perfectionner la légistique à appliquer au moment de créer ou de modifier le droit « postmoderne ».

Et bien d'autres problématiques très sensibles se posent. Par exemple, puisque, ainsi que l'a relevé le « Comité Balladur », les parlementaires « répugnent à s'exprimer sur des questions techniques qui n'ont qu'une faible portée politique »[2], cela peut-être car ils en maîtriseraient fort mal les tenants et les aboutissants, la légitimité des sources étatiques politiques devient douteuse et d'aucuns pourraient proposer *le remplacement de la démocratie par quelque « technocratie » ou « scientocratie »* — dont il ne serait guère aisé d'arrêter les modalités — ou, du moins, proposer la refonte de la démocratie, spécialement en diminuant l'importance de la démocratie représentative et en augmentant celle de la *démocratie participative*[3]. Dans ce livre, il ne sera que possible de s'essayer à une rapide et donc forcément imparfaite tentative d'identification de ces changements qui pourraient être apportés à la légistique et, donc, qui pourraient peut-être permettre de réduire l'influence du droit d'origine privée et d'améliorer le contrôle des instances étatiques sur le droit « postmoderne ».

Par ailleurs, il faut souligner combien le discours ici tenu n'a de sens qu'à condition de considérer qu'un droit d'origine publique serait, globalement, préférable à un droit d'origine privée. Le caractère politique, presque polémique ou même idéologique, du propos atteint à cet instant son point culminant, très loin de la scientificité censée avoir marqué les deux premières parties de cet ouvrage. Quêter les moyens de perfectionner le droit

---

[1] G. BURDEAU, *L'État* (1970), Le Seuil, coll. Points, 2009, p. 113.

[2] Comité de réflexion et de proposition sur la modernisation et le rééquilibrage des institutions de la Ve République, 29 oct. 2007, proposition n° 52.

[3] Par exemple, P. ROSANVALLON, *La légitimité démocratique – Impartialité, réflexivité, proximité*, Le Seuil, coll. Les livres du nouveau monde, 2008. Pour François Rigaux, de façon générale, « les démocraties contemporaines ne sont que des oligarchies qui s'affublent du beau nom de démocratie » (F. RIGAUX, *Ordonnancements juridiques et conversion numérique*, Larcier (Bruxelles), coll. Petites fugues, 2014, p. 368).

d'origine étatique et, par là, de rendre plus fort le contrôle du droit par les autorités publiques ne présente évidemment d'intérêt qu'à condition de considérer que cela serait profitable, en général, à la qualité du droit. Ce sera l'un des objets de la conclusion de l'ouvrage à venir que d'approfondir la question de la balance des bénéfices et des dangers du droit d'origine privée, donc du pluralisme juridique.

En matière de droit de la communication par internet, il semble que l'enjeu soit tout sauf mineur dès lors que l' « ère numérique » serait celle d'un « nouvel âge de l'humanité »[1], que les journaux les plus sérieux annoncent que le genre humain serait en passe d'être dépassé[2] et qu'on promet que le droit devra, dans un futur proche, régir les activités de robots plus que celles d'humains[3]. Sans doute faudrait-il que l'internet contribue au moins autant au progrès humain qu'au progrès technique. L'ethnologue André Leroi-Gourhan disait que « l'humanité change un peu d'espèce chaque fois qu'elle change à la fois d'outils et d'institutions »[4]. À l'aune de ces paroles, l'internet pourrait engendrer à double titre un tel changement d'espèce : en soi et en provoquant quelques mouvements parmi les institutions. Il est certain qu'il serait préférable que ce changement soit profitable plutôt que préjudiciable à l'Homme. S'il tendait à le faire disparaître, il lui serait ô combien préjudiciable. « L'enjeu fondamental du droit, enseigne un professeur, est pour toute société la place qu'y tient l'homme, car le progrès d'un peuple ne se mesure pas seulement aux découvertes de la science ni aux exploits de la technique. Toute l'activité politique provient de l'homme, est réalisée par l'homme, est pour l'homme »[5].

Si le numérique est la langue d'Ésope de l'époque actuelle et s'il peut être la pire comme la meilleure des choses en fonction des usages qui en sont faits, *le droit a un rôle décisif à jouer et, au sein du droit, le droit produit par l'État a une position cardinale à occuper*, ce qui implique de tendre vers le monisme plutôt que vers le pluralisme juridique. Déjà dans la philosophie politique du XVIIe s. on soulignait combien les lois sont indispensables afin de réguler les activités d'hommes qui ne sont pas naturellement portés à agir dans le sens de l'intérêt général plutôt que dans le sens de leurs intérêts

---

[1] G. BABINET, *L'ère numérique, un nouvel âge de l'humanité*, Le Passeur, 2014.

[2] F. AUGAGNEUR, D. BOURG, M. ROCARD, « Le genre humain menacé », *Le Monde* 3 avr. 2011.

[3] F. RIGAUX, *Ordonnancements juridiques et conversion numérique*, Larcier (Bruxelles), coll. Petites fugues, 2014, p. 369.

[4] Cité par A. SUPIOT, « État social et mondialisation : analyse juridique des solidarités », Leçon inaugurale au Collège de France, 29 nov. 2012.

[5] Ch. DEBBASCH, *L'État civilisé*, Fayard, 1979, p. 20 (cité par H. SAKR, *Les droits et libertés du fonctionnaire dans les jurisprudences du Conseil d'État libanais et du Conseil d'État français*, th., Université de Poitiers, 2008, p. 16).

personnels. Spinoza faisait ainsi valoir que, « si les hommes étaient disposés par la Nature de telle façon qu'ils n'eussent de désir que pour ce qu'enseigne la vrai Raison, certes la Société n'aurait besoin d'aucune loi »[1]. Mais tel n'est pas le cas ; et Spinoza d'insister sur « l'appétit de plaisir et les passions de l'âme » qui éloignent l'homme de l' « action raisonnable »[2]. Les entreprises commerciales que sont les multinationales transnationales agissent sans doute le plus souvent dans leurs intérêts propres et dans l'intérêt général uniquement lorsque celui-ci rejoint ces intérêts propres, c'est-à-dire rarement. Aussi paraît-il nécessaire que des lois « modèrent et contraignent les passions »[3].

Quant à Hobbes, il imaginait que l'État aurait été créé en réponse à un état de nature incapable de garantir le droit naturel essentiel, soit celui à l'auto-conservation des individus[4]. Et y compris Santi Romano, alors qu'il défendait pourtant la thèse du pluralisme juridique et non quelque étatisme juridique, concevait le droit en ces termes :

> *Le droit, à son sommet et, pourrait-on presque dire, dans ce qu'il a de plus essentiel, est principalement public. [...] Le droit privé est sans aucun doute une simple spécification du droit public, une de ses formes ou de ses orientations, une de ses ramifications. Non seulement il dépend du droit public nécessaire à sa sauvegarde et qui en constitue la racine et le tronc, mais aussi il demeure sous sa domination constante, bien que souvent discrète.*[5]

Il faudrait que le droit de la communication par internet présente pareil visage, qu'il soit sous contrôle public et non abandonné à des puissances privées dont les desseins profonds, dans tous les cas cachés, risquent de ne pas être compatibles avec l'ambition de voir l'internet profiter à l'humanité.

---

[1] B. SPINOZA, *Traité théologico-politique*, 1670, chap. 5 (cité par O. THOLOZAN, « L'excellence de la loi dans la pensée juridique et politique française depuis le XVIIIe siècle », in M. FATIN-ROUGE STÉFANINI, L. GAY, J. PINI, dir., *Autour de la qualité des normes*, Bruylant (Bruxelles), coll. À la croisée des droits, 2010, p. 58).

[2] *Ibid.* (cité par O. THOLOZAN, « L'excellence de la loi dans la pensée juridique et politique française depuis le XVIIIe siècle », in M. FATIN-ROUGE STÉFANINI, L. GAY, J. PINI, dir., *Autour de la qualité des normes*, Bruylant (Bruxelles), coll. À la croisée des droits, 2010, p. 58).

[3] *Ibid.* (cité par O. THOLOZAN, « L'excellence de la loi dans la pensée juridique et politique française depuis le XVIIIe siècle », in M. FATIN-ROUGE STÉFANINI, L. GAY, J. PINI, dir., *Autour de la qualité des normes*, Bruylant (Bruxelles), coll. À la croisée des droits, 2010, p. 58).

[4] Th. HOBBES, *Léviathan*, 1651, chap. 17.

[5] S. ROMANO, *L'ordre juridique* (1946), trad. L. François, P. Gothot, Dalloz, coll. Philosophie du droit, 1975, p. 5.

À ces fins, il serait donc opportun de s'intéresser plus avant à la légistique et aux diverses problématiques très concrètes qu'elle implique. Ainsi cette légistique pourrait-elle peut-être devenir une branche de la recherche juridique à part entière, aux côtés de l'histoire du droit, de l'analyse économique du droit, de la sociologie du droit etc.[1]. En tout cas l'expérience de mesure du pluralisme juridique invite-t-elle à interroger les modalités de la fabrication étatique des normes et, surtout, leur évolution, spécialement en ce qu'elle pose la question du droit « global ».

2. L'adaptation de la légistique aux sociétés globalisées, un chantier à poursuivre ou même à ouvrir

L'adaptation des modes étatiques de création du droit au contexte et aux contraintes de la globalisation ne paraît pas avoir été réalisée ; peut-être même n'a-t-elle jamais été sérieusement entreprise. Concernant l'internet, si les pouvoirs publics ont entendu, à compter de 2001, s'appuyer sur une originale « corégulation » en instituant le Forum des droits sur l'internet[2], celui-ci a depuis lors disparu — disparition qui s'apparente à un retour en arrière — et les questions posées à la fabrication des normes par l'avènement de la communication mondiale instantanée n'ont toujours reçu que peu de réponses officielles. Le chantier demeure donc immense[3]. Et ce chantier devrait être perçu tel un chantier prioritaire et non tel un chantier secondaire tant, ainsi que le soulignait le Forum des droits sur l'internet lui-même, peu de temps avant d'être dissous, « l'absence de réponse des pouvoirs publics [...] au problème de la régulation de l'internet représente un risque réel pour notre pays »[4]. « L'enjeu, ajoutait le Forum, est de *construire les règles en évitant de plaquer sur l'internet les modèles du passé* »[5].

Le Professeur Jacques Chevallier soutient que les « sociétés postmodernes » ne seraient « gouvernables » qu'à condition de « recour[ir] à des méthodes nouvelles de gouvernement »[6]. Les problématiques et les difficultés ne seraient donc guère spécifiques au cyberespace et le dépasseraient allègrement. Et le professeur d'observer combien

[1] *Cf.* B. BARRAUD, *La recherche juridique – Sciences et pensées du droit*, L'Harmattan, coll. Logiques juridiques, 2016, p. 213 s.
[2] *Cf.*, notamment, R. BERTHOU, « La forumisation du droit : à propos des perspectives et enseignements d'une expérience originale de création du droit », *Dr. et société* 2005, p. 783 s.
[3] En ce sens, N. COLIN, H. VERDIER, *L'âge de la multitude – Entreprendre et gouverner après la révolution numérique*, Armand Colin, 2012.
[4] Forum des droits sur l'internet, « Construire ensemble la civilité de l'internet », oct. 2010, p. 12.
[5] *Ibid.*, p. 11 (non souligné dans le texte original).
[6] J. CHEVALLIER, *L'État post-moderne*, 3e éd., LGDJ, coll. Droit et société, 2008, p. 237.

> *La nouvelle configuration de l'État qui se dessine, avec évidemment bien des variantes, des décalages et des distorsions, conduit à s'interroger sur les conditions d'exercice du pouvoir étatique dans les sociétés entrées dans l'âge de la post-modernité : inséré désormais dans des liens complexes d'interdépendance, exposé à la concurrence de pouvoirs multiples avec lesquels il est tenu de composer, traversé lui-même par de nombreuses lignes de fracture, il semble avoir perdu une bonne part de ses moyens d'action et de sa capacité d'emprise sur l'évolution sociale. [...] Au niveau politique, l'érosion de la capacité de régulation des gouvernants, liée à un déficit nouveau de légitimité et à la perte de moyens d'action traditionnels (crise du gouvernement), coïncide avec le comportement plus distancié des gouvernés, avant tout soucieux d'épanouissement personnel et dont l'adhésion aux valeurs communes sous-tendant l'existence de la communauté politique ne va plus de soi (crise du civisme) ; et ces phénomènes s'entretiennent réciproquement, en rendant les démocraties de plus en plus « ingouvernables ». D'un côté, en effet, la capacité de régulation des gouvernants s'est affaiblie, du fait du mouvement de repli étatique et de la montée en puissance d'une série d'acteurs publics et privés, internes et externes, qui entendent peser sur les choix collectifs et avec lesquels il est devenu nécessaire de composer : l'État serait devenu un « État creux », qui n'a plus les moyens d'imposer ses vues ; l'action publique résulte désormais de processus aléatoires de confrontation entre des acteurs et des réseaux d'acteurs très diversifiés. [...] Cette crise de la démocratie politique se double d'une remise en cause des formes traditionnelles d'exercice du pouvoir dans les organisations sociales de toute nature, même celles dont la forte institutionnalisation semblait garantir la solidité des articulations internes et l'adhésion des ressortissants. Partout, l'on est donc à la recherche de nouveaux modes de gouvernement. [...] Le pouvoir ne relèv[e] plus de l'évidence et [n'est plus] assuré d'un bien-fondé de principe. [...] La crise de gouvernabilité conduit à l'infléchissement des procédés classiques de gouvernement. [...] Les techniques classiques de gouvernement, caractérisées par l'imposition unilatérale d'une domination, ne coïncident plus avec les nouveaux équilibres des sociétés contemporaines : tandis que le principe de souveraineté étatique tend à s'éroder, les organisations de toute nature sont à la recherche de nouvelles technologies de pouvoir, qu'il est désormais convenu de ranger sous le terme de « gouvernance ».*[1]

[1] *Ibid.*, p. 237-239.

Dans ces circonstances, vouloir produire le droit au XXIe s. de la même manière qu'on le produisait au XXe s. serait une intention peu fructueuse. *La légistique devrait en conséquence se trouver au cœur des préoccupations des chercheurs en droit*, en particulier des *jus*-publicistes. Pourtant, tel n'est que peu le cas en France, alors que la méthode législative est l'objet, dans certains pays, de revues spécialisées et semble être spécialement d'actualité chez les anglo-saxons[1]. Aussi opère-t-on le constat suivant, peu réjouissant du point de vue de l'avenir du droit étatique : « Nous vivons un temps où le mode de gouvernement traditionnel l'emporte encore sur la gouvernance ; un temps où, en d'autres termes, la décision se prend selon un processus qui, pour être obsolète, n'en est pas moins le plus confortable pour le décideur »[2]. Et sont regrettées les « lois mal faites, mal rédigées, trop longues, incompréhensibles, contradictoires, [qui] portent des détails inutiles et contraires à sa noblesse, [qui] interviennent pour le symbole, sans rien prescrire »[3] ; est regretté le « recours maniaque à une loi dont on sait pourtant qu'elle ne devrait être consommée qu'avec modération »[4] ; est regrettée la « crise de la loi toute relative puisqu'en aucun cas elle n'aboutit à dissuader de s'en remettre à elle »[5]. Et un commentateur de choisir explicitement l'exemple de l'internet : « L'État se ressaisit. Le problème est qu'il le fait avec les moyens du bord. [...] Or ce sont des outils antérieurs, historiquement, à la naissance de l'Internet. Ils ont été conçus et sont faits pour fonctionner selon des structures qui n'ont rien à voir avec celle, systémique et en réseau, qui caractérise le Net et rend si difficiles à appréhender des éléments volatiles par nature »[6]. Ce serait toutefois bien de manière de plus en plus générale, au-delà du seul cas des communications internetiques, que le système étatique ferait preuve d'inadaptation et d'hésitation face à des champs plus complexes, originaux et changeants qu'autrefois[7]. Ainsi le pluralisme juridique serait-il une tendance forte accompagnant la « globalisation » du droit.

---

[1] J.-L. BERGEL, « Méthodologie juridique », in D. ALLAND, S. RIALS, dir., *Dictionnaire de la culture juridique*, Lamy-Puf, coll. Quadrige-dicos poche, 2003, p. 1024.

[2] A.-J. ARNAUD, *Critique de la raison juridique – 2. Gouvernants sans frontières – Entre mondialisation et post-mondialisation*, LGDJ, coll. Droit et société, 2003, p. 398.

[3] P. DEUMIER, *Introduction générale au droit*, 2e éd., LGDJ, coll. Manuel, 2013, p. 178-179. L'auteur ajoute qu' « un manuel entier ne suffirait pas à dresser la liste des critiques faites à la loi » (*ibid.*, p. 178).

[4] *Ibid.*, p. 179.

[5] *Ibid.*

[6] A.-J. ARNAUD, *Critique de la raison juridique – 2. Gouvernants sans frontières – Entre mondialisation et post-mondialisation*, LGDJ, coll. Droit et société, 2003, p. 229. L'auteur écrivait aussi que « l'Internet est une parfaite provocation à la toute-puissance de l'État. Il est, en effet, l'exemple même de la globalisation au mépris de l'État » (*ibid.*).

[7] En ce sens, A. CHOURAQUI, « Normes sociales et règles juridiques : quelques observations sur des régulations désarticulées », *Dr. et société* 1989, p. 429 s. L'auteur en appelle à un « renouvellement des formes de l'État et du droit » (*ibid.*, p. 430). Et il explique que « la

Peut-être est-ce à raison que, en 1996, un professeur faisait de la problématique de l'actualisation des moyens d'intervention utiles pour faire respecter les finalités collectives l'une des plus décisives qu'auraient à affronter les juristes à l'ère contemporaine[1]. Il pouvait relever ensuite que, « dans un État technocratique comme le nôtre, cette réflexion est souvent occultée alors qu'il s'agit d'un débat politique essentiel »[2]. Reste que le droit applicable au cyberespace et aux activités qui s'y déroulent, puisqu'il est empreint de pluralisme juridique, semble être un lieu particulièrement propice où engager ladite réflexion. En ce sens, il est significatif que, selon le sociologue Michel Crozier, la « crise des régulations traditionnelles » trouverait son origine dans « la multiplication des partenaires et l'accroissement de la complexité du jeu [tenant à] l'explosion des communications »[3].

Il faut insister durant quelques pages sur cette intimité problématique reliant le droit de la communication par internet aux difficultés d'ordre légistique qui interpellent (ou devraient interpeller) les pouvoirs publics à l'ère contemporaine. Sera ensuite proposé un essai d'identification des principes d'une nouvelle légistique que pourraient motiver ce droit et, plus spécialement, le pluralisme juridique qui est l'une de ses caractéristiques remarquables en même temps que redoutables.

"crise" actuelle des régulations traditionnelles correspondrait à *deux tendances lourdes et fortement liées* : l'accroissement régulier de la complexité et de la diversité et l'accélération continue des changements. Ces deux tendances pourraient être structurelles et de long terme ; et par conséquent la "crise" des régulations ne serait pas un "passage" d'un état stable à un autre état stable, mais une inadaptation des systèmes de régulation à une composante dynamique essentielle de l'avenir : la confrontation à toujours plus d'interdépendances et de mouvements. [...] Comment peut être surmontée la *contradiction* élémentaire entre l'acte de poser des règles, c'est-à-dire des *régularités*, et des champs d'application *diversifiés* et en mouvement rapide ? Cette contradiction a été plus ou moins bien gérée dans des périodes de changements sociaux et économiques plus lents ; elle fut fortement déstabilisatrice (anomie/réaction autoritaire) en période de crise économique, sociale ou politique ; elle risque d'être difficilement maîtrisable si changement et diversité deviennent des caractères dominants et de longue période » (*ibid.*, p. 429 (souligné dans le texte original)).

[1] Ch. DEBBASCH, « Préface », in H. ISAR, *Le service public et la communication audiovisuelle*, PUAM-Economica (Aix-en-Provence-Paris), coll. Droit de l'audiovisuel, 1996, p. 9.

[2] *Ibid.*

[3] M. CROZIER, « La crise des régulations traditionnelles », in H. MENDRAS, dir., *La sagesse et le désordre*, Gallimard, 1980, p. 371 (cité par A. CHOURAQUI, « Normes sociales et règles juridiques : quelques observations sur des régulations désarticulées », *Dr. et société* 1989, p. 415).

3. Une évolution de la légistique spécialement motivée par les nouvelles technologies de la communication et par leur droit

Google est capable de prédire les épidémies de grippe trois jours avant les autorités publiques[1]. Il est tentant d'y voir l'indice d'un changement dans l'équilibre des forces, l'illustration du retard que prendrait l'État face à certaines puissances privées. Suivant les mots du Professeur Jürgen Habermas, « l'État contemporain est à la fois trop petit pour les grands problèmes et trop grand pour les petits problèmes »[2]. On souligne que la « nouvelle donne » entraîne un changement d'échelle : l'État devient trop étroit et, « dans ce nouveau désordre mondial, la complexité des réseaux modernes [...] [le] contraint à redéfinir son statut et à repenser son rôle »[3]. Aujourd'hui, l'internet compte certainement au nombre de ces « réseaux modernes » (ou postmodernes). Le sujet d'expérience choisi serait donc très porteur pour qui entend s'intéresser à la problématique des pouvoirs et de leur exercice à l'heure de la mondialisation[4]. Or le pouvoir de l'État se matérialise normalement à travers un droit positif efficace. Dès lors que ce pouvoir n'est plus entier, qu'il est concurrencé, que l'État semble condamné à « se survivre »[5] et que, par conséquent, le pluralisme juridique se déploie, il conviendrait de rechercher de nouveaux moyens de légitimer les règles produites afin qu'elles puissent *conquérir cette efficacité qui, peut-être, serait le paradigme-cadre du droit « postmoderne »*[6].

Une voie importante à approfondir pourrait consister à remplacer l'autorité unilatérale traditionnelle par la négociation et la coordination. *Faire participer les destinataires des règles à leur élaboration garantirait leur acceptation et donc leur succès.* L'État devrait, loin de l'arbitraire et de la supériorité de la puissance publique moderne, agir « comme une puissance privée, en se mettant au niveau des sujets par la passation de contrats »[7]. Certes, l'autorégulation est intimement liée à la République puisque « son principe est : gouvernement du peuple, par le peuple et pour le peuple »[8]. « Du », « par » et « pour » : le peuple est l'objet, la source et le destinataire

---

[1] Le moteur de recherche se base sur les requêtes des internautes, tandis que les pouvoirs publics attendent les informations remontant des médecins (J. HENNO, *Tous fichés – L'incroyable projet américain pour déjouer les attentats terroristes*, Télémaque, 2005).

[2] J. HABERMAS, *Après l'État-nation – Une nouvelle constellation politique*, Fayard, Paris, 2000.

[3] B. BADIE, *La fin des territoires*, Fayard, 1995, 4e de couverture.

[4] U. BECK, *Pouvoirs et contre-pouvoir à l'ère de la mondialisation*, Flammarion, 2003.

[5] F. OST, M. VAN DE KERCHOVE, *De la pyramide au réseau ? Pour une théorie dialectique du droit*, Publications des Facultés universitaires Saint-Louis (Bruxelles), 2002, p. 125.

[6] J. MAÏA, « L'"efficacité du droit" et les nouvelles technologies », *Arch. phil. droit* 2011, p. 7 s.

[7] O. BEAUD, *La puissance de l'État*, Puf, coll. Léviathan, 1994, p. 103.

[8] Const. 4 oct. 1958, art. 2, al. 5.

de son propre gouvernement, de ses propres lois. Mais cela n'est qu'un principe théorique et la réalité est que les parlementaires et, plus généralement, les gouvernants ne sont pas le peuple ni représentatifs du peuple, *a fortiori* quand ce peuple est le peuple des internautes. En 2010, le Forum des droits sur l'internet, qui reste à ce jour la tentative la plus aboutie d'ouverture et de « corégulation », faisait part de sa « conviction profonde que, dans un univers complexe et international comme celui de l'internet, la fixation des règles et leur respect ne peuvent plus seulement relever de l'ordre obligatoire et contraignant fixé par les pouvoirs publics mais doivent s'attacher à la coopération entre acteurs publics et privés »[1]. L'enjeu serait donc que toutes les parties prenantes, des entreprises aux utilisateurs en passant par les organisations non marchandes, se trouvent associées à la proposition, à la discussion et à la validation des normes. Grâce à cette « concertation constructive »[2], les règles produites pourraient être, en même temps que marquées du sceau de l'État, *proches des besoins et des demandes de leurs destinataires et adaptées aux spécificités de leur environnement*. Évidemment, entre la beauté du principe et sa déclinaison concrète, et sa mise en œuvre opérationnelle, il y a un pas. Il faut se méfier des « mirages légistiques »[3] qui, à n'en pas douter, sont nombreux.

En outre, les difficultés des législateurs proviennent de l'accélération du temps qu'emporte l'avènement des nouvelles technologies, lesquelles sont à la fois *la source et le témoin de la labilité du monde*. Là où les gouvernants des XVIe et XVIIe s. avaient pu pendant des générations prendre le temps de comprendre les problèmes posés par l'imprimerie et par ses usages, la course contre la montre semble comme perdue d'avance en matière de communication internetique. Les lois, lorsqu'elles entrent en vigueur, portent sur des activités qui aussitôt deviennent marginales et sont remplacées par d'autres, qui ne sont alors guère règlementées. Dans le cyberespace, « les années sont des lunes »[4] et l'incertitude et le changement maîtres mots[5]. Aussi paraît-il nécessaire *d'accélérer le temps du droit d'origine étatique, c'est-à-dire de recourir à des procédures plus souples et expéditives, permettant davantage de réactivité*.

---

[1] Forum des droits sur l'internet, « Construire ensemble la civilité de l'internet », oct. 2010, p. 1.
[2] *Ibid.*
[3] Réf. à P. MBONGO, « La "constitutionnalisation" des études d'impact préalables à la loi – Un mirage légistique », *D.* 2009, p. 108 s.
[4] K. BENYEKHLEF, « L'Internet : un reflet de la concurrence des souverainetés », *Lex Electronica* 2002, n° 8.
[5] R. DELMAS, « L'internet, gouvernance d'un monde incertain », *RF adm. publ.* 2004, p. 217. Même à propos de la radio-télévision on soutient, peut-être abusivement, que « les lois du marché régulent à leur façon ce que le législateur et les juges ne peuvent plus réglementer » (P. ALBERT, « Radio et télévision », in D. ALLAND, S. RIALS, dir., *Dictionnaire de la culture juridique*, Lamy-Puf, coll. Quadrige-dicos poche, 2003, p. 1290).

En somme, *les nouvelles technologies requerraient une nouvelle culture juridique à tous les niveaux*, du niveau législatif au niveau judiciaire[1]. L'idée de « corégulation » en serait l'un des premiers résultats, elle qui se voit désignée en tant que « rupture culturelle par rapport à la tradition juridique française »[2]. Sur ce point, il est remarquable que le Conseil d'État consacre actuellement toute son attention au « renouvellement de l'État par un élargissement de la gamme des moyens d'action des pouvoirs publics »[3]. Et, en 1998 déjà, dans son étude sur « Internet et les réseaux numériques », il avait soutenu que « la protection effective des données personnelles sur internet nécessite une action combinée de la puissance publique et des acteurs privés »[4].

Il semble donc impossible que l'internet demeure sans influence aucune sur la production du droit, parce que les nouvelles technologies de l'information et de la communication peuvent être mises à profit afin d'améliorer les processus de création de normes et parce que le droit des nouvelles technologies de l'information et de la communication ne saurait être élaboré en suivant les mêmes formes que celles usitées au moment d'édifier les droits du XXe s.[5]. Très tôt, on a envisagé que l'internet allait provoquer de « grandes manœuvres juridiques »[6]. Si, vue d'aujourd'hui, l'ampleur de ces manœuvres doit être relativisée, elles ne sauraient être inexistantes ; et il faut prédire que nombre d'entre elles sont encore à venir.

Face à des nouveautés sans cesse renouvelées qui interrogent comme jamais le droit et l'État[7], dans un contexte qui ressemble davantage à celui de demain qu'à celui d'hier, où sont remis en cause peu ou prou tous les principes du droit moderne, la question de la légistique et de son adaptation apparaît centrale, décisive. Les thèses portant sur « la question de savoir si l'État est en mesure d'encadrer le développement technologique de manière

---

[1] L. FERRAND, « Nouvelles technologies et nouvelle culture judiciaire », *Arch. phil. droit* 2011, p. 13 s.
[2] Forum des droits sur l'internet, « Construire ensemble la civilité de l'internet », oct. 2010, p. 1.
[3] EDCE 2013, *Le droit souple*.
[4] EDCE 1998, *Internet et les réseaux numériques* (cité par P. DEUMIER, *Le droit spontané*, Economica, coll. Recherches juridiques, 2002, p. 348).
[5] *Cf.* P. TRUDEL, « L'influence d'internet sur la production du droit », in G. CHATILLON, dir., *Le droit international de l'internet*, Bruylant (Bruxelles), 2002, p. 89 s. ; F. OST, « Le temps virtuel des lois post-modernes ou comment le droit se traite dans la société de l'information », in J. CLAM, G. MARTIN, dir., *Les transformations de la régulation juridique*, LGDJ, coll. Droit et société, 1998, p. 423 s. ; Ph. AMBLARD, *Régulation de l'internet – L'élaboration des règles de conduite par le dialogue internormatif*, Bruylant (Bruxelles), 2004.
[6] N. MALLET-POUJOL, « Autoroutes de l'information : les grandes manœuvres juridiques », *LPA* 2 févr. 1996, p. 4 s.
[7] Par exemple, J.-P. ROUX, « Quelle réglementation pour les services de médias audiovisuels à la demande (SmaD) ? », *Gaz. Pal.* 23 avr. 2009, p. 14 s.

satisfaisante »[1] n'ont pu qu'aboutir à « une réponse négative, si on s'en tient à […] la conception classique de l'État et du droit »[2]. Nul ne peut affirmer ce qu'est le « bon droit » sous l'angle du fond du droit — à moins de verser dans la pure opinion politique[3] — ; mais il est permis de rechercher la « bonne forme du droit », soit celle qui permettrait d'obtenir l'effectivité et l'efficacité des normes, donc les modes d'action les plus adéquats pour parvenir à atteindre les objectifs assignés[4]. La loi étant « de plus en plus insuffisante tant dans son contenu que dans son mode d'élaboration »[5], il serait judicieux de s'enquérir, en premier lieu, de l'évolution de son mode d'élaboration. Or rares sont les travaux universitaires consacrés aux moyens de l'action politique, à la légistique[6] ou à la méthodologie juridique[7]. On préfère classiquement étudier le fond du droit plutôt que la forme du droit[8]. Les ouvrages de droit public, même lorsqu'ils s'attachent à des aspects très pratiques et concrets, n'ont que peu souvent pour ambition de faciliter et d'orienter le travail et le comportement des acteurs publics.

Dans les pays de tradition germanique comme l'Allemagne, la Belgique ou la Suisse, mais aussi aux États-Unis ou au Québec, on s'intéresse de longue date à la légistique, en faisant une matière *ad hoc* importante au cours des études de droit[9]. Si, en Allemagne notamment, on s'est longtemps concentré sur la question des codifications[10], c'est aujourd'hui la construction du droit par des moyens divers et variés, mais toujours guidée par la recherche de l'efficacité, qui est en jeu. Et, dans ces pays, d'aucuns en viennent à parler de véritable « science de l'action

---

[1] J. HERVOIS, *La production de la norme juridique en matière scientifique et technologique*, th., Université de La Rochelle, 2011, p. 30.

[2] *Ibid.*

[3] On dit que, parmi les facultés de droit, il ne serait pas admis de « se compromettre et se perdre dans les territoires impurs de la politique et/ou de l'idéologie » (J. CAILLOSSE, « Droit et politique : vieilles lunes, nouveaux champs », *Dr. et société* 1994, p. 131).

[4] J.-L. BERGEL, « Méthodologie juridique », in D. ALLAND, S. RIALS, dir., *Dictionnaire de la culture juridique*, Lamy-Puf, coll. Quadrige-dicos poche, 2003, p. 1023.

[5] J.-C. BÉCANE, M. COUDERC, J.-L. HÉRIN, *La loi*, 2e éd., Dalloz, coll. Méthodes du droit, 2010, p. 54.

[6] Néanmoins, K. GILBERG, *La légistique au concret : les processus de rationalisation de la loi*, th., Université Paris II - Panthéon-Assas, 2007.

[7] Sur la méthodologie juridique, *cf.* J.-L. BERGEL, *Méthodologie juridique*, Puf, coll. Thémis droit privé, 2001.

[8] Par exemple, F. SCHMIDT-PARISET, « L'adaptation du cadre juridique à la société de l'information – L'expérience française autour du PAGSI », in C. VIER, dir., *L'internet et le droit – Droit français, européen et comparé de l'internet*, Victoires éditions, coll. Légipresse, 2001, p. 35 s.

[9] K. GILBERT, « Une production du droit mieux raisonnée ? La diffusion de la légistique en droit français », *Courrier juridique des finances et de l'industrie* juin 2008, p. 48.

[10] V. LASSERRE-KIESOW, *La technique législative – Étude sur les codes civils français et allemand*, LGDJ, 2002.

législative »[1], à laquelle participent concomitamment chercheurs et autorités publiques et qui donne lieu à la rédaction de « guides de légistique »[2]. En France, en revanche, les publications doctrinales en la matière sont longtemps demeurées quasi-inexistantes[3], notamment parce que la force symbolique de la loi paraissait se suffire à elle-même et car les juristes semblaient ne disposer d'aucun titre de légitimité pour venir conseiller le législateur, que ce soit sur le fond, évidemment, mais aussi sur la forme, ce qui paraît plus discutable. Ce n'est ainsi qu'au cours des dernières années que la légistique est devenue un objet de recherche à part entière, quoiqu'encore marginal[4].

Des travaux relatifs au pluralisme juridique pourraient s'inscrire dans ce champ d'étude et aboutir à opérer quelques avancées ou clarifications importantes à l'heure des « lois postmodernes »[5], alors que sont dénoncées une « législation de panique »[6], une « inflation législative » exponentielle[7], la « médiocrité » de la loi[8] et, plus généralement, la « crise » de la loi due à des phénomènes de croissance et de dégradation qui s'entretiendraient mutuellement[9]. Peut-être un ouvrage entièrement consacré au pluralisme

---

[1] K. GILBERT, « Une production du droit mieux raisonnée ? La diffusion de la légistique en droit français », *Courrier juridique des finances et de l'industrie* juin 2008, p. 48.

[2] Par exemple, I. MADER, *L'évaluation législative – Pour une analyse empirique de la législation*, Payot (Lausanne), coll. Juridique romande, 1985.

[3] *Cf.*, néanmoins, G. ROUSSET, « De la lettre des lois ou de la rédaction et de la codification rationnelle des lois », *Revue critique de législation et de jurisprudence* 1856, p. 324 s. ; 1857, p. 319 s. ; 1858, p. 439 s. ; G. ROUSSET, « Des formules de rédaction des lois civiles », *Revue critique de législation et de jurisprudence* 1859, p. 353 s.

[4] Par exemple, K. GILBERT, *La légistique au concret – Les processus de rationalisation de la loi*, th., Université Paris II - Panthéon-Sorbonne, 2007 ; Ch.-A. MORAND, dir., *Légistique formelle et matérielle*, PUAM (Aix-en-Provence), 1999 ; Ch.-A. MORAND, dir., *Évaluation législative et lois expérimentales*, PUAM (Aix-en-Provence), 1993 ; C. ZOLYNSKI, « Questions de légistique soulevées par la construction de la norme à l'aune du renouvellement des sources de droit », in M. BEHAR-TOUCHAIS, N. MARTIAL-BRAZ, J.-F. RIFFARD, dir., *Les mutations de la norme*, Economica, coll. Études juridiques, 2011, p. 51 s. ; C. BROUARD-GALLET, « Les mutations de la norme et le renouvellement des sources du droit : questions pratiques de légistique », in M. BEHAR-TOUCHAIS, N. MARTIAL-BRAZ, J.-F. RIFFARD, dir., *Les mutations de la norme*, Economica, coll. Études juridiques, 2011, p. 65 s. ; J.-P. JEAN, « L'élaboration du droit civil aujourd'hui », in J.-Y. COPPOLANI, F. BASTIEN-RABNER, dir., *Napoléon et le Code civil*, Éditions Alain Piazzola, 2009.

[5] F. OST, « Le temps des lois post-modernes ou comment le droit se traite dans la société de l'information », in J. CLAM, G. MARTIN, dir., *Les transformations de la régulation juridique*, LGDJ, coll. Droit et société, 1998, p. 423 s.

[6] D. LATOURNERIE, « La qualité et la règle de droit », *Rev. adm.* 1981, p. 593.

[7] Par exemple, Ch. DEBBASCH, dir., *L'inflation législative et règlementaire en Europe*, Éditions du CNRS, 1999.

[8] K. GILBERT, « Une production du droit mieux raisonnée ? La diffusion de la légistique en droit français », *Courrier juridique des finances et de l'industrie* juin 2008, p. 47.

[9] C. WIENER, « La crise de la science de la législation », in I. BANKOWSKI, dir., *La science de la législation*, Puf, coll. Philosophie du droit, 1989, p. 89 s.

juridique abordé sous l'angle de la légistique pourrait-il s'avérer opportun. *Ce ne seraient pas autres choses que la sécurité juridique et l'État de droit qui dépendraient des progrès à venir parmi les modalités d'élaboration, de rédaction et d'application des règles d'origine étatique.*

Pour ce qui est du présent livre, principalement attaché à envisager le pluralisme juridique sous un angle scientifique, pourront seulement être recherchés et recensés, sans davantage les développer, les quelques principes d'une néo-légistique potentiellement pertinents afin de réorienter la production des normes vers plus de pragmatisme et plus d'efficacité, contribuant de la sorte à réduire la tendance au pluralisme juridique des branches du droit concernées.

4. Essai d'identification des principes d'une nouvelle légistique répondant au pluralisme juridique

En 2005, un auteur s'inquiétait du « risque de voir enfler un thème nouveau et jusqu'à présent discret, celui de la qualité de la loi »[1]. Et d'interroger : « Mesure-t-on ce que cette question a d'iconoclaste ? La loi, produit de la souveraineté nationale, expression de la volonté générale, est nécessairement bonne du seul fait qu'elle est la loi »[2]. Or pareille conception apparaît de plus en plus archaïque. Peut-être est-il tout au contraire utile, si ce n'est indispensable, de se pencher sur le question de la qualité de la loi[3] et, plus généralement, sur la question de la qualité du droit produit par l'État[4] dès lors que « le problème est que les instruments de régulation manquent de légitimité »[5], *les anciens instruments de régulation pouvant difficilement servir à fabriquer efficacement le droit applicable aux nouveaux phénomènes, transnationaux et immédiats, de la globalisation*[6]. Sans doute la problématique de la qualité de la loi et du droit est-elle d'une grande complexité[7] et n'existe-t-il guère d'instrument de mesure objectif et incontestable de cette qualité[8]. Il ne semble pas moins nécessaire

---

[1] G. HISPALIS, « Pourquoi tant de loi(s) ? », *Pouvoirs* 2005, n° 114, p. 115.
[2] *Ibid.*
[3] Par exemple, J.-L. HÉRIN, « La qualité de la loi », in B. MATHIEU, M. VERPEAUX, dir., *La réforme du travail législatif*, Dalloz, 2006, p. 3 s.
[4] *Cf.*, notamment, N. COLIN, H. VERDIER, *L'âge de la multitude – Entreprendre et gouverner après la révolution numérique*, Armand Colin, 2012.
[5] N. CHICHE, *Internet : pour une gouvernance ouverte et équitable*, Éditions des journaux officiels, coll. Les études du Conseil économique, social et environnemental, 2014, p. 7.
[6] J.-F. CASILE, S. MIANNAY, « Nouvelles technologies de l'information et de la communication et anciens instruments de régulation : l'exemple d'Internet en France », *Politique et société* 1999, n° 18, p. 61 s.
[7] J.-C. BÉCANE, M. COUDERC, J.-L. HÉRIN, *La loi*, 2e éd., Dalloz, coll. Méthodes du droit, 2010, p. 167.
[8] *Ibid.*, p. 256.

d'interroger l'utilité et l'efficience des procédures d'élaboration des normes dès lors qu'il s'avère qu'elles pèchent à différents points de vue. « Le monde ne dépassera pas son état de crise actuel en utilisant la logique qui a engendré la situation », disait Albert Einstein[1]. Il conviendrait donc, avec le Conseil d'État, de chercher à « renouveler la gamme des moyens d'action des pouvoirs publics »[2]. Mais l'identification de ces moyens d'action originaux et pertinents, dont l'existence même est peut-être douteuse, est une tâche délicate sur laquelle les instances officielles comme la doctrine achoppent[3]. Reste que l'entreprise mériterait d'être menée[4].

Ensuite, si, dans l'absolu, l'échelle mondiale est bien davantage que l'échelle nationale ou que l'échelle régionale l'échelle au niveau de laquelle il faudrait élaborer et appliquer le droit à l'ère de la globalisation[5], il serait illusoire d'imaginer, même à long terme, que pourraient être édifiés un « État mondial » et un droit d'essence publique mondial sous quelque forme que ce soit. En ce sens, les députés Patrick Bloche et Patrice Verchère ne manquent pas de constater que, « pour des raisons évidentes, il n'est pas

---

[1] Cité par Sh. L. ANVAR, *Semences et droit – L'emprise d'un modèle économique dominant sur une règlementation sectorielle*, th., Université Paris I - Panthéon-Sorbonne, 2008, p. 2.

[2] EDCE 2013, *Le droit souple.*

[3] A. LAKEL, F. MASSIT-FOLLÉA, « Société civile et gouvernance de l'internet au Sommet mondial sur la Société de l'information : la construction d'une légitimité ambigüe », *Hermès* 2007, n° 47.

[4] Par exemple, le Conseil d'État, dans son étude annuelle de 2013, préconise expressément le recours à des initiatives relevant du « droit souple » dans le domaine de la « gouvernance de l'internet » (EDCE 2013, *Le droit souple*). De même, les députés Patrick Bloche et Patrice Verchère jugent que « les leviers classiques de l'action de l'État, en particulier la loi, demeurent essentiels mais il convient également d'utiliser d'autres instruments plus souples qui engagent les grands acteurs du monde numérique sous l'œil des citoyens » (P. BLOCHE, P. VERCHÈRE, « Les droits de l'individu dans la révolution numérique », rapport d'information n° 3560, Assemblée nationale, 2011, p. 16-17). Selon Jean-Marc Sauvé, Vice-président du Conseil d'État, « il n'existe aucune contradiction entre la reconnaissance du droit souple ainsi que son expansion et une meilleure qualité du droit. En donnant un plus grand pouvoir d'initiative aux acteurs, et au-delà plus de responsabilités, le droit souple contribue à oxygéner notre ordre juridique. Par un emploi raisonné, il peut pleinement contribuer à la politique de simplification des normes et à la qualité de la réglementation » (J.-M. SAUVÉ, « Avant-propos », in EDCE 2013, *Le droit souple*).

[5] Ainsi le Conseil économique, social et environnemental retient-il que « la solution est une gouvernance internationale » (N. CHICHE, *Internet : pour une gouvernance ouverte et équitable*, Éditions des journaux officiels, coll. Les études du Conseil économique, social et environnemental, 2014, p. 40), tandis que les députés Patrick Bloche et Patrice Verchère écrivent que, « dans l'ensemble [de leur] rapport, une évidence est apparue : la promotion et la protection des droits de l'individu dans l'univers numérique supposent naturellement d'intervenir au plan international » (P. BLOCHE, P. VERCHÈRE, « Les droits de l'individu dans la révolution numérique », rapport d'information n° 3560, Assemblée nationale, 2011, p. 303) et que, « en tant qu'espace d'interconnexion global en constante expansion, Internet peut considérablement favoriser le développement d'une communauté mondiale. [...] Mais cela signifie que les législations nationales, comme également les réglementations européennes, ne peuvent à elles seules réussir à écarter les risques » (*ibid.*, p. 310).

sérieusement envisageable d'organiser une réelle régulation au plan international »[1]. La « démocratie postnationale au niveau du monde entier »[2] semble être une utopie sur laquelle rien de solide ne saurait être construit. Il est, certes, difficile de ne pas suivre qui soutient que « l'enjeu contemporain n'est pas de restaurer ou de redéfinir l'État mais de découvrir par-delà l'État des formes nouvelles d'organisation internationale adaptées aux dimensions et aux données de la vie contemporaine »[3]. Seulement mieux vaut-il peut-être réfléchir à ce qui est envisageable, faisable, qu'à ce qui peut être pensé mais ne saurait être réalisé. *Les solutions praticables sont beaucoup moins nombreuses que les solutions imaginables* ; et ces solutions praticables ne paraissent pouvoir être recherchées qu'à l'échelle étatique — ou dans l'espace de l'Union européenne, qui revêt les dimensions d'un espace national plus que celles d'un espace mondial.

À l'heure de la « postmodernité »[4], vouloir consacrer une nouvelle légistique — sorte de « régulation 3.0 »[5] — apparaît définitivement opportun dès lors que, comme le notent les meilleurs spécialistes, se laissent observer de plus en plus de « malfaçons et dérives méthodologiques dangereuses pour l'État »[6]. Dans tous les cas, cette nouvelle légistique semble indispensable pour une matière marquée par le pluralisme juridique telle que le droit de la communication par internet, dont « la crise actuelle résulte de l'inadaptation et de l'effet répulsif du droit positif qui doit retrouver un effet attractif »[7], de telle sorte que « l'environnement numérique impose l'ouverture d'un grand chantier pour l'élaboration d'un droit adapté »[8]. Plus que nulle part ailleurs, le droit devrait, dans ce domaine, être conçu au moins *autant tel un objet de rationalisation que tel un vecteur de rationalisation.*

Au terme de l'expérience de mesure du pluralisme juridique, les principes d'une néo-légistique qui pourraient être bénéfiquement mis en œuvre semblent être les suivants :

→ la participation ;
→ la contractualisation ;

---

[1] P. BLOCHE, P. VERCHÈRE, « Les droits de l'individu dans la révolution numérique », rapport d'information n° 3560, Assemblée nationale, 2011, p. 306.
[2] B. FRYDMAN, *Les transformations du droit moderne*, Fondation Roi Baudoin (Bruxelles), coll. Citoyen, droit et société, 1998, p. 86.
[3] J. VERHOEVEN, « L'État et l'ordre juridique international », *RGDI publ.* 1978, p. 774.
[4] Réf. à V. PETEV, « Réflexion sur la postmodernité et les limites du législateur », in Ch.-A. MORAND, dir., *Légistique formelle et matérielle*, PUAM (Aix-en-Provence), 1999, p. 299 s.
[5] Réf. à E. NOAM, « Regulation 3.0 for Telecom 3.0 », *Telecommunications Policy* 2010, n° 34, p. 4 s.
[6] J.-C. BÉCANE, M. COUDERC, J.-L. HÉRIN, *La loi*, 2e éd., Dalloz, coll. Méthodes du droit, 2010, p. 62.
[7] J. FRAYSSINET, « Le droit et la création des contenus numériques – À la recherche d'une nouvelle culture juridique », *Les cahiers du LID2MS* 2013, n° 1, p. 4.
[8] *Ibid.*

→ la corégulation ;
→ la subsidiarité ;
→ la souplesse ;
→ l'adaptabilité ;
→ la réactivité ;
→ l'évaluation ;
→ l'éducation ;
→ la transparence ;
→ l'ouverture ;
→ la modernisation technologique.

Bien sûr, encore faudrait-il répondre aux délicates questions des définitions précises et des déclinaisons concrètes de ces principes ; et sans doute tous ne sauraient-ils garantir le succès de la production étatique des normes et de la « lutte » contre le pluralisme juridique. Pour atteindre hypothétiquement ses objectifs, la néo-légistique devrait s'accompagner d'un « processus d'adaptation constante et de réévaluation de ses conditions d'emploi »[1].

Reste que, parce qu'il appartient à la science politique plus qu'à la science juridique de s'enquérir de l'avenir de la légistique[2] et parce que le présent volume porte avant tout une vocation *jus*-scientifique, il n'est permis d'évoquer ici ces différents principes qu'à titre indicatif, sans les détailler, les expliquer ni les discuter plus avant. Simplement la question du futur passage d'un « État dogmatique » à un « État pragmatique » peut-elle encore être posée en guise de conclusion et d'ouverture finale de l'ouvrage. En effet, l'affirmation et l'application des orientations légistiques à l'instant listées impliqueraient pareille évolution de l' « état d'esprit » de l'État.

5. D'un État dogmatique à un État pragmatique ? La quête de la légitimité sans la souveraineté

L'enjeu de *ne pas construire le droit de demain au moyen des outils d'hier* est décisif pour l'État. Or, pour l'heure, on constate que le droit de la communication par internet « demeure établi sur des principes qui sont opposés à ceux de l'Internet »[3], décalage qui expliquerait « l'incapacité du

[1] J. CHEVALLIER, « La rationalisation de la production juridique », in Ch.-A. MORAND, dir., *L'État propulsif – Contribution à l'étude des instruments d'action de l'État*, Publisud, 1991, p. 11.
[2] En ce sens, par exemple, J. CHEVALLIER, « L'évaluation législative : un enjeu politique », in J.-L. BERGEL, A. DELCAMP, A. DUPAS, dir., *Contrôle parlementaire et évaluation*, La documentation française, coll. Notes et études documentaires, 1995, p. 15 s.
[3] J. CATTAN, *Le droit et les communications électroniques*, th., Université d'Aix-Marseille, 2012, p. 553.

droit à régir certains services de communication au public en ligne »[1] et qui serait une cause première du pluralisme juridique touchant cette branche du droit. Les sources étatiques, en mettant en œuvre certains des principes de la néo-légistique précédemment répertoriés, pourraient éventuellement quitter un cadre du droit moderne devenu trop dogmatique et s'inscrire dans le cadre plus pragmatique que d'aucuns espèrent[2].

On soutient que, « aujourd'hui, la prime est à la flexibilité, à la rapidité, à l'innovation, à la compétitivité : toutes choses qui n'appartiennent pas au nombre des attributs des États, et qu'on trouve plus facilement dans les sociétés autorégulées »[3]. Mais les institutions étatiques, moyennant quelques remises en cause et quelques sacrifices, ne pourraient-elles pas elles aussi faire montre de flexibilité, de rapidité, d'innovation et de compétitivité ? L'État ne pourrait-il pas abandonner le gouvernement au profit de la « gouvernance » et la règlementation au profit de la « régulation » ?

Toutefois, il serait alors tentant de qualifier l'État d' « entreprise »[4], la puissance publique ressemblant par trop aux « puissances privées », loin du particularisme traditionnel de la sphère publique. Déjà en 1994 le Professeur Jacques Commaille remarquait qu'il était temps de recourir au « marketing politique »[5], c'est-à-dire à un « processus de création de la norme analogue à celui suivi par un entrepreneur lorsqu'il lance un produit et qu'il se préoccupe d'abord de sa concordance avec les attentes de sa clientèle »[6]. Spécialement en ayant en priorité des égards pour l'opérationnalité[7], pour l'efficacité[8] et pour l'effectivité des normes édictées, c'est-à-dire pour leur capacité à « produire l'effet recherché »[9], il s'agirait de procéder à un changement de régime de la rationalité juridique : la rationalité du droit moderne résultait et résulte encore en partie de ses qualités propres

---

[1] *Ibid.*

[2] Par exemple, S. GOYARD-FABRE, *L'État, figure moderne de la politique*, Armand Colin, coll. Cursus philosophie, 1999, p. 140 (« la transformation de l'État doit se faire sous le signe du pragmatisme »).

[3] L. COHEN-TANUGI, *Le droit sans l'État*, 2e éd., Puf, coll. Quadrige essais débats, 2007, p. 22-23.

[4] P.-P. VAN GEHUCHTEN, « "Gouvernance" : réseaux et pouvoirs (réflexions à partir d'un siècle de secteur public) », in G. DEMUIJNCK, P. VERCAUTEREN, dir, *L'État face à la globalisation économique – Quelles formes de gouvernance ?*, Sandre, 2009, p. 102.

[5] J. COMMAILLE, *L'esprit sociologique des lois – Essai de sociologie politique du droit*, Puf, 1994.

[6] *Ibid.*

[7] J.-M. SAUVÉ, « Avant-propos », in Conseil d'État, *Le numérique et les droits fondamentaux*, La documentation française, coll. Les rapports du Conseil d'État, 2014, p. 6.

[8] Notamment, M. FATIN-ROUGE STÉFANINI, L. GAY, A. VIDAL-NAQUET, dir., *L'efficacité de la norme juridique : nouveau vecteur de légitimité ?*, Bruylant (Bruxelles), 2012.

[9] F. RANGEON, « Réflexions sur l'effectivité du droit », in CURAPP, *Les usages sociaux du droit*, Puf, 1989, p. 130.

(systématicité, généralité, stabilité, prévisibilité) ; cette rationalité étant en « crise », elle aurait vocation à être remplacée par une rationalité d'ordre technico-économique, soit une « rationalité matérielle fondée sur l'efficacité des actions entreprises »[1]. Désormais, le bien-fondé de la loi devrait « se mesurer à ses performances »[2] ; il ne serait plus assuré *a priori*, comme dans la pensée kelsénienne où il se résume à la validité dans l'ordre normatif étatique[3]. « La rationalité du droit ne se présume plus ; il doit apporter la preuve de son efficacité », avance ainsi le Professeur Jacques Chevallier[4], loin de la vision hobbesienne d'une loi qui serait un « commandement adressé par un supérieur à un homme préalablement obligé de lui obéir »[5].

Triomphe de plus en plus la pensée de Léon Duguit ou Gaston Jèze selon laquelle *la force du pouvoir politique s'éprouverait à mesure de son exercice et ne pourrait jamais être déduite de son origine*[6], selon laquelle il serait regrettable que les gouvernants ne se demandent que rarement quelles sont les raisons qui poussent les citoyens à observer les règles et d'où provient l' « énergie des lois »[7]. Aussi le Conseil d'État et le Secrétariat général du Gouvernement incitent-ils les auteurs d'actes normatifs à « s'interroger d'abord sur l'utilité et l'efficacité de leurs projets de réglementations »[8] et conviennent-ils que la « question fondamentale »

---

[1] J. COMMAILLE, « Effectivité », in D. ALLAND, S. RIALS, dir., *Dictionnaire de la culture juridique*, Lamy-Puf, coll. Quadrige-dicos poche, 2003, p. 584.

[2] F. OST, « Le temps virtuel des lois post-modernes ou comment le droit se traite dans la société de l'information », in J. CLAM, G. MARTIN, *Les transformations de la régulation juridique*, LGDJ, coll. Droit et société, 1998, p. 436.

[3] Selon Kelsen, « le principe que les normes d'un ordre juridique valent aussi longtemps que leur validité ne prend pas fin d'une façon qui est déterminée par cet ordre juridique, ou qu'elle ne fait pas place à la validité d'une autre norme de cet ordre, est le principe de légitimité » (H. KELSEN, *Théorie pure du droit*, 2e éd., trad. Ch. Eisenmann, Dalloz, 1962, p. 209).

[4] J. CHEVALLIER, *L'État post-moderne*, 3e éd., LGDJ, coll. Droit et société, 2008, p. 11.

[5] Th. HOBBES, « La loi, source unique du droit », in Ch. GRZEGORCZYK, F. MICHAUT, M. TROPER, *Le positivisme juridique*, LGDJ, coll. La pensée juridique, 1993, p. 301.

[6] Notamment, G. JÈZE, *Principes généraux du droit administratif*, Berger-Levrault, 1904, p. 18 (cité par O. BEAUD, « L'œuvre de Gaston Jèze signifie-t-elle un repli de la doctrine publiciste française sur la technique juridique ? », *Jus Politicum* 2013, n° 11, p. 30) ; L. DUGUIT, *Traité de droit constitutionnel – Tome premier : La règle de droit, le problème de l'État*, 3e éd., De Boccard, 1927, p. 171 (« la loi émane des gouvernants ; quels qu'ils soient, ils ne peuvent se maintenir au pouvoir que si leurs actes et leurs décisions répondent aux tendances, aux besoins, aux aspirations, aux sentiments de la masse des individus composant le groupe. Le plus souvent, la loi positive est acceptée par cette masse et c'est pour cela qu'elle est obéie »).

[7] A. GARAPON, « D'où les institutions tirent-elles leur énergie ? », Le bien commun, France culture, 6 févr. 2014.

[8] Conseil d'État, Secrétariat général du Gouvernement, « Guide pour l'élaboration des textes législatifs et règlementaires », 2e éd., [en ligne] <legifrance.fr>, 2007, p. 2.

serait : « Quelles sont les conditions à réunir pour assurer l'effectivité du nouveau dispositif ? »[1].

En outre, aujourd'hui, on tend à faire dépendre l'effectivité, la réception et la force normative des devoir-être de leur légitimité[2]. La légitimité, dans la pensée politique, désigne le bien-fondé du pouvoir, ce qui lui confère sa justification et sa validité[3]. Or les « dictionnaires constitutionnels » définissent la souveraineté comme « un principe abstrait s'attachant à l'instance détentrice de l'autorité légitime »[4]. *Cela implique que la souveraineté découle de la légitimité et non que la souveraineté confère la légitimité.* Le Professeur Olivier Beaud enseigne en ce sens que, « tandis que les simples magistrats du Souverain sont soumis au principe de légalité, le Souverain est soumis à un principe de légitimité »[5]. Le but principal que devraient poursuivre les instances étatiques serait donc d'être légitimes, ce qui veut dire *être jugées légitimes par les destinataires de leurs normes*. En prendre pleinement conscience serait un grand pas en direction de l'abandon du dogmatisme politique au profit du pragmatisme politique.

« À celui qui règne effectivement, il convient de porter la Couronne », disait le pape Zacharie à Pépin le Bref[6]. Et, « ne pouvant faire que le souverain légitime règne effectivement, on déclare le souverain effectif légitime »[7]. Mais, si l'État doit toujours s'efforcer d'être le « souverain effectif », cela ne peut que signifier, en d'autres termes, s'efforcer d'être *le détenteur du pouvoir légitime*. « Qu'on imagine que seulement quelques milliers de citoyens refusent l'impôt ou le service militaire, professait Léon Duguit, et voilà l'État, prétendu tout-puissant, dans l'impossibilité matérielle d'assurer l'exécution d'une règle dont il aurait seul institué le caractère obligatoire »[8]. Déjà un texte du jurisconsulte Julien, reproduit au *Digeste*,

---

[1] *Ibid.*, p. 6. Et d'ajouter qu' « une option juridique ne saurait être retenue sans prendre en considération les conditions de son effectivité, [...] [ce qui est fait] parfois au terme du processus d'élaboration d'un projet de texte et qui gagnerait, au contraire, à être envisagé dès la phase initiale de conception » (*ibid.*).

[2] C. THIBIERGE, « Le concept de force normative », in C. THIBIERGE, dir., *La force normative – Naissance d'un concept*, LGDJ-Bruylant (Paris-Bruxelles), 2009, p. 776.

[3] S. GOYARD-FABRE, « Légitimité », in D. ALLAND, S. RIALS, dir., *Dictionnaire de la culture juridique*, Lamy-Puf, coll. Quadrige-dicos poche, 2003, p. 929.

[4] P. BOURETZ, « Souveraineté », in O. DUHAMEL, Y. MÉNY, dir., *Dictionnaire constitutionnel*, Puf, 1992, p. 989.

[5] O. BEAUD, *La puissance de l'État*, Puf, coll. Léviathan, 1994, p. 20.

[6] Cité par É. MAULIN, « Souveraineté », in D. ALLAND, S. RIALS, dir., *Dictionnaire de la culture juridique*, Lamy-Puf, coll. Quadrige-dicos poche, 2003, p. 1437.

[7] É. MAULIN, « Souveraineté », in D. ALLAND, S. RIALS, dir., *Dictionnaire de la culture juridique*, Lamy-Puf, coll. Quadrige-dicos poche, 2003, p. 1437

[8] L. DUGUIT, *Traité de droit constitutionnel – Tome premier : La règle de droit, le problème de l'État*, 3e éd., De Boccard, 1927, p. 114. Et d'ajouter que, « si l'impôt et le service militaire sont véritablement obligatoires, c'est que la norme qui les impose est une création spontanée de la vie sociale » (*ibid.*).

affirmait clairement que « les lois n'obligent que parce qu'elles sont admises par le jugement du peuple »[1]. Et l'État, suivant la célèbre définition donnée par Max Weber, est « une entreprise politique de caractère institutionnel [...] [qui] revendique avec succès [...] le monopole de la contrainte physique *légitime* »[2]. *La légitimité est donc le socle sur lequel repose l'État et, sans elle, c'est son existence même qui se retrouverait menacée.* L'État moderne s'est imposé quand les légitimités sur lesquelles s'appuyaient les pouvoirs du Moyen-Âge se sont effondrées[3]. Mais rien n'assure aux bases de la légitimité étatique de toujours demeurer solides ; peut-être faudra-t-il ou faudrait-il déjà les refonder. Le contrat social n'est-il pas « toujours à recommencer, à repenser et à refaire »[4] ?

Ensuite, Weber identifiait plusieurs légitimités possibles : la « légitimité charismatique », conférée par la valeur exemplaire ou intrinsèque d'une personnalité ; la « légitimité traditionnaliste », obéissant aux vertus de l' « éternel hier » ; la « légitimité légale-rationnelle », se fondant sur la désignation régulière des gouvernants et sur la légalité de leurs actions[5]. Dans le monde occidental et à l'ère moderne, « la forme la plus suivie de légitimité est la croyance en la légalité, c'est-à-dire la disposition à obéir à des prescriptions formellement correctes, établies dans la manière habituelle »[6]. Les serviteurs de l'État moderne et leurs décisions trouvent donc leur légitimité dans cette obéissance quasi-naturelle ou quasi-mécanique à tout ce qui est constitutionnel et légal. Cependant, il semble que, dans une matière atteinte par le pluralisme juridique telle que le droit de la communication par internet, la légitimité ne puisse plus être obtenue de la sorte et qu'il faille à tout prix quêter de nouveaux titres de légitimité, des titres de légitimité « postmodernes » pouvant s'attacher au fond des normes ou, plus sûrement, à la forme des normes. Aussi envisage-t-on, par exemple, un contrat social renouvelé qui « s'assiérait sur l'échange, le dialogue, la négociation et le compromis »[7].

---

[1] Cité par A. LECA, *La genèse du droit – Essai d'introduction historique au droit*, 3e éd., Librairie de l'Université d'Aix-en-Provence, 2002, p. 27.

[2] M. WEBER, *Économie et société*, t. I (1922), Plon, 1965 (non souligné dans le texte original).

[3] Ph. RAYNAUD, « Anciens et modernes », in D. ALLAND, S. RIALS, dir., *Dictionnaire de la culture juridique*, Lamy-Puf, coll. Quadrige-dicos poche, 2003, p. 51.

[4] S. GOYARD-FABRE, « Contrat social (doctrines) », in D. ALLAND, S. RIALS, dir., *Dictionnaire de la culture juridique*, Lamy-Puf, coll. Quadrige-dicos poche, 2003, p. 284.

[5] M. WEBER, *Le savant et le politique*, Plon, 1959 (cité par J. FREUND, *Sociologie de Max Weber*, Puf, 1968, p. 200).

[6] *Ibid.* (cité par S. GOYARD-FABRE, « Légitimité », in D. ALLAND, S. RIALS, dir., *Dictionnaire de la culture juridique*, Lamy-Puf, coll. Quadrige-dicos poche, 2003, p. 930).

[7] S. GOYARD-FABRE, « Contrat social (doctrines) », in D. ALLAND, S. RIALS, dir., *Dictionnaire de la culture juridique*, Lamy-Puf, coll. Quadrige-dicos poche, 2003, p. 284.

Si chacun est « seul juge des moyens propres à le conserver »[1] et si les hommes « n'aliènent leur liberté que pour leur utilité »[2], il n'y a pas d'autorité naturelle, uniquement une *autorité consentie*. En somme, *le droit devrait être au service de ses destinataires et non au service de ses sources* — destinataires et sources qui, en démocratie, théoriquement, se confondent mais qui, dans les faits, sont incomparables les uns aux autres. Le droit devrait donc être *« validé » par ses sources mais aussi et surtout par ses destinataires*[3], qui y consentent ou y adhèrent[4], et la portée de la souveraineté, ontologiquement unilatérale, se trouve grandement relativisée. *Le droit serait ce que ses destinataires en font autant que ce que ses sources en font*, ce que les recherches sur le pluralisme juridique paraissent mettre en lumière. Déjà Portalis, au moment de présenter le projet de Code civil, expliquait combien « les lois ne sont pas de purs actes de puissance »[5] et combien « le législateur ne doit point perdre de vue que les lois sont faites pour les hommes et non les hommes pour les lois ; celles-ci doivent être adaptées aux caractères, aux habitudes, à la situation du peuple pour lequel elles sont faites »[6]. On peut dès lors estimer que « les pathologies de la souveraineté sont principalement des pathologies de la légitimité »[7]. L'accord de l'opinion publique conférerait aux lois leur « meilleure chance d'effectivité »[8] et, finalement, il n'y aurait guère que cela qui importerait, *a fortiori* en matière d'encadrement normatif des activités globales[9].

Carré de Malberg observait que « plus un État trouve, auprès de ses membres, de collaboration dévouée et utile, plus il se rapproche de la perfection. L'État idéal est celui qui a le moins besoin d'user de puissance pour obtenir le concours de tout son peuple »[10] — « une bonne loi existe

---

[1] J.-J. Rousseau, *Du contrat social*, 1762, L. I, chap. 2.
[2] *Ibid.*
[3] *Cf.*, notamment, P. Rosanvallon, *La légitimité démocratique – Impartialité, réflexivité, proximité*, Le Seuil, coll. Les livres du nouveau monde, 2008.
[4] R. Cabrillac, « La réception de la loi : consentement ou adhésion ? », in S. Chassagnard-Pinet, D. Hiez, dir., *La contractualisation de la production normative*, Dalloz, coll. Thèmes et commentaires, 2008, p. 127 s.
[5] J.-É.-M. Portalis, *Discours préliminaire sur le projet de Code civil*, 1801.
[6] *Ibid.*
[7] P. Rosanvallon, « La démocratie : esquisse d'une théorie générale – Cours au Collège de France (8/10) », L'Éloge du savoir, France culture, 2 mai 2013.
[8] J. Carbonnier, *Sociologie juridique*, Puf, coll. Quadrige, 1994, p. 298.
[9] Au sujet de ces activités globales, il faudrait aller jusqu'à avancer que « l'accord de l'opinion publique est indispensable à l'effectivité des lois ». Ainsi, face à des entreprises multinationales dont le succès découle de leur relation privilégiée avec les utilisateurs/consommateurs, les pouvoirs publics devraient eux aussi savoir « s'allier avec la multitude » (Conseil d'État, *Le numérique et les droits fondamentaux*, La documentation française, coll. Les rapports du Conseil d'État, 2014, p. 21).
[10] R. Carré de Malberg, *Contribution à la théorie générale de l'État spécialement d'après les données fournies par le droit constitutionnel français*, t. I, Librairie du Recueil Sirey, 1920, p. VIII.

quand l'épée reste au fourreau »[1]. Cela apparaît d'autant plus décisif lorsque la puissance de l'État ne peut guère être d'un grand secours car elle se retrouve fortement amoindrie. À l'ère contemporaine, le droit étatique devrait ainsi de plus en plus impérieusement s'appuyer sur l' « art de convaincre »[2] qui caractérise les « sources-autorités »[3], donc sur *l'autorité et l'adhésion* qui, selon Hannah Arendt, s'opposent à la contrainte par la force et à la soumission[4]. L'autorité serait à la légitimité ce que le pouvoir serait à la souveraineté. Un pouvoir « s'impose parce qu'il est et uniquement dans la mesure où il est un pouvoir »[5], alors que l'autorité « convainc mais ne vainc point »[6] et repose sur *la confiance*, dont il faudrait en permanence entretenir la flamme. Et un nombre croissant d'auteurs de retenir qu'il s'agirait de toujours préférer l'autorité au pouvoir[7], « autorité sans domination », pour reprendre une expression de Carbonnier[8], ou « *soft power* », pour reprendre un anglicisme désignant le fait d'imposer ses choix par la « persuasion séductrice »[9]. Les organismes privés seraient alors moins tentés de se donner leurs droits, de lutter contre l'État par l'autorégulation, et le pluralisme juridique péricliterait au profit du monisme étatique.

Comme semblent en témoigner ces quelques premiers développements, les problématiques découlant de l'appréhension du pluralisme juridique sous l'angle de la légistique sont trop denses et complexes pour pouvoir être sérieusement envisagées en quelques pages, d'autant plus qu'il faudrait renoncer à la quête d'un modèle unique et monolithique de « gouvernance ». Pour prendre un dernier exemple théorique et un dernier exemple pratique, d'aucuns pourraient contester l'application du principe de subsidiarité au nom d'une souveraineté impliquant l'indivisibilité et l'omnicompétence[10], tandis qu'il conviendrait de systématiquement tenir compte de l'objectif de maîtrise des dépenses publiques, lequel interdit plus ou moins fatalement d'espérer pouvoir mettre

---

[1] G. ORWELL, *Le lion et la licorne*, 1941 (cité par E. ROUX, « D'où les institutions tirent-elles leur énergie ? », Le bien commun, France culture, 6 févr. 2014).
[2] A. SÉRIAUX, *Le Droit – Une introduction*, Ellipses, 1997, p. 216.
[3] *Ibid.*, p. 217.
[4] H. ARENDT, *La crise de la culture* (1968), trad. P. Lévy et *alii*, Gallimard, coll. Folio essais, 2011.
[5] A. SÉRIAUX, *Le Droit – Une introduction*, Ellipses, 1997, p. 217.
[6] *Ibid.*
[7] Par exemple, M. REVAULT D'ALLONES, *Le pouvoir des commencements – Essai sur l'autorité*, Le Seuil, coll. La couleur des idées, 2006.
[8] Cité par M. REVAULT D'ALLONES, *Le pouvoir des commencements – Essai sur l'autorité*, Le Seuil, coll. La couleur des idées, 2006.
[9] Notamment, J. NYE, *Soft Power – The Means to Success in World Politics*, Public Affairs (New York), 2004.
[10] Par exemple, O. BEAUD, *La puissance de l'État*, Puf, coll. Léviathan, 1994, p. 148 (« la souveraineté, qui implique à la fois l'indivisibilité et l'omnicompétence, apparaît comme une notion antithétique à celle de subsidiarité »).

en œuvre certains des préceptes d'une nouvelle légistique proposés[1]. La subsidiarité et les autres principes de la néo-légistique sont sans nul doute très difficultueux et pourraient motiver de longues dissertations et d'intenses discussions. Mais celles-ci, à caractère *jus*-politique, ne sauraient être engagées qu'ailleurs qu'en cet ouvrage dont l'intention était prioritairement *jus*-scientifique. Il ne s'agissait bien, en la troisième partie qui s'achève, que de suggérer quelques pistes et de proposer quelques premières réflexions.

Simplement reste-t-il à souligner, aux côtés de Maurice Hauriou, combien le changement en droit, qu'il soit considéré comme philosophie, comme science humaine ou comme technique pratique, est toujours pénible à réaliser et à accepter et combien le remplacement de la légistique moderne par quelque légistique « postmoderne » ne saurait s'opérer que lentement et — semble-t-il — douloureusement, loin des exigences de réactivité et de souplesse qui caractérisent de plus en plus le monde contemporain. Ainsi l'illustre doyen de la Faculté de droit de Toulouse, au crépuscule de sa vie, en venait-il à résumer, très significativement, la situation de la manière suivante :

> *J'ai cherché les vérités fondamentales en matière de droit public. Ma certitude de les avoir trouvées gît dans le fait que je me suis attaché aux idées classiques, particulièrement en ce qui concerne [...] la théorie essentielle des sources du droit. Il faut bien se pénétrer de la valeur de la tradition classique dans les choses de l'esprit. Les progrès de la civilisation, avec les nouveautés qui nous émerveillent, se limitent aux inventions matérielles et à la science des phénomènes physiques. Il n'y a pas de nouveautés spirituelles ; l'esprit humain a réagi sur la matière, mais, quant à lui, et quant aux principes des relations sociales qui dépendent de lui, rien d'essentiel n'a été changé. De la somme des idées philosophiques et juridiques que les civilisations se sont transmises, il s'est dégagé un système juridique classique ; ce classique du droit s'impose à nos préférences qualitatives avec la même force que le classique de la littérature ou celui de la sculpture et pour les mêmes raisons [...]. Les nouveautés juridiques qui vont à l'encontre des thèmes classiques fondamentaux sont des erreurs certaines ; la vigueur ou le talent*

---

[1] Aussi le Conseil d'État n'oublie-t-il pas d' « inscrire ses propositions dans la trajectoire de maîtrise des dépenses publiques dans laquelle la France s'est engagée. Seul [parmi les suggestions du Conseil] le nécessaire renforcement des moyens des autorités de contrôle que sont la CNIL et la CNCIS a une incidence limitée sur les dépenses publiques » (Conseil d'État, *Le numérique et les droits fondamentaux*, La documentation française, coll. Les rapports du Conseil d'État, 2014, p. 263).

avec lesquels elles sont affirmées ne doivent pas nous faire illusion.[1]

Pareil conservatisme est-il bien raisonnable ? Les résultats et, surtout, les prémisses de l'expérience de mesure du pluralisme juridique présentés dans ce livre invitent à juger qu'il ne le serait guère, tant dans l'espace de la science et de la pensée juridiques que dans celui des normes et des institutions positives.

Aujourd'hui plus que jamais, « la survie de l'État dans le cours des vicissitudes du monde [n'est-elle pas] tributaire de *sa capacité d'adaptation aux requêtes de l'histoire* »[2] ?

---

[1] M. HAURIOU, *Précis élémentaire de droit constitutionnel*, 2e éd., Librairie du Recueil Sirey, 1930, p. V-VI

[2] S. GOYARD-FABRE, *L'État, figure moderne de la politique*, Armand Colin, coll. Cursus philosophie, 1999, p. 170 (non souligné dans le texte original). Qui note aussi que « c'est l'adaptabilité de ses divers organes et de son système de règles qui rend possibles [la] durée et [la] dignité [de l'État] » (*ibid.*) et que « l'État est ainsi appelé à s'inscrire dans la marche des choses en se renouvelant en fonction des problèmes que fait naître la dynamique des sociétés » (*ibid.*).

Conclusion

À l'époque prémoderne ou pré-étatique, la fragmentation des lieux de production normative était importante et reflétait le fait qu'aucune source du droit ou aucun pôle de sources du droit ne parvenait à dominer les autres et à ainsi les cannibaliser, les recouvrir de son voile légitimant. À l'époque moderne, temps du règne étatique, l'État se présente comme un tel pôle de sources du droit dominant, ce qui amène les penseurs du droit à concevoir celui-ci sous la forme de la « pyramide » étatique. Jean Bodin, qui fut peut-être le premier penseur moderne du droit, pouvait ainsi enseigner que « la loy peut casser les coutumes, et la coustume ne peut déroger à la loi »[1], ou encore que la norme coutumière « n'a force que par la souffrance et tant qu'il plaist au Prince souverain »[2]. Plus tard, jusqu'à Santi Romano, tenant pourtant du pluralisme juridique, en est venu à estimer que « les personnes privées peuvent être source de droit objectif si elles respectent le droit étatique qui en constitue le fondement premier et pose toutes les conditions de leur autonomie »[3]. Une norme juridique privée devrait donc toujours intégrer, d'une manière ou d'une autre, la « pyramide ». Partant, si le pluralisme juridique va de pair avec le droit « postmoderne », il faut croire que celui-ci se rapproche davantage du droit prémoderne que du droit moderne. De là à opérer le constat d'un retour en arrière, il n'y a qu'un pas.

Aussi, en cette conclusion, faut-il insister sur le fait que *la production du droit serait le premier des services publics*, tant temporellement que

---

[1] J. BODIN, *Les six livres de la République*, 1576, L. I, chap. 10 (cité par O. BEAUD, *La puissance de l'État*, Puf, coll. Léviathan, 1994, p. 100).

[2] *Ibid.* À l'identique, Thomas Hobbes considérait que, « quand un long usage acquiert l'autorité d'une loi, ce n'est pas la longueur du temps écoulé qui fait son autorité mais la volonté du souverain signifiée par son silence (le silence est, en effet, l'indice d'un consentement) : et cet usage reste loi aussi longtemps que le Souverain garde le silence à son sujet » (Th. HOBBES, *Léviathan*, 1651, chap. 26 (cité par O. BEAUD, *La puissance de l'État*, Puf, coll. Léviathan, 1994, p. 100)).

[3] S. ROMANO, *L'ordre juridique* (1946), trad. L. François, P. Gothot, Dalloz, coll. Philosophie du droit, 1975, p. 120. Dans le même sens, on convient que, « de par son universalisme et sa souveraineté, l'État jouit d'une supériorité évidente : quelles que soient les modalités de relevance d'un ordre juridique non étatique pour l'État, que son contenu et son existence soient ou non reconnus par lui, cet ordre sera de toute façon, directement ou indirectement, subordonné à l'ordre étatique. Le droit de l'État est ainsi toujours relevant pour les ordres juridiques non étatiques » (H. MOUTOUH, « Pluralisme juridique », in D. ALLAND, S. RIALS, dir., *Dictionnaire de la culture juridique*, Lamy-Puf, coll. Quadrige-dicos poche, 2003, p. 1161).

qualitativement et que quantitativement. L'importance des sources privées dans certaines branches du droit, que l'expérience de mesure du pluralisme juridique a mise en lumière, ne cesse dès lors d'interroger.

Créer le droit, encadrer la vie et les actions des individus afin de leur assurer une paisible jouissance de leurs droits et libertés, constitue peut-être le méta-service public qu'il reviendrait à l'État d'assurer, c'est-à-dire ce pourquoi un peuple ou une nation, par un « contrat social », mettrait en place un « Léviathan » afin de s'échapper de l' « état de nature » dans lequel « l'homme est un loup pour l'homme »[1]. Partant, la loi (au sens large) peut être conçue en tant que « source unique du droit »[2], d'une part, en théorie et, d'autre part et surtout, dans les faits. Mais les statistiques issues de l'expérience de mesure du pluralisme juridique indiquent que, concernant certaines branches du droit, l'État est loin d'assurer seul la fonction de création du droit. Cela va dans le sens de qui souligne le délitement actuel des idées « étatistes » de service public, d'ordre public et d'intérêt général[3]. Les professeurs de droit administratif enseignent que « l'histoire mouvementée du service public montre que le déclin qu'il connaît parfois n'est que relatif et qu'il a toujours su, en se renouvelant, affronter l'épreuve du temps, conservant son pouvoir de fascination et son rôle fédérateur et mobilisateur »[4]. Aussi l'État devrait-il toujours plus étendre son empire et repousser les sources privées aux marges du droit. Et c'est ce qu'il cherche effectivement à faire, bien que dans certaines branches du droit (celles qui sont imprégnées par les idées précitées de service public, d'ordre public et d'intérêt général) plus que dans d'autres.

Ensuite, si l'État s'efforce à maîtriser la production du droit et si d'aucuns plaident pour le monisme juridique et contre le pluralisme juridique, c'est que le droit d'origine publique serait, dans l'ensemble, préférable au droit d'origine privée, problématique d'ordre philosophique ou même idéologique qu'il convient de brièvement aborder en cette conclusion. L'illégitimité soupçonnée du droit d'origine privée par rapport au droit d'origine publique est peut-être un élément d'explication décisif du processus historique de publicisation des sources du droit et du triomphe du monisme juridique contre le pluralisme juridique, triomphe qui tendrait donc à s'atténuer aujourd'hui, notamment car cette illégitimité du droit d'essence privée serait de moins en moins évidente et de plus en plus déniée.

---

[1] Th. HOBBES, *Léviathan*, 1651.

[2] Th. HOBBES, « La loi, source unique du droit », in Ch. GRZEGORCZYK, F. MICHAUT, M. TROPER, *Le positivisme juridique*, LGDJ, coll. La pensée juridique, 1993, p. 301 s.

[3] S. REGOURD, « La part du droit », *Droits* 1990, n° 11, p. 57.

[4] J. MORAND-DEVILLER, *Droit administratif*, 13e éd., LGDJ, coll. Cours, 2013, p. 458.

Selon Hegel, « l'État ne prohibe nullement la défense des intérêts personnels des individus, mais ordonne ceux-ci au bien commun »[1]. En effet, le danger — que des auteurs, aujourd'hui, tempèrent[2] — est que les sources privées pourraient beaucoup plus que les sources publiques être manipulées par quelques organisations puissantes souhaitant édicter les normes afin de *défendre leurs intérêts particuliers et non l'intérêt général* comme le fait l'État en tant que « pierre angulaire éthique de toute société libre »[3]. Lorsque l'ARPP explique que son ambition est, grâce à l'autorégulation, de « se prémunir contre un renforcement de l'encadrement législatif »[4], cela est certainement lourd de sens en indiquant que les buts poursuivis par les codes privés et par les lois publiques peuvent différer. Les puissances privées, quand livrées à elles-mêmes, seraient par trop tentées de détourner le droit à leur seul profit. Il faudrait donc bel et bien craindre le pluralisme juridique et aspirer au monisme juridique puisque ce pluralisme serait le signe d'un droit en partie conquis par les puissances privées ou, du moins, abandonné à elles.

Toute société existerait en vue d'une fin qui constituerait sa raison d'être : le bien commun à tous les membres du corps social qu'évoquait Hegel. Ce bien commun désignerait l'« ensemble des conditions qui permettent à tous les membres de la communauté d'obtenir leur épanouissement personnel »[5]. Peut-être les sources publiques sont-elles souvent mieux en mesure d'atteindre ou de préserver le bien commun que les sources privées, lesquelles poursuivraient, presque par définition, des *intérêts privés*. L'éparpillement du pouvoir de faire le droit coïnciderait avec un surprenant retour au « droit féodal » dans lequel chaque fief se défend contre les autres et cherche à étendre son empire afin d'asseoir sa domination à leur détriment, le roi et l'État ne parvenant pas à imposer leurs propres règles autrement qu'en théorie — la puissance factuelle ne suit pas

---

[1] G. W. F. HEGEL, *Principes de la philosophie du droit*, 1820, § 154.

[2] Ainsi convient-on qu'« une convergence progressive entre régulation d'intérêt général et autorégulation a correspondu au développement de l'autorégulation, mais jamais jusqu'à l'assimilation des deux. La régulation, qui cherche fondamentalement à réaliser l'intérêt public, s'est de plus en plus focalisée sur les intérêts des régulés, alors que l'autorégulation a en partie évolué d'une régulation corporative vers une régulation d'intérêt général » (F. CAFAGGI, « Le rôle des acteurs privés dans les processus de régulation – Participation, autorégulation et régulation privée », *RF adm. publ.* 2004, p. 23).

[3] Commission sur la gouvernance globale, *Our Global Neighborhood*, Oxford University Press (New York), 1995, p. 67 (cité par A.-J. ARNAUD, *Critique de la raison juridique – 2. Gouvernants sans frontières – Entre mondialisation et post-mondialisation*, LGDJ, coll. Droit et société, 2003, p. 177).

[4] Autorité de régulation professionnelle de la publicité, « Brochure 2013 de l'ARPP », [en ligne] <arpp-pub.org>, 2013. Doit toutefois être relevé que l'autorité se décrit en ces termes : « Organisme de régulation professionnelle de la publicité en France, l'ARPP a pour but de mener toute action en faveur d'une publicité loyale, véridique et saine, dans l'intérêt des consommateurs, du public et des professionnels de la publicité » ([en ligne] <arpp-pub.org>).

[5] A. SÉRIAUX, *Le Droit – Une introduction*, Ellipses, 1997, p. 8.

mécaniquement la souveraineté juridique —[1]. Il serait regrettable que, au XXIe s., de plus en plus de branches du droit ressemblent réellement à ce « droit féodal ». C'est pourtant ce que font craindre les résultats de l'expérience de mesure du pluralisme juridique.

Pour en revenir à l'exemple du droit de la communication par internet, si une partie croissante de ce droit ne s'applique qu'indirectement aux humains et s'applique directement à des machines — les objets (intelligents) connectés —, sans doute l'intérêt général des machines ne diffère-t-il pas de l'intérêt général des humains, les premières étant au service des seconds. Et l'intérêt général dans l'espace immatériel (qui n'a rien de virtuel[2]) ne fait qu'un avec l'intérêt général dans l'espace matériel, l'un et l'autre étant parfaitement réels. Tous deux ont également besoin du droit ; et tous deux auraient également *besoin du droit d'essence publique*. Peut-être même ce dernier est-il plus indispensable dans l'espace immatériel que dans l'espace matériel tant le numérique, s'il n'est pas à l'origine des formes de délinquance telles que la contrefaçon, l'escroquerie ou la pédophilie, les facilite et en fait apparaître de nouvelles variantes. Au-delà de la contrefaçon d'œuvres immatérielles, le numérique favorise aussi la contrefaçon de biens matériels tels que les médicaments, les cosmétiques, les jouets ou les appareils domestiques, dont il simplifie la distribution aux consommateurs, tandis que de multiples procédés de fraude et de tromperie sont apparus à la faveur du web et du courriel, à l'image du « *phishing* »[3] ou des arnaques commises sur les sites de vente entre particuliers. Et l'internet démultiplie les possibilités de diffusion des images pédopornographiques. Il est un moyen « révolutionnaire » de rentrer en contact avec des victimes de toutes sortes. Le droit de la communication par internet ne paraît donc pas pouvoir compter au nombre des branches du droit que l'État serait tenté de délaisser car peu touchées par le service public, l'ordre public et l'intérêt général. Or ce droit possède des origines privées autant que des origines étatiques ; et le

[1] K. BENYEKHLEF, « L'internet : un reflet de la concurrence des souverainetés », *Lex Electronica* 2002, n° 8, p. 10.

[2] Comme d'aucuns l'indiquent, « il ne faut pas se laisser piéger par des appellations telles que "cyberespace" ou "espace virtuel" qui masquent trop facilement que cet espace n'est jamais au final qu'un espace façonné par les hommes et destiné aux hommes. […] L'injure ou la contrevérité qui y est affichée reste pleinement une injure ou une contrevérité. L'agression demeure et le préjudice aussi » (*Lamy Droit de l'informatique et des réseaux* 2011, n° 2338). Et le Conseil d'État de renchérir : « L'idée d'un espace virtuel et immatériel, distinct de l'espace physique et réel, n'apparaît plus pertinente pour décrire internet, si elle l'a jamais été » (Conseil d'État, *Le numérique et les droits fondamentaux*, La documentation française, coll. Les rapports du Conseil d'État, 2014, p. 133).

[3] Le « *phishing* » consiste à obtenir la communication d'un numéro de carte bancaire ou d'autres données confidentielles en se faisant passer pour une entité administrative ou commerciale « de confiance ». L'usurpation d'identité est une forme d'escroquerie qui s'est particulièrement développée avec l'internet, celui-ci facilitant la collecte d'informations et permettant plus aisément de se faire passer pour une tierce personne.

droit étatique s'avère dans de nombreuses situations à la fois maladroit et ineffectif.

De tout temps et en tout lieu, les groupements humains ont eu besoin d'établir des règles, car chaque homme veut du droit pour pouvoir se situer[1] ; et l' « état de nature » est une vision de l'esprit ou, du moins, une hyperbole. Tout individu, qu'il habite New York ou la forêt de Papouasie-Nouvelle-Guinée, aspire à la société et toute société aspire au droit, quel que soit son degré de développement, son degré de perfectionnement institutionnel. Le cyberespace et la communication par internet ont autant besoin du droit que la plupart des milieux et que la plupart des activités impliquant, directement ou indirectement, des hommes[2]. Plus encore, alors qu'ils sont désormais au cœur des vies et au cœur des sociétés en même temps qu'en proie au pluralisme juridique, il faut gager qu'ils ont essentiellement besoin du droit de l'État. Mis à part les cas de figure qui nécessitent une présence physique des êtres (par exemple les coups et blessures), le web est le « lieu de tous les jeux, de tous les commerces, […] de toutes les lâchetés, de toutes les déviances »[3]. Pour ne prendre qu'un dernier exemple, peut-être les données personnelles sont-elles le pétrole du XXIe s. Or ce sont essentiellement les activités internetiques et le « *big data* » qui malmènent ces données et qui rendent le besoin d'un droit des données personnelles plus impérieux encore que par le passé[4]. Et le Conseil économique, social et environnemental de lister les grands défis que pose l'internet : « la préservation des libertés, la neutralité du Net, la protection des données personnelles et de la vie privée, la cybercriminalité, la circulation des produits culturels, la diversité culturelle et linguistique ou encore l'impact environnemental »[5] ; *autant de*

---

[1] J. BOUINEAU, « Du verbe de Dieu à la langue des hommes », *Droits* 1989, n° 10, p. 15.

[2] Aussi le Conseil d'État, dans son rapport public pour l'année 2014, observe-t-il que « les États ne sont pas moins légitimes à légiférer sur les réseaux numériques que sur tout autre pan des activités humaines, tout simplement parce que ce sont des activités humaines qui se déroulent sur ces réseaux : les internautes commercent, s'éduquent, écoutent de la musique, s'informent, opèrent sur des marchés financiers, font de la politique, travaillent ou jouent » (Conseil d'État, *Le numérique et les droits fondamentaux*, La documentation française, coll. Les rapports du Conseil d'État, 2014, p. 133).

[3] *Lamy Droit de l'informatique et des réseaux* 2011, n° 2338.

[4] D'ailleurs, la première livraison de l'année 2016 de la *Revue du droit public et de la science politique en France et à l'étranger* a été consacrée au thème « L'espace numérique et la protection des données personnelles » (notamment, J. BOYADJIAN, « La science politique face aux enjeux du "big data" et de la protection des données personnelles sur internet », *RDP* 2016, p. 7 s. ; A. DEBET, « La protection des données personnelles, point de vue du droit privé », *RDP* 2016, p. 17 s. ; H. OBERDORFF, « L'espace numérique et la protection des données personnelles au regard des droits fondamentaux », *RDP* 2016, p. 41 s. ; M. QUÉMÉNER, « Les données personnelles à l'ère numérique – Quelle protection sur le plan pénal ? », *RDP* 2016, p. 71 s. ; J. RICHARD, « Le numérique et les données personnelles : quels risques, quelles potentialités ? », *RDP* 2016, p. 87 s.).

[5] N. CHICHE, *Internet : pour une gouvernance ouverte et équitable*, Éditions des journaux officiels, coll. Les études du Conseil économique, social et environnemental, 2014, p. 18.

défis qu'il incomberait principalement au droit d'origine publique de relever.

Seulement, beaucoup conviennent désormais que l'État perdrait chaque jour un peu plus l' « autorité de personnage paternel »[1] qui l'autorisait à être « la source du droit »[2], ce qui provoquerait l'accroissement du pluralisme juridique. Alors que le propre du droit d'origine publique est de reposer sur des prérogatives de puissance publique[3], il apparaît que, de plus en plus, le droit d'origine privée s'appuie sur une « puissance privée » véritable ; et *cette « puissance privée » servirait logiquement des intérêts privés*[4]. Ainsi une étude du pluralisme juridique aboutissant à constater le déploiement de ce pluralisme devrait-elle conduire à s'inquiéter. Lorsqu'est dénoncé l' « envahissement progressif du droit par l'autorégulation »[5], c'est bien parce que cette dernière serait synonyme de défense des intérêts privés contre l'intérêt de la collectivité.

Carbonnier notait que « nous sommes tellement habitués à avoir des règles que nous ne voyons pas l'immense progrès que la règle, avec sa permanence et sa généralité, représente par rapport au commandement instantané et individuel »[6] ; est ici ajouté que *la règle publique serait aussi un immense progrès par rapport à la règle privée*. Si le droit, en toute société, a pour but de garantir l'ordre, d'assurer la liberté, de protéger l'individu et de réaliser la justice, s'il a pour fin d' « établir un ordre social harmonieux et [de] régler les rapports sociaux avec le souci d'y promouvoir [...] un certain ordre moral, la sécurité juridique et le progrès social »[7], il faut gager que les sources publiques seraient mieux que les sources privées capables de poursuivre et d'atteindre ces objectifs. Déjà Aristote soutenait que « la règle de droit est meilleure que celle de n'importe quel individu »[8], indiquant par là que la règle construite par le corps social serait préférable à celle proposée ou imposée unilatéralement par un homme ou par un groupement isolé[9]. Si les enjeux et le contexte actuels ne partagent que peu

---

[1] J. CLAVREUL, « Y'a d'la loi », *Droits* 1989, n° 10, p. 128.
[2] *Ibid.*
[3] Par exemple, O. BEAUD, *La puissance de l'État*, Puf, coll. Léviathan, 1994, p. 165.
[4] P. LAGARDE, « Approche critique de la *lex mercatoria* », in *Mélanges Berthold Goldman*, Litec, 1982, p. 125.
[5] M. LANORD FARINELLI, « La norme technique : une source du droit légitime ? », *RFDA* 2005, p. 738.
[6] J. CARBONNIER, *Théorie sociologique des sources du droit*, Association corporative des étudiants en droit de l'Université Panthéon-Sorbonne, 1961, p. 80.
[7] J.-L. BERGEL, *Théorie générale du droit*, 5e éd., Dalloz, coll. Méthodes du droit, 2012, p. 6.
[8] ARISTOTE, *La Politique*, vers 330 av. J.-C., L. III, chap. 16 (cité par G. GURVITCH, *Éléments de sociologie juridique*, Aubier, 1940, p. 35).
[9] À la suite d'Aristote, Thomas d'Aquin observait qu'il ne saurait y avoir de vie commune sans que l'un de ceux qui vivent ensemble ait reçu autorité pour conserver le bien commun (THOMAS D'AQUIN, *Somme théologique*, 1273), ce qui prouverait le besoin d'État. Et peut être

avec ceux sur lesquels le philosophe grec se concentrait, il faudrait suivre sa voie et encourager le développement du droit d'origine publique, loin de qui se demande si « le XXIe siècle a encore besoin des États »[1].

En raison de la globalisation, l'État semble de plus en plus en difficultés, de moins en moins adapté ; dans le même temps, il serait au moins autant qu'avant nécessaire qu'un État fort produise un droit étatique fort[2]. C'est peu ou prou ce constat qui émerge de la conclusion de ce livre. On décrit le droit du XXIe s. en ces termes : « De garant du bien et du juste, le droit, composé de normes trop nombreuses, enchevêtrées et aléatoires et trop souvent non strictement juridiques pour être comprises et appliquées, semble être devenu un gouverneur capricieux dont la connaissance est difficile »[3]. Il faut croire que le développement des sources privées et le pluralisme juridique ne sont pas les moins importantes des causes de cette évolution du droit « dur », « rigide », « précis » et « fort » de la modernité vers le droit « souple », « doux », « flou » et « mou »[4] de la « postmodernité ».

Néanmoins, s'il est tentant de se ranger du côté de ceux qui préfèrent le droit édicté par la puissance publique au droit édicté par la « puissance privée »[5], il importe de souligner le caractère éminemment relatif et contestable de pareil discours. Si la concurrence des puissances, si ce n'est la « concurrence des souverainetés »[6], devrait tourner à l'avantage de l'État et des institutions publiques, ce n'est que pour des motifs axiologiques, donc pour des motifs subjectifs, loin de toute argumentation scientifique. En d'autres termes, si a été avancé que le droit d'origine publique serait, dans la majorité des situations, préférable au droit d'origine privée, ne saurait être

---

citée la sentence de l'illustre penseur André Untersinger selon laquelle il faudrait, dans toute organisation humaine, « que le droit fasse loi et que la loi fasse foi » ; or cela est-il possible sans État ?

[1] J. BAGUENARD, *L'État – Une aventure incertaine*, Ellipses, coll. Mise au point, 1998, p. 101. Il s'agirait plutôt de considérer que « l'État restera longtemps encore le moins mauvais des systèmes » (J.-P. COLIN, « Variations sur la souveraineté », *Annuaire français de relations internationales* 2009, n° 10, p. 12).

[2] A.-J. ARNAUD, *Critique de la raison juridique – 2. Gouvernants sans frontières – Entre mondialisation et post-mondialisation*, LGDJ, coll. Droit et société, 2003, p. 177.

[3] V. LASSERRE, *Le nouvel ordre juridique – Le droit de la gouvernance*, LexisNexis, 2015, p. 1.

[4] C. THIBIERGE, « Le droit souple – Réflexion sur les textures du droit », *RTD civ.* 2003, p. 599 s.

[5] Doit être rappelé que déjà Carré de Malberg notait que « la puissance de l'État s'appelle puissance publique par opposition aux différentes puissances privées qui peuvent régir les hommes dans leurs vies privées » (R. CARRÉ DE MALBERG, *Contribution à la théorie générale de l'État spécialement d'après les données fournies par le droit constitutionnel français*, t. I, Librairie du Recueil Sirey, 1920, p. 70).

[6] K. BENYEKHLEF, « L'internet : un reflet de la concurrence des souverainetés », *Lex Electronica* 2002, n° 8.

ignoré combien cela est discutable et discuté. Il suffit, pour s'en convaincre, de citer le Professeur Jean-Louis Bergel selon qui l'autorégulation, en ce qu'elle correspondrait à un droit « purement pragmatique », serait la technique la plus prometteuse afin d'établir le droit « global »[1] ; ou bien de rappeler à quel point la culture juridique anglo-saxonne[2] et, plus encore, la culture juridique asiatique[3] préfèrent l'autorégulation à la régulation publique, alors que, en comparaison, cette autorégulation est plutôt mal perçue dans les pays de tradition romano-germanique. Ainsi souligne-t-on l'inconciliabilité « entre la vision marchande des normes promue par les États-Unis et la vision "républicaine" défendue par l'Europe »[4].

Nombre d'arguments pourraient être avancés en faveur du droit d'essence privée, par exemple en considérant que l'autorégulation refléterait « une plus grande maturité et une plus large autonomie de la société civile que le mode de régulation étatique, où la société civile vit sous tutelle, comme infantilisée »[5]. Ce sont y compris des organismes étatiques qui peuvent en venir à souligner la pertinence de l'autorégulation dans certains domaines[6]. Les raisons de préférer le droit produit par les sources privées au droit produit par les sources publiques ne manquent pas et la primauté du second « revendiquée » en ces lignes est la conséquence d'une considération globale, non celle d'une vérité absolue. C'est d'ailleurs peut-être judicieusement qu'est recherché, plutôt que le triomphe des unes sur les autres, l'équilibre entre normes de sources publiques et normes de sources privées, lesquelles seraient plus complémentaires que concurrentes[7]. Où revient l'idée d'un pluralisme juridique accepté devant, avec l'État pragmatique, prendre la place du pluralisme juridique redouté. Et où revient la dénonciation du manichéisme qui, trop souvent, imprégnerait les réflexions et les commentaires *jus*-politiques.

---

[1] J.-L. BERGEL, « Globalisation du droit et professions juridiques », *RRJ* 2010, p. 2163.

[2] En témoigne le cinéma hollywoodien qui, depuis toujours, possède ses propres règles de conduite ; très peu de lois et de règlements publics s'intéressent au sujet.

[3] *Cf.* T. TANASE, « The Management of Disputes: Automobile Accident Compensation in Japan », *Law and Society Review* 1990, p. 651 s. ; R. DAVID, C. JAUFFRET-SPINOSI, *Les grands systèmes de droit contemporains*, 11e éd., Dalloz, coll. Précis, 2002.

[4] V. LASSERRE, *Le nouvel ordre juridique – Le droit de la gouvernance*, LexisNexis, 2015, p. 356.

[5] L. COHEN-TANUGI, *Le droit sans l'État*, 2e éd., Puf, coll. Quadrige essais débats, 2007, p. 22.

[6] Ainsi le Conseil économique, social et environnemental « craint[-il] que l'exercice ne se cantonne de plus en plus, pour les acteurs de la société civile, au seul registre de la parole avec le retour des États qui souhaitent reprendre la main » (N. CHICHE, *Internet : pour une gouvernance ouverte et équitable*, Éditions des journaux officiels, coll. Les études du Conseil économique, social et environnemental, 2014, p. 37).

[7] G. FARJAT, « Réflexions sur les codes de conduite privés », in *Mélanges Berthold Goldman*, Litec, 1982, p. 56.

Par ailleurs, l'expérience de mesure du pluralisme juridique pose, à différents égards, la question de l'évolution du droit et de l'évolution de la pensée du droit devant logiquement l'accompagner. Aussi les dernières pages de ce livre seront-elles mises à profit afin d'aborder cette problématique.

Tocqueville remarquait que « deux choses étonnent [...] : la grande mobilité de la plupart des actions humaines et la fixité singulière de certains principes »[1]. Et d'ajouter que « les hommes remuent sans cesse, mais l'esprit humain semble presque immobile »[2]. Autrement dit, *les faits seraient toujours en avance par rapport à la pensée des faits*, la théorie serait toujours en retard par rapport à la pratique. Les théoriciens qui pensent les objets de loin seraient nécessairement plus conservateurs que les praticiens qui ont ces objets entre les mains et qui les façonnent. *Alors que les faits juridiques sont dynamiques, les théories du droit semblent statiques.* C'est pourquoi l'un des premiers objectifs d'un exercice tel que l'expérience de mesure du pluralisme juridique est de mettre en exergue certaines tendances du droit non aisément perceptibles du point de vue doctrinal.

La confrontation « [d]es forces conservatrices qui essaient de maintenir le droit existant et [d]es forces réformatrices qui veulent le modifier ou le transformer »[3] paraît tourner souvent à l'avantage des premières dans les esprits de ceux qui analysent le droit. En somme, il serait plus difficile de penser que d'agir, car l'action est la réalité même tandis que les vues de l'esprit sont naturellement détachées du réel tout en n'ayant de sens qu'à condition d'être conformes au réel. Portalis relevait combien « tout ce qui est ancien a été nouveau »[4]. Telle est la grande leçon du temps et de la vie. Or le droit n'y échappe pas : il est dans le temps[5] et il est dans la vie[6]. Ainsi rien n'est-il fixé pour toujours ; même ce qui est le mieux ancré peut un jour ou l'autre être renversé. Il faudrait donc, avec Jhering, convenir que *l'évolution du droit est un sujet inépuisable mais indispensable*[7]. Or, afin de traiter ce sujet, quelques expériences, quelques travaux empiriques prenant le droit positif — le droit réel — comme objet peuvent peut-être s'avérer utiles.

D'aucuns penseurs du droit posent néanmoins les questions de la réalité et de l'identité d'un « nouveau droit » ; notamment, ils expriment « le

---

[1] A. DE TOCQUEVILLE, *De la démocratie en Amérique* (1835 et 1840), Flammarion, coll. GF, 2010, p. 244.
[2] *Ibid.*
[3] G. RIPERT, *Les forces créatrices du droit*, LGDJ, 1955.
[4] J.-É.-M. PORTALIS, *Discours préliminaire au 1er projet de Code civil* (1801), Confluences (Bordeaux), coll. Voix de la cité, 1998.
[5] Réf. à F. OST, *Le temps du droit*, Odile Jacob, 1999.
[6] Réf. à J. CRUET, *La vie du droit et l'impuissance des lois*, Flammarion, 1908 ; J. HILAIRE, *La vie du droit – Coutumes et droit écrit*, Puf, 1994.
[7] R. VON JHERING, *L'évolution du droit*, 3e éd., Chevalier-Maresq et Cie, 1901.

sentiment que les sources du droit deviennent anarchiques »[1], ce qui inviterait à « repenser l'ordre juridique dans son ensemble »[2]. Dans le même temps, on envisage un « tournant global [qui] se caractérise par une rupture avec ce qui a été critiqué comme le "nationalisme méthodologique", c'est-à-dire la tendance à envisager la société dans les limites territoriales de l'État et à réduire tout phénomène social se déroulant au-delà des États à des relations internationales »[3]. Il ne se trouve peut-être guère de meilleur témoin de ce « tournant global » de la société en général et du monde juridique en particulier, ainsi que des sciences de la société en général et de la science juridique en particulier, allant de pair avec une désétatisation et une dénationalisation des données et des pensées, que le pluralisme juridique. Ce dernier, comme ensemble de données et comme ensemble de pensées, serait donc au cœur des investigations et des réflexions « postmodernes » sur le droit. Il serait, pour une part, et qu'on s'en félicite ou s'en offusque, l'avenir du droit.

Qualifié, suivant une expression de René Cassin, d'« histoire contemporaine »[4], le droit connaîtrait autant que toute autre institution sociale des évolutions et des révolutions incessantes, ou du moins une « évolution constante sans révolution »[5]. Il suffit de disposer de quelques connaissances en histoire du droit pour concevoir combien le droit d'aujourd'hui est différent de celui d'hier et deviner qu'il n'est certainement pas moins différent de celui de demain. On imagine parfois que le droit aurait atteint l'âge de la maturité, qu'il aurait par le passé beaucoup changé mais que, désormais, ce ne serait plus que ponctuellement qu'il serait appelé à muer. C'est là, semble-t-il, une parfaite illusion et, au contraire, la dynamique du temps qui caractérise l'époque contemporaine implique peut-être des mouvements de plus en plus fréquents, qui « se précipitent avec l'accélération de l'histoire »[6]. À l'heure actuelle, « le droit doit s'adapter sans répit à la modernité, ce qui bouscule ses rythmes temporels classiques [...]. Face aux mutations sociales, l'indispensable adaptation du droit aux besoins de la société suppose qu'il subisse lui-même une transformation permanente »[7]. Or le « droit pensé » devrait sans cesse s'ajuster aux renouvellements du « droit factuel ».

---

[1] V. LASSERRE, *Le nouvel ordre juridique – Le droit de la gouvernance*, LexisNexis, 2015, p. 6.
[2] *Ibid.*
[3] B. FRYDMAN, G. LEWKOWICZ, A. VAN WAEYENBERGE, « De l'étude à l'enseignement du droit global », [en ligne] <philodroit.be>, 2013, p. 1.
[4] Cité par A. PROST, J. WINTER, *René Cassin*, Fayard, coll. Biographies, 2011.
[5] J.-L. BERGEL, *Théorie générale du droit*, 5e éd., Dalloz, coll. Méthodes du droit, 2012, p. 128.
[6] *Ibid.*
[7] *Ibid.*

Toutefois, c'est à un jeu dialectique que s'adonnent « droit pensé » et « droit factuel », non à une relation unilatérale : la théorie du droit définit la juridicité et confère son autonomie au concept de droit en même temps que le monde, la société et les normes évoluent dans les faits, obligeant la théorie du droit à se remettre en question afin de ne pas périr pour cause d'inconséquence, afin de ne pas faire perdre à un droit devenu trop autonome toute consistance. Planiol, au début du XXe s., notait que « le droit est mobile comme la vie et comme l'opinion humaine »[1]. On ne saurait mieux dire puisque *le droit, sous l'angle lexical, n'est que la somme ou la moyenne d'un ensemble d'opinions entourant le sens du mot « droit »*. Or des opinions humaines, des phénomènes psychologiques, sont évidemment très sujets aux fluctuations, parfois radicales. La psyché juridique collective peut un jour convenir que « le droit, c'est la loi », puis, comme « la loi n'a pas le pouvoir d'arrêter l'histoire »[2], le lendemain retenir que « le droit, c'est plus que la loi ». Il n'en demeure pas moins que la psyché juridique collective semble avoir tendance à se figer plus qu'à se disperser et que, dès lors, le danger qui la guetterait serait bien celui de par trop se détacher des normes et des institutions effectives. Partant, l'expérience présentée dans ce livre, attachée au pragmatisme juridique qui invite à observer toutes les normes et toutes les institutions sans poser la question des périmètres du droit et du non-droit, pourrait fournir quelques enseignements motivant davantage d'adaptations de la pensée du droit contemporaine.

En outre, il faut à cet instant en appeler à nouveau à l'équilibre. Souligner que le droit est vivant, qu'il est mouvant et qu'il change en même temps que change l'environnement dans lequel il évolue, ce n'est pas souligner que le droit serait parfaitement évanescent ou gazeux. Il est tout à fait possible d'en photographier un moment, par exemple au moyen de l'expérience de mesure du pluralisme juridique. Quant à la théorie du droit, elle est certainement loin d'être inerte. Si tout n'est que « systèmes d'habitudes », ainsi que le concevait Bergson[3], ces habitudes changent, y compris parmi les penseurs du droit, quoique peut-être plus lentement qu'ailleurs. Le droit, ce n'est donc ni le tout-statique ni le tout-dynamique. C'est un complexe statique-dynamique. Mais *le droit pratiqué se rapproche du tout-dynamique quand le droit pensé tend vers le tout-statique*. En ces pages, l'enjeu était en particulier de faire converger le second vers le premier, c'est-à-dire de contribuer à *la dynamisation de la pensée du droit*.

---

[1] M. PLANIOL, *Traité élémentaire de droit civil conforme au programme officiel des facultés de droit*, t. I, 2e éd., Pichon, 1903, n° 3 (cité par J.-P. CHAZAL, « Philosophie du droit et théorie du droit, ou l'illusion scientifique », *Arch. phil. droit* 2001, p. 327).

[2] Ph. JESTAZ, *Les sources du droit*, Dalloz, coll. Connaissance du droit, 2005, p. 146.

[3] H. BERGSON, *Les deux sources de la morale et de la religion*, 16e éd., Puf, 1934, p. 2 (cité par J.-L. BERGEL, *Théorie générale du droit*, 5e éd., Dalloz, coll. Méthodes du droit, 2012, p. 128).

C'est tout spécialement à cela que devaient servir les statistiques tirées de l'expérience de mesure du pluralisme juridique ainsi que les prémisses et prétentions scientifiques les soutenant.

Ces considérations incitent, plutôt qu'à s'attacher, d'un point de vue microjuridique, à l'un ou l'autre régime juridique spécifique, à porter l'attention, d'un point de vue macrojuridique, sur les continuités, les mouvements et les ruptures du droit au début du XXIe s. On « [s]'étonne que la dynamique des systèmes juridiques soit si peu étudiée »[1], bien que les plus récentes introductions au droit affirment qu'« introduire au droit aujourd'hui, c'est introduire au droit tel qu'il se révèle dans sa complexité contemporaine, comme un rapport entre différents systèmes, différentes sources, différents modes de régulation »[2]. Au début du XXIe s., « les mutations du droit semblent s'enchaîner à un rythme de plus en plus rapide et d'une manière désordonnée qui sont ressentis comme une fatalité postmoderne »[3] et qui paraissent devoir aller de pair avec l'affirmation du pluralisme juridique et avec le retrait du monisme juridique. C'est pourquoi *les succès du pluralisme juridique pourraient annoncer le prochain passage d'un cycle de la « vie » du droit à un autre.*

En effet, la « vie » du droit est peut-être faite de cycles identifiables : *à chaque changement de siècle semblent correspondre de profondes évolutions du monde juridique.* Autour de l'année 1900, charnière dans le renouveau de la doctrine française, le nombre des sources du droit étudiées par les juristes a été sensiblement étendu avec l'accueil de la jurisprudence et le retour de la coutume[4]. Adhémar Esmein, en 1903, résumait cette tendance en écrivant : « Il faut que la doctrine prenne la jurisprudence pour son principal objet d'étude ; [...] elle acquerra alors une sève rajeunie et des floraisons nouvelles »[5]. À l'inverse, l'an 1800 et la rédaction du Code

---

[1] J.-L. BERGEL, « La dynamique des systèmes juridiques, évolutions et convergences », conférence à la Faculté de droit et de science politique d'Aix-en-Provence, 22 févr. 2012.

[2] P. DEUMIER, *Introduction générale au droit*, 2e éd., LGDJ, coll. Manuel, 2013, p. 10.

[3] V. LASSERRE, *Le nouvel ordre juridique – Le droit de la gouvernance*, LexisNexis, 2015, p. 1.

[4] Ch. JAMIN, « Dix-neuf cents (crise et renouveau dans la culture juridique) », in D. ALLAND, S. RIALS, dir., *Dictionnaire de la culture juridique*, Lamy-Puf, coll. Quadrige-dicos poche, 2003, p. 384. Ainsi Eugène Gaudemet a-t-il pu écrire que, « en franchissant un siècle de science française du droit civil, on passe d'un monde dans un autre : de la glose littérale à la libre recherche scientifique, qui fait presque du droit une science d'observation ; de la sèche exégèse à la mise en œuvre de toute une philosophie de l'interprétation » (E. GAUDEMET, *L'interprétation du Code civil en France depuis 1804* (1935), La mémoire du droit, 2002, p. 50 (cité par V. LASSERRE, *Le nouvel ordre juridique – Le droit de la gouvernance*, LexisNexis, 2015, p. 1)).

[5] A. ESMEIN, « Doctrine et jurisprudence », *RTD civ.* 1902 (cité par O. BEAUD, « Doctrine », in D. ALLAND, S. RIALS, dir., *Dictionnaire de la culture juridique*, Lamy-Puf, coll. Quadrige-dicos poche, 2003, p. 388).

civil qui a suivi avaient coïncidé avec un passage du pluralisme juridique à l'ultra-monisme juridique — en ce que non seulement le droit se réduisit au droit étatique mais, plus encore, il se réduisit à la loi[1]. Avec l'an 2000, le changement de millénaire concorde peut-être avec le retour au premier plan du pluralisme juridique ; c'était l'objet de ce livre que d'apporter quelques éléments de réponse scientifiquement valides à cette interrogation. Tandis que des auteurs, aujourd'hui, remarquent le « tarissement de la loi comme source de droit »[2], Carbonnier estimait, dans l'un de ses derniers écrits, que « le foisonnement des sources du droit devient un phénomène majeur au tournant du XXIe siècle, phénomène à la fois contre-révolutionnaire, postmoderne et baroque (triple revanche sur 1789, sur notre part des Lumières et sur le classicisme) »[3]. Pareilles affirmations convainquent davantage lorsqu'elles sont accompagnées par des observations empiriques que lorsqu'elles sont assénées sans autre forme de procès, loin de toute démonstration scientifique.

Reste que, depuis l'organisation du premier concours d'agrégation des facultés de droit en 1856[4] et depuis la parution des premières revues juridiques à l'époque du Directoire et du Consulat[5], l'enseignement, le commentaire et la pensée du droit n'ont cessé d'évoluer. Aussi les savoirs autour comme dans le droit s'affinent-ils en même temps qu'ils s'adaptent. Le présent livre aspirait, en présentant et en mettant à l'épreuve des outils et des prémisses scientifiques originaux, à contribuer tout à la fois à l'adaptation et à l'affinement de ces savoirs.

Principalement, l'expérience de mesure du pluralisme juridique a permis d'interroger très directement la réalité et l'actualité du droit et de l'État. On constate que l'heure serait venue de « fabriquer une nouvelle culture juridique »[6] ; et un nombre croissant d'auteurs s'attèlent à cette tâche, n'hésitant pas à mettre en exergue le « sentiment de crise que connaissent les

---

[1] On souligne en effet que, « après la Révolution française, la loi est devenue la seule source de droit » (J.-C. BÉCANE, M. COUDERC, J.-L. HÉRIN, *La loi*, 2e éd., Dalloz, coll. Méthodes du droit, 2010, p. 22).

[2] *Ibid.*, p. 57.

[3] J. CARBONNIER, *Droit civil – Introduction*, 27e éd., Puf, coll. Thémis droit privé, 2002, n° 106.

[4] Ch. JAMIN, « Dix-neuf cents (crise et renouveau dans la culture juridique) », in D. ALLAND, S. RIALS, dir., *Dictionnaire de la culture juridique*, Lamy-Puf, coll. Quadrige-dicos poche, 2003, p. 381.

[5] Il s'agit du *Bulletin des arrêts de la Cour de cassation* en 1798 et du *Journal du Palais* en 1800 (L. DE CARBONNIÈRES, « Documentation juridique (de 1789 à 1945) », in D. ALLAND, S. RIALS, dir., *Dictionnaire de la culture juridique*, Lamy-Puf, coll. Quadrige-dicos poche, 2003, p. 397).

[6] J. FRAYSSINET, « Le droit et la création des contenus numériques – À la recherche d'une nouvelle culture juridique », *Les cahiers du LID2MS* 2013, n° 1.

membres de la doctrine juridique »[1]. De ces disputes et de ces luttes parmi la psyché juridique collective, le droit pratique comme le droit philosophique ne sauraient sortir inchangés. Et l'État lui aussi ne saurait en sortir inchangé. « C'est l'autorité paternelle de l'État qui se trouve mise en question », note-t-on[2]. S'attacher à la « vie » du droit, au droit « vivant », c'est encore s'attacher à la *« vie » de l'État*, à l'État « vivant ». Le droit, possiblement, s'émanciperait de l'État, ce dont le pluralisme juridique témoignerait. Adolescent, il demeurait dans le foyer étatique ; adulte, il quitterait le giron familial, tout en revenant le visiter fréquemment. *Le droit étatisé laisserait la place au droit libre.* Puisque le cadre des problématiques contemporaines n'est plus l'État mais le monde entier, telle est peut-être, en résumé, la biographie du droit. Aussi convenait-il d'entreprendre quelques recherches empiriques afin de pouvoir confirmer ou infirmer en partie cette hypothèse.

Hannah Arendt écrivait :

> *L'appel à la pensée se fait entendre dans l'étrange entre-deux qui s'insère parfois dans le temps historique où non seulement les historiens mais aussi les acteurs et les témoins, les vivants eux-mêmes, prennent conscience d'un intervalle dans le temps qui est entièrement déterminé par des choses qui ne sont plus et par des choses qui ne sont pas encore. Dans l'histoire, ces intervalles ont montré plus d'une fois qu'ils peuvent receler le moment de la vérité.*[3]

Peut-être le pluralisme juridique qui se laisse actuellement observer à l'échelle de certaines branches du droit est-il un « appel à la pensée juridique », le signe de l'un de ces intervalles entre passé du droit et futur du droit qui seuls portent le réel du droit. Nombre d'erreurs dans les diagnostics et dans les propositions proviendraient de la tendance à soit trop s'accrocher au passé, soit trop poursuivre le futur. Partant, il faudrait vivre avec son temps qui est toujours un instable équilibre entre passé et futur, entre ancienneté et nouveauté, entre classicisme et modernité, entre esprit de conservation et esprit de révolution. Il faudrait vivre avec son temps et il faudrait réfléchir avec son temps ; il faudrait écrire avec son temps, en droit autant qu'ailleurs — et qu'on produise le droit ou qu'on commente le droit.

La doctrine peut vouloir modifier le cours des choses juridiques, esquisser des solutions et contribuer aux évolutions ; elle est surtout dépendante du cours

---

[1] N. HAKIM, F. MELLERAY, « La belle époque de la pensée juridique française », in N. HAKIM, F. MELLERAY, dir., *Le renouveau de la doctrine française – Les grands auteurs de la pensée juridique au tournant du XXe siècle*, Dalloz, coll. Méthodes du droit, 2009, p. 1.

[2] O. JOUANJAN, É. MAULIN, « La théorie de l'État entre passé et avenir – Journées en l'honneur de Carré de Malberg », *Jus Politicum* 2008, n° 12, p. 5.

[3] H. ARENDT, *La crise de la culture* (1968), trad. P. Lévy et *alii*, Gallimard, coll. Folio essais, 2011, p. 19.

des choses juridiques[1]. En toute logique, la pensée du droit, tant à l'échelle macrojuridique qu'à l'échelle microjuridique, ne devrait évoluer qu'à mesure de l'évolution du droit, ni plus rapidement ni plus lentement. En réalité, cet idéal est rarement atteint et la littérature juridique d'une époque ne serait le plus souvent que le fruit de tensions entre pensées évolutionnistes qui tirent exagérément et pensées conservatrices qui retiennent injustement, loin de toute modération.

C'est pourquoi il a semblé opportun d'observer, à travers le prisme d'une branche du droit sujet d'expérience à la fois représentative du droit d'hier et d'aujourd'hui et symptomatique du droit de demain, la *factualité des changements du droit*, cela objectivement et empiriquement, donc sans jamais chercher à forcer, à falsifier ou à ignorer ces changements. Ensuite, il n'en demeure pas moins que la pression de la globalisation sur le droit, dont une partie du sujet d'expérience a témoigné, amène à anticiper quelques (r)évolutions du monde juridique — mais celles-ci ne sont, d'un point de vue scientifique, *ni à craindre ni à espérer* ; avec Spinoza, il ne faut « ni rire ni pleurer, mais comprendre »[2]. Peut-être les « temps postmodernes » sont-ils en train de remplacer les « temps modernes » et la pensée juridique entre-t-elle dans une période de « crise » semblable à celles qui ont accompagné les grands moments de son histoire. Reste que l'expérience de mesure du pluralisme juridique devait servir à rendre compte de façon aussi impartiale et désintéressée que possible d'une partie des continuités, des mouvements et des ruptures touchant le droit positif, lequel est le terreau de la pensée juridique.

« La stabilité des notions juridiques, écrivait Bernard Chenot, est le privilège des civilisations mortes ; une relative stabilité est le luxe des périodes calmes. […] Tout change si des forces nouvelles viennent à être mobilisées »[3]. Peut-être la seule chose qui ne changera jamais est-elle que tout change avec le

---

[1] Par exemple, a été relevé combien les évènements politiques qui ont marqué son époque ont influencé les écrits de Bodin (O. BEAUD, *La puissance de l'État*, Puf, coll. Léviathan, 1994, p. 49). Les dix ans qui ont séparé la *Methodus* (1566) des *Six livres de la République* (1576) ont vu le droit étatique supplanter le droit préétatique, spécialement suite aux guerres religieuses et au massacre de la Saint Barthélémy en 1572. L'État moderne, séparé du Clergé, s'est affirmé et Bodin n'a fait que rendre compte des mutations *jus*-politiques qu'il observait. De semblables remarques peuvent être adressées au renouveau de la doctrine française qui a caractérisé la fin du XIXe s. et le début du XXe s. Si la pensée du droit a sensiblement mué au long de la IIIe République, c'est que le droit positif et, en particulier, les grands principes supralégislatifs sur lesquels il s'appuie soit ont changé, soit, pour beaucoup, sont apparus à cet instant. En témoignent, en premier lieu, la séparation du droit administratif et du droit civil durant l'hiver 1873 et l'affirmation du juge créateur de droit. À la croisée des siècles, la science du droit française a connu des mouvements de spécialisation et l'affirmation de méthodes nouvelles qui ont été les conséquences de ces changements dans le droit positif (N. HAKIM, F. MELLERAY, « La belle époque de la pensée juridique française », in N. HAKIM, F. MELLERAY, dir., *Le renouveau de la doctrine française – Les grands auteurs de la pensée juridique au tournant du XXe siècle*, Dalloz, coll. Méthodes du droit, 2009, p. 1 s.).

[2] B. SPINOZA, *Traité politique*, 1678.

[3] B. CHENOT, « L'Existentialisme et le Droit », *RF sc. pol.* 1953, p. 66.

temps et que rien n'est jamais irrémédiablement acquis, en tout cas parmi les sciences humaines et sociales. Le droit positif et la culture juridique ne sauraient être définitivement fixés ; ils ne sont toujours que des « droits morts » en sursis. Aussi le juriste, qu'il soit acteur, commentateur ou même penseur du droit, devrait-il envisager sa mission telle celle d' « un Sisyphe heureux construisant sans relâche l'édifice de son droit et reconstruisant avec la même énergie ce qui sans cesse tombe en ruine »[1].

---

[1] D. GUTMANN, « Temps », in D. ALLAND, S. RIALS, dir., *Dictionnaire de la culture juridique*, Lamy-Puf, coll. Quadrige-dicos poche, 2003, p. 1470.

Table des matières

Questions juridiques aux éditions L'Harmattan

Dernières parutions

CONCILIATION ET MÉDIATION DEVANT LA JURIDICTION ADMINISTRATIVE
Actes du colloque du Conseil d'État du 17 juin 2015
Sous la direction de Jacques Biancarelli et Béatrice Blohorn-Brenneur
Voici près de 25 ans que le Conseil d'État, confronté à une judiciarisation croissante de la société, réfléchit aux modes alternatifs de règlement des différends afin de les pacifier et de rendre les justiciables davantage confiants en la justice administrative. Après avoir rappelé le contexte juridique et les enjeux d'une telle impulsion, un bilan comparatif des pratiques du juge administratif et du juge judiciaire a permis de mesurer combien il est nécessaire et urgent de compléter la boîte à outils dont dispose le premier. Voici une réflexion, les références et les outils nécessaires à la juridiction administrative.
(Coédition GEMME, 24.00 euros, 246 p.)
ISBN : 978-2-343-07270-8, ISBN EBOOK : 978-2-336-39774-0

L'ERREUR JUDICIAIRE
Apprendre à douter pour lutter contre les erreurs judiciaires
Sous la direction de Xavier Pin
L'erreur judiciaire hante autant qu'elle jalonne l'histoire de notre justice pénale. Nous avons tous en mémoire de retentissants procès ayant vu des individus accusés ou condamnés, avant d'être disculpés, graciés ou réhabilités. Le législateur y est sensible au point de réformer régulièrement la procédure pénale pour tenter d'éviter, de corriger ou de réparer, autant que possible, de telles erreurs. Une loi du 20 juin 2014 réforme les procédures de révision et de réexamen des condamnations pénales définitives : elle est l'occasion d'essayer de comprendre ces fiascos judiciaires.
(Coll. Droit privé et sciences criminelles, 15.00 euros, 126 p.)
ISBN : 978-2-343-07284-5, ISBN EBOOK : 978-2-336-39807-5

LE DROIT CONSTITUTIONNEL DE LA Ve RÉPUBLIQUE
(Treizième édition)
Lascombe Michel, Toulemonde Gilles
Cet ouvrage s'adresse aux étudiants en droit, aux élèves des instituts d'études politiques et aux candidats aux concours administratifs. Il couvre l'essentiel du programme de droit constitutionnel, c'est-à-dire aussi bien les constitutions françaises depuis 1789 que l'actuel texte constitutionnel. Cette nouvelle édition tient compte des derniers développements induits par les changements politiques, des dernières réformes des règlements des assemblées et de la jurisprudence la plus récente.
(Coll. Logiques Juridiques, 42.00 euros, 506 p.)
ISBN : 978-2-343-07916-5, ISBN EBOOK : 978-2-336-39877-8

LA PROXIMITÉ EN DROIT INTERNATIONAL PRIVÉ DE LA FAMILLE
Bouyahia Sabrine Maya - Préface de Lotfi Chedly et Marie Goré
Parmi les méthodes proposées pour trancher les litiges présentant un élément d'extranéité, figure celle reposant sur le principe de proximité. L'étude porte sur deux systèmes de droit international privé de la famille différents (droit français et droit tunisien) pour mettre en exergue d'une

part l'adaptation de cette méthode aux spécificités de chaque ordre étatique et d'autre part son adéquation avec tous les différents systèmes de droit.
(Coll. Logiques Juridiques, 54.00 euros, 618 p.)
ISBN : 978-2-343-05464-3, ISBN EBOOK : 978-2-336-39866-2

QUARTIER-FEMMES ÉCROU 10970
Boh-Petit Dominique
Cellule 24 : une femme dit toute sa souffrance d'être enfermée. Elle a tué. Son histoire est à la rubrique des faits divers. La Cour d'assises la jugera. Bien des années plus tard, elle est libérée. La vie doit reprendre. Ce récit est parfaitement conforme à la réalité. Tout a existé et existe encore.
(Coll. La justice au quotidien, 15.00 euros, 130 p.)
ISBN : 978-2-343-07436-8, ISBN EBOOK : 978-2-336-39812-9

GABELOUS ET CONTREBANDIERS
Histoire des fermiers généraux de Dijon (1760-1780)
Evrard Sébastien - Préface de Marc Fradet
En exhumant un registre du personnel de la direction des fermes de Dijon, l'auteur retrace, entre 1760 et 1780, la vie méconnue de centaines d'agents au service du doit et de l'impôt. Ces derniers servaient un système protecteur (la retraite fait son apparition dès 1768), parfois très rémunérateur, mais qui s'avère aussi, sous certains aspects, une machine à broyer les hommes : le régime des sanctions que met en place la Ferme est d'une efficacité redoutable. En définitive, la Ferme présente un aspect mitigé.
(Coll. Mémoires des Douanes, 28.50 euros, 278 p.)
ISBN : 978-2-343-06683-7, ISBN EBOOK : 978-2-336-39845-7

DICTIONNAIRE OHADA
(3e édition)
Bitsamana Hilarion Alain
Ce dictionnaire spécial du droit des affaires OHADA propose une définition claire et précise, avec tous les compléments nécessaires, des principaux termes utilisés tous les jours se rapportant à l'OHADA. Un ouvrage de référence permettant de décoder l'OHADA, accessible à toute personne s'intéressant au monde des affaires en Afrique comme à l'étranger.
(39.00 euros, 398 p.)
ISBN : 978-2-343-07656-0, ISBN EBOOK : 978-2-336-39786-3

LA DÉJUDICIARISATION ET LES PROCÉDURES NON CONTENTIEUSES EN AFRIQUE
Amboulou Hygin Didace
La déjudiciarisation comprend l'ensemble des mécanismes de gestion des différends en rationalisant les moyens matériels et humains de la justice, afin de pallier les déficiences du système judiciaire et de limiter les surcharges des juridictions. Les institutions de nombreux pays sont analysées et les déjudiciarisations en droit public et en droit privé sont abordées.
(Coll. Études africaines, 17.50 euros, 156 p.)
ISBN : 978-2-343-06928-9, ISBN EBOOK : 978-2-336-39805-1

COMMENT RENFORCER L'INDÉPENDANCE DE LA MAGISTRATURE AU SÉNÉGAL ?
Ngom Babacar
Préface de Amadou Mahtar Mbow
L'ouvrage présente dans une première partie les garanties légales d'indépendance de la justice, notamment la règle de la séparation des pouvoirs, le principe de la soumission des juges à l'autorité de la loi et celui de l'inamovibilité du magistrat du siège. Après une analyse critique de ces dispositions, l'auteur formule des propositions de renforcement de l'indépendance de la magistrature.
(13.50 euros, 124 p.)
ISBN : 978-2-343-05158-1, ISBN EBOOK : 978-2-336-39837-2

LE DROIT PÉNAL DES AFFAIRES AU CAMEROUN
Djila Kouayi Kemajou Rose
Préface de Victor-Emmanuel Bokalli
Dans le domaine des affaires, la liberté d'entreprendre et d'investir comporte de nombreux risques, au rang desquels le risque pénal. La délinquance en col blanc n'étant plus réservée aux grandes sociétés commerciales, les moyens de lutte et de sécurisation des investisseurs nécessitent un droit pénal des affaires dont l'objectif est la recherche d'une éthique dans ce domaine.
(Coll. Études africaines, 35.50 euros, 350 p.)
ISBN : 978-2-343-07840-3, ISBN EBOOK : 978-2-336-39777-1

50 ANS DE MARIAGE
Réflexions d'un notaire sur l'évolution du couple ces cinquante dernières années
Dauptain Pierre
De la pilule contraceptive jusqu'au mariage pour tous, l'auteur nous propose une réflexion sur les lois qui ont accompagné l'évolution du couple au cours des cinquante dernières années. Il analyse cette évolution pour aborder les problématiques juridiques et morales qui font tant débat de nos jours. Il s'appuie sur des travaux de juristes ou de sociologues, des articles de presse, mais aussi sur les chansons et les films qui ont marqué ces années et qui témoignent de façon si éclairante des changements de mentalités.
(Éditions Pepper, 16.50 euros, 148 p.)
ISBN : 978-2-343-07677-5, ISBN EBOOK : 978-2-336-39690-3

MÉTHODOLOGIE ET ASPECTS FORMELS DE LA RECHERCHE
Petit manuel à l'usage des juristes
Marain Gaëtan
L'ouvrage propose un véritable apprentissage du formalisme qui doit permettre aux étudiants et aux professionnels confrontés à la rédaction d'une thèse ou d'un mémoire juridique d'aborder ce travail avec sérénité. L'auteur donne une méthode de recherche pour définir le sujet, trouver et compulser les références utiles, échafauder un plan. Il aborde également les thèmes des citations d'auteur, notes de bas de page, mise en page. Il traite enfin du travail de relecture et de l'épreuve de soutenance.
(19.00 euros, 178 p.)
ISBN : 978-2-343-07638-6, ISBN EBOOK : 978-2-336-39556-2

RISQUES, ACCIDENTS ET CATASTROPHES
Liber amicorum
En l'honneur de Madame le professeur Marie-France Steinlé-Feuerbach
Sous la direction Hervé Arbousset, Caroline Lacroix et Benoît Steinmetz
L'étude et l'analyse des risques sont au cœur des réflexions du Professeur Steinlé-Feuerbach. Ses nombreux écrits de doctrine sur la thématique des accidents et des catastrophes ont amené à ce que ses collègues et amis lui dédient cet ouvrage. Ces mélanges donnent une vue d'ensemble d'une matière devenue une véritable discipline transcendant le clivage droit public-droit privé.
(Coll. Sciences criminelles, 34.00 euros, 334 p.)
ISBN : 978-2-343-07169-5, ISBN EBOOK : 978-2-336-39677-4

ÉTAT, COLLECTIVITÉS TERRITORIALES ET DROITS SOCIAUX
Étude du droit comparé
Sous la direction d'Olivier Lecucq
Comment, selon leur organisation territoriale respective, La France, l'Espagne et l'Italie œuvrent à la satisfaction des droits sociaux. Quels sont les rôles de l'État en ce domaine ? Quelles sont les actions qui en découlent et comment se coordonnent-elles ? Quelles en sont les implications en termes d'égalité des citoyens et des territoires ? L'ouvrage tente de répondre à ces questions en interpellant la réalisation de l'État social dans un contexte de crise, de réduction des déficits et de maîtrise des dépenses.
(Coll. Bibliothèques de droit, 22.50 euros, 221 p.)
ISBN : 978-2-343-07585-3, ISBN EBOOK : 978-2-336-39683-5

LE PRINCIPE DE PRÉCAUTION
Au carrefour de la philosophie, du droit et des sciences
Calderaro Norbert
La notion de principe de précaution, qui donne lieu à beaucoup de controverses, nécessite de la part d'un juriste une analyse objective pour écarter ce qu'elle n'est pas et définir son contenu véritable. Après un aperçu des sources philosophiques, l'auteur réalise une synthèse du principe de précaution en droit international, européen, en droit comparé et en droit interne. Il intègre notamment les tout derniers développements de la jurisprudence du Conseil d'État.
(18.50 euros, 180 p.)
ISBN : 978-2-343-05457-5, ISBN EBOOK : 978-2-336-39452-7

LES COLLECTIVITÉS TERRITORIALES ET LA SPÉCULATION
Goasdoué Mélissa - Avant-propos de Michel Verpeaux
Préface de Julien Martin
L'ancien dispositif empêchant la conclusion d'opérations financières spéculatives par les collectivités locales ayant échoué, un nouveau dispositif fonctionnant au cas par cas a été mis en place. Après une étude des imperfections de la notion de spéculation puis des liens unissant ces imperfections à l'échec du précédent dispositif dans la protection des collectivités contre les risques spéculatifs, le présent ouvrage s'attache à démontrer comment et dans quelle mesure cette protection est désormais rendue possible.
(Coll. Droit des collectivités territoriales, série Travaux, 15.00 euros, 140 p.)
ISBN : 978-2-343-07619-5, ISBN EBOOK : 978-2-336-39520-3

LE DROIT DE LA GUERRE
Traité sur l'emploi de la force armée en droit international (3 volumes)
Cumin David
Aussi ancien que la guerre et que le droit international dont il constitue le cœur historique, le droit de la guerre existe. Croisant droit et polémologie, portant sur les conflits armés internationaux et internes, ce traité expose, explique et reconstruit l'ensemble du droit international contemporain relatif à l'emploi de la force armée - auteurs et acteurs de la belligérance, ses buts, moyens, théâtres, régimes - et propose une analyse critique de la responsabilité réparatrice et punitive.
Volume 1 (Coll. Droit comparé, 46.00 euros, 458 p.)
ISBN : 978-2-343-06498-7, ISBN EBOOK : 978-2-336-39588-3
Volume 2 (Coll. Droit comparé, 60.00 euros, 760 p.)
ISBN : 978-2-343-07707-9, ISBN EBOOK : 978-2-336-39589-0
Volume 3 (Coll. Droit comparé, 48.00 euros, 468 p.)
ISBN : 978-2-343-07708-6, ISBN EBOOK : 978-2-336-39590-6

LA RESPONSABILITÉ DE PROTÉGER
Nouvelle approche du droit international
Gandou D'Isseret Crépin Gyscard
Le droit d'ingérence humanitaire se comprend comme une éthique de détresse, une obligation de protéger les personnes en danger de mort. La responsabilité de protéger traduit en acte la nécessité impérative de prendre soin de l'homme, ou de la collectivité humaine en général, quand les conditions de son existence connaissent une détérioration significative ou quand elles sont sur le point de le devenir.
(Coll. Harmattan Congo, 16.50 euros, 152 p.)
ISBN : 978-2-343-06724-7, ISBN EBOOK : 978-2-336-39575-3

L'HARMATTAN ITALIA
Via Degli Artisti 15; 10124 Torino
harmattan.italia@gmail.com

L'HARMATTAN HONGRIE
Könyvesbolt ; Kossuth L. u. 14-16
1053 Budapest

L'HARMATTAN KINSHASA
185, avenue Nyangwe
Commune de Lingwala
Kinshasa, R.D. Congo
(00243) 998697603 ou (00243) 999229662

L'HARMATTAN CONGO
67, av. E. P. Lumumba
Bât. – Congo Pharmacie (Bib. Nat.)
BP2874 Brazzaville
harmattan.congo@yahoo.fr

L'HARMATTAN GUINÉE
Almamya Rue KA 028, en face
du restaurant Le Cèdre
OKB agency BP 3470 Conakry
(00224) 657 20 85 08 / 664 28 91 96
harmattanguinee@yahoo.fr

L'HARMATTAN MALI
Rue 73, Porte 536, Niamakoro,
Cité Unicef, Bamako
Tél. 00 (223) 20205724 / +(223) 76378082
poudiougopaul@yahoo.fr
pp.harmattan@gmail.com

L'HARMATTAN CAMEROUN
TSINGA/FECAFOOT
BP 11486 Yaoundé
699198028/675441949
harmattancam@yahoo.com

L'HARMATTAN CÔTE D'IVOIRE
Résidence Karl / cité des arts
Abidjan-Cocody 03 BP 1588 Abidjan 03
(00225) 05 77 87 31
etien_nda@yahoo.fr

L'HARMATTAN BURKINA
Penou Achille Some
Ouagadougou
(+226) 70 26 88 27

L'HARMATTAN SÉNÉGAL
10 VDN en face Mermoz, après le pont de Fann
BP 45034 Dakar Fann
33 825 98 58 / 33 860 9858
senharmattan@gmail.com / senlibraire@gmail.com
www.harmattansenegal.com

Achevé d'imprimer par Corlet Numérique - 14110 Condé-sur-Noireau
N° d'Imprimeur : 136264 - Dépôt légal : février 2017 - *Imprimé en France*

www.ingramcontent.com/pod-product-compliance
Lightning Source LLC
LaVergne TN
LVHW011450061026
849535LV00004BA/1031
* 9 7 8 2 3 4 3 1 1 2 6 4 0 *